Studienbücher der Wirtschaft

Lehr- und Studienbücher für das praxisorientierte Studium der Wirtschaftswissenschaften

Organisation in der Unternehmung

Aufbau- und Ablauforganisation

Methoden und Techniken
praktischer Organisationsarbeit

W0088849

 Studienbücher
der
Wirtschaft

Lehr- und Studienbücher für das praxisorientierte Studium der Wirtschaftswissenschaften

Herausgegeben von Prof. Dr. Walter Dürr und Prof. Rudolf Michel, beide FH Dortmund

Bereits erschienen:

Betriebswirtschaftslehre
* Allgemeine Betriebswirtschaftslehre.
  Band 1: Der Aufbau des Betriebes.
  Von Adolf E. Luger
* Allgemeine Betriebswirtschaftslehre
  Band 2: Funktionsbereiche des betrieb-
  lichen Ablaufs. Von Adolf E. Luger, Hans-
  Georg Geisbüsch und Jürgen M. Neumann.

Recht
* Wettbewerbsrecht. Von Wolfgang
  Schünemann, unter Mitarbeit von Hans-
  Peter Spliethoff.
* Handels- und Gesellschaftsrecht. Von
  Joachim Quittnant, Hans Peter Schauwecker
  und S. Streckel.

Rechnungswesen I
* Grundlagen der Kostenrechnung: Kosten-
  rechnung I. Von Rudolf Michel, Hans-Dieter
  Torspecken und Uwe Großmann.
* Neuere Formen der Kostenrechnung mit
  Prozeßkostenrechnung: Kostenrechnung II.
  Von Rudolf Michel, Hans-Dieter Torspecken
  und Jürgen Jandt.
* Handels- und steuerrechtlicher
  Jahresabschluß. Von Hans Hantke.

Statistik
* Wahrscheinlichkeitsrechnung und
  Schließende Statistik. Von Walter Dürr und
  Horst Mayer.
* Beschreibende Statistik. Von Horst Mayer.

Mathematik
* Differential- und Integralrechnung. Von
  Guntram Garus und Peter Westerheide.
* Lineare Algebra. Von Harald Köhler.
* Finanzmathematik. Von Harald Köhler.

Organisation / Personal
* Organisation in der Unternehmung. Von
  Walter Weidner, unter Mitarbeit von
  Gerhard Freitag, Erich Gernet und
  Klaus Ulbrich.

* Arbeitswissenschaft. Von Herbert Hardenacke,
  Willi Peetz und Günter Wichardt.
* Personalführung im Betrieb. Von Manfred Richter.
* Personalmanagement. Von Karl-Klaus Pullig.

Finanzierung und Investition
* Investitionsanalyse. Von Günter Weinrich
  und Ulrich Hoffmann.
* Finanzierung. Von Hilmar J. Vollmuth.

Unternehmensführung
* Management. Von Rüdiger H. Jung und
  Meinolf Kleine

Unternehmensplanung und -steuerung
* Operations Research. Von Walter Dürr
  und Klaus Kleibohm.
* Handbuch Controlling. Von Rainer
  Bramsemann

Absatzwirtschaft / Außenwirtschaft
* Marketing. Von Adolf E. Luger und
  Dieter Pflaum.
* Marktforschung. Von Hans-Jürgen Rogge.
* Das internationale Geschäft. Von Klaus Rother.

Fertigungswirtschaft
* Materialwirtschaft. Von Rallis M. Kopsidis.

Rechnungswesen II
* Bilanzanalyse und Bilanzpolitik. Von Albin
  Kerth und Jakob Wolf.

**Informationswesen / Datenverarbeitung /
Informatik**
* Betriebsinformatik. Von Udo Bleimann,
  Dieter Dippel, Günter Turetschek und
  Klaus Wente.
* Datenverarbeitung für Betriebswirte.
  Von Uwe Großmann.
* Dialogprogrammierung. Von Gerhard Platz.
* Methoden der Software-Entwicklung.
  Von Gerhard Platz.
* Das Informationswesen in der Unter-
  nehmung. Von Erich Gernet.

 Carl Hanser Verlag München Wien

Walter Weidner/Gerhard Freitag

Organisation in der Unternehmung

Aufbau- und Ablauforganisation

Methoden und Techniken praktischer Organisationsarbeit

unter Mitarbeit von

Erich Gernet
Klaus Ulbrich

6. überarbeitete Auflage mit 111 Abbildungen

Carl Hanser Verlag München Wien

Prof. Walter Weidner
Fachhochschule Würzburg-Schweinfurt

Prof. Dr. Gerhard Freitag
Fachhochschule Dortmund

Unter Mitarbeit von:

Prof. Erich Gernet
Fachhochschule Gießen-Friedberg

Prof. Klaus Ulbrich
Fachhochschule Regensburg

Die Deutsche Bibliothek – CIP-Einheitsaufnahme

Organisation in der Unternehmung : Aufbau und
Ablauforganisation ; Methoden und Techniken praktischer
Organisationsarbeit / Walter Weidner/Gerhard Freitag. Unter Mitarb.
von Erich Gernet ; Klaus Ulbrich. – 6., überarb. Aufl. – München ;
Wien : Hanser, 1998
   (Studienbücher der Wirtschaft)
   ISBN 3-446-21002-4

© 1998 Carl Hanser Verlag München Wien
Satz: Schaber Datentechnik, Wels, Österreich
Druck und Bindung: Wagner, Nördlingen
Printed in Germany

Das Konzept der Reihe

Die **Studienbücher der Wirtschaft** sind besonders geeignet, Lehrveranstaltungen an Universitäten, Fach- und Gesamthochschulen und Instituten der beruflichen Weiter- und Fortbildung zu begleiten. Gleichermaßen sind sie für Studenten und Praktiker zum Selbststudium geeignet, denn das Reihenkonzept trägt dem Lerncharakter folgendermaßen Rechnung:

- Systematische Aufbereitung praxisrelevanter Fragen
- Theoretische Grundlagen ohne übertriebenen Lehrmeinungsstreit
- Herausstellungen der wesentlichen und typischen Sachverhalte
- Lernzielangaben bzw. Arbeitshinweise für jedes Kapitel
- Veranschaulichung durch zahlreiche Beispiele und Abbildungen
- Vertiefung durch Kontrollfragen und/oder Übungsaufgaben und Lösungen
- Umfangreiches Glossar mit Erläuterung wichtiger Begriffe und Inhalte.

Auf wissenschaftlicher Grundlage berücksichtigen diese Studienbücher vor allem Möglichkeiten der berufsfeldbezogenen Anwendung, um so die Verbindung von Studium und Praxis herzustellen.

Die Autoren der Studienbücher sind Professoren an Universitäten, Fach- und Gesamthochschulen sowie Lehrbeauftragte aus der Wirtschaft. Sie verfügen über langjährige Erfahrungen in der Praxis und in der Lehre an Hochschulen, Akademien und vergleichbaren Institutionen. Ihre Erfahrung bringen sie sowohl in der Auswahl als auch in der methodischen Darbietung der Lehrinhalte zum Ausdruck.

In dieser Verbindung von Praxis und Lehre, die dem Erfordernis der praktischen Anwendung entspricht, liegt der besondere Wert der Reihe.

Die Herausgeber

Vorwort zur 6. Auflage

In dieser Neuauflage ist das Kapitel „Methoden und Techniken praktischer Organisationsarbeit" überarbeitet worden.

Eine Ergänzung wurde auch im Bereich „Geschäftsprozeßorganisation" vorgenommen.

Zell, im September 1998   Dortmund, im September 1998
Walter Weidner   Gerhard Freitag

Vorwort zur 1. Auflage

Die Erfahrung zeigt immer wieder, daß die Bedeutung der Organisation für das Unternehmen zwar erkannt wird, die organisatorischen Zusammenhänge jedoch scheinbar schwer zu begreifen sind. Die Ursache hierfür liegt wohl darin, daß das komplexe Gebilde einer Unternehmungsorganisation nur zu durchdringen ist, wenn es unter verschiedenen Teilaspekten (wie z. B. Aufgabenverteilung, Leitung, Kommunikation) behandelt wird. Dadurch kann der Gesamtzusammenhang verlorengehen.

Dieses Studienbuch verfolgt nach Aufbau und Inhalt das Ziel, selbst bei Behandlung von organisatorischen Teilbereichen die Ganzheitsbetrachtung nicht außer acht zu lassen. Dies geschieht durch Anwendung eines Fallbeispiels, das alle theoretischen Abhandlungen zur Aufbau- und Ablauforganisation verdeutlicht. Gleichzeitig ist dies der Versuch, eine Verbindung zwischen Theorie und praktischer Anwendung herzustellen. Der Praxisbezug und die dadurch beabsichtigte bessere Verständlichkeit organisatorischer Probleme hat im Zweifelsfalle gegenüber theoretischer Exaktheit den Vorrang.

Erfahrungsgemäß stößt die Anwendung theoretischer Kenntnisse bei der Umsetzung in die Praxis auf Schwierigkeiten, da das notwendige „Rüstzeug" fehlt. Dem Verfasser ist kein Lehrbuch bekannt, das neben theoretischem Grundwissen auch Methoden und Techniken praktischer Organisationsarbeit systematisch, d. h. als selbständigen Teil behandelt, wie dies im vorliegenden Buch geschieht.

Dieses Buch soll eine brauchbare Grundlage bilden, um Organisationsprobleme zu erkennen und Lösungsansätze zu erarbeiten. Zielpersonen sind demnach einmal Studierende, denen es für das Studium das notwendige Wissen und darüber hinaus praxisbezogene Kenntnisse vermittelt; zum anderen dient es interessierten Praktikern zum Selbststudium, damit sie lernen, organisatorische Zusammenhänge zu verstehen sowie Mängel zu erkennen und zu beseitigen.

Die Vielzahl der Abbildungen zeigt, daß auf die verständliche Darstellung und praktische Verwertbarkeit größter Wert gelegt wurde.

Die Wiederholungsfragen und Lösungshinweise dienen der Selbstkontrolle. Der Leser kann nach jedem Kapitel prüfen, ob er auf dem richtigen Weg zum Organisator ist.

Würzburg, im April 1977   Der Verfasser

Vorwort zur 2. Auflage

Die Gelegenheit einer 2. Auflage wurde dazu genutzt, das Buch gründlich zu überarbeiten. An der Zielsetzung, die im Vorwort zur 1. Auflage zum Ausdruck kommt, hat sich nichts geändert. Vor allem die damalige Einbeziehung von Methoden und Techniken praktischer Organisationsarbeit zusammen mit Organisationslehre in einem Buch war richtig, nachdem zwischenzeitlich auch andere Werke in gleicher Weise verfahren.

Wissenschaft und Technik haben seit der Ersterscheinung beachtliche Fortschritte gemacht. Es versteht sich daher von selbst, daß die bedeutendsten Ergebnisse und Tendenzen berücksichtigt wurden. Dies trifft vor allem für die Informationstechnologie und die Organisationsentwicklung zu.

Eine weitere Neuerung ist die Einbeziehung von Koautoren. So haben Erich Gernet „Organisation und Telekommunikation" sowie „Das Bewertungsverfahren", Reinhold Trautmann die „Ablauforganisation" mit Ausnahme der Abschnitte Arbeitsanalyse und Arbeitssynthese und Klaus Ulbrich „Organisation und Datenverarbeitung" und „Organisation und Textverarbeitung" bearbeitet. Es obliegt mir auch die traurige Pflicht, das Engagement des Kollegen Prof. Alfred Zwirner, Fachhochschule Nürnberg, zu würdigen, der mitten in der Arbeit an einem Beitrag für dieses Buch verstorben ist.

Meiner Frau möchte ich, auch im Namen der Koautoren, nicht nur für ihr Verständnis, sondern vor allem für das Schreiben des umfangreichen Manuskriptes, zumal mit einer neuen Technologie, besonderen Dank sagen.

Zell am Main, im Sommer 1984   Walter Weidner

Vorwort zur 3. Auflage

Die 3. Auflage wurde wiederum genutzt, um den Stoff zu aktualisieren bzw. zu verbessern.

Eine wesentliche Verbesserung ergibt sich meines Erachtens durch die Neukonzipierung des 3. Kapitels „Ablauforganisation". Aktualisiert wurden dagegen die

Abschnitte Organisation und Datenverarbeitung sowie Organisation und Telekommunikation.

Wenige Änderungen ergeben sich im bewährten Hauptteil (Kap. 1 und 2 sowie 4).

Mein Dank gilt vor allem den Koautoren für ihre aktive Mitarbeit.

Zell, im Mai 1990   Walter Weidner

Vorwort zur 4. Auflage

Die 3. Auflage hat offensichtlich so gut eingeschlagen, daß diese in relativ kurzer Zeit vergriffen ist.

Unter Beibehaltung der Gesamtkonzeption wurden das 1. und 2. Kapitel überarbeitet, der Abschnitt 2.2.8.3 Organisation und Telekommunikation auf den neuesten Stand gebracht und Kapitel 3 ganz geringfügig korrigiert.

Zell, im Dez. 1991   Walter Weidner

Vorwort zur 5. Auflage

Die Gelegenheit einer 5. Auflage wurde dazu genutzt, wichtige Neuerungen in der Organisation von Unternehmungen mit zu berücksichtigen.

Die stärkere Beachtung von „Geschäftsprozessen" in der Organisationstheorie und gleichzeitig erhöhte Anforderungen an die Organisation von Unternehmungen machten es erforderlich, neue Konzepte in das organisatorische Denken mit einzubeziehen.

Zur traditionellen Aufbau- und Ablauforganisation sind Lean Management, Virtuelle Organisation, Business Reengineering u. a. hinzugekommen. Organisationstheorie und -praxis haben seit langem nicht mehr eine derartige Umwälzung erfahren.

Da die Organisation von Unternehmungen eine immer größere Bedeutung erlangt hat, können Studierende sich mit notwendigen anwendungsbezogenen Erkenntnissen vertraut machen. Mitarbeiter in Unternehmungen gewinnen durch die praxisorientierte Darstellung Anregungen für die eigene organisatorische Arbeit oder bilden sich weiter.

Zell, im Dezember 1995   Dortmund, im Dezember 1995
Walter Weidner   Gerhard Freitag

Inhaltsverzeichnis

Gehlen *aktuell*

Änderungen aufgrund

- ## des Euro-Einführungsgesetzes
- ## des Handelsrechtsreformgesetzes
- ## des Stückaktiengesetzes
- ## der Insolvenzordnung
- ## des Gesetzes gegen Wettbewerbsbeschränkungen (Kartellgesetz)
- ## des Transportrechtsreformgesetzes und des Güterkraftverkehrsgesetzes

Beilage zu
Wirtschaftslehre des Einzelhandels
(Gehlenbuch 03134)

von

Werner Knorr
Oberstudienrat

Dr. Kurt Gönner
Professor

Dr. Siegfried Lind
Oberstudiendirektor

1999
Verlag Gehlen · Bad Homburg vor der Höhe
Gehlenbuch 31341

Am 1. Januar 1999 begann die **Europäische Währungsunion (EWU).** Mitglieder sind elf Länder: Belgien, Deutschland, Finnland, Frankreich, Irland, Italien, Luxemburg, Niederlande, Österreich, Portugal und Spanien.

Der **Umrechnungskurs** DM/EURO wurde zum 1. Januar 1999 festgelegt und kann nicht mehr verändert werden: 1 Euro = 1,95583 DM. Die offizielle **Abkürzung** des EURO nach dem internationalen Währungscode ist **EUR,** das Währungssymbol €.

■ *Die Europäische Zentralbank*

Das **Europäische System der Zentralbanken (ESZB)** mit der **Europäischen Zentralbank (EZB)** in Frankfurt am Main entscheidet über die **Geldpolitik** der elf Teilnehmerstaaten.

Zu ihren **Aufgaben** gehören

- Entscheidung über das geldpolitische Instrumentarium zur Erhaltung der Preisstabilität (Sicherung des Geldwerts)
- Durchführung der Devisengeschäfte
- Verwaltung der Währungsreserven der Mitgliedstaaten
- Überwachung und Förderung der Zahlungssysteme

Die EZB ist von den **Regierungen der Teilnehmerstaaten unabhängig.** Sie können bei der EZB keine Kredite aufnehmen.

Die **nationalen Zentralbanken,** so auch die Deutsche Bundesbank, **sind Bestandteil** des **ESZB.** Sie handeln gemäß den Leitlinien und Weisungen der EZB.

■ *Zahlungsverkehr*

- **DM-Scheine und Münzen (Bargeld)** gelten bis zum 30. Juni 2002. Ab 1. Januar 2002 werden Euro-Scheine- und -Münzen eingeführt, bis zu diesem Zeitpunkt kann die DM weiter wie bisher verwendet werden. Ab 30. Juni 2002 ist allein der **Euro gesetzliches Zahlungsmittel.**

- **Girokonten (und ähnliche Konten)** können ab 1. Januar 1999 in Euro geführt werden, der Inhaber ist aber dazu erst ab 31. Dezember 2001 verpflichtet. Der gesamte Zahlungsverkehr über Konten kann also bis zu diesem Zeitpunkt in DM weitergeführt oder auf Wunsch auf Euro umgestellt werden.

  Dies gilt auch für Verrechnungsschecks. Barschecks werden wie Bargeld (siehe oben) behandelt.

- **Geldautomaten** geben bis zum 31. Dezember 2001 DM aus, danach nur noch Euro-Bargeld.

- **Preisauszeichnung.** Es gibt keine Verpflichtung zur doppelten Preisauszeichnung, also in DM und EUR. Freiwillig kann aber ab 1. Januar 1999 doppelt ausgezeichnet werden. Ab 1. Januar 2002 können die Preise nur in Euro ausgezeichnet werden.

  Alle großen Warenhauskonzerne und zahlreiche Fachgeschäfte weisen seit Januar auf allen Kassenbons den Endbetrag in DM und EUR aus.

- **Kredite und Grundpfandrechte** können vom 1. Januar 1999 bis 31. Dezember 2001 wahlweise in DM oder Euro aufgenommen werden, danach nur noch in Euro. Danach werden auch Altverträge automatisch auf Euro umgestellt.

  Dies gilt auch für Bausparverträge und Versicherungsverträge.

- **Steuererklärungen und Steuerbescheide.** Bis 31. Dezember 2001 bleibt DM, danach nur mit Euro (in Hessen z. B. ist dies schon seit 1. Januar 1999 möglich). Steuerzahlungen durch Überweisung und Verrechnungsschecks können seit 1. Januar 1999 in Euro erfolgen.

■ Wertpapiere

Festverzinsliche Wertpapiere. Schuldverschreibungen des Bundes wurden am 1. Januar 1999 umgestellt. Andere private Obligationen können auf Wunsch umgestellt werden. Zins- und Tilgungsbeträge werden bis 31. Dezember 2001 nur in Euro gutgeschrieben.

Aktien. Ab 1. Januar 2002 müssen Aktien auf den Euro lauten oder als nennwertlose Aktien als Prozentanteil des Unternehmens ausgewiesen werden (Stückaktien). Hierüber entscheiden die Hauptversammlungen der Aktiengesellschaften.

Änderungen aufgrund des Handelsrechtsreformgesetzes (seit 1. Juli 1998 in Kraft)

Die Begriffe **Voll-, Minder- und Sollkaufmann entfallen.**

- **Kaufmannseigenschaft nach dem HGB.** Kaufmann ist, wer ein Handelsgewerbe betreibt, HGB § 1 (1). Dies gilt unabhängig davon, in welcher Branche der Kaufmann tätig ist und ob es sich um eine natürliche oder juristische Person handelt. Die meisten Betriebe sind Handelsbetriebe, z. B. Groß- und Einzelhandel, Industriebetriebe, Handwerks- und Dienstleistungsbetriebe, es sei denn, sie zählen zu den Kleinbetrieben. Für Kaufleute gelten die besonderen Vorschriften des **HGB,** für Kleinbetriebe, als Nicht-Kaufleute, die des **BGB.**

- **Handelsgewerbe nach HGB.** Handelsgewerbe ist jeder Gewerbebetrieb, es sei denn, daß das Unternehmen nach Art oder Umfang einen in kaufmännischer Weise eingerichteten Geschäftsbetrieb **nicht** erfordert, HGB § 1 (2).

- **Ist-Kaufmann (Kaufmann kraft Gewerbebetrieb).** Ist-Kaufmann ist ein Kaufmann, dessen Gewerbebetrieb nach Art und Umfang eine in kaufmännischer Weise eingerichtete Geschäftsorganisation erfordert, HGB § 1 (2). Für Ist-Kaufleute kommen die Vorschriften des HGB voll zur Anwendung, insbesondere die Bestimmungen über Firma, Handelsbücher und Prokura.

- **Kann-Kaufmann (Kaufmann kraft Eintragung nach § 3 HGB).** Auf Betriebe der Land- und Forstwirtschaft finden die Vorschriften des HGB § 1 keine Anwendung. Diese Betriebe gelten damit als Nicht-Kaufleute, HGB § 3 (1). Sofern land- und forstwirtschaftliche Unternehmen nach Art und Umfang einen in kaufmännischer Weise eingerichteten Geschäftsbetrieb erfordern, sind sie berechtigt, sich ins Handelsregister eintragen zu lassen, HGB § 3 (2).

- **Schein-Kaufmann (Kaufmann kraft Eintragung).** Jeder, dessen Firma im Handelsregister eingetragen ist, gilt als Kaufmann. Ist seine Firma im Handelsregister eingetragen, so kann er gegenüber demjenigen, der sich auf die Eintragung beruft, nicht geltend machen, daß das unter der Firma betriebene Gewerbe kein Handelsgewerbe sei (Schein-Kaufmann).

- **Form-Kaufmann (Kaufmann kraft Rechtsform).** Alle Kapitalgesellschaften und eingetragenen Genossenschaften sind Kaufleute im Sinne des HGB, auch wenn sie kein Handelsgewerbe betreiben, HGB § 6. Kaufmann wird nicht der Vorstand, sondern die Gesellschaft als juristische Person, also z. B. die AG, GmbH, eG.

- **Nicht-Kaufmann.** Gewerbetreibende, deren Unternehmen weder nach Art noch nach dem Umfang einen in kaufmännischer Art und Weise eingerichteten Geschäftsbetrieb erfordert, sind als Kleingewerbetreibende keine Kaufleute.

■ Firmenrecht

Alle Kaufleute, gleichgültig, welche Rechtsform sie für ihr Unternehmen gewählt haben, können zwischen folgenden Firmenarten wählen, müssen aber jeweils die Unternehmensrechtsform mit angeben:

- **Namens- oder Personenfirma.** Sie setzt sich zusammen aus einem oder mehreren Personennamen zuzüglich der Rechtsform; z. B. Uta Müller e. Kfr.

- **Sachfirma.** Sie ist aus dem Gegenstand, der Hauptgegenstand der Leistungserstellung des Unternehmens ist, abgeleitet. Die Rechtsform muß hinzugefügt werden, z. B. Süddeutsche Stuhlfabrik AG.

- **Fantasiefirma.** Sie wird aus einer frei erfundenen, möglichst werbewirksamen Bezeichnung gebildet. Die Rechtsform wird hinzugefügt, z. B. Briefmarkenecke OHG.

- **Mischfirma.** Sie setzt sich aus mindestens zwei der o. a. Firmenbezeichnungen zusammen, z. B. Gänseblümchen Mayer KG, Büromöbel Schulze AG.

Die Firma bei den einzelnen Unternehmensformen:

- **Einzelkaufleute.** Die Firma muß die Bezeichnung „eingetragener Kaufmann", „eingetragene Kauffrau" oder eine allgemein verständliche Abkürzung dieser Bezeichnung, insbesondere „e.K.", „e.Kfm." oder „e.Kfr." enthalten.

- **Offene Handelsgesellschaft.** Bei ihr muß die Bezeichnung „offene Handelsgesellschaft" oder eine allgemein verständliche Abkürzung dieser Bezeichnung, z. B. „OHG" enthalten sein; Frischeiergroßhandel OHG, Schober Söhne OHG.

- **Kommanditgesellschaft.** Sie muß die Bezeichnung „Kommanditgesellschaft" oder eine allgemein verständliche Abkürzung dieser Bezeichnung enthalten, z. B. „KG"; Mörike-Buchhandlung KG, Großmann KG.

Wenn in einer offenen Handelsgesellschaft oder Kommanditgesellschaft keine natürliche Person persönlich haftet, muß die Firma eine Bezeichnung enthalten, welche die Haftungsbeschränkung bezeichnet: z. B. Krug-Bücher GmbH & Co. KG, Schwarz und Müller GmbH und Co. OHG.

- **Aktiengesellschaft.** Die Firma der Aktiengesellschaft muß die Bezeichnung „Aktiengesellschaft" oder eine allgemein verständliche Abkürzung dieser Bezeichnung enthalten, z. B. „AG"; Adam Opel AG, Kleingebäckherstellung „Schmanko" AG.

- **Gesellschaft mit beschränkter Haftung.** Die Firma der Gesellschaft muß die Bezeichnung „Gesellschaft mit beschränkter Haftung" oder eine allgemein verständliche Abkürzung dieser Bezeichnung enthalten, z. B. „GmbH"; Organgensaft Frutti GmbH, Wurstkonservenfabrikation Müller GmbH.

- **Eingetragene Genossenschaft.** Die Firma der Genossenschaft muß die Bezeichnung „eingetragene Genossenschaft" oder die Abkürzung „eG" enthalten; Baden-Milch eG, Käserei Maurer eG. Der Firma der Genossenschaft darf kein Zusatz beigefügt werden, der darauf hindeutet, ob und in welchem Umfang die Genossen zur Leistung von Nachschüssen verpflichtet sind.

Änderungen aufgrund des Stückaktiengesetzes (seit 25. März 1998 in Kraft)

■ *Aktien*

- **Form und Mindestbeträge der Aktien.** Die Aktien können entweder als Nennbetragsaktien oder als Stückaktien ausgegeben werden.

- **Nennbetragsaktien** müssen mindestens auf fünf Deutsche Mark (künftig: einen Euro) lauten. Aktien über einen geringeren Nennbetrag sind nichtig. Höhere Aktiennennbeträge müssen auf volle fünf Deutsche Mark (künftig: volle Euro) lauten.

- **Stückaktien** lauten auf keinen Nennbetrag. Die Stückaktien einer Gesellschaft sind am Grundkapital in gleichem Umfang beteiligt. Der auf die einzelne Aktie entfallende anteilige Betrag darf fünf Deutsche Mark (künftig: einen Euro) nicht unterschreiten.

■ *AG*

- Das Grundkapital der AG beträgt mindestens 100 000 DM, künftig 50 000 Euro.

■ GmbH

- Das GmbH-Stammkapital beträgt mindestens 50 000 DM, künftig 25 000 Euro.
- Die Stammeinlage beträgt mindestens 500 DM, künftig 100 Euro. Sie muß durch 100 / 50 teilbar sein.
- Stimmrecht: 1 Stimme je 100 DM, künftig: 50 Euro.

Änderungen aufgrund der Insolvenzordnung
(seit Januar 1999 in Kraft)

Die Insolvenzordnung unterscheidet das **Insolvenzverfahren** – Unternehmensinsolvenzverfahren – (InsO § 1 ff.) und das **Verbraucherinsolvenzverfahren** (InsO § 304 ff.).

■ *Das Insolvenzverfahren zur Auflösung eines Unternehmens*

Der **Antrag auf Eröffnung** eines Insolvenzverfahrens wird beim **Insolvenzgericht,** das ist das Amtsgericht, in dessen Bezirk ein Landgericht ist, gestellt (InsO §§ 2, 13).

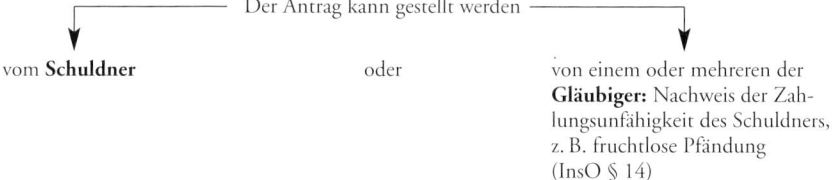

Der Antrag kann gestellt werden

vom **Schuldner**   oder   von einem oder mehreren der **Gläubiger:** Nachweis der Zahlungsunfähigkeit des Schuldners, z. B. fruchtlose Pfändung (InsO § 14)

Mit dem Antrag kann das Insolvenzgericht **Sicherungsmaßnahmen** anordnen, um eine nachteilige Veränderung der Vermögenslage des Schuldners zu verhüten.

Solche Sicherungsmaßnahmen sind:

- Bestellung eines vorläufigen Insolvenzverwalters,
- Verfügungsverbot für den Schuldner,
- der Schuldner kann zwangsweise vorgeführt und nach Anhörung in Haft genommen werden (InsO § 21).

Das Insolvenzgericht prüft den Antrag und entscheidet über *Eröffnung* oder *Abweisung des Insolvenzverfahrens.* Es weist ihn **mangels Masse** ab, wenn das Vermögen die Kosten des Verfahrens nicht deckt. Der Schuldner wird in ein beim Vollstreckungsgericht geführtes **Schuldnerverzeichnis** eingetragen. Diese Eintragung wird nach fünf Jahren gelöscht (InsO § 26; ZPO § 915).

Der **Insolvenzverwalter** wird vom Insolvenzgericht mit der Eröffnung des Insolvenzverfahrens ernannt. Die Gläubiger müssen ihre *Forderungen anmelden* und mitteilen, ob sie an beweglichen Sachen oder Rechten *besondere Ansprüche* haben, z. B. gemietete Maschine. Gleichzeitig bestimmt das Insolvenzgericht einen Termin für die *Gläubigerversammlung* (InsO § 28 f.).

Der Insolvenzverwalter erstellt

- ein Verzeichnis aller Massegegenstände mit Wertangabe,
- ein Verzeichnis aller Insolvenzgläubiger,
- eine Vermögensübersicht durch Gegenüberstellung der Massegegenstände und der Verbindlichkeiten des Schuldners (InsO §§ 151–153).

Nicht zur Insolvenzmasse gehören *pfändungsfreie Gegenstände,* also Sachen, die dem persönlichen Gebrauch, dem Haushalt und der Berufsausübung dienen, wie z. B. Wäsche, Kleider, Hausrat, Handwerkszeug, Schreibmaschine (InsO § 38).

■ *Feststellung und Verteilung der Insolvenzmasse*

Reihenfolge der Verteilung	Feststellung und Verteilung der Insolvenzmasse
Aussonderung	Gegenstände, die dem Schuldner nicht gehören, z. B. entliehene Maschine, unter Eigentumsvorbehalt erhaltene Ware. Sie müssen dem Eigentümer zurückgegeben werden (InsO § 47).
Absonderung	Gegenstände, die mit einem fremden Recht belastet sind, z. B. Faustpfand, Hypothek, Sicherungsübereignung. Sie werden verkauft und die betreffenden Gläubiger nach Möglichkeit voll befriedigt (InsO §§ 49–51). Ein verbleibender Restbetrag kann als Insolvenzforderung angemeldet werden. Ein Mehrerlös wird der Insolvenzmasse zugeschlagen.
Aufrechnung	Sie ist möglich, wenn ein Gläubiger nicht nur Forderungen, sondern auch Schulden gegenüber dem Insolvenzschuldner hat (InsO §§ 94–96).

Das Restvermögen wird in der gesetzlich vorgeschriebenen Reihenfolge verteilt.

Vorwegansprüche	
Massegläubiger	● **Kosten des Insolvenzverfahrens** – Gerichtskosten – Vergütung und Auslagen des Insolvenzverwalters (InsO § 53). ● **Sonstige Verbindlichkeiten** z. B. Schulden, die erst nach der Eröffnung des Insolvenzverfahrens entstanden sind, z. B. durch Zukäufe, Lohn- und Gehaltsansprüche von Weiterbeschäftigten, Miete usw. (InsO § 55). ● **Verbindlichkeiten aus einem Sozialplan** (bis zu zweieinhalb Monatsverdiensten der von der Entlassung betroffenen Arbeitnehmer) (InsO § 123).
Insolvenzgläubiger	Persönliche Gläubiger, die einen bei der Eröffnung des Insolvenzverfahrens berechtigten Anspruch haben (InsO § 38).
Nachrangige Insolvenzgläubiger	Diese Forderungen werden nach den übrigen Forderungen in folgender Reihenfolge ausgeglichen: ● die seit der Eröffnung des Insolvenzverfahrens laufenden Zinsen der Forderungen der Insolvenzgläubiger; ● die Kosten, die den einzelnen Insolvenzgläubigern durch ihre Teilnahme am Verfahren erwachsen; ● Geldstrafen, Geldbußen, Ordnungsgelder und Zwangsgelder (für weitere Einzelheiten siehe InsO § 39).

Die Insolvenzgläubiger müssen sich gegebenenfalls mit einem *Bruchteil* ihrer Forderungen zufriedengeben, wenn die Insolvenzmasse nicht ausreicht.

Nach der Schlußverteilung hebt das Insolvenzgericht das Insolvenzverfahren auf (InsO § 200).

Mit der Beendigung ergeben sich u. a. folgende rechtliche Auswirkungen:

● Die Firma erlischt,

● der Schuldner erhält seine volle Handlungsfreiheit zurück,

● die Restforderungen verjähren nach 30 Jahren (InsO § 201).

Ist der Schuldner eine **natürliche Person,** so wird er auf Antrag von den im Insolvenzverfahren nicht erfüllten Verbindlichkeiten gegenüber den Insolvenzgläubigern *befreit* (**Restschuldbefreiung**). Damit wird es dem Schuldner ermöglicht, sich einen neue Existenz aufzubauen.

Voraussetzung für die Restschuldbefreiung ist die Abtretung der pfändbaren auf Bezüge aus einem Dienstverhältnis oder sonstige laufende Bezüge für *sieben Jahre* (InsO § 286 ff.).

■ *Insolvenzverfahren zur Erhaltung eines Unternehmens*

Das Insolvenzverfahren kann abweichend von den *gesetzlichen Vorschriften* der Insolvenzordnung auch **vertraglich** abgewickelt werden. Dabei können in einem **Insolvenzplan** z. B. die Befriedigung der *absonderungsberechtigten Gläubiger* und der *Insolvenzgläubiger* oder die Haftung des Schuldners nach Beendigung des Insolvenzverfahrens geregelt werden.

Der Insolvenzplan kann vom Insolvenzverwalter oder vom Schuldner eingereicht werden. Er besteht aus

- dem **darstellenden Teil.** Beschreibung der seit der Eröffnung des Insolvenzverfahrens getroffenen Maßnahmen.
- dem **gestaltenden Teil.** Festlegung der Rechtsstellung der Beteiligten.

Jede Gruppe der Gläubiger stimmt gesondert über den Insolvenzplan ab. Er gilt als angenommen, wenn in jeder Gruppe

- die *Mehrheit* der abstimmenden Gläubiger dem Plan *zustimmt;*
- die Summe der Forderungen der *zustimmenden Gläubiger* mehr als 50 % der Forderungen der *abstimmenden Gläubiger* beträgt (InsO § 244).

Ist im Insolvenzplan nichts anderes bestimmt, so ist der Schuldner nach Erfüllung seiner Verpflichtungen von seinen **restlichen Verbindlichkeiten befreit** (InsO § 227).

Damit kann das Unternehmen fortgeführt werden.

■ *Verbraucherinsolvenzverfahren*

Dieses Verfahren ist vorgesehen, wenn der Schuldner eine **natürliche Person** ist, *die keine oder nur eine geringfügige selbständige wirtschaftliche Tätigkeit* ausübt (InsO § 304 ff.).

Mit dem *Antrag* auf **Eröffnung des Insolvenzverfahrens** durch den *Schuldner* müssen vorgelegt werden:

- eine Bescheinigung, die von einer geeigneten Person[1] oder Stelle ausgestellt ist. Aus ihr muß hervorgehen, daß eine *außergerichtliche Einigung* mit den Gläubigern innerhalb der letzten *sechs Monate* vor dem Eröffnungsantrag *erfolglos versucht* worden ist;
- der Antrag auf Erteilung von *Restschuldbefreiung;*
- ein Verzeichnis
  - des vorhandenen Vermögens und des Einkommens *(Vermögensverzeichnis)*
  - der Gläubiger
  - der gegen ihn gerichteten Forderungen

  mit einer Erklärung, daß alle Angaben richtig und vollständig sind;
- ein **Schuldenbereinigungsplan** (InsO § 304).

Der Schuldenbereinigungsplan ist angenommen, wenn mehr als die Hälfte der Gläubiger, die mehr als die Hälfte der Forderungen vertreten, zustimmen. Dies ist ein (gerichtlicher) Vergleich im Sinne der ZPO § 794.

Wird der Schuldenbereinigungsplan abgelehnt, wird ein vereinfachtes Insolvenzverfahren eingeleitet (InsO § 311 ff.).

Das Verbraucherinsolvenzverfahren ermöglicht es dem Privatmann, nach sieben Jahren seine Verpflichtungen loszuwerden. Dadurch wird vermieden, daß der private Schuldner für den Rest seines Lebens mit dem pfändungsfreien Teil seines Arbeitseinkommens oder gar seiner Rente auskommen muß.

---

[1] Die Länder können bestimmen, welche Personen oder Stellen als geeignet anzusehen sind; z. B. Rechtsanwälte, Schuldnerberatungsstellen.

Änderungen aufgrund des Gesetzes gegen Wettbewerbsbeschränkungen (seit 26. August 1998 in Kraft)

Kartellarten nach der rechtlichen Zulässigkeit

- *Verbotene Kartelle*
    - **Preiskartelle.** Festlegung einheitlicher Preise.
    - **Kalkulationskartelle.** Absprache gleichartiger Kalkulationen.
    - **Gebietskartelle.** Aufteilung des Absatzgebietes unter den Kartellpartnern.
    - **Produktionskontingentierungskartelle.** Jedes Unternehmen erhält seine Produktionsmenge vorgeschrieben.
- *Anmeldepflichtige Kartelle*
    - **Konditionenkartelle.** Anwendung gleicher Allgemeiner Geschäftsbedingungen, gleicher Lieferungs- und Zahlungsbedingungen.
    - **Normungs- und Typisierungskartelle:** einheitliche Anwendung von Normen.
    - **Spezialisierungskartelle.** Rationalisierung wirtschaftlicher Vorgänge durch Spezialisierung. Wettbewerb auf dem Markt muß aber bestehen bleiben.
    - **Mittelstandskartelle** zur Zusammenarbeit kleiner und mittlerer Unternehmen.
- *Genehmigungspflichtige Kartelle*
    - **Rationalisierungskartelle.** Verbesserung der Leistungsfähigkeit der Unternehmen durch einheitliche Rationalisierungsmaßnahmen.
    - **Strukturkrisenkartelle.** Anpassung der Produktion bei starkem Absatzrückgang.
    - **Absatzkartelle (Syndikate).** Schaffung gemeinsamer Beschaffungs- und Vertriebseinrichtungen.
    - **Sonstige Kartelle.** Unter Beteiligung der Verbraucher Verbesserung der Entwicklung, Erzeugung und Verteilung usw.
    - **Sonderkartelle** (mit Ministererlaubnis) für Ausnahmefälle.

Änderungen aufgrund des Transportrechtsreformgesetzes (seit 25. Juli 1998 in Kraft) und des Güterkraftverkehrsgesetzes (seit 22. Juni 1998 in Kraft)

■ *Frachtbrief (HGB § 408 ff.)*

Der Frachtbrief wird in **drei Originalausfertigungen** ausgestellt, die vom Absender unterzeichnet werden. Der Absender kann verlangen, daß auch der Frachtführer (z. B. die Bahn) den Frachtbrief unterzeichnet.

Eine Ausfertigung ist für den Absender bestimmt, eine ist Begleitpapier des Gutes und eine behält der Frachtführer.

Der Frachtführer kann die Ausstellung eines Frachtbriefes mit folgenden Angaben verlangen:

1. Ort und Tag der Ausstellung;
2. Name und Anschrift des Absenders;
3. Name und Anschrift des Frachtführers;
4. Stelle und Tag der Übernahme des Gutes sowie die für die Ablieferung vorgesehene Stelle;
5. Name und Anschrift des Empfängers und eine etwaige Meldeadresse;
6. die übliche Bezeichnung der Art des Gutes und die Art der Verpackung, bei gefährlichen Gütern ihre nach den Gefahrgutvorschriften vorgesehene, sonst ihre allgemein anerkannte Bezeichnung;
7. Anzahl, Zeichen und Nummern der Frachtstücke;
8. das Rohgewicht oder die anders angegebene Menge des Gutes;

9. die vereinbarte Fracht und die bis zur Ablieferung anfallenden Kosten sowie einen Vermerk über die Frachtzahlung;

10. den Betrag einer bei der Ablieferung des Gutes einzuziehenden Nachnahme;

11. Weisungen für die Zoll- und sonstige amtliche Behandlung des Gutes;

12. eine Vereinbarung über die Beförderung in offenem, nicht mit Planen gedecktem Fahrzeug oder auf Deck.

In den Frachtbrief können weitere Angaben eingetragen werden, die die Parteien für zweckmäßig halten.

Dies entspricht den Regelungen des Beförderungsvertrags im internationalen Straßengüterverkehr (CMR).

■ *Gewerblicher Güterkraftverkehr*

Die Lastkraftwagen müssen einschließlich Anhänger ein höheres Gesamtgewicht als 3,5 Tonnen haben. Der gewerbliche Güterverkehr ist **erlaubnispflichtig.** Die Erlaubnis wird für fünf Jahre erteilt, wenn der Unternehmer seinen Sitz im Inland hat, *zuverlässig* und *fachlich geeignet* und *finanziell leistungsfähig* ist. Erlaubnisbehörde ist eine von der Landesregierung bestimmte Behörde, z. B. das Landratsamt. Die Erlaubnisbehörde übt die Aufsicht über die Unternehmer des gewerblichen Güterverkehrs aus.

Es besteht unbeschränktes **Kabotagerecht,** d. h. jeder Unternehmer, der eine Gemeinschaftslizenz besitzt, kann grenzüberschreitend Güter befördern. So kann ein deutscher Unternehmer Fracht in Frankreich aufnehmen und in die Niederlande transportieren.

Mit einer **Güterschaden-Haftpflichtversicherung** muß sich der Unternehmer gegen alle Schäden versichern, die sich bei der Beförderung sowie beim Be- und Entladen eines Gutes ergeben können.

Werkverkehr ist der Kraftverkehr für eigene Zwecke eines Unternehmens, mit eigenen LKW und eigenem Personal. Der Werkverkehr ist erlaubnisfrei und ist nicht versicherungspflichtig.

Das **Bundesamt für Güterverkehr** im Geschäftsbereich des Bundesministeriums für Verkehr ist für die Verwaltungsaufgaben des Bundes auf dem Gebiet des Verkehrs zuständig. Es überwacht den gesamten Güterverkehr der in- und ausländischen Unternehmen.

■ *Unternehmer des Güterverkehrs*

● **Der Frachtführer**

Frachtführer sind gewerbliche Unternehmer, die die Beförderung von Gütern zu Lande, zu Wasser und in der Luft durchführen (HGB § 407).

Solche Frachtführer sind die Bahn, Unternehmungen des Güterkraftverkehrs, der Binnen- und Seeschiffahrt sowie die Fluggesellschaften.

Für den Seehandel enthält das HGB besondere Vorschriften (HGB §§ 484 ff.). Die Reeder sind die Schiffseigentümer und heißen beim Seefrachtgeschäft *Verfrachter.* Der Auftraggeber wird *Befrachter* genannt.

Zwischen dem Frachtführer und dem Auftraggeber (Absender) wird ein **Frachtvertrag** mit einem **Frachtbrief** geschlossen. Durch den Frachtvertrag wird der Frachtführer verpflichtet, das Gut zum Bestimmungsort zu befördern und dort an den Empfänger abzuliefern (HGB § 407).

Der Frachtbrief ist eine *Beweisurkunde* für den Abschluß und den Inhalt des Beförderungsgeschäfts. Er ist gleichzeitig ein *Begleitpapier* für die Sendung vom Absender bis zum Empfänger und dient der *Frachtberechnung.*

- **Der Spediteur**

  Der **Spediteur** ist ein gewerblicher Unternehmer, der sich durch den Speditionsvertrag verpflichtet, die Versendung eines Gutes zu besorgen (HGB §§ 453 ff.).

  Er bestimmt das Beförderungsmittel und den Beförderungsweg, wählt den ausführenden Frachtführer und Lagerhalter und sichert eventuelle Schadenersatzansprüche des Versenders.

  Der Spediteur schließt die erforderlichen Verträge in *eigenem Namen* – oder, falls bevollmächtigt, in *fremdem Namen* (des Versenders ab).

  Für das Speditionsgeschäft gelten neben dem HGB die **Allgemeinen Deutschen Spediteurbedingungen (AdSp).** Diese sind Handelsbrauch und gelten für jedes Speditionsgeschäft ohne besondere Vereinbarung.

  Vielfach sind die Spediteure selbst Frachtführer oder Lagerhalter. Sie machen dann von ihrem Selbsteintrittsrecht Gebrauch.

- **Der Lagerhalter**

  Der **Lagerhalter** ist ein gewerblicher Unternehmer, der die Lagerung und Aufbewahrung von Gütern übernimmt (HGB § 467).

  Das Lagerhaltungsgeschäft wird meist zusammen mit dem Speditions- und dem Frachtführergeschäft betrieben.

Bezogen auf unser Gehlenbuch 03134 sind folgende Änderungen zu beachten:

Thema	Betroffene Seitenzahl
Euro	durchgängig
Kaufmannseigenschaften	369
Firmenrecht	371
Aktien	392 f.
Insolvenzverfahren	421
Kartelle	411
Gewerblicher Güterkraftverkehr	247–255

Die elf EU-Länder

Belgien   Österreich

Deutschland   Frankreich   Luxemburg   Portugal

Finnland   Irland   Italien   Niederlande   Spanien

beginnen ab 1. Januar 1999 mit der Einführung des Euro als gemeinsame Währung.

Der Euro-Raum

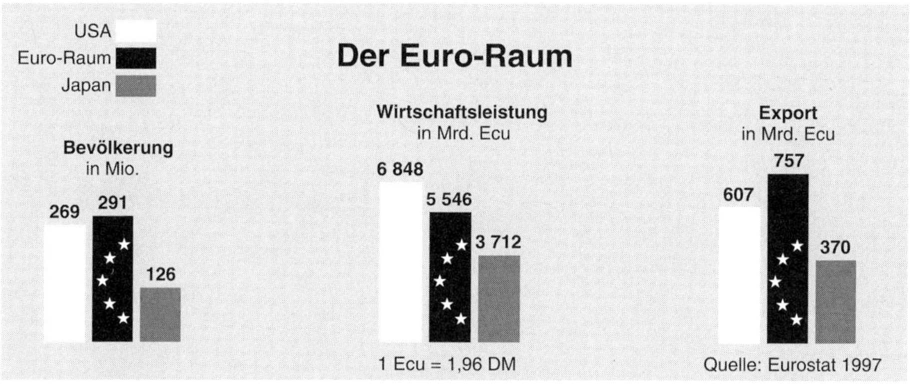

USA
Euro-Raum
Japan

Bevölkerung
in Mio.

269   291

126

Wirtschaftsleistung
in Mrd. Ecu

6 848

5 546

3 712

1 Ecu = 1,96 DM

Export
in Mrd. Ecu

757

607

370

Quelle: Eurostat 1997

Wert der Mark
(„bilaterale Leitkurse")

1 DM =

20,6255 Belg. Franc	7,03552 Österr. Schilling
20,6255 Lux. Franc	3,04001 Finn. Mark
85,0722 Span. Peseta	990,002 Ital. Lira
3,35386 Franz. Franc	1,12674 Holl. Gulden
0,402676 Ir. Pfund	102,505 Port. Escudo

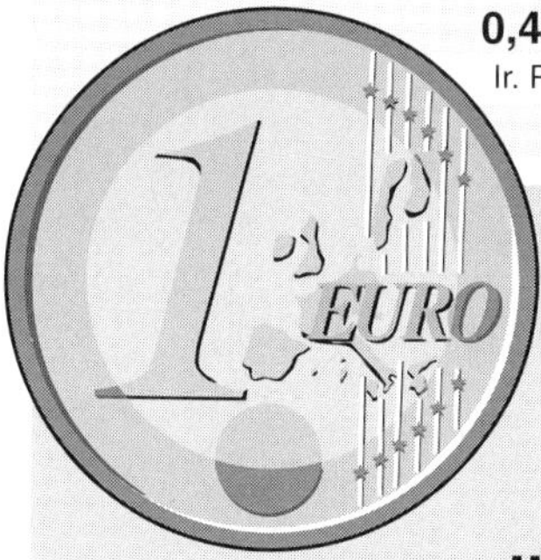

Die nächsten Schritte

III. 1. Januar 2002:
Einführung der Euro-Scheine und -Münzen.
Die elf nationalen Währungen
werden bis zum 30. Juni 2002
aus dem Verkehr gezogen.

II. 1. Januar 1999:
Unwiderrufliche Festsetzung der Umtauschkurse.
Einführung des Euro als Buchgeld (Überweisungen u.ä.).
Geldpolitik geht auf EZB über.

I. 1. Juli 1998:
Die Europäische Zentralbank (EZB)
in Frankfurt/M. nimmt ihre Arbeit auf.

© Globus   4839

11

3-441-**31341**-0

Abbildungsverzeichnis

1 Einführung in die Grundbegriffe und Grundsätze der Organisation

1.0 Lernziele

Im ersten Kapitel soll der Leser

- die Bedeutung der Organisation erkennen,
- die wichtigsten organisations-theoretischen Ansätze kennenlernen, um
- die unterschiedlichen Organisationsbegriffe besser verstehen zu können,
- den Zusammenhang, jedoch auch den Unterschied von Organisation, Improvisation und Disposition erfassen und
- sich mit den Grundsätzen der Organisation auseinandersetzen können.

1.1 Grundbegriffe der Organisation

Die Bedeutung der Organisation für eine Unternehmung (die Begriffe Unternehmung und Betrieb werden aus der Sicht des Organisators synonym verwandt) wird leicht verständlich, wenn man ein gut organisiertes Unternehmen mit einem gar nicht, schlecht oder weniger gut organisierten vergleicht.

In der Regel wird das gut organisierte Unternehmen erfolgreicher sein. Hier zeigt sich, daß das Bemühen, den Wirtschaftsprozeß zu ordnen, gegenüber einer weniger geregelten Prozeßgestaltung erhebliche Vorteile bringt.

Erkennbar wird der Erfolg an der besseren Erreichung der gesetzten Unternehmungsziele.

Die Erfahrung bestätigt dieses Ergebnis. Es ist also immer lohnend, sich mit der Organisation zu befassen. Ohne eine ausreichende Basis an theoretischem, wissenschaftlich fundiertem Wissen über das Phänomen Organisation kann aber der oben geschilderte Vorteil nicht erzielt werden. Die Notwendigkeit zum Organisieren ergibt sich für Betriebe jeder Größe, gewinnt aber bei größeren wegen der stärkeren Arbeitsteilung an Bedeutung, was durch empirische Studien bestätigt wird (vgl. Frese, Erich: Grundlagen der Organisation, 4. Auflage, Wiesbaden 1988, S. 324).

1.1.1 Organisation

Wissenschaft und Praxis definieren den Begriff Organisation unterschiedlich. Von der Vielzahl der möglichen Ansatzpunkte sollen nur die wichtigsten und für die Praxis entscheidenden Organisationsbegriffe behandelt werden.

Die Unterschiede ergeben sich aus den verschiedenen organisationstheoretischen Ansätzen, deren wichtigste kurz dargestellt werden (vgl. Frese, Erich: a. a. O. S. 31 ff). Dabei wird deutlich, daß organisatorische Fragestellungen Gegenstand vieler wissenschaftlicher Disziplinen (wie beispielsweise Organisationssoziologie und -psychologie, Systemtheorie, Kybernetik) sind. Darin liegt wohl auch die Ursache, „daß es gegenwärtig keine geschlossene Organisationstheorie und auch kein gesichertes Wissen über bestimmte Teilkomplexe gibt" (Kieser, Alfred und Kubicek, Herbert: Organisation, 2. Aufl., Berlin-New York 1983, S. 465).

Die wichtigsten organisationstheoretischen Ansätze sind:

1. Der systemtheoretisch-kybernitische Ansatz ist Ausgangsbasis vieler Forschungsrichtungen. Er wird vom Begriff System als eine Gesamtheit von Elementen, zwischen denen Beziehungen bestehen, abgeleitet. Die Organisation wird dabei als offenes System verstanden und als sozio-technisches System bezeichnet.

2. Der entscheidungstheoretische Ansatz basiert auf mathematisch-entscheidungslogischen und empirisch-entscheidungstheoretischen Beiträgen. Während auf der einen Seite der Einsatz mathematischer Modelle dominiert, wird auf der anderen Seite untersucht, wie sich Menschen und Gruppen in Entscheidungssituationen verhalten und Entscheidungsprozesse gestaltet werden sollen.

3. Der Ansatz der Managementlehre geht von praktischen Erfahrungen in der Führung von Unternehmungen aus und befaßt sich schwerpunktmäßig mit dem formalen Aufbau der Organisation und der Gestaltung von Betriebsprozessen und Arbeitsabläufen.

4. Der Ansatz der deutschen betriebswirtschaftlichen Organisationslehre setzt sich hauptsächlich mit drei Komponenten auseinander, nämlich der Aufgabe, der Aufgabenanalyse und der Aufgabensynthese. Die Ablauforganisation wird ebenfalls mit der Arbeitsanalyse und -synthese berücksichtigt. Da sich das Buch hauptsächlich auf diesen Ansatz stützt, erübrigen sich weitere Ausführungen.

5. Der strukturorientierte Ansatz ergibt sich hauptsächlich aus empirischen Beiträgen, die sich mit der Wirkung bestimmter Einflußgrößen auf die Organisationsstruktur befassen. Die empirischen Studien verwenden dabei — je nach Ausgangsbasis unterschiedlich — bestimmte Begriffe zur Abbildung der Organisationsstrukturen. Sie können grundsätzlich dem Bereich der Aufgaben und dem der Kommunikation zugeordnet werden.

6. Der verhaltensorientierte Ansatz stellt das Verhalten von Individuen und Gruppen in Organisationen in den Vordergrund. Weitgehend durch empirische Studien wurde die Erkenntnis gewonnen, daß die Organisationsstruktur alleine keinen Erfolg garantiert, sondern daß es auch wesentlich auf das Verhalten der Organisationsmitglieder ankommt. Neben der mehr personenorientierten Motivationstheorie versucht vor allem die „Organisationsentwicklung" eine Synthese zwischen Struktur und Verhalten zu erreichen (siehe auch unter 2.2.9).

1.1.1.1 Der Organisationsbegriff allgemein

Etymologisch betrachtet, bedeutet „Organisation" das **planmäßige Gestalten eines organischen Ganzen mit einer gefügehaften Ordnung.** Dies gilt sowohl für den Naturbereich als auch für den Kulturbereich (Gesellschafts-, Sozial- und Humanbereich), der als Ergebnis der menschlichen Gestaltungstätigkeit betrachtet werden kann.

Löst man aus dem Kulturbereich den Teilbereich Wirtschaft heraus, so bleibt auch hierfür der allgemeine Organisationsbegriff gültig, jedoch mit dem Unterschied, daß zusätzlich das Bemühen um Wirtschaftlichkeit miteinbezogen werden muß.

Für den **allgemeinen Organisationsbegriff** sind somit **drei Merkmale** wesentlich, nämlich

> **Ordnung**
> **Zielgerichtetheit**
> **Wirtschaftlichkeit.**

1.1.1.2 Der Organisationsbegriff unternehmensbezogen

Die Unternehmung ist Teil der Wirtschaft mit einer ihr spezifischen Zielsetzung. Die Organisation wird hier zur Erreichung des Unternehmungszieles zweckgerichtet eingesetzt. Alle eingesetzten Faktoren (Mensch, Maschine, Betriebsmittel) erfüllen dabei eine bestimmte Aufgabe. Je nach Leistungserstellung ergeben sich für eine Unternehmung charakteristische Züge (arbeits- oder anlagenintensiv, fertigungs- bzw. dienstleistungsbezogen), welche ihrerseits die Organisation entscheidend beeinflussen. Daraus folgt, daß für den unternehmensbezogenen Organisationsbegriff grundsätzlich der Art nach drei Ansätze möglich sind, und zwar

> rein menschbezogen
> mensch-sachbezogen
> rein sachbezogen.

Trotz dieser denkbaren Unterschiede ergibt eine kritische Betrachtung aus heutiger Sicht, daß der hochentwickelte Stand von Technik und Automation allein keine Organisation prägen kann, sondern der Mensch immer noch im Zentrum des Betriebsgeschehens steht und stehen wird. Im Mittelpunkt des folgenden Organisationsbegriffs steht somit der **Mensch als Aufgabenträger,** der sich zu seiner Aufgabenerfüllung bestimmter Sachmittel bedient (mensch-sachbezogener Ansatz).

Organisation ist demnach **ein System von dauerhaften Regelungen, welche die Aufgabenbereiche der Aufgabenträger festlegen und die optimale Aufgabenerfüllung** gewährleisten.

Wesentliche Kriterien (Merkmale) dieser Definition sind:

– Dauerhaft
Sinnvollerweise dürfen nur die Betriebsgeschehnisse geregelt werden, welche in gleicher oder ähnlicher Form regelmäßig, eben dauernd, anfallen. Es darf aber nicht außer acht gelassen werden, daß dauerhaft nicht eine Regelung für alle Zeiten bedeutet, sondern nur mit zeitlich begrenzter Geltungsdauer, da neue Betriebsgeschehnisse andere Regelungen erfordern können. Die Organisation darf auch nicht zum Selbstzweck werden, sondern muß eben zur notwendigen Anpassungsfähigkeit an veränderte Bedingungen einen entsprechenden Freiraum lassen, in dem nicht alles geregelt ist. Dieser Freiraum kann auf der einen Seite die Basis des Überlebens, auf der anderen die des Erfolges sein.

– Festlegen der Aufgabenbereiche für die Aufgabenträger.
Dadurch werden die Stellen als kleinste Organisationseinheiten geschaffen, die – in einen zweckmäßigen Zusammenhang gebracht – zur Struktur des organisatorischen Aufbaus der Unternehmung führen. Zweckmäßiger Zusammenhang bedeutet dabei nicht nur die Stellenbildung, sondern auch die Berücksichtigung der Leitungs- und Kommunikationsprobleme.

Struktur ist die „gefügehafte Ordnung der Glieder eines Ganzen" (Kosiol, Erich: Organisation der Unternehmung, 2. Aufl.,Wiesbaden 1976, S. 19).

– Optimale Aufgabenerfüllung.
Der Aufgabenträger muß nicht nur wissen, was er zu leisten hat, sondern auch wann und wo er seine Aufgaben bestmöglich erfüllen kann, wie er also in den Wirtschaftsprozeß der Unternehmung zeitlich und räumlich eingegliedert wird. Obwohl man die Organisation als „Ganzes" betrachten muß, unterscheidet man zur besseren Durchdringung der komplexen Zusammenhänge in **Aufbau- und Ablauforganisation.** Dies kommt auch durch die beiden Kriterien zum Ausdruck, welche den Aufgabenbereich (= Aufbauorganisation) und die Aufgabenerfüllung (= Ablauforganisation) betreffen. Diese Differenzierung darf aber keinesfalls zum Ergebnis führen, daß die Aufbauorganisation als statisches und die Ablauforganisation als dynamisches Element betrachtet wird. Ausführlich wird die Ablauforganisation im 3. Kapitel behandelt.

Der unternehmensbezogene Begriff Organisation kann unterschiedlich verwendet werden, und zwar

– als Tätigkeit des Organisierens.
Die Unternehmung stellt ein künstlich von Menschen geschaffenes Gebilde dar, dem keine „natürliche" Ordnung gegeben ist. Sie muß vielmehr erst geschaffen werden. Die Herstellung einer solchen Ordnung gibt dem Gebilde Unternehmung eine „dauerhafte Struktur". Die Erfüllung dieser Aufgabe des Strukturierens kann somit als Organisation bezeichnet werden.

– als Ergebnis des Organisierens.
Sind die dauerhaften Regelungen endgültig fixiert und ihre Beziehungen unter-

einander bestmöglich aufeinander abgestimmt, so ist eine Basis vorhanden, auf der sich wirtschaftliches Handeln zielgerichtet vollziehen kann. Das so geschaffene System hat eine Ordnung, es besitzt eine Struktur, verfügt also über eine Organisation.

Dieser unternehmensbezogene Begriff Organisation hat instrumentalen Charakter, d. h., daß Organisation als Instrument zur Erreichung des Unternehmungszieles verstanden wird (vgl. Grochla, Erwin: Grundlagen der organisatorischen Gestaltung, Stuttgart 1982, S. 1).

1.1.1.3 Der Organisationsbegriff aus soziologischer Sicht

Der Organisator gestaltet primär die Aufgabenbereiche der Menschen im Unternehmen. Der Erfolg seiner Arbeit wird dabei auch vom Umsetzen soziologischer Erkenntnisse in die Praxis beeinflußt. Es ist daher naheliegend, den Organisationsbegriff auch aus soziologischer Sicht zu behandeln, damit eine eindeutige Abgrenzung gegenüber dem unternehmensbezogenen Organisationsbegriff erfolgen kann.

Die Organisationssoziologie faßt den Begriff Organisation viel weiter, als dies bisher der Fall war, und versteht darunter **soziale Gebilde mit einem bestimmten Mitgliederkreis und interner Rollendifferenzierung, die bewußt auf spezifische Ziele und Zwecke gerichtet sind, welche durch rationales Handeln erreicht werden sollen** (vgl. Mayntz, R.: Soziologie der Organisation, Reinbek b. Hbg. 1963, S. 36). Unter Organisation in diesem Sinne versteht man alle Institutionen wie Schule, Behörde, Krankenhaus, Verein, Partei usw.; es handelt sich also um einen institutionalen Organisationsbegriff im Gegensatz zum instrumentalen unternehmensbezogenen.

Die Organisationssoziologie hat durch das Ergebnis der sog. **Hawthorne-study** die **formale** (auch formelle) und **informale** (auch informelle) **Organisation** aufgedeckt.

- **Formale Organisation** ist ein System von Regelungen im Sinne obiger unternehmensbezogener Definition des Begriffes Organisation, also eine bewußt geschaffene Ordnung, in der die Aufgabenträger ihre Aufgaben erfüllen;
- **Informale Organisation** dagegen ist die Aufnahme von Verbindungen zwischen den Aufgabenträgern **neben** den geregelten Beziehungen zum Zwecke des Austausches von Informationen, welche die Aufgabenerfüllung positiv und negativ beeinflussen können.

Es handelt sich dabei aber keinesfalls etwa um zwei unterschiedliche Organisationsformen. Die eine (informale) bedingt vielmehr die andere (formale); letztere wird von der ersteren überlagert. Hauptmerkmal der informalen Organisation ist die Tatsache, daß sie nicht organisierbar ist. Sie hat ihre Ursache vielmehr hauptsächlich in der Bildung **informaler Gruppen,** die durch gleiche Interessen

(Hobby, Politik, Kunst etc.), räumliche Gemeinsamkeiten (Ort, gleicher Weg zur Arbeit, gleiches Verkehrsmittel), gleiche soziale Merkmale (Alter, Beruf, Geschlecht, Dauer der Betriebszugehörigkeit) und aus weiteren ähnlichen Gründen entstehen können.

Wegen der Nichtorganisierbarkeit und damit auch der Unmöglichkeit, die informale Organisation konkret zu erfassen, ist der Begriff umstritten; man spricht eher von formalen und informalen Gruppen bzw. Beziehungen. Dennoch ist deren Existenz nicht zu negieren, so daß weniger der Begriff für den Organisator von Bedeutung ist als vielmehr die Erkenntnis, daß aus der Realität der informalen Organisation für den Betrieb möglichst die positiven Erscheinungsformen nutzbar gemacht werden, gegebenenfalls mit Hilfe der Soziometrie.

Aktuell ist zur Zeit die Auseinandersetzung mit der informalen Organisation unter dem Begriff **Unternehmenskultur** (vgl. Bühner, R.: Betriebswirtschaftliche Organisationslehre, 4. Aufl., München/Wien, 1989).

1.1.2 Improvisation und Disposition

Eine noch so gute Organisation kann nicht verhindern, daß im Vollzug des Wirtschaftsprozesses **unvorhergesehene Ereignisse** eintreten, die zu einer Störung führen. Sollte eine derartige Situation eintreten, muß ein möglichst reibungsloser Betriebsablauf aufrechterhalten bleiben. Es müssen Entscheidungen über bestimmte Maßnahmen zur Beseitigung der aufgetretenen Störung getroffen werden. Entsprechend der jeweils gegebenen Situation werden diese Entscheidungen für einen konkreten Fall (= Disposition) oder als vorübergehende „provisorische" Lösung (= Improvisation) wirksam.

1.1.2.1 Improvisation

Werden zur Beherrschung unvorhergesehener oder auch plötzlich eingetretener Ereignisse schnelle **Maßnahmen mit vorläufigem Charakter für eine vorübergehende Zeitspanne** ergriffen, so spricht man von **Improvisation.**

Beispiel: Von 10 Drehmaschinen einer Kostenstelle fällt plötzlich eine Drehmaschine durch einen größeren Defekt aus. Um die bisherige Ausbringung mit den intakten übrigen 9 Drehmaschinen aufrechterhalten zu können, müssen organisatorische Maßnahmen ergriffen werden (Verbesserung der Ablauforganisation, Aktivierung von Leistungsreserven, Arbeitszeitverlängerung). Da der Erfolg dieser Maßnahmen ungewiß ist, kommen sie einem Versuch gleich, werden nur als vorübergehend betrachtet. Es bleibt jedoch nicht ausgeschlossen, daß bei einem positiven Ergebnis die getroffene Regelung dauerhaft und somit zur Organisation wird. Die Wahrscheinlichkeit ist jedoch größer, daß die alte, evtl. aus den Erfahrungen der Improvisation vorteilhaft ergänzte Organisation wieder wirksam wird.

Aus der Vielzahl möglicher **Ursachen zur Improvisation** seien folgende Hauptursachen genannt:

- Für eine endgültige Lösung fehlen noch die notwendigen Erkenntnisse und Erfahrungen; sie können nur durch den Betriebsablauf gewonnen werden. Bis dahin wird improvisiert (bspw. Probelauf, O-Serie).
- Die Erkenntnisse und Erfahrungen sind zwar vorhanden, können aber aus zeitlichen Gründen nicht zu einer zielentsprechenden Lösung zusammengefaßt werden. Solange bleibt das „Provisorium" gültig.
- Die Erkenntnis ist eindeutig, daß eine Änderung notwendig wird. Aus unterschiedlichsten Gründen (bspw. fehlende Sachmittel, Räumlichkeiten, qualifizierte Mitarbeiter u.a.) bietet sich aber noch keine realisierbare Alternative an, so daß alles „vorläufig" bleibt.

Improvisation ist ebenfalls eine Regelung, welche einen Aufgabenbereich festlegt und die Aufgabenerfüllung gewährleistet, jedoch mit vorläufigem Charakter, nur vorübergehend, nicht endgültig.

Improvisieren ist dementsprechend die Tätigkeit, welche zu einer vorläufigen Regelung hinführt.

Die **Improvisation schafft** also eine **vorübergehende Struktur** als Basis für eine unter gegebenen Voraussetzungen bestmögliche Aufgabenerfüllung und **ist** somit **Teil der Organisation.** Die Grenze zwischen Improvisation und vorläufiger Organisation ist fließend, d. h. eine exakte Abgrenzung ist nicht möglich.

1.1.2.2   Disposition

Nicht alle Maßnahmen zur Aufgabenerfüllung können vorherbestimmt werden. Es ergeben sich vielmehr zahlreiche Einzelmaßnahmen im täglichen Betriebsablauf, die **einmalig** sind und **fallweise geregelt** werden müssen. Diese **nach Art und Zeit abgestimmte Einteilung und Verfügung über die Einsatzgüter** (Geld, Material, Betriebsmittel, Arbeitskräfte) **nennt man Disposition.**

Beispiel: Eine Arzneimittelgroßhandlung kann den Einsatz ihrer Fahrzeuge zur Auslieferung immer nur jeweils entsprechend dem Auftragseingang disponieren.

Bei der Disposition werden zwar auch für die Erfüllung von Aufgaben Regelungen getroffen, jedoch nur von Fall zu Fall, also einmalig. Sie verlieren mit der Erfüllung der Aufgabe ihre Gültigkeit und haben somit keine strukturierende Wirkung. Im Gegenteil, die Organisationsstruktur bildet in der Regel die Basis für die ständig notwendig werdenden Dispositionen. Kosiol (vgl. Kosiol, E.: a.a.O., S. 129) unterscheidet deshalb auch in sowohl **organisatorisch** als auch **improvisatorisch gebundene** sowie **freie oder ungebundene Dispositionen.**

Demnach sind Dispositionen entweder an bestehende organisatorische oder improvisatorische Regelungen gebunden oder können ohne Rücksicht auf bestehende Regelungen getroffen werden.

Beispiel: Der Disponent der Arzneimittelgroßhandlung darf Eilsendungen nur innerhalb einer bestimmten Entfernung und eines bestimmten Zeitraumes sofort ausführen; er ist somit an eine organisatorische Regelung gebunden. Steht ihm der Vollzug der Eilsendung frei, liegt eine an Regelungen nicht gebundene Disposition vor.

1.1.2.3   Zusammenhang von Organisation, Improvisation und Disposition

Die **wichtigsten Kriterien** von Organisation, Improvisation und Disposition zeigt folgende Abbildung.

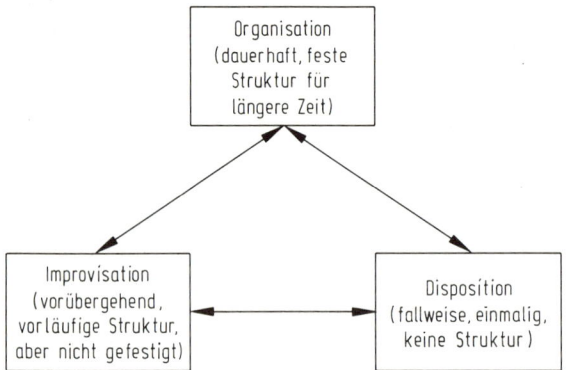

Abb. 1.1: Zusammenhang von Organisation, Improvisation und Disposition

Die Pfeile zwischen den Begriffen dokumentieren sowohl den Zusammenhang, als auch die Tatsache, daß die Grenzen fließend sind.

Daraus kann abgeleitet werden, daß das Verhältnis von Organisation, Improvisation und Disposition in jeder Unternehmung unterschiedlich ist; es gibt keine fest bestimmbare Relation über ein etwa optimales Verhältnis. Entscheidend ist immer, welche Aufgabenstruktur sich aus der Zielsetzung der Unternehmung ergibt, d. h. welche Bedürfnisse am Markt befriedigt werden sollen (Sachleistung, Dienstleistung etc.). Die Herstellung eines ausgewogenen Verhältnisses zwischen Organisation, Improvisation und Disposition ist daher für jede Unternehmung von entscheidender Bedeutung.

Ein Zuviel an Organisation kann zur Starrheit und damit zu einer Lähmung des gesamten Wirtschaftsprozesses führen. Ein Zuwenig ergibt normalerweise eine Unordnung, die keinesfalls als Grundlage für einen reibungslosen Betriebsablauf dienen kann. Liegt eine der beiden Situationen vor, spricht man auch von **Über-** bzw. **Unterorganisation.**

Auf das „**Substitutionsprinzip der Organisation**" nach Gutenberg (vgl. Gutenberg, E.: Grundlagen der Betriebswirtschaftslehre, Bd. 1, 23. Aufl., Berlin/Heidelberg/New York 1979, S. 239 ff), wonach mit zunehmender Gleichartigkeit und Periodizität tendenziell fallweise geregelte betriebliche Tatbestände durch generelle Regelungen ersetzt werden, sei an dieser Stelle hingewiesen.

Zur Verdeutlichung dieses organisatorischen Substitutionsprinzips sei an das Beispiel des Disponenten einer Arzneimittelgroßhandlung angeknüpft. Es wird davon ausgegangen, daß bisher die Eilsendungen Ausnahmeerscheinungen waren. Häufen sich jedoch die Vorkommnisse und verringern sich die Zeitabstände (= Zunahme der Periodizität), so erfolgt die Abwicklung der Eilsendungen in annähernd gleicher Weise (= Zunahme der Gleichartigkeit). Die fallweisen Entscheidungen des Disponenten verlieren dadurch immer mehr an Bedeutung und sind durch generelle Regelungen ersetzbar, nach denen auch die Lageristen die Eilsendungen erledigen können.

1.2 Grundsätze der Organisation

Die bisherigen Ausführungen lassen erkennen, daß die Organisation ein tragender Pfeiler des betrieblichen Erfolges sein kann. Der Anteil an diesem Erfolg hängt im wesentlichen davon ab, wie es gelingt, die Organisation den betrieblichen Bedingungen anzupassen. Für dieses Gelingen gibt es sicher kein Patentrezept. Theorie und Praxis haben jedoch einige Grundsätze oder auch Grundprinzipien entwickelt, von denen nur die als wichtig betrachteten behandelt werden, weil deren Beachtung beim Organisieren empfehlenswert erscheint. Sie sind sicher geeignet, die aus den Unternehmenszielen abgeleiteten organisatorischen Gestaltungsziele besser zu erreichen.

Zu unterscheiden sind dabei **allgemeine** und **spezielle** Grundsätze der Organisation.

1.2.1   Allgemeine Grundsätze

1.2.1.1   Das wirtschaftliche Prinzip

Als Grundprinzip wirtschaftlichen Handelns ist es Gegenstand der Betriebswirtschaftslehre. Es ist ein rein formales Prinzip und wird auch als ökonomisches oder Wirtschaftlichkeitsprinzip bezeichnet und kommt in zwei Formulierungen zum Ausdruck:

– als **Maximalprinzip,**
d. h. mit vorgegebenen Mitteln (Aufwand) soll der höchstmögliche Erfolg (Ertrag) erzielt werden,

– als **Minimalprinzip,**
d. h. eine vorgegebene Leistung (Ertrag) soll mit den geringstmöglichen Mitteln (Aufwand) erreicht werden.

Obwohl die Wirtschaftlichkeit wesentliches Merkmal des allgemeinen Organisationsbegriffes und Allgemeingut der Betriebswirtschaftslehre ist, wird dieser Grundsatz herausgestellt. Gerade dem Organisator steht ja für die Lösung seiner Probleme meist eine Reihe von Alternativen zur Verfügung. Das als „oberster Grundsatz" zu betrachtende Wirtschaftlichkeitsprinzip sollte jedoch letztendlich für die richtige Alternative den Ausschlag geben.

1.2.1.2   Die Zweckmäßigkeit

Dieser Grundsatz als fundamentales Prinzip besagt, „daß **alle strukturierenden Maßnahmen den gesetzten Zweck in bester Weise zu erfüllen haben"** (Kosiol, E.: a.a.O., S. 24).

Der Organisator hat demnach darauf zu achten, daß die Aufgabenerfüllung durch ein ausgewogenes Verhältnis von Zweck und Mitteln sichergestellt wird. Er muß somit aus allen möglichen Strukturregelungen diejenige auswählen, welche die Erfüllung der Aufgabe am besten gewährleistet.

Die Berücksichtigung dieses Grundsatzes kann gleichzeitig verhindern, daß das Organisieren zum Selbstzweck wird.

1.2.1.3   Das organisatorische Gleichgewicht

Das organisatorische Gleichgewicht einer Unternehmung ergibt sich aus einem ausgewogenen Verhältnis von **Stabilität** und **Elastizität.**

Stabilität wird erreicht durch Organisation, Elastizität durch Improvisation und Disposition.

Die Abbildung soll verdeutlichen, daß es kein feststehendes Verhältnis zwischen Stabilität und Elastizität gibt und geben kann. Der Wirtschaftsprozeß ist dyna-

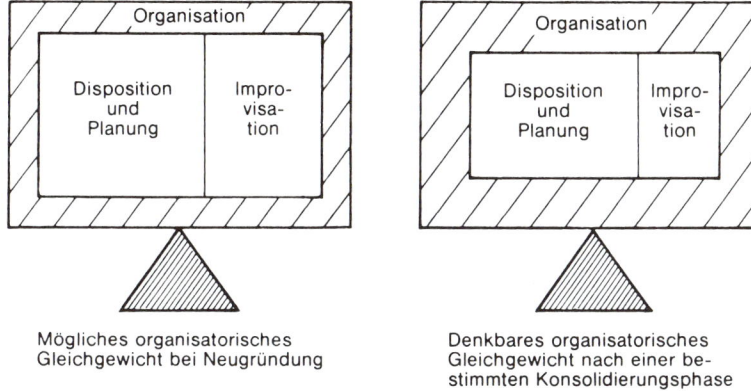

Abb. 1.2: Verhältnis von Organisation zu Improvisation und Disposition

misch. Der angenommene Fall der Neugründung zeigt, daß zunächst weniger organisiert sein kann und noch relativ viel improvisiert und disponiert werden muß. Nach Ablauf einer bestimmten Konsolidierungsphase sollten Dispositionen und Improvisationen zugunsten der Organisation reduziert sein. Ein stabiler Rahmen gibt der Unternehmung die notwendige Festigkeit, um allen Einflüssen von innen und außen besser widerstehen zu können. Das Maß an Elastizität muß so ausreichend sein, daß ohne größere Schwierigkeiten Anpassungsprozesse zu realisieren sind.

1.2.2   Spezielle Grundsätze

Im Gegensatz zu den allgemeinen Grundsätzen, deren Anwendungsbereich nicht konkret abgegrenzt ist und die somit einen geringen Grad an Bestimmtheit haben, zielen die speziellen Grundsätze darauf ab, Hinweise zu geben, wie organisatorische Gestaltungsziele bei **festgelegtem Anwendungsbereich** besser erreicht werden können.

Auch hier sollen nur beispielhaft die wichtigsten Grundsätze behandelt werden, zumal der Katalog möglicher spezieller Grundsätze recht umfangreich sein kann.

Die Anwendungsbereiche lassen sich einteilen in den

– Gestaltungsbereich (Aufbau- und Ablauforganisation)

– Verhaltensbereich (Aufgabenerfüllung durch die Menschen).

Beispiele spezieller Grundsätze im Gestaltungsbereich:

– Stellenbildung durch exakte Aufgabengliederung und Aufgabenzuweisung

- Stellenbildung unter Beachtung der Leitungsspanne
- Stellenbildung unter Beachtung der Wirkzusammenhänge
- Konkrete Festlegung der Kompetenz
- Maximierung der Durchlaufgeschwindigkeit
- Minimierung der Durchlaufwege.

Beispiele spezieller Grundsätze im Verhaltensbereich:
- kein autoritärer, sondern kooperativer Führungsstil
- Kontrolle ja, aber durch Überzeugung, nicht durch Strafe
- Ausschöpfung aller Möglichkeiten zur Delegation von Verantwortung
- ausreichende Informationen an Mitarbeiter
- Einhaltung des Dienstweges
- Einhaltung des Beschwerdeweges.

Nachdem selbst die speziellen Organisationsgrundsätze im konkreten Fall nicht immer bzw. nur annähernde Anwendung finden können, ist ihr Aussagecharakter teilweise umstritten. Es gibt sog. „Grundsatzgegner" und „Grundsatzbefürworter". Die Tatsache, daß die Organisationsgrundsätze behandelt wurden, zeigt den Standort des Verfassers.

1.3   Kontrollfragen

1. Worin unterscheiden sich der instrumentale und der institutionale Organisationsbegriff?
2. Welcher Zusammenhang besteht zwischen Organisation, Improvisation und Disposition?
3. Welche Bedeutung hat der Grundsatz des organisatorischen Gleichgewichts?
4. Worin unterscheiden sich allgemeine und spezielle Organisationsgrundsätze?

2 Die Aufbauorganisation

2.0 Lernziele

Im zweiten Kapitel soll der Leser

- die Bedeutung und Merkmale der Aufgabe für die Organisation kennenlernen,
- die Notwendigkeit der Aufgabenanalyse und deren Durchführung verstehen,
- die Aufgabensynthese als Ganzes begreifen,
- die Problemfelder Stelle, Instanz, Stab, Informationsaustausch und Kollegien erfahren,
- sich mit traditionellen und aktuellen Strukturierungskonzeptionen auseinandersetzen,
- durch eine Gesamtbetrachtung die Komplexität einer Organisationsstruktur erkennen können,
- die Bedeutung der Informationstechnologie für die Organisation verstehen und
- das Konzept der Organisationsentwicklung kennenlernen.
- Kenntnis über wichtige Neuerungen in der Organisation von Unternehmungen erhalten.

2.1 Aufgabe und Aufgabenanalyse

Die Aufgabe steht immer im Mittelpunkt der Organisation, egal, ob der Begriff Organisation als Tätigkeit des Organisierens oder als deren Ergebnis verstanden wird. Für das Organisieren ist die Aufgabe Ausgangspunkt und Inhalt der Tätigkeit. Die geschaffene Aufbauorganisation ist dagegen die Basis der optimalen Aufgabenerfüllung (= Ablauforganisation).

Als Aufbauorganisation wird die Gliederung der Unternehmung in Stellen und Abteilungen, sowie die Regelung der Leitungs-, Stabs-, Kommunikationsbeziehungen und der Kollegien betrachtet (vgl. Grochla, E.: a.a.O., S. 24). Für die Gestaltung einer bestmöglichen Aufbauorganisation muß zunächst Klarheit über die Aufgabe als **Sachziel** der Unternehmung bestehen. **Sachziel** ist die Leistungserstellung (Zusammensetzung, Volumen und Zeitraum, -punkt der Leistungserstellung). Das **Formalziel** leitet sich dagegen aus der unternehmerischen Zielsetzung ab, wie bspw. Gewinnmaximierung, Kostendeckung, Marktführer u.a.

Handlungsziele sind die aus dem Sachziel abgeleiteten Zielsetzungen, die sich in den Aufgabenbereichen der einzelnen Aufgabenträger niederschlagen.

Die Besonderheit der aus dem Sachziel abgeleiteten Aufgabe (z. Bsp. Herstellung von Maschinen) für die Organisation besteht darin, daß sie in die von ihr verursachten Teilaufgaben zerlegt (analysiert) werden muß, die dann Handlungsziele der Aufgabenträger werden können.

2.1.1   Die Aufgabe

2.1.1.1   Wesen der Aufgabe

Der überwiegende Teil menschlicher Handlungen besteht in der Erfüllung von Aufgaben, sei es im Beruf, in der Familie, in der Gesellschaft. Sie dienen alle einem bestimmten **Zweck** und verfolgen ein konkretes **Ziel**. Die betreffenden Handlungen, die eine bestmögliche Aufgabenerfüllung gewährleisten, werden entscheidend von Zweck und Ziel abhängen. Diese Tatsache wird vornehmlich dann bewußt, wenn die Aufgabenerfüllung nicht „routinemäßig"erfolgt, sondern sich Probleme ergeben und unter mehreren Möglichkeiten die dem Zweck und Ziel am ehesten entsprechenden Maßnahmen auszuwählen sind.

Aufgaben werden also von Menschen erfüllt, wobei diese sich selbstverständlich aller denkbaren Hilfsmittel bedienen können. Manche dieser Hilfsmittel sind als „programmierte Maschinen" in der Lage, Operationen selbständig auszuführen, wie dies am ausgeprägtesten beim Computer der Fall ist. **Aufgabenträger bleibt jedoch der Mensch,** da die Maschine nur dann eine Leistung erbringen kann, wenn sie von Menschen gesteuert wird.

2.1.1.2   Begriff und Merkmale der Aufgabe

Eine Aufgabe erfüllen heißt, ein gesetztes, auf einen bestimmten Zweck abgestelltes Ziel erreichen. Dies erfordert ein Tätigwerden. Somit ist unter einer **Aufgabe die Zielsetzung für eine zweckbezogene menschliche Handlung zu verstehen** (vgl. Kosiol, E.: a.a.O., S. 43).

Aus dem Begriff der Aufgabe kann aber nicht abgeleitet werden, „was" im einzelnen „wie", „woran", „von wem" und „womit", „wo" und „wann" realisiert werden soll. Um die Aufgabe vielmehr in diesem Sinne beschreiben zu können, erscheint es notwendig, sie in ihre Bestandteile (Komponenten) zu zerlegen, die als **Merkmale** zur Kennzeichnung der Aufgabe verwendet werden können.

Die Merkmale (auch Bestimmungselemente oder Kriterien) ergeben sich fast zwangsläufig aus der Beantwortung vorstehender Fragewörter, nämlich:

– **Wie** wird eine Aufgabe erfüllt?
Maßgeblich ist die Art der Tätigkeit, des Verrichtens.
Merkmal also: **Verrichtung**

– **Woran** wird eine Aufgabe erfüllt?
Die Tätigkeit (Verrichtung) geschieht an einem (realen oder auch abstrakten) Gegenstand (Objekt).
Merkmal also: **Objekt**

– Von **wem** wird eine Aufgabe erfüllt?
Der Aufgabenträger führt eine bestimmte Verrichtung am entsprechenden Objekt aus.
Merkmal also: **Aufgabenträger**

– **Womit** wird die Aufgabe erfüllt?
Die Aufgabenerfüllung wird erleichtert, verbessert oder überhaupt erst möglich, wenn dem Aufgabenträger Hilfs(Sach-)mittel zur Verfügung stehen.
Merkmal also: **Sachmittel**

– **Wo** wird eine Aufgabe erfüllt?
Maßgeblich ist der Ort, Raum (im weitesten Sinne „Weltraum").
Merkmal also: **Raum**

– **Wann** wird eine Aufgabe erfüllt?
Maßgeblich ist die Zeit (Zeitpunkt, Zeitraum, Zeitablauf).
Merkmal also: **Zeit**

Mit diesen Merkmalen kann nun jede Aufgabe als Zielsetzung einer zweckbezogenen menschlichen Handlung in ihrer Erfüllung exakt beschrieben werden.

Beispiel: Die Sekretärin (Aufgabenträger) hat einen Geschäftsbrief (Objekt) mit der Schreibmaschine (Sachmittel) um 14.00 Uhr (Zeit) im Vorzimmer (Ort) zu schreiben (Verrichtung).

Das Beispiel zeigt, daß die Aufgabe nicht nur beschrieben, sondern deren Erfüllung genau bestimmt ist. Der Aufgabenträger hat keinerlei Entscheidungsfreiheit mehr; es liegt ein hoher Grad an Bestimmtheit vor. Dieser sog. **Bestimmtheits- oder Konkretisierungsgrad** ist für den Organisator von großer Bedeutung, da bei dessen Mißachtung eine optimale Aufgabenerfüllung verhindert werden kann. Die Sekretärin könnte beispielsweise den Brief schon um 13.40 Uhr schreiben; es könnte der Schreibautomat eingesetzt werden; eine andere Schreibkraft könnte den Brief schneller schreiben.

Grundsätzlich haben geistige Tätigkeiten (Entscheidungsaufgaben des Direktors) einen geringeren Bestimmtheitsgrad als manuelle bzw. maschinelle Arbeiten (Ausführungsaufgaben, Fräsen an der Maschine).

Die Aufgabe selbst kann eigentlich durch die Merkmale „Objekt" und „Verrichtung" beschrieben werden, also „Brief schreiben". Dies reicht aber für die Lösung von Organisationsproblemen nicht aus. Eindeutig und genau kann die Beschreibung erst durch die weiteren Merkmale erfolgen.

Für die Gestaltung der Aufbauorganisation stehen die Merkmale Verrichtung, Objekt und Aufgabenträger im Vordergrund, während die Merkmale Sachmittel, Raum und Zeit erst im Rahmen der Ablauforganisation (siehe Kap. 3) bedeutungsvoll werden.

Bevor die Aufgabe aber in obigem Sinne exakt beschrieben werden kann, muß eine Aufgabenanalyse vorausgehen und die dabei gewonnenen Teilaufgaben müssen auf Stellen verteilt worden sein.

2.1.2   Die Aufgabenanalyse

2.1.2.1   Vorbedingung des Organisierens

Organisation wurde hinsichtlich der Gestaltung der Aufbauorganisation definiert als Festlegung der Aufgabenbereiche für die Aufgabenträger. Hierfür muß die Aufgabe genau bestimmt sein, um die günstigste Ausgangsbasis für ihre Erfüllung schaffen zu können. Eine solche Grundlage kann man nur durch eine vorhergehende **Aufgabenanalyse** erhalten; sie ist somit Vorbedingung des Organisierens.

Zum besseren Verständnis der Gestaltung der Aufbauorganisation seien alle folgenden organisatorischen Probleme mit Hilfe einer Fallstudie verdeutlicht. Es wird dabei zunächst von einem in der Praxis selten anzutreffenden Fall ausgegangen, nämlich der Neugründung einer Unternehmung. Die Behandlung von Fällen, bei denen eine bestehende Unternehmung ganz oder auch nur in Teilbereichen reorganisiert wird, findet dennoch Berücksichtigung. Im ersteren Fall spricht man von einer **freien oder ungebundenen Organisation** (der Organisator kann frei und ungebunden tätig werden), im letzteren von einer **gebundenen Organisation** (durch bereits bestehende Regelungen, Aufgabenträger und Sachmittel bestehen Bindungen).

Fallbeispiel: Neugründung einer Unternehmung für die Herstellung von Maschinen in 5 verschiedenen Typen in Einzel- und Serienfertigung mit ca. 500 Beschäftigten.

Die Aufgabe des Organisators besteht nun darin, eine Organisation zu gestalten, welche das gegebene Sachziel (Gesamtaufgabe) am besten erreicht.

Die **Gesamtaufgabe** der Unternehmung (im Fallbeispiel „Herstellung von Maschinen") ist eindeutig fixiert, also ein Datum. Die Erreichung dieses Sachzieles aber ist nur möglich, wenn eine Fülle von daraus abgeleiteten **Teilaufgaben** erledigt wird, so daß sich die Gesamtaufgabe als ein Komplex von Teilaufgaben erweist. Dieser Komplex muß erst analysiert, zerlegt, aufgelöst werden, damit die

einzelnen Teilaufgaben erkannt und bestimmt werden können. Unter **Aufgabenanalyse versteht man also die für eine zu gründende oder gegebene Unternehmung
aus der komplexen Gesamtaufgabe zu bestimmenden Teilaufgaben** oder auch ein
„Verfahren der Gliederung der betrieblichen Gesamtaufgabe in analytische Teilaufgaben" (Hoffmann, F.: Entwicklung der Organisationsforschung, 2. Aufl.,
Wiesbaden 1976, S. 72).

Die Durchführung der Aufgabenanalyse soll klar von der ihr folgenden Aufgabensynthese (Zusammenfassung von Teilaufgaben zu verteilungsfähigen Aufgabenkomplexen), insbesondere vom Aufgabenträger, getrennt sein. In der Praxis
kann man diese Forderung nur schwer erfüllen, was bereits bei der Frage der
Gliederungstiefe zum Tragen kommt. Mit der Bestimmung der ersten Teilaufgabe (auch Unteraufgabe) aus der Gesamtaufgabe (auch Oberaufgabe) ist nämlich
die Aufgabenanalyse noch nicht beendet. Jede Teilaufgabe kann in weitere Teilaufgaben zerlegt und diese können wiederum gegliedert werden. Es ergeben sich
somit **Teilaufgaben verschiedener Ordnung.** Die Feststellung der Teilaufgabe
niedrigster Ordnung (auch **Elementaraufgabe**) ergibt sich aus der Gliederungstiefe, die bis hin zu Arbeitsgängen und Griffelementen möglich wäre. Eine solch
weitgehende Gliederung hat jedoch wenig Sinn, da diese Teilaufgaben einmal
Gegenstand der Ablauforganisation sind (in Form der Arbeitsanalyse, siehe
3.5.1) und zum anderen für die Erfüllung durch einen Aufgabenträger wieder
zusammengefaßt werden müßten. Die Grenze der Aufgabenanalyse liegt grundsätzlich dort, wo der Aufgabenbereich eines Aufgabenträgers entstehen kann.

Für die praktische Durchführung der Aufgabenanalyse steht eine Gliederungstechnik zur Verfügung, die unter 4.2.2.1.1.1 behandelt wird. Hilfsmittel sind der
sogenannte Rasterbogen und das Aufgabenstrukturbild.

2.1.2.2   Gliederungsgesichtspunkte (Merkmale) der Aufgabenanalyse

Nach Kosiol (Kosiol, E.: a. a. O., S. 49) wird die Aufgabenanalyse nach den folgenden 5 Gliederungsgesichtspunkten durchgeführt:

1 nach den **Verrichtungen**
2 nach den **Objekten**
3 nach dem **Rang**
4 nach der **Phase**
5 nach der **Zweckbeziehung**

Die ersten beiden Gesichtspunkte (1 und 2) sind **sach-**, die letzten drei (3 bis 5)
formalbezogen. Für die Analyse der Aufgaben ist es zunächst von **sachlicher** Bedeutung, welche Verrichtungen an welchen Objekten durchzuführen sind. Die
Merkmale Rang, Phase und Zweckbeziehung sind dagegen für **jede inhaltlich fixierte Aufgabe zutreffend,** so daß diese formalen Charakter haben. Alle fünf
Gliederungsgesichtspunkte sind geeignet, jede Teilaufgabe innerhalb des Komplexes der Gesamtaufgabe eindeutig zu kennzeichnen (siehe 2.1.2.3). Da aber

die Charakterisierung einer Teilaufgabe in „allen fünf Dimensionen" nicht möglich ist, muß eine isolierende Abstraktion derart erfolgen, daß die Aufgabenanalyse als Teilanalyse immer nur im Hinblick auf einen einzigen Gliederungsgesichtspunkt durchgeführt wird. Die übrigen vier Gliederungsgesichtspunkte bleiben jeweils unberücksichtigt.

2.1.2.2.1   Gliederung nach den Verrichtungen

Keine Aufgabe ist praktisch erfüllbar ohne Verrichtungen (Handlungen, Tätigkeiten), ebensowenig ohne Objekte, an denen die Verrichtungen ausgeführt werden. Bei der Teilanalyse nach dem Gliederungsgesichtspunkt Verrichtung wird
gedanklich eine Trennung zum Gliederungsgesichtspunkt Objekt vollzogen.

Dieses theoretische Konzept einer verrichtungsorientierten Aufgabenanalyse
kann ohne weiteres auf das **Fallbeispiel** angewandt werden.

Die aus dem Sachziel der angenommenen Unternehmung abgeleitete Gesamt-
aufgabe „Herstellen von Maschinen" (Aufgabe 1. Ordnung) ist vorgegeben und
Ausgangspunkt für die Aufgabenanalyse nach dem Gliederungsgesichtspunkt
Verrichtung. Die Analyse ergibt im ersten Schritt die Teilaufgaben 2. Ordnung
Konstruieren, Beschaffen, Herstellen, Vertreiben und Verwalten. Diese müssen
erkennbar weiter zerlegt werden. Zur Veranschaulichung wird die Teilaufgabe
„Herstellen" verwendet, die in eine Vielzahl von weiteren Verrichtungen wie
Drehen, Bohren, Fräsen u. a. gegliedert wird (Teilaufgaben 3. Ordnung). Bereits
hier taucht die Frage der Gliederungstiefe auf, d. h. ob weiter zerlegt werden soll.
Bei der angenommenen Betriebsgröße wird dies für notwendig gehalten. Jede
Teilaufgabe 3. Ordnung wird also weiter zerlegt in Teilaufgaben 4. Ordnung wie
Vordrehen, Fertigdrehen, Gewindedrehen usw. Eine weitergehende Gliederungstiefe wäre denkbar. Die gewonnenen Teilaufgaben 4. Ordnung werden jedoch als Teilaufgaben niedrigster Ordnung (Elementaraufgaben) betrachtet, so
daß die Verrichtungsanalyse hier abgeschlossen wird. Diese Elementaraufgabe
ist dann gegebenenfalls Ausgangsbasis für die Arbeitsanalyse (siehe 3.5.2).

In gleicher Weise wie die Teilaufgabe 2. Ordnung „Herstellen" müßten nun auch
alle anderen (Konstruieren, Beschaffen, Vertreiben, Verwalten) zerlegt werden.
Die Gliederungstiefe kann dabei unterschiedlich ausfallen. Das Teilergebnis der
Verrichtungsanalyse für die Teilaufgabe 2. Ordnung „Herstellen" zeigt die Abb.
2.1.
Wird für eine *bestehende Unternehmung* eine *Aufgabenanalyse* durchgeführt, so
sind die einzelen Verrichtungen bereits bekannt und somit bestimmt. Die vor-
hande Aufgabengliederung wird dann in *Form einer Ist-Aufnahme* (siehe unter
4.1.2.1) festgestellt und auf ihre bestmögliche Brauchbarkeit untersucht (analysiert). Bei erkannten Mängeln (zu viel oder zu wenig Verrichtungen, ungünstige
Gliederungstiefe) wird eine Neugliederung der verrichtungsorientierten Teilaufgaben notwendig.

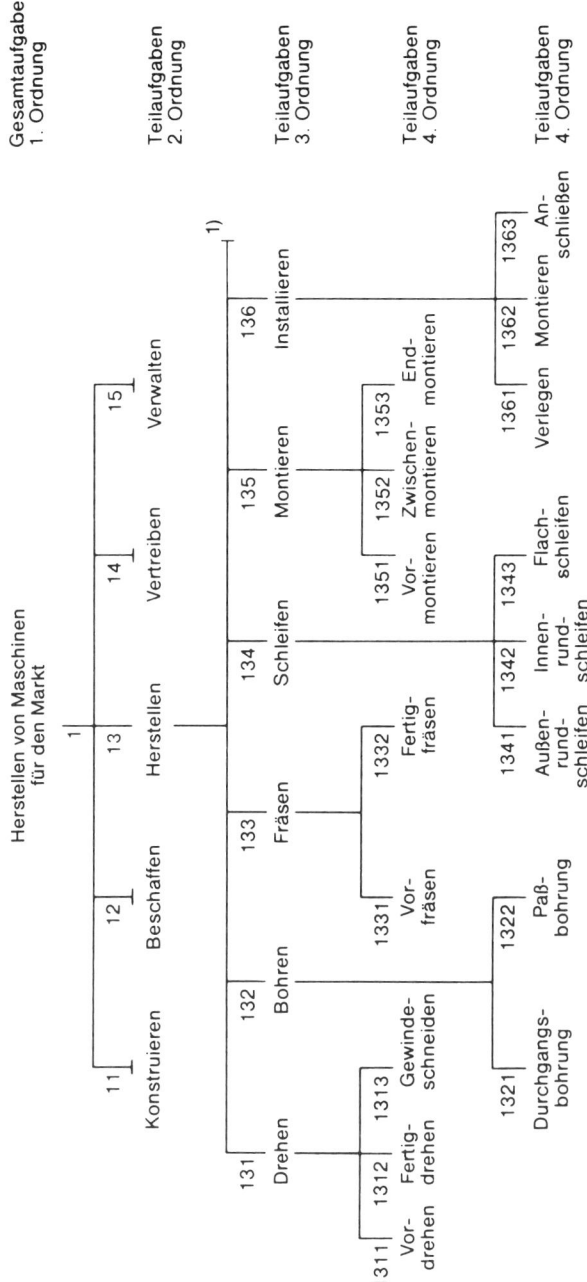

1) Weitere mögliche Verrichtungen (Teilaufgaben 3. Ordnung): Stanzen, Schneiden, Schweißen, Nieten, Lackieren, Verpacken, Verladen

Abb. 2.1: Verrichtungsanalyse

2.1.2.2.2 Gliederung nach den Objekten

Genauso wie die einseitig durchgeführte Teilanalyse nach dem Merkmal Verrichtung wird die Aufgabengliederung nach dem Merkmal Objekt durchgeführt, d.h. alle anderen Gliederungsgesichtspunkte bleiben wiederum unberührt. Die Zahl der Objekte, auf die sich Verrichtungen beziehen, kann umfangreich und vielgestaltig sein. Die **Arten der Objekte** können sich erstrecken auf Roh-,Hilfs- und Betriebsstoffe, fertige und halbfertige Produkte, Fertigteile, Handelswaren, Arbeitsmittel, aber auch Personengruppen, Kundengruppen und -bezirke, Kreditarten u.a.

Auch für die Objektanalyse wird das **Fallbeispiel** herangezogen.

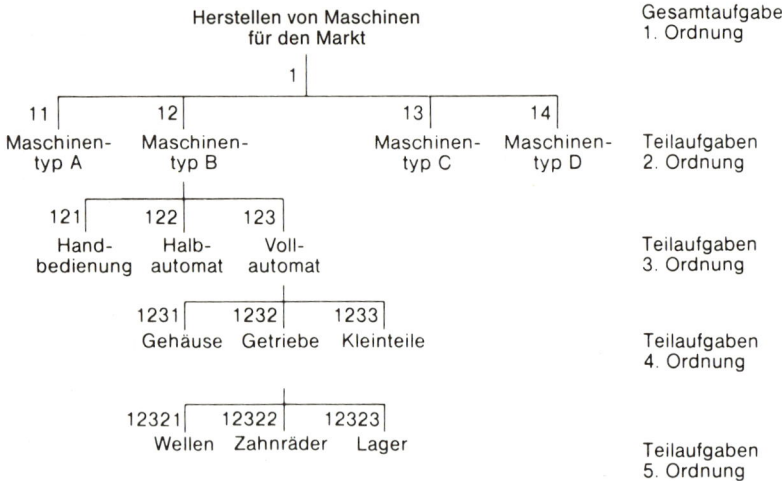

Abb. 2.2: Objektanalyse

Ausgangspunkt der Objektanalyse ist das Herstellen von Maschinen (Gesamtaufgabe 1. Ordnung), die in ihre verschiedenen Typen (Teilaufgaben 2. Ordnung) zerlegt werden. Am Maschinentyp B (siehe Abb. 2.2) wird demonstriert, wie eine weitere Gliederung möglich ist. Über drei Teilaufgaben 3. Ordnung (Handbedienung, Halbautomat und Vollautomat) entstehen durch weitere Zerlegung Teilaufgaben 4. Ordnung (Gehäuse, Getriebe und Kleinteile) und sogar Teilaufgaben 5. Ordnung (Wellen, Zahnräder und Lager) als Elementaraufgaben. Dies bedeutet, daß die Analyse nach dem Gliederungsgesichtspunkt Objekt auf dieser Stufe beendet wird, obwohl eine tiefere Gliederung denkbar wäre. Alle in der Abb. 2.2 ausgewiesenen Teilaufgaben 2. bis 4. Ordnung, die nicht weiter zerlegt wurden (Beispiel Maschinentyp A, Handbedienung, Gehäuse), müßten selbstverständlich genauso wie gezeigt analysiert werden.

Für eine *bestehende Organisation* gilt das für die verrichtungsorientierte Teilanalyse Gesagte analog.

2.1.2.2.3   Gliederung nach dem Rang

Die angenommene Kapazität der Unternehmung des **Fallbeispiels** führt zwangsläufig zu einem Über-/Unterordnungsverhältnis. Der Übergeordnete (Vorgesetzte, Führungskraft) trifft grundsätzlich die Entscheidungen, nach denen der Untergeordnete (Ausführende, Mitarbeiter) seine Aufgaben vollzieht. Es besteht also ein Rangunterschied, aus dem sich eine Trennung in Entscheidungs- und Ausführungsaufgaben ergibt. Mit der Aufgabenanalyse nach dem Merkmal Rang werden somit die **Entscheidungsaufgaben** festgestellt.

Die Durchführung der Ranganalyse geschieht vorteilhafterweise in der Form, daß an die durch die verrichtungsorientierte Teilanalyse gewonnenen Teilaufgaben angeknüpft wird. Jede Teilaufgabe (Verrichtung) bestimmter Ordnung wird daraufhin untersucht, ob Entscheidungsaufgaben anfallen. Aus folgender Abb. 2.3 sind die aus dem Fallbeispiel abgeleiteten Teilaufgaben zu ersehen, wobei beispielhaft Teilaufgaben unterschiedlicher Ordnung verwendet wurden.

Anders als bei den sachbezogenen Merkmalen ist eine wiederholte Anwendung des formalen Merkmals Rang nicht möglich; es wird also nur einmal angewandt. Wie sollte denn auch die gewonnene Entscheidungsaufgabe nochmals zerlegt werden?

Für eine *bestehende Organisation* erstreckt sich die Ranganalyse auf die mit Hilfe der Ist-Aufnahme festgestellten Entscheidungsaufgaben und deren Prüfung hinsichtlich ihrer Regelung im Sinne einer optimalen Zielerreichung.

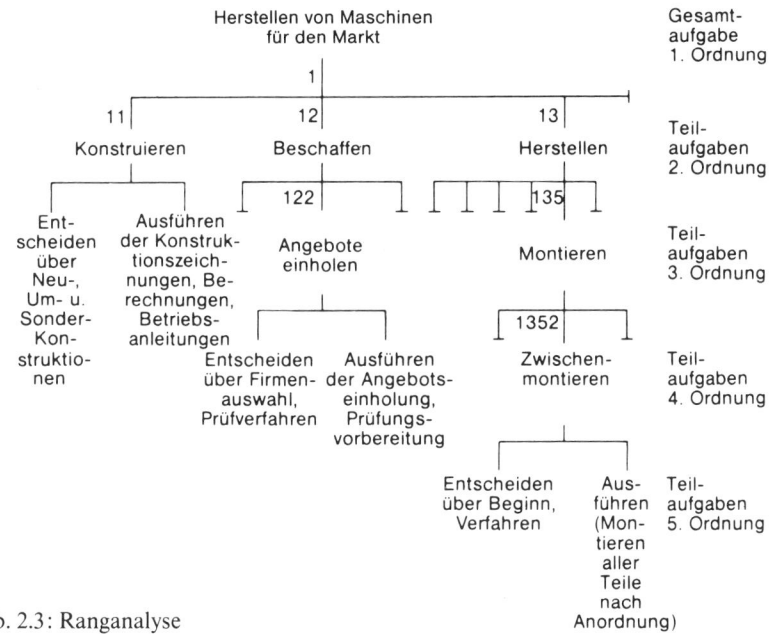

Abb. 2.3: Ranganalyse

2.1.2.2.4   Gliederung nach der Phase

Das positive Ergebnis der Aufgabenerfüllung in der angenommenen Unternehmung hängt im wesentlichen davon ab, ob man sich vorher Gedanken über ihre bestmögliche Verwirklichung gemacht hat. Diese Überlegungen sind nichts anderes als die rationale Durchdringung der bevorstehenden, also zukünftigen Realisierung der Aufgabe, was als Planung zu verstehen ist. Zum Nachweis, ob die durch die Planung vorgegebene Zielsetzung auch erreicht werden konnte, muß kontrolliert werden. Es ergeben sich somit die **drei Phasen Planung, Durchführung und Kontrolle**. Durch die Phasenanalyse werden also die möglichen **Aufgaben der Planung und Kontrolle** festgestellt. Ihre Durchführung knüpft analog der Ranganalyse an die durch die Verrichtungsanalyse gewonnenen Teilaufgaben jeder Ordnungsstufe an. Auf das **Fallbeispiel** übertragen, ergibt sich für ausgewählte Teilaufgaben folgende Abbildung:

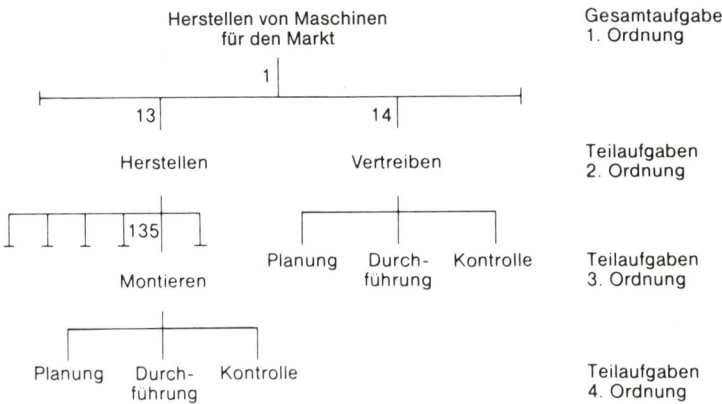

Abb. 2.4: Phasenanalyse

Ebenso wie bei der Ranganalyse ist eine mehrmalige Anwendung des Merkmals Phase nicht möglich.

Bei einer *bestehenden Organisation* vollzieht sich die Phasenanalyse in Anknüpfung an die Istaufnahme. Alle festgestellten (bestehenden und neu erkannten) Planungs- und Kontrollaufgaben werden auf ihre Zweckmäßigkeit untersucht und gegebenenfalls im Soll-Vorschlag berücksichtigt.

2.1.2.2.5   Gliederung nach der Zweckbeziehung

Alle bisher behandelten Gliederungsgesichtspunkte betreffen Teilaufgaben, die **unmittelbar** (primär) mit der Gesamtaufgabe zusammenhängen (Herstellen von Maschinen). Es werden bestimmte Verrichtungen an bestimmten Objekten ausgeführt, über deren Planung eine Entscheidung für die Durchführung getroffen wurde. Zweck dieser Handlungen ist die Erbringung einer Leistung. Diese **pri-**

mären Aufgaben rufen weitere Teilaufgaben hervor, die nur **mittelbar** (sekundär) mit der Leistungserstellung zu tun haben. Eine Beschaffung, Herstellung oder der Vertrieb kann ohne Erfassen und Verwerten wichtiger Daten für die Rechnungslegung nicht erfolgreich abgewickelt werden; die Anlagen müssen gewartet, die Arbeitskräfte sozial betreut, finanzielle Mittel für den Betriebsprozeß bereitgestellt werden. Diese **sekundären Aufgaben** beziehen ihre „Existenz" aus den auf den Zweck der Gesamtaufgabe der Unternehmung gerichteten Aufgaben. Die primären oder unmittelbaren Aufgaben werden deshalb auch als **Zweckaufgaben**, die sekundären oder mittelbaren als **Verwaltungsaufgaben** bezeichnet. Die Verwaltungsaufgaben haben für die Unternehmung eine unterstützende Funktion; sie tragen zur Aufrechterhaltung der betrieblichen Leistungsfähigkeit bei.

Auch die zweckorientierte Aufgabenanalyse knüpft an die Teilaufgaben der Verrichtungsanalyse an. Sie kann für die Teilaufgaben jeder Ordnungsstufe zutreffen, ist jedoch grundsätzlich auf jeder Stufe nur einmal anwendbar.
Die Übertragung der zweckorientierten Aufgabenanalyse auf das **Fallbeispiel** zeigt auszugsweise folgende Abbildung:

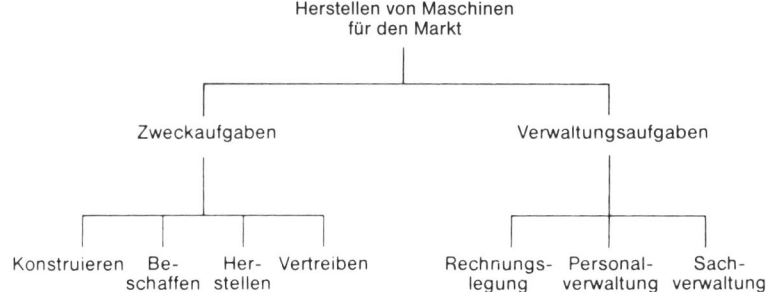

Abb. 2.5: Zweckanalyse

Für eine *bestehende Organisation* gilt das für die beiden vorher behandelten formalen Gliederungsgesichtspunkte Gesagte analog.

2.1.2.3   Ergebnis der Aufgabenanalye

Das dargestellte Verfahren beweist, daß die notwendige Basis für die organisatorische Tätigkeit mit Hilfe der Aufgabenanalyse geschaffen werden kann. Um alle Arten von Teilaufgaben, die im Komplex der Gesamtaufgabe der unterstellten Unternehmung enthalten sind, zu erkennen, ist es notwendig, immer nur einen Gliederungsgesichtspunkt anzuwenden; es wird quasi durch diese Operation immer nur eine Seite offengelegt und untersucht. In Wirklichkeit können alle fünf Gliederungsgesichtspunkte einer Teilaufgabe anhaften, was aber wegen der „Fünfdimensionalität" nicht darstellbar ist, so daß auf die Partialanalyse nicht verzichtet werden kann. Darin besteht auch die Schwierigkeit, das Ergebnis der Aufgabenanalyse in einem Aufgabengliederungsplan darzustellen.

Ergebnis der Aufgabenanalyse sind vielmehr die einzelnen **Aufgabengliede-rungspläne,** wie dies in den Abb. 2.1 bis 2.5 zum Ausdruck kommt. Sie sind aber in jedem Falle als Grundlage für die organisatorische Tätigkeit geeignet, wobei in der Praxis meistens ein schrittweises Vorgehen erfolgt, d.h. daß für die einzel-nen Bezugsbereiche (beispielsweise Beschaffung, Herstellung, Vertrieb, Verwaltung) die Aufgabengliederung nach den fünf Gliederungspunkten vorgenommen wird.

Wenn diese Aufgabengliederungspläne auch von grundlegender Bedeutung für die Aufgabensynthese sind, darf doch nicht übersehen werden, daß sie nicht alle notwendigen Informationen für die Gestaltung der Organisationsstruktur lie-fern. Dazu bedarf es zusätzlicher Angaben, wie Art und Qualität einzusetzender oder vorhandener Sachmittel, Häufigkeit und Dauer der Aufgabenerfüllung, Verwendung von Formularen u.a.

Mit Hilfe der analytischen Gliederungsgesichtspunkte kann eine verteilungsfä-hige **Aufgabe** (für die Aufgabensynthese) **exakt beschrieben** werden. Die aus dem Aufgabengliederungsplan nach dem Merkmal Verrichtung herausgenommene Zweckaufgabe 3. Ordnung „Installieren" ist demnach wie folgt zu kennzeich-nen:

Verrichtung:	Installieren der Elektroanlagen
Objekt:	alle Kabel an Maschinen
Rang:	Entscheidung über Art und Zeit der eingesetzten Arbeitskräfte und Sachmittel
Phase:	Planung und Kontrolle des Arbeitskräfteeinsatzes sowie Quali-tätskontrolle der ausgeführten Installationen
Zweckbeziehung:	Primäre (unmittelbare) Aufgabe, d.h. die mittelbaren Verwaltungsaufgaben werden von einem oder mehreren anderen Mitarbeitern ausgeführt.

Mit dieser genauen Kennzeichnung ist eine wertvolle Grundlage für die Vertei-lung dieser Aufgabe auf Stellen vorhanden.

2.1.3   Kontrollfragen

1. Durch welche Merkmale kann die Aufgabe bestimmt werden?
2. Warum ist die Aufgabenanalyse eine Vorbedingung des Organisierens?
3. Welche Gliederungsgesichtspunkte für die Aufgabenanalyse gibt es?
4. Wozu dient das Ergebnis der Aufgabenanalyse?
5. Wie kann eine verteilungsfähige Aufgabe mit Hilfe der analytischen Gliede-rungsgesichtspunkte beschrieben werden?

2.2   Die Aufgabensynthese

Die Aufgabenanalyse zerlegt den Komplex der Gesamtaufgabe in Teilaufgaben verschiedener Ordnungsstufen. Die so gewonnenen Teilaufgaben werden in der Aufgabensynthese zu Aufgabenkomplexen zusammengefaßt. **Aufgabensynthese** bedeutet also die **Zusammenfassung der durch die Aufgabenanalyse gewonnenen Teilaufgaben zu verteilungsfähigen Aufgabenkomplexen.** Die rein sachliche Betrachtungsweise der Aufgaben wird aufgehoben. Sie werden vielmehr im Hinblick auf ihre Erfüllung durch gedachte Aufgabenträger untersucht und verteilt. Die Ausschließlichkeit der Anwendung nur jeweils eines Gliederungsgesichtspunktes gilt bei der Aufgabensynthese ebenfalls nicht. Es können vielmehr nebeneinander mehrere Merkmale benutzt werden. Durch die Aufgabensynthese entstehen die **Stellen** als kleinste Organisationseinheiten, welche in der Zusammenfassung zu Abteilungen und so zum strukturierten Organisationsaufbau führen. Zwischen diesen gebildeten Organisationseinheiten bestehen Beziehungen unterschiedlicher Art, die im Rahmen der Aufgabensynthese herausgearbeitet werden müssen. Es ergeben sich fünf Problemfelder, zu deren eingehender Behandlung und Darstellung wiederum eine isolierende Abstraktion Anwendung findet. Im einzelnen sind dies:

- die **Stellenbildung** (Verteilung der analytisch gewonnenen Teilaufgaben auf Aufgabenkomplexe)
- die **Instanzenbildung** (Übertragung der Leitungsaufgaben auf Stellen)
- die **Leitungshilfsstellen** (Stabsstellen und ihre strukturelle Einordnung)
- der **Informationsaustausch** (Regelung der informatorischen Zusammenarbeit)
- die **Kollegienbildung** (Sonderform des Informationsaustausches), besser bekannt als Team- oder Gruppenarbeit.

Bevor im einzelnen eine Behandlung erfolgt, sollen kurz ihre Beziehungen an dem für die Aufgabenanalyse verwendeten **Fallbeispiel** erläutert werden, welches auch zur Verdeutlichung für alle weiteren organisatorischen Probleme der Aufbau- und Ablaufstruktur herangezogen wird. Allerdings können meist nur Teilaspekte herausgegriffen werden.

Betrachtet man die Teilaufgaben 4. Ordnung der Verrichtungsanalyse, so entsteht zunächst die Frage, wie diese auf Aufgabenträger „verteilt" werden sollen. Wird es beispielsweise erforderlich, daß eine Stelle „Verlegen", eine Stelle „Montieren" und eine Stelle „Anschließen" gebildet werden muß, oder genügt eine Stelle „Installieren"? Oder müssen gar noch mehr Stellen vorgesehen werden? Die endgültige Lösung kann nicht gefunden werden, ohne die Beziehungen zu anderen Aufgaben, letztendlich zur Gesamtaufgabe der Unternehmung und dabei vor allem deren Größe zu berücksichtigen. Dabei können auch ablauforganisatorische Probleme eine Rolle spielen. Von den möglichen vielfältigen Beziehungen sei nur die Verbindung zur Konstruktion genannt, d.h. die Zahl der Stellen hängt auch ab von der durch die Konstruktionsabteilung festgelegten technischen Konzeption, die sich in Art und Umfang der technischen Anlagen auswirken kann. Die Aufgabenverteilung wird sicher auch beeinflußt von der Montage der Maschine, so daß Teile der Installationsaufgaben in die Vor- oder Zwischenmontage verlegt werden können, die somit eine Stellenbildung „Installieren" beeinträchtigen.

Als Ergebnis der **Stellenbildung** werden Stellen und Abteilungen rein sachlicher Art gestaltet unter Berücksichtigung ihrer Besetzung mit geeigneten Aufgabenträgern.

Geht man davon aus, daß die Teilaufgaben „Verlegen", „Montieren" und „Anschließen" auf drei Stellen verteilt wurden, dann bedarf es einer Stelle, welche sie „leitet". Diese Leitungsaufgabe kann nur in einer Stelle vollzogen werden, die „über" den drei Stellen steht. Alle Leitungsaufgaben werden Stellen als über-, unter- und nebengeordnete Organisationseinheiten zugeordnet. Aus dieser **Instanzenbildung** ergibt sich dann der hierarchische (Instanzen-) Aufbau einer Unternehmung.

Betrachten wir nun die Teilaufgabe 2. Ordnung „Herstellen" und deren Zerlegung in 13 verrichtungsorientierte Teilaufgaben 3. Ordnung, so liegt es nahe, daß die Leitung dieser angenommenen 13 Stellen durch eine Instanz (Person, Aufgabenträger) schwierig, wenn nicht gar unmöglich wird. Eine der Lösungsmöglichkeiten dieses Problems besteht darin, bestimmte (Hilfs-) Aufgaben dieser Stelle auszugliedern und auf eine Hilfsstelle, die sogenannte Stabsstelle als **Leitungshilfsstelle,** zu übertragen.

Die Ergebnisse der oben aufgezeigten drei Problemfelder lassen sich durch den **Organisationsplan** (Abteilungs- und Stellengliederungsplan) darstellen (siehe 4.2.2.1.2.1), der die Einheit der detailliert betrachteten Teilsysteme dokumentiert.

Die organisatorische Tätigkeit ist damit aber nicht beendet; es liegt nur ein Teilergebnis vor.
Zwischen den einzelnen Stellen müssen zur Aufgabenerfüllung Beziehungen hergestellt werden. Ohne „Zusammenarbeit", d.h. ohne ständigen Austausch der erforderlichen Informationen sind die gesetzten Ziele nicht erreichbar.

Die Stelle „Verlegen" beispielsweise gibt Informationen über eventuelle Störungen an die übergeordnete Stelle „Installieren", die über Maßnahmen zu deren Beseitigung gegebenenfalls unter Einschaltung der übergeordneten Stelle „Herstellen" Entscheidungen fällt. Die Festlegung der für den Austausch aller Informationen zwischen allen Stellen der Unternehmung notwendigen Informationswege führt zu einem Kommunikationssystem als Grundlage des **Informationsaustausches.**

Angenommen, die aufgetretenen Störungen erstrecken sich in Ursache und Wirkung auf mehrere Stellen der Unternehmung (Konstruktion, Beschaffung, Herstellung), so müssen alle zur Klärung ihre bestimmten Informationen liefern. Neben anderen Formen (Berichte, tel. Verbindung) kann dies „kollegial", d.h. in einer gemeinsamen Veranstaltung, erfolgen. Auf diese Weise kann zeitlich und sachlich der optimale Informationsaustausch stattfinden. Treten in einer Unternehmung häufig Sonderprobleme auf, die erfolgreich nur gemeinsam gelöst werden können, dann wird die Bildung von Kollegien nicht zu umgehen sein. Bekannter ist hierfür die Bezeichnung „team-work". Kern der Kollegienbildung ist somit eine Verbesserung der Kommunikation, so daß er als ein Sonderfall des Informationsaustausches betrachtet werden kann.

In Wirklichkeit treten die kurz skizzierten fünf Problemfelder als Gesamtheit in Erscheinung.Damit aber alle Beziehungsarten erkannt und schließlich koordiniert werden können, bedarf es einer getrennten Betrachtung.

Die Durchführung der Aufgabensynthese erfolgt ebenfalls – wie die Aufgabenanalyse – in einer zielgerichteten Systematik mit Hilfe bestimmter Prinzipien, die nun näher behandelt werden.

2.2.1   Die Stellenbildung

Eine **Stelle** ist die **Vereinigung analytisch gewonnener Teilaufgaben und ihre Übertragung auf einen Aufgabenträger.** Zahl, Art und Umfang der Teilaufgaben (Elementaraufgaben), die zu einer Stelle vereinigt werden können, hängen sicher vom Leistungsvermögen des Aufgabenträgers ab. Grundlage sollte dabei

- das **normale Leistungsvermögen** und
- eine **gedachte, nicht bestimmte Person** sein.

Organisatorische Regelungen haben dauerhaften Charakter, so daß die Stellenbildung nicht von der **Stellenbesetzung** abhängig sein kann. Bei Wechsel der Aufgabenträger müßten ansonsten die Stellen öfter umgebildet werden.

Eine Stelle unterscheidet sich gegenüber dem Arbeitsplatz – beide werden mitunter als gleichbedeutend betrachtet – dadurch, daß eine Stelle im Gegensatz zum Arbeitsplatz nicht an einen bestimmten Ort gebunden ist (z.B. die Stelle eines Reisenden).

2.2.1.1   Zentralisation und Dezentralisation als Grundprinzipien der Stellenbildung

„Die Begriffe **Zentralisation** und **Dezentralisation** leiten sich von der Vorstellung eines Mittelpunktes (Zentrum) ab" (Bleicher, K.: Zentralisation und Dezentralisation von Aufgaben in der Organisation der Unternehmung Berlin 1966, S.33).

Der Mittelpunkt stellt ein Ziel dar, auf das sich die Bildung und Verteilung von Stellen bezieht.

Im Vollzug der Zielerreichung sind zwei Richtungen möglich, und zwar

– zum Mittelpunkt hin (Zentralisation auf eine Stelle) und

– vom Mittelpunkt weg (Dezentralisation auf mehrere Stellen).

Die besondere Hervorhebung dieser sich gegenseitig bedingenden Prinzipien ist damit begründet, daß sie als **allgemeine Gestaltungsprinzipien der Aufbauorgani-sation** die spezifischen Prinzipien der Aufgabensynthese einschließen. Die Behandlung der beiden Grundprinzipien hat ihre Ursache in der Erkenntnis, daß diese gerade bei der Stellenbildung besonders im Vordergrund stehen. Sie werden aber auch bei den übrigen vier Problemfeldern wirksam und dabei insbesondere beim Leitungs- und Stabsproblem.

Die **spezifischen Prinzipien** (Gliederungsgesichtspunkte, Merkmale) der Aufgabensynthese lassen sich in zwei Gruppen einteilen, nämlich

– nach den **Gliederungsgesichtspunkten der Aufgabenanalyse** (Verrichtung, Objekt, Rang, Phase und Zweckbeziehung) und

– nach den **zusätzlichen Gliederungsgesichtspunkten** (Merkmalen) **der Aufgabe** (Aufgabenträger, Sachmittel, Raum und Zeit).

Die spezifischen Gliederungsgesichtspunkte werden unter dem Aspekt der Zentralisation und Dezentralisation gesehen.

2.2.1.2   Gliederungsgesichtspunkte für die Stellenbildung

2.2.1.2.1   *Stellenbildung nach den sachlichen und formalen Gliederungsgesichtspunkten der Aufgabenanalyse*

Durch die Aufgabenanalyse wurden Teilaufgaben festgestellt, die zur Erfüllung der Gesamtaufgabe anfallen. Es ist naheliegend, daß zunächst die so gewonnenen Teilaufgaben nach den gleichen Kriterien zusammengefaßt werden, um Stellen mit gleichartigen Aufgaben (Drehen, Fräsen, Bohren etc.) zu erhalten.

Eine Verrichtung wird immer an einem Objekt durchgeführt. Die beiden Merkmale werden daher gemeinsam behandelt.

2.2.1.2.1.1   Verrichtungs- und Objektzentralisation oder -dezentralisation

Die Aufgabengliederungspläne der Verrichtungs- und Objektanalyse (siehe 2.1.2.2.1 und 2.1.2.2.2) dienen als Grundlage für die Stellenbildung nach den Merkmalen Verrichtung und Objekt. Zunächst ist zu prüfen, ob die Teilaufgaben 4. Ordnung (Elementaraufgaben) der Verrichtungsanalyse (bspw. Vordrehen, Fertigdrehen, Gewindeschneiden) dauerhaft so häufig anfallen, daß eine Stelle zentral zu bilden ist.

Bei der angenommenen Betriebsgröße des Fallbeispiels und unter dem Gesichtspunkt des allgemeinen Gestaltungsprinzips der Zentralisation trifft dies kaum zu. Für die Stellenbildung werden somit die Teilaufgaben 3. Ordnung der Verrichtungsanalyse (bspw. Drehen, Bohren, Fräsen) herangezogen. Es entstehen also die Stellen Drehen, Bohren, Fräsen, so daß eine Verrichtungszentralisation vorliegt. In diesen Stellen werden dann die jeweiligen Verrichtungen an allen Arten von Objekten durchgeführt.

Sollte in diesen zentral gebildeten Stellen eine optimale Aufgabenerfüllung nicht gewährleistet sein, kann sich die Notwendigkeit ergeben, die Verrichtung auf mehrere Stellen zu verteilen. In diesem Falle erfolgt dann die dezentrale Stellenbildung in der Regel nach dem Gliederungsgesichtspunkt Objekt. Daraus ergibt sich, daß einer Verrichtungszentralisation grundsätzlich eine Objektdezentralisation folgt, wie dies in Abb. 2.6 zum Ausdruck kommt. In dieser Abb. wird auch der Bezug zur Objektanalyse (Abb. 2.2) erkennbar, da die objektorientierten dezentralen Stellen nach den dort festgestellten Teilaufgaben 5. Ordnung (Wellen, Zahnräder, Lagerschalen) gebildet wurden.

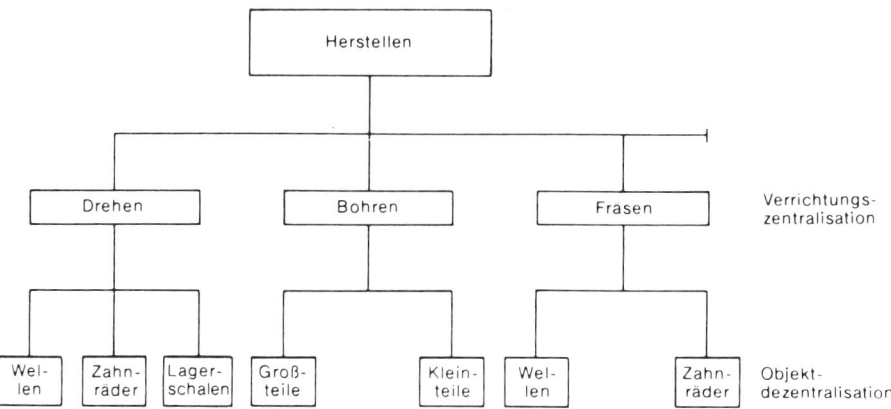

Abb. 2.6: Verrichtungszentralisation

Werden demgegenüber die Stellen (zentral) nach den bei der Aufgabenanalyse (Objektanalyse) gewonnenen gleichartigen Objekten gebildet, an denen sowohl Dreharbeiten als auch Fräs- und Bohrarbeiten ausgeführt werden, erfolgt eindeutig eine **Zentralisation** nach dem Merkmal **Objekt**. Hinsichtlich der **Verrichtungen** ergibt sich dann (sofern dies aus den genannten Gründen erforderlich werden sollte) eine **Dezentralisation** (siehe Abb. 2.7).
Bereits an dieser Stelle sei darauf hingewiesen, daß die Charakterisierung von **Strukturierungskonzeptionen** nach den beiden Prinzipien Verrichtung und Objekt erfolgt. So spricht man von einer funktionalen (verrichtungsorientierten) Organisation (siehe auch unter 2.2.1.4), wenn die Stellen auf der 1. Ebene unter der Unternehmungsleitung nach den Verrichtungen „Beschaffen", „Herstellen",

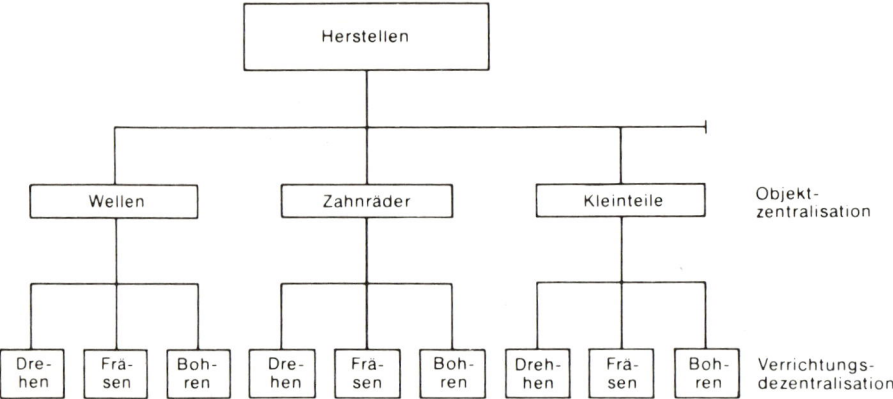

Abb. 2.7: Objektzentralisation

„Vertreiben" und „Verwalten" erfolgte, während bei Anwendung des Objektprinzips auf dieser Ebene eine objektorientierte Organisation, bekannter unter
der Bezeichnung **Spartenorganisation** oder **Divisionalisierung** , gegeben ist (siehe
auch unter 2.2.1.4 u. 2.2.7.1)

Die Möglichkeit der **Kombination** der einzelnen **Gliederungsgesichtspunkte** miteinander wird gerade bei der Verrichtungs- u. Objektzentralisation deutlich. Beide können aus praktischen, rationalen Überlegungen nacheinander, auch mehrmals und abwechselnd, angewandt werden. Am besten ergibt sich der
Zusammenhang aus der Abb. 2.8.

Für das **Fallbeispiel** taucht nun das Problem auf, nach welchen Gliederungsgesichtspunkten die Stellen gebildet werden. Da eine freie Organisation unterstellt
wird, handelt es sich geradezu um einen Idealfall organisatorischer Gestaltung.

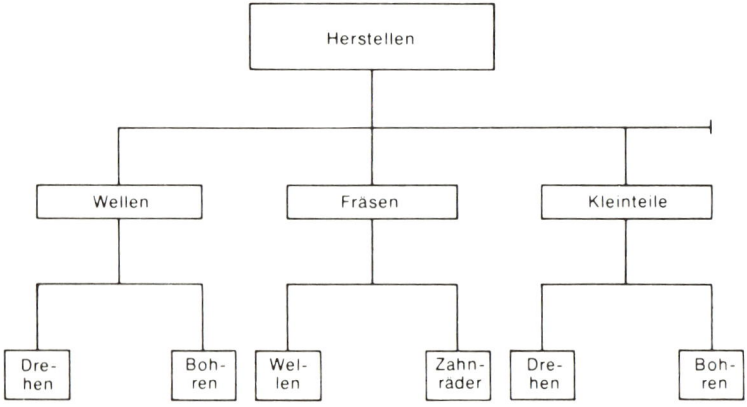

Abb. 2.8: Kombination Verrichtungs- und Objektzentralisation

Dennoch ist die Entscheidung für die eine oder andere Alternative (Verrichtungs- oder Objektzentralisation) nicht einfach.

Die Vorteile einer Verrichtungs- bzw. Objektzentralisation können sich aus dem Einsatz der Aufgabenträger und der Sachmittel ergeben, jedoch auch auf Einflußgrößen wie Kommunikation, Kosten, Transport u.a. beziehen. Erst nach Abwägung aller Vor- und Nachteile kann eine für die jeweilige Unternehmung bestmögliche Lösung gefunden werden.

2.2.1.2.1.2 Entscheidungszentralisation oder -dezentralisation

Auch die bei der Aufgabenanalyse nach dem Merkmal Rang (siehe unter 2.1.2.2.3) festgestellten **Entscheidungsaufgaben** müssen auf Stellen übertragen werden. Zunächst ist festzustellen, daß diese Aufgaben nicht so vielgestalt sind wie beispielsweise die verrichtungs- oder objektorientierten Aufgaben; vielmehr sind die diesen Aufgaben anhaftenden Entscheidungen grundsätzlich gleich und lassen sich grob gliedern in **Entscheidungsvorbereitung, Entscheidungsfindung** und **Entscheidungsanordnung** bzw. -durchführung. Aus diesem Grunde wird die Frage der Zusammenfassung (Zentralisation) bzw. Trennung (Dezentralisation) der wichtigste Ansatzpunkt für die Verteilung der Entscheidungsaufgaben. Als Ausgangsbasis für den Instanzenaufbau hat sie besondere Bedeutung.

Ohne das Problem der Instanzenbildung vorwegzunehmen, kann jetzt schon für die Lösung der Frage, ob Entscheidungsaufgaben zentral oder dezentral zusammengefaßt werden sollen, der **Wirkumfang** herangezogen werden, den eine Entscheidung in einer Unternehmung hat.

Nach diesem Wirkumfang lassen sich zentrale bzw. dezentrale Entscheidungsaufgaben in zweifacher Hinsicht bestimmen (vgl. Kosiol E., a.a.O., S. 121):

1. Wirken die Entscheidungen auf das gesamte Unternehmen (Gesamtheit), so sind dies **Ganzheitsentscheidungen.** Nach der Ranganalyse wären das bspw. die Entscheidungen über Neu-, Um- und Sonderkonstruktionen.

2. Wirken sie nur für bestimmte Bereiche, so ergeben sich **Bereichsentscheidungen** (Konstruieren, Beschaffen, Herstellen, Vertreiben, Verwalten).

Die Bereichsentscheidungen bleiben in ihrer Wirkung oft nicht auf die entsprechenden Bereiche beschränkt. Es bestehen vielmehr Wirkzusammenhänge, die zur Überschreitung der Bereichsgrenzen führen. Die Bereichsentscheidungen erfahren daher folgende Unterteilung:

- **reine** (betreffen nur den Bereich); als Beispiel können die Entscheidungen über Beginn und Verfahren der Zwischenmontage gelten.

- **umgreifende** (beziehen andere Bereiche mit ein). Neu-, Um- und Sonderkonstruktionen – um beim Beispiel der Ranganalyse zu bleiben – schließen auch die Bereiche Herstellen, Vertrieb und Finanzen mit ein.

– **übergreifende** mit **hoher** und **geringer Relevanz** (wirken auf andere Bereiche über). Das Einholen von Angeboten kann andere Bereiche (wie bspw. Herstellen, Finanzen) tangieren. Die Entscheidungen über Angebote für hochwertige Investitionsgüter haben hohe Relevanz, die für Rohstoffe dagegen geringe Relevanz.

Für die Bildung und Verteilung von Entscheidungsaufgaben ergibt sich also hinsichtlich der Zentralisation bzw. Dezentralisation folgende Grundtendenz:

Zentralisierbar: Ganzheitsentscheidungen, umgreifende Bereichsentscheidungen, übergreifende Bereichsentscheidungen mit hoher Relevanz.

Dezentralisierbar: Reine Bereichsentscheidungen, übergreifende Bereichsentscheidungen mit geringer Relevanz.

Damit ist jedoch noch keine konkrete Aussage getroffen, welche Vor- bzw. Nachteile eine Entscheidungszentralisation bzw. -dezentralisation mit sich bringt. Auch bei den Entscheidungsaufgaben sind hinsichtlich ihrer Zuordnung auf Stellen die Vorteile der jeweiligen Prinzipien einander prüfend gegenüberzustellen.

2.2.1.2.1.3 Planungs- und Kontrollzentralisation oder -dezentralisation

Mit der Gewinnung von Planungs- und Kontrollaufgaben im Zuge der phasenorientierten Aufgabenanalyse entsteht die Notwendigkeit ihrer Zusammenfassung zu Aufgabenkomplexen und ihrer Zuordnung auf Aufgabenträger. Wie bei den bisher behandelten sach- und formalbezogenen Gliederungsgesichtspunkten ist auch hier das Kernproblem die Zentralisation oder Dezentralisation der Planungs- und Kontrollaufgaben.

In gleicher Weise wie bei der Entscheidungszentralisation das **Merkmal Wirkumfang** als Anhaltspunkt diente, kann es hier Anwendung finden. Danach ist zu prüfen, ob es sich um

> ganzheitliche,
> umgreifende oder
> übergreifende Planungs- und Kontrollaufgaben mit hoher Relevanz

handelt, die tendenziell nicht dezentral zusammengefaßt werden, oder solche, die nur bestimmte Bereiche betreffen bzw. als übergreifende Planungs- und Kontrollaufgaben geringe Relevanz besitzen, so daß diese grundsätzlich nicht zentralisierbar sind. Auf das **Fallbeispiel** übertragen, sind die festgestellten Planungs- und Kontrollaufgaben des Vertriebes umgreifender Art, somit zentral, diejenigen der Montage bereichsbezogen, demnach dezentral zu verteilen. Die Verteilung der Planungs- und Kontrollaufgaben hängt aber nicht allein von ihrer Wirkung auf die Gesamtstruktur der Unternehmung ab, sondern auch von der

Auswirkung beim Realisationsprozeß dieser Aufgaben. Unter Einbeziehung dieser Erkenntnis ergeben sich Vor- und Nachteile für eine Zentralisation oder Dezentralisation, die situationsbedingt einander gegenübergestellt werden müssen. Erfahrungsgemäß sollten bei gleichen Objekten Planungs- und Kontrollaufgaben getrennt verteilt werden, damit tatsächlich objektiv und neutral kontrolliert wird. Dies führt nach Bleicher (vgl. Bleicher, K.: a.a.O....., S. 206 ff.) zu dem **Grundsatz, daß** eine **Zentralisation der Planungsaufgaben** in stärkerem Umfang eine **Dezentralisation der Kontrollaufgaben** verlangt, während **umgekehrt** eine Dezentralisation von **Planungsaufgaben** eine **weitgehende Zentralisation der Kontrollaufgaben** notwendig macht.

2.2.1.2.1.4 Verwaltungszentralisation oder -dezentralisation

Die nach dem Gliederungsgesichtspunkt Zweckbeziehung analytisch gewonnenen Aufgaben müssen ebenfalls auf Stellen verteilt werden, bei deren Bildung das Prinzip der Zentralisation und Dezentralisation im Vordergrund steht. Die Verwaltungsaufgaben entstehen sekundär aus ihrer Ableitung von Primär-(Zweck-)aufgaben, sind also mit diesen eng verbunden. Eine Reihe dieser mit Primäraufgaben besonders verknüpften Verwaltungsaufgaben ist daher nicht zentralisierbar, sondern dort dezentral zu bilden, wo die Zweckaufgabe erfüllt wird. In der Praxis führt das zu der weit verbreiteten Erscheinung, daß neben Zweckaufgaben – quasi als Zusatzaufgaben – auch Verwaltungsaufgaben erledigt werden. Andererseits können aber gerade diese zusätzlichen Verwaltungsaufgaben störend auf den Betriebsprozeß einwirken und sollten deshalb in einer eigenen Stelle zusammengefaßt werden. Typisches Beispiel hierfür ist der Werkstattschreiber. Die Frage der Zentralisation oder Dezentralisation von Verwaltungsaufgaben kann daher Schwierigkeiten bereiten. Tendenziell ist sicher richtig, daß allgemein der Zentralisation von Verwaltungsaufgaben unter Nutzung der Vorteile der Spezialisierung und des Einsatzes entsprechender Sachmittel der Vorzug zu geben ist.

Mit zunehmender Betriebsgröße wird eine zentrale Verwaltung neben Konstruktion, Beschaffung, Herstellung und Vertrieb nicht zu umgehen sein. Diese Notwendigkeit trifft für das **Fallbeispiel** ebenfalls zu. Die nach dem Gliederungsgesichtspunkt Zweckbeziehung festgestellten Teilaufgaben Rechnungslegung, Personalverwaltung und Sachverwaltung tendieren eindeutig zur Zentralisation, während die etwa mit dem „Installieren" und „Angebote ausarbeiten" zusammenhängenden Verwaltungsaufgaben nur dezentral zusammenzufassen sind.

2.2.1.2.2   *Stellenbildung nach den zusätzlichen Merkmalen der Aufgabe*

Die oben behandelte Stellenbildung nach den Kriterien der Aufgabenanalyse ergibt sich zwingend aus der Tatsache, daß die Erfüllung festgestellter Aufgaben nur auf der Basis einer abgestimmten Strukturierung optimal erfolgen kann, d.h. daß die Verrichtungs-, Entscheidungs-, Planungs-, Kontroll- und Verwaltungsaufgaben den „richtigen" Stellen zugeordnet werden. Ergeben sich beispielsweise Planungsaufgaben unterschiedlicher Ordnung, so können sie aus Gründen der Wirtschaftlichkeit und Zweckmäßigkeit nicht irgendwie, sondern nur nach den oben dargestellten Prinzipien auf Stellen verteilt und damit Aufgabenträgern zugeordnet werden. Diese zwingende Notwendigkeit ist bei den folgenden zusätzlichen Merkmalen der Aufgaben (personaler Aufgabenträger, Sachmittel, Raum und Zeit) nicht gegeben. Ihre Anwendung erfolgt meist in **speziellen Situationen** und vorwiegend bei einer gebundenen Organisation.

2.2.1.2.2.1   Zentralisation und Dezentralisation nach dem personalen Aufgabenträger

Bei einer **personenorientierten Zentralisation** richtet sich die Stellenbildung nach einer konkreten Person. Die sachlichen und formalen Gliederungsgesichtspunkte treten zwangsläufig in den Hintergrund. Dadurch ist es auch denkbar, daß Teilaufgaben zentral zusammengefaßt werden, denen die üblicherweise logische Beziehungsgrundlage fehlt. Ihre Rechtfertigung findet diese Abweichung vom Normalen durch eine **besonders herausragende Qualifikation oder persönliche Machtstellung der entsprechenden Person.** Eine **personenorientierte Dezentralisation** liegt demgegenüber dann vor, wenn ein sachlich zusammengehörender Teilaufgabenkomplex durch Verteilung auf mehrere Aufgabenträger wegen der fachlich besseren Qualifikation eine effizientere Aufgabenerfüllung ermöglicht.

Am **Fallbeispiel** läßt sich die Problematik verdeutlichen. Die besondere Qualifikation des Leiters der Herstellung auf dem Gebiet des Konstruierens kann zu einer Zusammenfassung (Zentralisation) der Bereiche Konstruktion und Herstellung führen. In der Praxis sind solche Maßnahmen meist von Bedingungen abhängig, welche die betreffende Person stellt. Angenommen, der Leiter des Vertriebsbereiches ist wenig geeignet, die Aufgaben der Marktforschung und Werbung erfolgreich zu erledigen, könnte diese abgespalten und einer qualifizierten Person übertragen werden (Dezentralisation).

Mit der geschilderten Situation der **Zentralisation** können recht gut die Vor- und Nachteile dieser Gestaltungsmöglichkeit aufgezeigt werden.

Vorteile: Bessere Koordinierung
Berücksichtigung vorhandener Neigungen
Reduzierung zwischenmenschlicher Konflikte

Nachteile: Gefahr „einer Zersetzung der bestehenden Organisation ohne konstruktive Neugestaltung" (Bleicher, K.: Zentralisation und Dezentralisation ..., S. 67)
Notwendigkeit der Reorganisation bei Wechsel des Stelleninhabers

Durchsetzung persönlicher egoistischer Ziele.

Im Einzelfall wird abzuwägen sein, ob die Vor- oder Nachteile überwiegen.

2.2.1.2.2.2   Zentralisation oder Dezentralisation nach bestimmten Sachmitteln

Ausschlaggebend für die Stellenbildung ist das eingesetzte bzw. einzusetzende Sach-(Hilfs-)mittel. Der technische Fortschritt gestattet den Einsatz von Hilfsmitteln, die mehrere Verrichtungen an einem oder mehreren Objekten vollziehen, was durch Steuerungsmechanismen erfolgt, die ein bestimmtes Arbeitsverfahren voraussetzen.

Typische Beispiele für eine sachmittelorientierte Zentralisation oder neuerdings auch Dezentralisation sind Daten- und Textverarbeitungsanlagen.

Für das **Fallbeispiel** würde das bedeuten, daß eine Stelle Datenverarbeitung entsteht, sofern ein Computer zum Einsatz kommt.

Von Vor- und Nachteilen einer Zentralisation oder Dezentralisation kann im organisatorischen Sinne bei der Sachmittelorientierung nicht gesprochen werden, da keine bzw. kaum Alternativen bestehen. Wie bei der Personenorientierung bedingt die Änderung bzw. Erneuerung des Sachmittels eine Reorganisation.

2.2.1.2.2.3   Zentralisation oder Dezentralisation nach dem Raum

Die Stellenbildung erfolgt hier nach räumlichen Gliederungsgesichtspunkten, die sich auf einen Ort im engeren und eine Region im weiteren Sinne beziehen können. Dabei werden sachlich und/oder formal unterschiedliche Aufgaben vereinigt.Unter **Zentralisation** ist demnach die **Zusammenfassung der Aufgaben an einem Ort,** unter **Dezentralisation** logischerweise an **getrennten Orten,** zu verstehen. Die Orte können sich auf den Standort einer Unternehmung als geschlossene Einheit (z.B. Stockwerke, Gebäude, Hallen, Werkstätten) und auf regional getrennte Raumeinheiten beziehen (wie Zweigbetriebe, Absatzgebiete, Auslieferungslager). Die Hauptursache für eine Bildung und Verteilung von Aufgaben nach dem Gesichtspunkt des Raumes liegt in der besseren Überwachungsmöglichkeit (Zentralisation) und in Wirtschaftlichkeitsüberlegungen wie schnellere Kundenbedienung (Dezentralisation). Eine Stellenbildung im **Fallbeispiel** wäre denkbar hinsichtlich einer Raumdezentralisation durch die Trennung des Vertriebes in Inland und Export mit weiteren Unterteilungsmöglichkeiten in Nord-, West-, Süddeutschland und europäische und außereuropäische Länder.

2.2.1.2.2.4   Zentralisation oder Dezentralisation nach der Zeit

Der zeitliche Aspekt steht bei der Zusammenfassung von Teilaufgaben im Vordergrund. Die Fälle, in denen ohne Rücksicht auf den sachlichen und/oder formalen Inhalt der Teilaufgaben eine zeitorientierte Zentralisation vollzogen wird, sind relativ selten.

Typisches Beispiel für eine derartige Zentralisation ist der Nachtwächter, dem neben seinen Überwachungsaufgaben weitere Aufgaben übertragen werden können, wie etwa Bedienung der Heizung, Anfertigung von Kopien, Auftanken von Betriebsfahrzeugen.

Eine zeitorientierte Dezentralisation ergibt sich zwangsweise beim Betrieb eines Hochofens und dem damit verbundenen Schichtbetrieb, d.h. die gleichartige Aufgabe muß zeitlich auf mehrere Aufgabenträger (Stellen) verteilt werden.

2.2.1.3   Der Stellen- und Abteilungsaufbau

Aus der bisher nach den verschiedensten Prinzipien durchgeführten Stellenbildung ergeben sich viele Stellen, die alle in einer bestimmten Beziehung zueinander stehen. Sie müssen aufeinander abgestimmt und in ein Ordnungssystem gebracht werden, woraus die Struktur der Organisation entsteht.

Aufeinander abstimmen heißt, daß **die Aufgabeninhalte exakt abgegrenzt und mit anderen Stellen koordinierbar** werden. Es soll ein reibungsloser Ablauf der Aufgabenerfüllung in Richtung Gesamtaufgabe erreicht werden.

Stellen werden als kleinste organisatorische Einheiten bezeichnet, was zutrifft, wenn die Zusammenfassung von Elementaraufgaben zu Teilaufgabenkomplexen zugrundegelegt wird. Die Stellenbildung nach den sachlichen Gliederungsgesichtspunkten wurde bisher unter diesem Aspekt dargestellt. Eine **spezielle Stelle** wurde nur am Rande erwähnt, die aber für den organisatorischen Aufbau wichtig ist, ja erst zur Strukturierung einer Organisation führt. Es handelt sich um eine Stelle, die mit dem allgemeinen Begriff „Abteilung" zum Ausdruck bringt, daß mehrere Stellen aus Gründen der Koordination zu einer größeren Einheit zusammengefaßt werden. Unter einer **Abteilung** versteht man die **Vereinigung mehrerer Stellen unter einheitlicher Leitung,** kurz: eine Leitungsstelle. Sie wird als versachlichter Aufgabenkomplex gesehen im Gegensatz zur personalen Stelle der Instanz.

Das bisher Gesagte soll zunächst wieder an dem gewählten **Fallbeispiel** erläutert werden. Dabei können aus Gründen der Darstellung nicht alle Bereiche differenziert behandelt werden, d.h. der Prozeß der **Stellen- und Abteilungsbildung** wird mit Hilfe des Herstellungsbereiches konkretisiert, wie dies aus Abbildung 2.9 hervorgeht (in Anlehnung an Bleicher, K.: Zentralisation und Dezentralisation ..., a. a. O., S. 72).

Die nach der bisher beschriebenen Vorgehensweise vorwiegend gebildeten Stellen nach den Merkmalen Verrichtung und Objekt sind die Grundlage des Abteilungsaufbaues. Die angenommene Größe der zu gründenden Unternehmung und die Zahl der Objekte, an denen eine Vielzahl von Verrichtungen ausgeführt werden müssen, erfordert den Einsatz mehrerer Arbeitskräfte in einer Stelle. Es handelt sich hierbei um eine **Mehrpersonenstelle** (eher bekannt unter der Bezeichnung Arbeitsgruppe, Arbeitskolonne, Meisterbereich, Personenmehrheit) im Gegensatz zur **Einpersonenstelle.**

Eine **Stellenmehrheit** liegt dann vor, wenn mehrere Stellen zusammengefaßt werden, ohne daß eine Abteilung entsteht. Die im Stellenkatalog auf der untersten

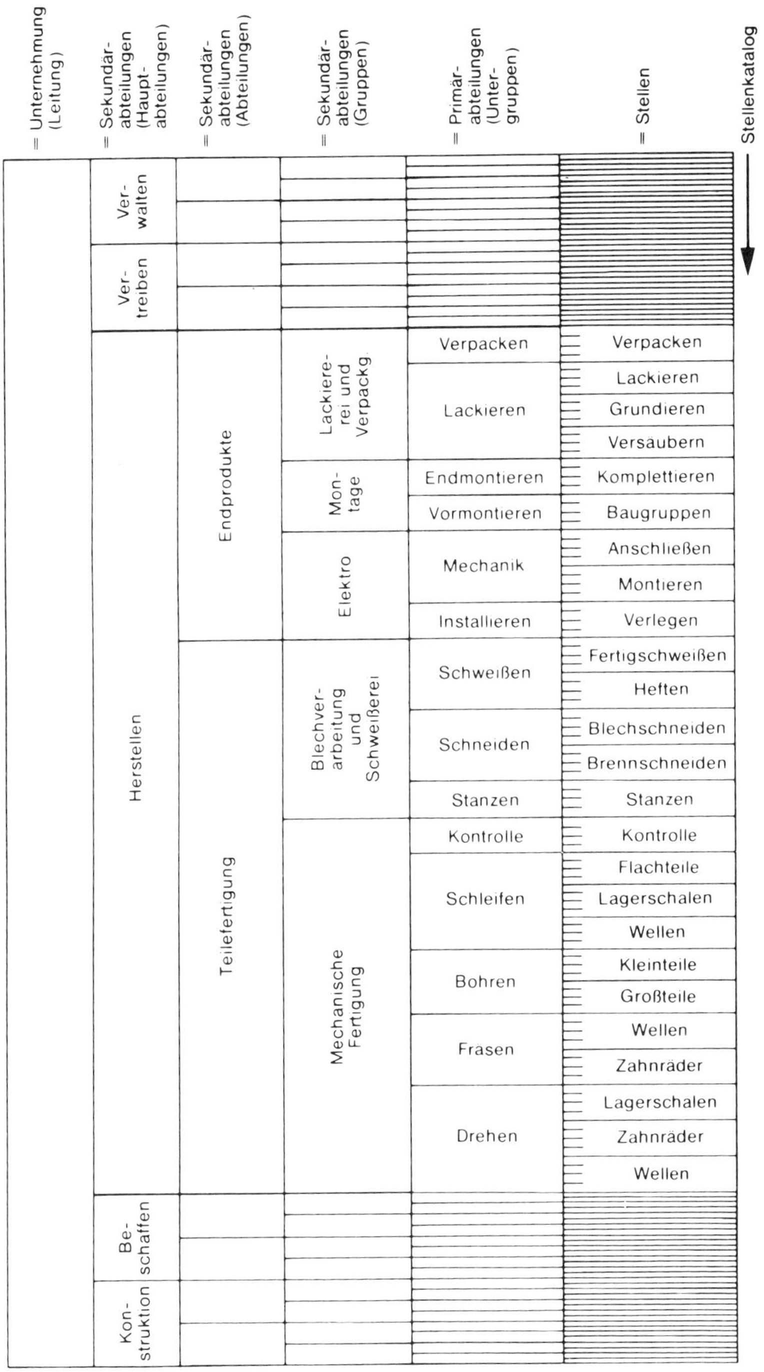

Abb. 2.9: Abteilungsbildung

= Unternehmung (Leitung)	= Sekundärabteilungen (Hauptabteilungen)	= Sekundärabteilungen (Abteilungen)	= Sekundärabteilungen (Gruppen)	= Primärabteilungen (Untergruppen)	= Stellen → Stellenkatalog
	Verwalten				
	Vertreiben				
	Herstellen	Endprodukte	Lackiererei und Verpackg	Verpacken	Verpacken
				Lackieren	Lackieren
					Grundieren
					Versäubern
			Montage	Endmontieren	Komplettieren
				Vormontieren	Baugruppen
			Elektro	Mechanik	Anschließen
					Montieren
				Installieren	Verlegen
		Teilefertigung	Blechverarbeitung und Schweißerei	Schweißen	Fertigschweißen
					Heften
				Schneiden	Blechschneiden
					Brennschneiden
				Stanzen	Stanzen
			Mechanische Fertigung	Kontrolle	Kontrolle
				Schleifen	Flachteile
					Lagerschalen
					Wellen
				Bohren	Kleinteile
					Großteile
				Fräsen	Wellen
					Zahnräder
				Drehen	Lagerschalen
					Zahnräder
					Wellen
	Beschaffen				
	Konstruktion				

Stufe der Abb. 2.9 in den einzelnen Stellen angedeuteten kurzen Striche sollen symbolisieren, daß dies sowohl Mehrpersonenstellen als auch Stellenmehrheiten sein können. Die Stelle „Wellen" kann bspw. somit aus 4 Personen bestehen oder es sind 4 Stellen zusammengefaßt. Die Gründe für eine Stellenmehrheit können in verschiedenen Arten von Wellen liegen, deren Bearbeitung in einer gesonderten Stelle zweckmäßig sein kann.

Erst auf der nächst höheren Stufe beginnt der Abteilungsaufbau, indem nach einem bestimmten Gliederungsgesichtspunkt Stellen vereinigt werden. Die so gebildete Abteilung (spezielle Stelle) erfüllt wesentliche **Kriterien der Stelle,** nämlich **abgrenzbar** gegenüber anderen Abteilungen, **koordinierbar** und **übertragbar auf einen Aufgabenträger.** Hinzu kommt jedoch noch das wichtige Unterscheidungskriterium der **Leitung,** d. h. daß in dieser Stelle u. a. **Entscheidungen** getroffen werden.

Aus der Abb. 2.9 ist zu erkennen, daß die nach den objektorientierten Merkmalen „Wellen, Zahnräder, Lagerschalen" gebildeten Stellen nun auf der nächsthöheren Stufe nach dem verrichtungsorientierten Gliederungsgesichtspunkt „Drehen" zusammengefaßt wurden. So ergibt sich die Abteilung „Drehen". In gleicher Weise werden die Abteilungen „Fräsen, Bohren, Schleifen" usw. gebildet. Der auf der vorliegenden Stufe durchgeführte Prozeß der Abteilungsbildung läßt sich in zwei Teilphasen aufteilen, und zwar

– nach der **Art der Abteilungsaufgaben** und
– nach dem **Umfang der Abteilungsaufgaben.**

Die Abteilung „Drehen" entsteht demnach aus einer Kombination aller Teilaufgaben, die sich aus den Arten von Drehverrichtungen an allen Arten von Wellen, Zahnrädern und Lagerschalen ergeben (1. Teilphase).

Der Umfang der Abteilungsaufgaben wird von den drei wesentlichen Faktoren **Betriebsgröße, Wirtschaftlichkeit** und **Beherrschbarkeit** bestimmt (2. Teilphase).

Die Vielzahl der Dreharbeiten an unterschiedlichen Objekten erfordert beispielsweise den Einsatz von 80 der insgesamt 330 auf der unteren Stufe eingesetzten Arbeitskräfte in den Stellen „Wellen, Zahnräder, Lagerschalen"; dies läßt auf eine entsprechende Betriebsgröße schließen. Aus Gründen der Wirtschaftlichkeit ist die Vereinigung der drei Stellen zur Abteilung „Drehen" ebenfalls gerechtfertigt.

Angenommen, die Unternehmung hätte anstelle der 330 nur 20 Arbeitskräfte auf der untersten Ebene beschäftigt, dann müßten aus Gründen der Wirtschaftlichkeit sicher artverwandte Teilaufgaben zu wenigen Stellen vereinigt werden, so daß gegebenenfalls nur eine „technische Abteilung" vertretbar wäre.

Der Faktor Beherrschbarkeit berücksichtigt das Leistungspotential des gedachten oder vorhandenen Leiters der Abteilung, ein Problem, das bei der Instanzenbildung ausführlich behandelt wird (siehe unter 2.2.2.2.3). Dieser Faktor kann dazu führen, daß **bei großen Unternehmen** artgleiche Stellen nicht zu einer, sondern zu **mehreren (Parallel-)Abteilungen zu vereinigen** sind. Die so gebildete Abteilung hat dann keinen in sich geschlossenen Aufgabenkomplex. Daraus könnten sich Koordinationsschwierigkeiten ergeben, sofern nicht eine Regelung auf der nächsthöheren Stufe erfolgt.

Auf das **Fallbeispiel** übertragen, ergäben sich beispielsweise mehrere Abteilungen „Drehen" (Drehen I, Drehen II, Drehen III).

Kontrollaufgaben (siehe Abb. 2.9) sind artmäßig vorhanden und umfangmäßig ausreichend, um eine **Primärabteilung Kontrolle** (Qualitätskontrolle) zu bilden. Planungsaufgaben werden auf dieser Stufe der Primärabteilungen noch nicht erfaßt.

Schwierigkeiten bei der Bildung von Primärabteilungen nach artgleichen Gesichtspunkten (Verrichtung, Objekt) können entstehen, wenn einer Zusammenfassung personelle, sachmittelbezogene oder raumbedingte Faktoren entgegenstehen.

Wegen der Vorgehensweise bei der Abteilungsbildung von unten nach oben in einem ersten Schritt auf der ersten Stufe bezeichnet man diese speziellen Stellen als **primäre Abteilungen** oder als **Prozeß primärer Abteilungsbildung** .

Aus dem gewählten Fallbeispiel und der aus Abb. 2.9 über den Stellen- und Abteilungsaufbau erkennbaren Betriebsgröße zeigt sich ganz klar die Notwendigkeit, die gebildeten Primärabteilungen zu weiteren Abteilungen zu vereinen. Diese und jede weitere Zusammenfassung von unteren Abteilungen zu Abteilungen höherer Ordnung nennt man **sekundäre Abteilungsbildung,** da ihr immer bereits eine primäre (sekundäre Abteilungen werden als primäre Ausgangsbasis betrachtet) Abteilungsbildung vorausgegangen ist.

Dieser weiterführende Prozeß der Abteilungsbildung muß berücksichtigen, in welchem Verhältnis die auf den folgenden Stufen zu schaffenden Abteilungen zueinander stehen. Es ergibt sich daraus eine **Abteilungsordnung,** aus der unter Einbeziehung von Stellen und Primärabteilungen die Aufbaustruktur der Unternehmung hervorgeht. Zusammenfassend vollzieht sich also der Prozeß der Abteilungsbildung in drei Teilphasen, nämlich

1. nach der Art der Abteilungsaufgaben   } primäre Abtei-
2. nach dem Umfang der Abteilungsaufgaben } lungsbildung
3. nach dem Verhältnis der Abteilungen   sekundäre Abtei-
   zueinander (Abteilungsordnung)   lungsbildung

Das **Fallbeispiel** zeigt, daß bei der vorhandenen Betriebsgröße bis zur Unternehmung (siehe Abb. 2.9) als höchste, alle anderen umfassende Organisationseinheit, auf drei Stufen sekundäre Abteilungen gebildet wurden.

Die Zahl dieser Stufen hängt naturgemäß von der Betriebsgröße, jedoch auch von den gewählten Bildungskriterien für die Aufgabenkomplexe der einzelnen Sekundärabteilungen ab. Grundsätzlich können als Kriterien alle Prinzipien der Zentralisation bzw. Dezentralisation Anwendung finden, wie sie im einzelnen bereits behandelt wurden.

Es läßt sich unschwer feststellen, daß im Fallbeispiel für den Bereich Herstellen abwechselnd die Gliederungsgesichtspunkte Verrichtung und Objekt herangezogen wurden; sie sind demnach auf allen Stufen von unten nach oben anwendbar. Sekundärabteilungen mit reinen – besser überwiegenden – Entscheidungsaufgaben findet man immer auf den höheren, solche mit überwiegenden Planungs- und Kontrollaufgaben auf oberen und mittleren Stufen. Verwaltungsaufgaben erstrecken sich auf alle Stufen.

Beispiel für eine sachmittelorientierte sekundäre Abteilungsbildung wäre ein Rechenzentrum (DV) im Bereich der Verwaltung, allerdings auf der unteren Stufe der Sekundärabteilungen. Eine Raumorientierung kann sich im Vertriebsbereich ergeben auf höherer/mittlerer Stufe, wenn Sekundärabteilungen „Inland" und „Ausland" gebildet werden. Eine zeitorientierte Zusammenfassung von Primär- zu Sekundärabteilungen bleibt sicher eine Ausnahme. Die Auswirkung eines personalen Aufgabenträgers auf die Bildung einer Sekundärabteilung auf höchster Ebene stellt dagegen sicher keinen Ausnahmefall dar.

Als Unterscheidungskriterien für die bisher einheitlich mit dem Oberbegriff Abteilung bezeichneten speziellen Stellen auf allen Ordnungsstufen haben sich die Bezeichnungen **„Leitung, Hauptabteilung, Abteilung, Gruppe** und **Untergruppe"** (siehe Abb. 2.9) des Arbeitskreises Krähe (Krähe, Unternehmungsorganisation, 4. Aufl., Köln und Opladen, 1963, S. 21) weitgehend bewährt. Ihre Verwendung bleibt selbstverständlich jedem Unternehmen vorbehalten, so daß andere Bezeichnungen und Änderungen durchaus anzutreffen sind.

Bei der vorstehend beschriebenen Methode der Abteilungsbildung von unten nach oben spricht man von einem **Kombinationsmodell.**

Die Abteilungsbildung von oben nach unten, bei der insbesondere Entscheidungsaufgaben von der obersten Leitung nach unten delegiert werden, entspricht dem **Delegationsmodell.**

Nach Abschluß des Abteilungsbildungsprozesses sind alle analytisch gewonnenen Teilaufgaben der verschiedenen Ordnungsstufen synthetisch zu Teilaufgabenkomplexen zusammengefaßt. Es wurden Stellen und Abteilungen unter Berücksichtigung einer Zuordnung auf Aufgabenträger gebildet. Daraus ergibt sich eine organisatorische Aufbaustruktur. Bei der Stellen- und Abteilungsbildung wurden zwangsläufig Koordinationsgesichtspunkte einbezogen, d.h. daß die Aktivitäten der einzelnen Aufgabenträger im Hinblick auf die Gesamtaufgabe der Organisation aufeinander abgestimmt wurden (vgl. Kieser/Kubicek, a.a.O., S. 80).

2.2.1.4 Traditionelle Organisationsstrukturen

Die Lösung der Frage, wie die Stellen und Abteilungen aufeinander abgestimmt werden, um einen reibungslosen Ablauf der Aufgabenerfüllung zu ermöglichen, läßt eine **Reihe unterschiedlicher organisatorischer Konzeptionen** zu. In der Praxis haben jedoch nur einige dieser möglichen Konzeptionen an Bedeutung gewonnen. Grundlage der Charakterisierung der einzelnen Konzeptionen ist die Stufe der Hauptabteilungen (oberste Abteilungsstufe), so daß nur die beiden höchsten Stufen des Organisationsaufbaues, die Unternehmung(sleitung) und die erwähnten Hauptabteilungen, betrachtet werden. Je nach dem, nach welchem Prinzip die Hauptabteilungen gebildet wurden, sind die Konzeptionen

- verrichtungsorientiert
- objektorientiert
- trägerorientiert.

Bei der **verrichtungsorientierten Strukturierungskonzeption** werden die Teilaufgabenkomplexe der Hauptabteilungen zentral gebildet nach den hauptsächlich zu vollziehenden Tätigkeiten, wie sie sich aus der Vereinigung von Abteilungen niedrigerer Ordnung ergeben. Entsprechend dem Wertefluß in einer Organisation ergeben sich traditionsgemäß die Hauptabteilungen Einkauf, Fertigung, Vertrieb und Verwaltung. Es steht das Verrichtungsprinzip im Vordergrund, so daß diese Konzeption auch als „**funktionale Organisation**" bekannt und in der Wirtschaftspraxis die am häufigsten anzutreffende ist (siehe Abb. 2.10).

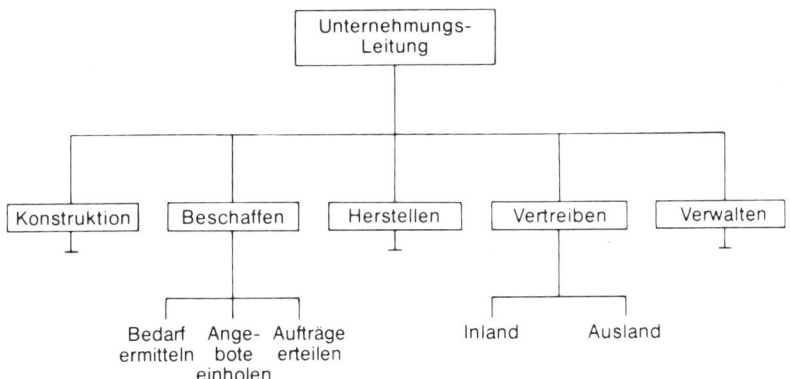

Abb. 2.10: Grundschema der verrichtungsorientierten Organisation

Diese Form der Strukturierung entspricht dem natürlichen Wertefluß, so daß hierdurch die angestrebte Koordination ohne größere Schwierigkeiten annähernd erreicht werden kann. Dieser logischen Erkenntnis stehen jedoch folgende **Mängel** entgegen:

– Vorrangige Betrachtung der ressortbedingten Ziele; das Gesamtziel der Unternehmung kann verdrängt werden.

– Zielkonflikte zwischen den Ressorts, verursacht vom Streben nach der Durchsetzung eigener Ziele (Ressortegoismus).

– Keine Grundlage für eine rechnerische Wirtschaftlichkeitskontrolle.

Die verrichtungsorientierte Strukturierungskonzeption ist bei dem **Fallbeispiel** insoweit verwirklicht, als sich die Hauptabteilungen Konstruktion, Beschaffen, Herstellen, Vertreiben und Verwalten ergeben. Die Abb. 2.10 zeigt, daß auch auf der nächsten Stufe der Hauptabteilung Beschaffen nach Verrichtungen gegliedert wurde, obwohl gerade in diesem Funktionsbereich auch eine objektorientierte Gliederung möglich wäre. Bei der Hauptabteilung Vertreiben findet gar das Merkmal Raum Anwendung, woraus zu schließen ist, daß auf dieser und den folgenden Stufen größere Gestaltungsfreiheiten bestehen, was vor allem für das Delegationsmodell zutrifft. Eine Kombination von Verrichtungs- und Objektprinzip oder auch nur die Anwendung des Verrichtungsprinzips bleibt als Alternative bestehen.

Bei der **objektorientierten Strukturierungskonzeption** stehen hinsichtlich der Zusammenfassung von Abteilungen niedrigerer Ordnung zu einer Hauptabteilung Objekte im Vordergrund. Als Objekte werden überwiegend Produkte oder Produktgruppen herangezogen, in Sonderfällen auch räumliche Besonderheiten berücksichtigt. Durch die Anwendung des Objektprinzips entstehen relativ selbständige organisatorische Einheiten innerhalb der Gesamtorganisation. Diese Strukturierungskonzeption wird daher auch als **Sparten-, divisionalisierte (Divisionen-)Organisation oder Geschäftsbereichsorganisation** bezeichnet. Abb. 2.11 zeigt die Grundform der objektorientierten Strukturierungskonzeption. Sie hat folgende **Vorteile:**

– Verstärkte Entscheidungsdezentralisation, da der Leiter der gebildeten Hauptabteilung in der Regel weitreichende Kompetenzen besitzt. Diese Form ist vor allem für die Realisierung der Führungstechnik des management by exception (Führen nach dem Ausnahmeprinzip) eine geeignete Basis.

– Möglichkeit der Verwirklichung einer Wirtschaftlichkeitskontrolle (Erfolgsrechnung, Profit-Center-System).

– Bessere Abstimmungsmöglichkeit der den Sparten gesetzten Teilziele auf das unternehmerische Gesamtziel.

Die nach dem Objektprinzip gebildeten Sparten können ihr Ziel nur erreichen, wenn sie die Verrichtungen Beschaffen, Herstellen, Vertreiben und Verwalten im eigenen Bereich vollziehen. Eine objektorientierte Strukturierungskonzeption führt somit zwangsläufig zu einer Dezentralisierung obiger Verrichtungen bei jeder Sparte, so daß je nach Anzahl der gebildeten Objektbereiche die Verrichtun-

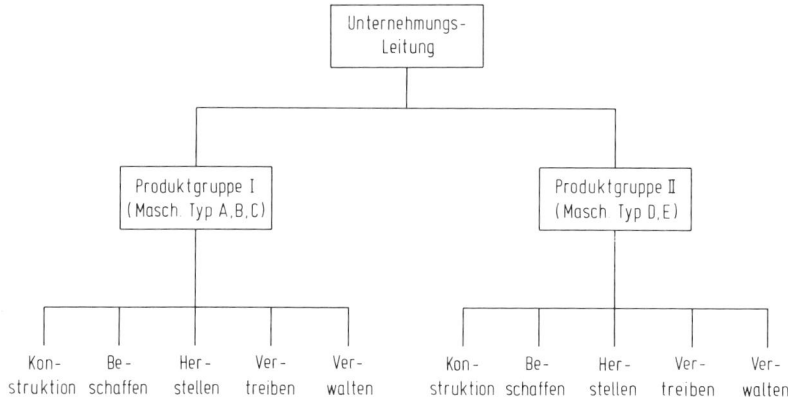

Abb. 2.11: Grundschema der objektorientierten Organisation

gen mehrmals anfallen (siehe auch 2.2.7.1). Daraus resultieren die folgenden
Nachteile:

- Koordinationsprobleme hinsichtlich des einheitlichen Vollzugs der auf das
  Unternehmungsganze gerichteten vielgestaltigen Verrichtungen.
- Höhere Kosten.

Die Koordinationsprobleme können durch die Bildung von Zentralabteilungen
reduziert, nicht jedoch beseitigt werden. Eine **Entscheidung für die verrichtungs-
oder objektorientierte** Strukturierungskonzeption ist nicht immer leicht. Grochla
(vgl. Grochla, E., 1982, a.a.O., S. 136 f.) hält eine objektorientierte Konzeption
dann für sinnvoller, wenn die Schwelle überschritten wird, an der die Spezialisie-
rungsvorteile der verrichtungsorientierten Konzeption durch die Kosten der
Koordination kompensiert werden. Diese Schwelle wird meist nur von großen
Unternehmungen erreicht, weshalb die objektorientierte Strukturierungskonzeption bisher überwiegend von multinationalen Industrieunternehmungen verwirklicht wurde.

Auf das **Fallbeispiel** übertragen würde dies bedeuten, daß anstelle der Hauptabteilungen Konstruktion, Beschaffen usw. die Sparten Produktgruppe I und Produktgruppe II gebildet werden müßten. Für die vorliegende Betriebsgröße wäre
diese Organisationsform kaum denkbar.

Eine **trägerorientierte Strukturierungskonzeption** liegt vor, wenn eine Gliederung
der Hauptabteilungen nach Berufsbildern erfolgt. Sie darf nicht mit der personenorientierten Zentralisation verwechselt werden, bei der eine bestimmte qualifizierte Persönlichkeit ursächlich für die Stellen- bzw. Abteilungsbildung ist.
Charakteristisch für diese Strukturierungskonzeption vor allem für Unternehmungen mittlerer Größe ist die Einteilung in einen technischen und einen kauf-

männischen Bereich, die noch durch einen Vertriebsbereich erweitert werden kann. Die folgende Stufe unter den Hauptabteilungen erfährt in der Regel eine Gliederung nach dem Verrichtungsprinzip, wie dies aus folgender Abbildung zu ersehen ist.

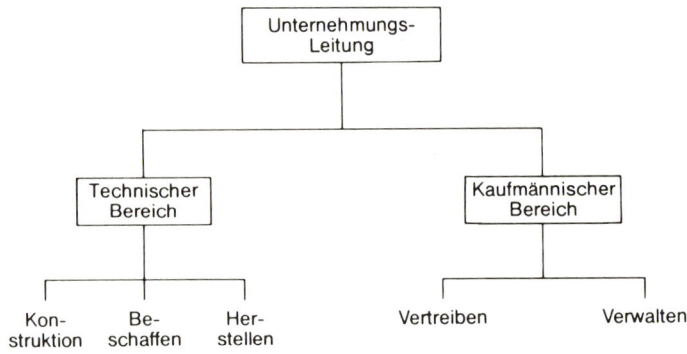

Abb. 2.12: Grundschema der trägerorientierten Organisation

So einfach und einleuchtend diese Strukturierungskonzeption auch aussehen mag, ist sie doch auch mit **Nachteilen** verbunden, nämlich:

- Mögliche Schwierigkeiten bei der Koordination, da die Abteilungsaufgaben nicht immer exakt abgrenz- und zuordenbar sind (Kompetenzüberschreitungen)
- Interessengegensätze aus technischer und kaufmännischer Betrachtungsweise und somit Verständigungsschwierigkeiten
- Abgrenzungsschwierigkeiten verhindern eine optimale Aufgabenerfüllung, d.h. Aufgaben werden gar nicht oder nur unvollkommen erledigt.

Für das **Fallbeispiel** wäre die trägerorientierte Strukturierungskonzeption denkbar in der Form, daß Konstruktion, Beschaffen und Herstellen zur Hauptabteilung „Technik", Vertreiben und Verwalten zur Hauptabteilung „kaufmännischer Bereich" zusammengefaßt werden.

2.2.1.5   Kontrollfragen

1. Welche Problemfelder beinhaltet die Aufgabensynthese?

2. Was ist eine Stelle und welche Gestaltungsprinzipien (allgemein und spezifisch) gibt es?

3. Welche Aufgaben werden auf Stellen verteilt, wenn das Merkmal Wirkumfang Anwendung findet?

4. Warum werden auch Stellen nach den Gliederungsgesichtspunkten Aufgabenträger, Sachmittel, Raum und Zeit gebildet?

5. Worin besteht die Bedeutung des Stellen- und Abteilungsaufbaues?

6. Welche traditionellen Organisationsstrukturen gibt es?

2.2.2 Die Instanzenbildung

2.2.2.1 Das Leitungsproblem

Die Bildung der Stellen und Abteilungen wurde bisher nach ausschließlich sachlichen Gesichtspunkten vollzogen. Sowohl die Zusammenfassung von Teilaufgaben zu Stellen als auch die von Stellen zu Abteilungen erfolgte losgelöst von dem Kriterium, welches für die „Leitung" einer untergeordneten Stelle in Frage kommt. Nach dem Gliederungsgesichtspunkt Rang wurde bei der Aufgabenanalyse und der Aufgabensynthese nur eingeteilt in Entscheidungs- und Ausführungsaufgaben, ohne zu berücksichtigen, daß diese Entscheidungsaufgaben nach Art und Umfang durch ihre rangmäßige Zuordnung unterschiedliche Schwierigkeitsgrade besitzen. Aus dieser Erkenntnis ergibt sich nicht nur ein **Über-** und **Unterordnungsverhältnis,** sondern bei mehreren Abteilungsstufen auch eine **Überhöhung,** d.h. mehrere Über- und Unterordnungsverhältnisse und somit eine Instanzenbildung, die zum hierarchischen Aufbau einer Organisation führt.

Das Leitungsproblem wird verständlicher, wenn Entscheidungs- und Ausführungsaufgaben in ihrer rangmäßigen Stellung miteinander verglichen werden. Der Zusammenhang soll an der Position des Aufgabenträgers einer Stelle verdeutlicht werden. Dazu wird die Sekundärabteilung „Mechanische Fertigung" des Fallbeispiels (siehe Abb. 2.9) herangezogen. Die Unterschiede ergeben sich aus der Abb. 2.13.

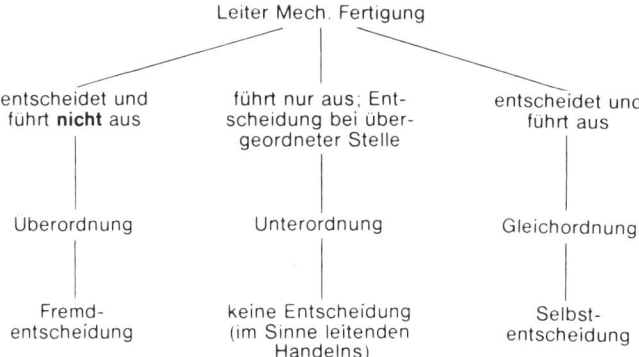

Abb. 2.13: Über-, Unter- und Gleichordnungsverhältnis einer Instanz

Entscheidungsaufgaben sind eindeutig gegenüber Ausführungsaufgaben rangmäßig über- oder gleichgeordnet, Ausführungsaufgaben entsprechend gegenüber Entscheidungsaufgaben unter- bzw. gleichgeordnet. Aus diesem **Über-, Unter- und Gleichordnungsverhältnis** folgen zwangsläufig differenzierte Entscheidungen, nämlich die **Fremd- und die Selbstentscheidung.** Während bei einer Selbstentscheidung keine personale Trennung vorliegt, ist sie bei der Fremdentscheidung Bedingung. Hierin, in der personalen Trennung von Entscheidung und Ausführung, liegt der Ursprung des Leitungsproblems. Aus dem Beispiel ist zu erkennen, daß der Begriff „Ausführung" in einem spezifisch organisatorischen Sinne zu verstehen ist. Ausführung heißt, die von der übergeordneten Stelle getroffene Entscheidung vollziehen.

Zur Kennzeichnung des **leitenden Tätigseins** stehen folgende **Merkmale** (nach Kosiol, E.: a.a.O., S. 101 ff.) zur Verfügung:

– die **Entscheidung,** welche bisher schon als Unterscheidungskriterium herangezogen wurde; Entscheidung bedeutet, die Wahl zwischen mehreren Möglichkeiten (Alternativen) zu treffen. Es handelt sich hierbei um die Phase der Willensbildung;

– die **Anordnung,** d.h. die Realisierung der getroffenen Entscheidung muß angeordnet werden (Willensdurchsetzung). Der Leitende hat nicht nur das Recht, sondern auch die Pflicht, alle Maßnahmen anzuordnen, die zur Ausführung der Entscheidungsinhalte notwendig sind. Zur Erfüllung dieser Pflicht muß die Leitungsperson von der Unternehmungsleitung die erforderlichen Anordnungsbefugnisse erhalten;

– die **Initiative.** Wird unter „leiten" nicht nur die Festlegung von Zielen durch die übergeordnete Stelle verstanden, sondern auch das Aufzeigen und Ebnen des/der Wege(s), die zur Zielerreichung hinführen, dann sind im Wirtschaftsprozeß laufend Maßnahmen zu treffen, um eine bestmögliche Aufgabenerfüllung zu gewährleisten. Von der Leitungsperson muß die Fähigkeit erwartet werden, schöpferisch und richtungweisend tätig zu sein, damit durch Erkennen der „besten Wege" die Basis gefunden wird, auf der sich die geleiteten Mitarbeiter an veränderte und neue Situationen anpassen können.

In der Literatur wird oft zwischen **Leitungs- und Führungsaufgaben** unterschieden in der Form, daß Leitungsaufgaben sachbezogen, Führungsaufgaben dagegen personenbezogen ausgerichtet sind. Beide bedingen sich gegenseitig und müssen von einer Führungskraft beherrscht werden.

Weit verbreitet ist auch die Auffassung, daß die **Verantwortung** ein Merkmal leitenden Tätigseins sei, wobei unter **Verantwortung die Pflicht einer Person** (Aufgabenträger) verstanden wird, **für die zielentsprechende Erfüllung einer Aufgabe persönlich Rechenschaft abzulegen.** Da aber dementsprechend auch beim ausführenden Handeln für den richtigen Vollzug Verantwortung getragen werden muß, kann dieses Merkmal nicht als für die Leitung charakteristisch betrachtet werden, wobei nicht verkannt wird, daß der Führungsverantwortung besondere Bedeutung zukommt. Durch die personale Trennung von Leitung und Ausführung kommt allerdings zur **Eigenverantwortung** noch die **Fremdverantwortung** hinzu. Fremdverantwortung in diesem Sinne bedeutet, daß in gewisser Beziehung (nicht für alle Handlungen) für die Erfüllung der Aufgaben durch untergeordnete Mitarbeiter Verantwortung mitgetragen werden muß.

Unter diesem Gesichtspunkt wird auch ein sog. Organisationsgrundsatz verständlich, wonach **Kongruenz (Übereinstimmung) zwischen Aufgabe, Kompetenz und Verantwortung verlangt wird.**

2.2.2.2   Die Instanz als Leitungseinheit

Die Merkmale leitenden Tätigseins sind kennzeichnend für eine Leitungsstelle. Für die „Organisationsstelle besonderer Art" (Gaugler, E.: Instanzenbildung als Problem der betrieblichen Führungsorganisation, Berlin 1966, S.15) hat sich die Bezeichnung **Instanz** durchgesetzt, worunter **eine Stelle mit Leitungsaufgaben** (vgl. Kosiol, E.: a.a.O., S.114) zu verstehen ist.

Von der Unternehmungsleitung als höchster Instanz werden auf die untergeordneten Instanzen Entscheidungs- und Anordnungsbefugnisse übertragen. Die Richtung der Instanzenbildung verläuft somit umgekehrt wie beim Kombinationsmodell der Stellen- und Abteilungsbildung, nämlich von oben nach unten.

2.2.2.2.1   *Aufgaben der Instanzen*

Über Art und Umfang der Instanzenaufgaben gibt es unterschiedliche Auffassungen. Ein Minimum sind diejenigen, die sich aus den Merkmalen leitenden Tätigseins ergeben. Im einzelnen sind dies

– **Entscheidungsaufgaben,** die sich aus den Rechten und Pflichten und der hierfür übertragenen Entscheidungskompetenz ergeben.

– **Anordnungsaufgaben** zur Verwirklichung der Entscheidung. Das aus der Anordnungskompetenz abgeleitete Recht und die Pflicht zur Anordnung (förmliche Autorität) werden erst voll wirksam, wenn auch Elemente des Führungsverhaltens (siehe 2.2.2.5.1) berücksichtigt werden.

– **Initiative,** d.h. die Aufgabe, dauernd aktiv und richtungweisend tätig zu sein.

Zu diesen **Kernaufgaben** kommen noch die aus dem formalen Merkmal Phase und Zweckbeziehung herzuleitenden Planungs-, Kontroll- und Verwaltungsaufgaben. Bei der Erfüllung dieser Aufgaben werden ebenfalls die Kernaufgaben Entscheidung, Anordnung und Initiative wirksam. Wegen der Bedeutung einer reibungslosen Abstimmung aller Teilaufgaben auf das Gesamtziel einer Unternehmung wird auch die Koordination als Leitungsaufgabe betrachtet. Die folgende Abb. 2.14 soll den Komplex der Instanzenaufgaben zusammenfassend zum Ausdruck bringen. Sie zeigt vor allem auch, daß für die Erfüllung einer **Kernaufgabe** alle **Hauptaufgaben** anfallen können und umgekehrt.

Kernaufgaben Hauptaufgaben	Entscheidung	Anordnung	Initiative
Planung	+	+	+
Kontrolle	+	+	+
Verwaltung	+	+	+
Koordination	+	+	+

Abb. 2.14: Kern- und Hauptaufgaben der Instanzen

2.2.2.2.2   Gliederungsmöglichkeiten der Instanzen

Um die Instanzen in den organisatorischen Aufbau einordnen zu können, ist zunächst festzustellen, was überhaupt als Instanz betrachtet wird. Zweifel können vor allem dabei entstehen, wenn die Leitungsstelle neben Leitungsaufgaben in mehr oder weniger großem Umfang auch Ausführungsaufgaben erledigt, wie dies bei den Primärabteilungen der Fall ist.

Die sich aus dem Umfang der Leitungsaufgaben zwangsläufig ergebende Relation zu den Ausführungsaufgaben führt zur **Gliederungsmöglichkeit der Instanzen nach den Leitungsebenen in obere** (top-management), **mittlere** (middle-management) und **untere** Leitungsebene (lower-management).

Ob im gegebenen Falle die drei Ebenen verwirklicht werden, hängt von der Betriebsgröße ab. Diese kann auch für eine weitere Differenzierung der Ebenen in **Stufen** (Ränge) ursächlich sein. Somit hat **eine Ebene** mindestens **eine** oder **mehrere Stufen.** Letzteres trifft meistens für die mittlere Leitungsebene zu (Abteilung – Unterabteilung – Gruppe = 3 Stufen). Die dargestellte Gliederungsmöglichkeit dürfte einer Grundkonzeption entsprechen, aus der sich eine Reihe anderer Möglichkeiten für die jeweils gegebene Situation ableiten läßt. Die Besonderheiten der einzelnen Leitungsebenen sollen etwas ausführlicher dargestellt werden.

2.2.2.2.2.1   Die obere Leitungsebene

Der Aufgabenbereich der oberen Instanz deckt sich mit den behandelten Instanzenaufgaben. Diese müssen allerdings ergänzt werden durch Aufgaben der Organisation und Repräsentation. Generell besteht die **Aufgabe der oberen Leitung** in der **Festsetzung der Unternehmensziele und der Maßnahmen, die zur Erreichung dieser Ziele führen.**

Ab einer bestimmten Betriebsgröße wird es immer schwieriger, die Fülle der Instanzenaufgaben der oberen Leitungsebene durch eine Person zu bewältigen.

Dies kann dazu führen, daß deshalb mehrere Personen die Leitungsaufgaben ausüben. Daraus ergeben sich zwei Arten von Instanzen, nämlich

die **Singular-** und
die **Pluralinstanz.**

Bei der **Singularinstanz** werden die Instanzenaufgaben von einer Person erfüllt. Vor allen Dingen in Fällen, in denen beide Möglichkeiten realisiert werden können, müssen die Vor- und Nachteile gegeneinander abgewogen werden. Die Singularinstanz, deren organisatorische Einordnung kaum Probleme aufwirft, hat den **Vorteil,** daß

– eine schnelle und einheitliche Willensbildung gegeben und
– eine straffe Leitung möglich ist.

Nachteilig kann sein, daß

– die alleinige Position eine Machtausübung zuläßt, die zu menschlichen Konflikten führen kann,
– einsame und somit falsche bzw. nicht bestmögliche Entscheidungen getroffen werden können,
– eine Überlastung entstehen kann, welche eine zielgerechte Aufgabenerfüllung verhindert,
– das Nachfolgeproblem meistens unbeachtet bleibt.

Die **Pluralinstanz,** bei der bekanntlich mehrere Personen die Aufgaben der obersten Instanz erfüllen, bedarf vor allem hinsichtlich der einheitlichen Willensbildung und deren Anordnung organisatorischer Regelungen.

Zunächst muß eine Form gefunden werden, nach der die **Willensbildung** erfolgt. Grundsätzlich stehen als Alternativen mehr zum Direktorial- und mehr zum Kollegialprinzip neigende Formen zur Verfügung, und zwar

– die **Primatkollegialität,** bei der zwar die Willensbildung durch gemeinsame Beschlußfassung erfolgt, ein Mitglied aber als „primus inter pares" – meist der Vorstandsvorsitzende oder Generaldirektor – letztlich entscheidet. Da dies auch in der Weise geregelt bzw. auf Grund rechtlicher Grundlagen fixiert werden kann, daß die Entscheidung gegen den Willen der übrigen Mitglieder getroffen wird, kommt diese Form dem Direktorialprinzip sehr nahe;
– die **Abstimmungskollegialität,** d.h. die Beschlüsse und damit die Entscheidungen werden mit einfacher oder qualifizierter Mehrheit gefaßt, was demokratischen Regeln und dem Kollegialprinzip entspricht;
– die **Kassationskollegialität,** bei der für die Wirksamkeit gemeinsamer Beschlüsse und Entscheidungen Einstimmigkeit notwendig ist. Jedes einzelne Mitglied der Pluralinstanz kann somit durch Stimmenthaltung eine Entscheidung verhindern und dadurch den Willensbildungsprozeß erschweren.

Zwischen den drei aufgeführten Möglichkeiten sind Kombinationen für die Anpassung an bestimmte Situationen denkbar. So könnte z.B. die absolute letztendliche Entscheidungskompetenz bei der Primatkollegialität dadurch eingeschränkt werden, daß der primus inter pares nicht gegen den Willen des fachlich zuständigen Mitglieds der Instanz oder auch gegen den Willen aller übrigen Mitglieder entscheiden kann. Umgekehrt könnte die Kassationskollegialität entschärft werden, wenn beispielsweise das Vetorecht nur dem „Experten" zusteht.

Als Besonderheit kommt bei der Pluralinstanz noch hinzu, daß die Mitglieder eine Doppelfunktion ausüben können. Außer der Zugehörigkeit zur Pluralinstanz sind sie für ein „Ressort" zuständig und in diesem Bereich Singularinstanz. Diese Situation wird als Ressortkollegialität oder ressortgebundene Unternehmungsführung (Grochla, E., 1982, a.a.O. S. 97) bezeichnet.

In einem solchen Falle wird es vordringlich, organisatorische Regelungen zu treffen über die Frage, wie und wer die gemeinsamen Entscheidungen anordnet und deren Vollzug überwacht, und wie der Informationsaustausch horizontal, vertikal und diagonal vonstatten geht.

Auch die Pluralinstanz hat ihre Probleme. Vor ihrer Realisierung müssen daher die Vor- und Nachteile gegeneinander abgewogen werden.

Im wesentlichen ergeben sich folgende **Vorteile**:
– breite Informationsgrundlage
– kritische Behandlung der Probleme
– Fehlentscheidungen unwahrscheinlich,

und folgende **Nachteile**:
– einheitliche Willensbildung kann problematisch werden
– schnelle Entscheidungen sind kaum denkbar
– Eigeninteressen der Mitglieder können nachteilig wirken.

Auf das **Fallbeispiel** übertragen, besteht das Problem, ob eine Singular- oder eine Pluralinstanz gebildet werden soll. Es bieten sich grundsätzlich drei Alternativen an, nämlich

– Singularinstanz
– Pluralinstanz, zusammengesetzt aus einem Techniker und einem Kaufmann
– Pluralinstanz, in der alle Hauptabteilungsleiter Mitglieder sind.

Eine Entscheidung für eine dieser Möglichkleiten wäre ohne Kenntnis der besonderen Probleme der Instanzenbildung verfrüht.

2.2.2.2.2.2 Die mittlere Leitungsebene

Die mittlere Leitungsebene besteht aus Instanzen, die sowohl über- als auch untergeordnet sind. Die **Abgrenzung der mittleren Leitungsebene** geschieht normalerweise in der Form, daß alle Stufen nach der oberen Instanz bis zur unteren Leitungsebene, welche der Ausführungsebene übergeordnet ist, ihr zugerechnet werden. Im oberen und unteren Grenzbereich sind jedoch Abweichungen möglich. Die große Bedeutung der oberen Instanz für die Erreichung des Gesamtzieles der Unternehmung wird nicht verkannt. Doch auch die mittleren Instanzen (auch Zwischeninstanzen) nehmen eine wichtige Zwischen- und Mittlerstellung ein und liefern einen entscheidenden Beitrag zum betrieblichen Erfolg.

Mit zunehmender Entfernung von der oberen Instanz ändert sich das Verhältnis dahingehend, daß der Anteil der Leitungsaufgaben abnimmt. Dies ändert jedoch nichts an der Tatsache, daß – wenn auch in abnehmendem Umfang – die gleichen Aufgaben erfüllt werden müssen wie bei der oberen Instanz, nämlich Entscheidung, Anordnung, Initiative.

Während bei der oberen Instanz die Erfüllung dieser Aufgaben einseitig (nur nach unten) wahrgenommen wird, müssen die Instanzen der mittleren Leitungsebene nach zwei Seiten (nach oben und unten) berücksichtigen, die gesetzten Ziele bestmöglich zu erreichen. Aus dieser Sicht erscheint die Position der Instanzen der mittleren Leitungsebene zumindest nicht einfach. Außerdem stehen folgende weitere Aufgaben im Vordergrund:

- Koordinierung des Arbeitsvollzuges unter Beachtung der Probleme der situativen Interaktion
- Einbeziehung in Entscheidungsvorbereitung durch Informationssammlung und -aufbereitung
- Abstimmung von Leitungs- und Ausführungsaufgaben
- Kontroll- und Verwaltungsaufgaben.

Die bei der Abteilungsbildung als Sekundärabteilungen festgestellten Hauptabteilungen, Abteilungen und Gruppen des Fallbeispiels (siehe Abb. 2.9) stellen die mittlere Leitungsebene dar. Für den Herstellungsbereich wären dies die Hauptabteilung Herstellung, die Abteilungen Teilefertigung und Endprodukte und die Gruppen Mechanische Fertigung, Blechverarbeitung und Schweißerei, Elektro, Montage und Lackiererei (Verpackung).

2.2.2.2.2.3 Die untere Leitungsebene

Die Instanzen der unteren Leitungsebene weisen grundsätzlich die gleichen Probleme auf wie die der mittleren Leitungsebene. Auch hier fallen Entscheidungs-, Anordnungs- und Initiativaufgaben an, wenn auch in geringerem Ausmaß. Ihre **Haupttätigkeit** erstreckt sich **überwiegend** auf **Ausführungsaufgaben mit Entscheidungs- und Anordnungskompetenzen.**

Bei den Ausführungsaufgaben ist auf dieser Instanzenebene das Vorhandensein von **Spezialkenntnissen** geradezu Bedingung. Die anfallenden Sachaufgaben müssen voll beherrscht werden, um auch den Anforderungen an eine erfolgreiche Mitarbeiterführung gerecht werden zu können. Bevor auf der unteren Instanzenebene Leitungsaufgaben übertragen werden, war der Betroffene in der Regel selbst Mitglied der nun unterstellten Mitarbeiter. Aus diesem besonderen sozialen Beziehungsgefüge werden bestimmte Erwartungen abgeleitet, die im Widerspruch zu den Formalregelungen der übergeordneten Instanzen stehen können. Die Gefahr eines **Rollenkonfliktes** ist dadurch permanent vorhanden, und es bedarf einer besonderen Geschicklichkeit in der Erfüllung der Führungsaufgaben.

Auf der untersten Ebene der Organisation vollzieht sich der produktive Leistungsprozeß. Störungen sind dabei selbst bei bester Organisation nicht zu vermeiden. Nicht nur für die Beseitigung dieser Störungen, sondern bereits zu deren Verhinderung sind Entscheidungen mit hohem Verantwortungsgrad notwendig.

Auf das **Fallbeispiel** angewandt, heißt dies, daß sowohl bei der Bildung der Primärabteilungen (Untergruppen) als auch bei der personalen Besetzung eine Reihe von Faktoren berücksichtigt werden müssen.

2.2.2.2.3   Besondere Probleme der Instanzenbildung

Gaugler (vgl. Gaugler E.: a.a.O., S. 120—169) hat sich mit den besonderen Problemen der Instanzenbildung auseinandergesetzt und festgestellt, daß die **Personenbezogenheit** und die **Aufgabeneigenart** bei der Instanzenbildung vorrangig zu beachten sind. Die Ergebnisse hat er sowohl in speziellen, **aufgabenträgerbezogenen,** als auch **aufgabenbedingten Prinzipien** der Instanzenbildung zusammengefaßt.

Mit „aufgabenträgerbezogen" ist jedoch nicht die Anpassung der Aufgabeninhalte einer Instanz an eine bestimmte Persönlichkeit gemeint, sondern an das Persönlichkeitsbild eines der Instanz entsprechenden Aufgabenträgers. Es soll dadurch ein Ausgleich geschaffen werden zwischen einer überwiegend personengebundenen und einer zu sehr nach sachlichen Gesichtspunkten ausgerichteten, die menschlichen Belange außer acht lassenden Instanzenbildung.

Die **aufgabenträgerbezogenen Prinzipien** lassen sich auf zwei Faktoren zurückführen, das **Leistungspotential** und die **Leistungsbereitschaft** normaler Führungskräfte.

Das Leistungspotential oder die Leistungsfähigkeit hängt von der physiologischen Kapazität des Aufgabenträgers ab, die sich aus dessen Anlagen, Kenntnissen und Entfaltungsmöglichkeiten (Aus- und Weiterbildung) zusammensetzt. Die Leistungsbereitschaft wird dagegen von der körperlichen (Kondition und Disposition) und der geistig-seelischen (psychologischen) Verfassung (Bedürfnisse, Einstellungen, Erwartungen) des Menschen bestimmt.

Nach den aus dieser Erkenntnis gewonnenen Anhaltspunkten wird eine Instanzenbildung auch an der Leistungsfähigkeit und Leistungsbereitschaft des Instanzenträgers gemessen.

Beide Aspekte ergeben den Gesichtspunkt der **Beherrschbarkeit.** Für die Instanzenbildung ist danach zu beachten

- die **räumliche Überschaubarkeit des Aufgabenbereichs,** um den notwendigen Kontakt zu den untergeordneten Mitarbeitern in ausreichendem Maße zu gewährleisten,
- die **zeitliche Leistungsfähigkeit,** d.h. daß das Arbeitspensum in der begrenzt verfügbaren Zeit auch bewältigt werden kann,
- die **Normaleignung des Aufgabenträgers** als qualitatives Element, bezogen auf eine durchschnittliche Qualifikation des Aufgabenträgers für den vorgesehenen Aufgabenbereich,
- die **Subordinationsquote (auch Leitungs- oder Kontrollspanne),** die sich mit der Frage auseinandersetzt, bei wievielen Mitarbeitern die Kontroll- und Koordinationsaufgaben vom Vorgesetzten noch effizient erfüllt werden können.

Neben diesen mehr auf die Leistungsfähigkeit wirkenden Prinzipien darf die Einflußnahme des **Leistungswillens** nicht unbeachtet bleiben. Werden die folgenden beiden Prinzipien bei der Instanzenbildung berücksichtigt, wird eine positive Auswirkung auf den Leistungswillen erreichbar. Es sind dies

- die **Identifikation des Instanzenträgers mit seinen Aufgaben.** Dies bedeutet, daß die Aufgabeninhalte einer Instanz so gebildet werden sollten, daß eine bestmögliche Übereinstimmung mit den Neigungen und Interessen des Aufgabenträgers vorliegt;
- die **Homogenität des Aufgabenbereiches.** In einer Instanzenstelle sollten artgleiche Aufgaben zusammengefaßt werden, was normalerweise berücksichtigt wird.

Die besonderen Probleme der Instanzenbildung ergeben sich aber nicht nur aus der Personenbezogenheit, sondern auch der **Eigenart der Instanzenaufgaben.** Sie sind gegenüber der betrieblichen Gesamtaufgabe ein Teilaufgabenkomplex und unterliegen dem dynamischen Wirtschaftsprozeß. Voraussetzungen für eine Besterfüllung der Instanzenaufgaben können **aufgabenbedingte Prinzipien** sein, die bei der Instanzenbildung beachtet werden sollten. Sie beziehen sich auf

- die **Anpassungsfähigkeit instanzieller Aufgabenbereiche** an veränderte Bedingungen. Diese ergeben sich vor allen bei Wachstumsprozessen, aber auch bei rückläufiger Konjunktur;

– die **Wahrung der Wirkzusammenhänge,** d.h. die Abhängigkeit der Instanzen untereinander und deren Verflochtenheit mit anderen, vor allem untergeordneten Stellen muß Berücksichtigung finden;

– die **Kongruenz von Aufgaben, Kompetenzen und Verantwortung.** Der Instanzenträger kann nur bei einer Übertragung der notwendigen Befugnisse für die Erfüllung der Aufgaben zur Verantwortung gezogen werden. Außerdem kann dadurch die Entstehung von Konfliktbereichen verhindert werden.

Die Wahrung der Wirkzusammenhänge kann zu Mehrfachunterstellungen führen, die dem Grundsatz der Einheit der Auftragserteilung widersprechen können. Bleibt trotz Vor- und Nachteilen die Wahrung der Wirkzusammenhänge vorrangig, dann sind besondere organisatorische Regelungen erforderlich, um einen reibungslosen Prozeß der Aufgabenerfüllung zu gewährleisten.

Nach Kenntnis der aufgabenträgerbezogenen und der aufgabenbedingten Prinzipien kann der Entscheidung über die Art der oberen Instanz für unser **Fallbeispiel** nähergetreten werden. Zur Vertiefung der bisherigen Ausführungen über die Instanzenbildung sollte der Leser selbst prüfen, welche der drei unter 2.2.2.2.2.1 möglich erachteten Alternativen realisiert werden sollte, wobei nicht auszuschließen ist, daß sich eine weitere Lösungsmöglichkeit anbietet.

2.2.2.3   Der Instanzenaufbau

Es wurde bereits erwähnt, daß sich der hierarchische Aufbau einer Organisation aus den drei Leitungsebenen (obere, mittlere und untere) ergibt. Die Zahl der dabei zu bildenden Ebenen bzw. Stufen hängt neben der Betriebsgröße auch von der Lösung des Problems der **Leitungsspanne** (auch Kontrollspanne oder Subordinationsquote) ab. Dieses Problem besteht darin, daß ein Vorgesetzter nur eine begrenzte Anzahl von Mitarbeitern erfolgreich führen kann. Je kleiner die Anzahl der Mitarbeiter ist, um so tiefer muß der Instanzenaufbau gegliedert werden und umgekehrt. Der Zusammenhang ergibt sich aus der folgenden Abbildung 2.15.

Die Abbildung läßt erkennen, daß zur Beantwortung der Frage, ob breiter oder tiefer Instanzenaufbau, alle aufgabenträgerbezogenen und aufgabenbedingten Prinzipien berücksichtigt werden müssen. Dadurch kann entschieden werden, wie groß die Leitungsspanne sein darf, um eine effiziente Aufgabenerfüllung zu gewährleisten.

Eine **breite Gliederung des Instanzenaufbaues** stellt ganz entscheidend das Prinzip der Leitungsspanne in den Vordergrund; sie ist Dreh- und Angelpunkt. Die Wissenschaft hat sich mit diesem Problem schon seit Jahren beschäftigt. Die dabei vertretenen Auffassungen über die zahlenmäßige Fixierung der erfolgreich zu führenden Mitarbeiter sind unterschiedlich und schwanken zwischen 3 bis 6 auf der oberen und 8 bis 25 auf den unteren Instanzenebenen. Neuere Erkenntnisse führen zwar auch zu einer Begrenzung, jedoch ohne zahlenmäßige Festlegung.

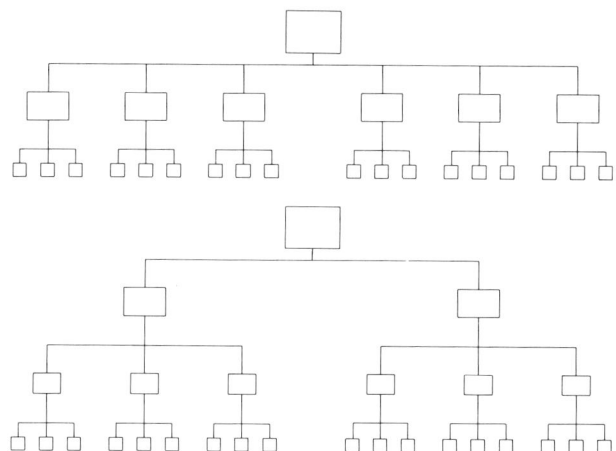

Abb. 2.15: Zusammenhang zwischen Breite und Tiefe der Instanzengliederung

Die Größe der Leitungsspanne ist vielmehr abhängig von der Leistungskapazität des Vorgesetzten, die situationsbedingt von dessen Fähigkeiten, der möglichen Unterstützung durch Stabsstellen und der jeweiligen Beanspruchung durch Nichtleitungsaufgaben beeinflußt wird. Andererseits müssen Art und Umfang der Aufgaben, Spezialisierungsintensität und Koordinationsbedarf, sowie die Fähigkeiten, Einstellungen und Motivation der Mitarbeiter berücksichtigt werden (vgl. Grochla, E.: a. a. O., S. 182 f.).

Die Erfüllungsbedingungen sind also keinesfalls für alle Organisationen gleich, so daß daraus kein allgemein gültiges Prinzip abgeleitet werden kann.

Eine **tiefe Gliederung des Instanzenaufbaues** ergibt sich zwangsläufig, wenn die Voraussetzungen für eine breite Gliederung nicht gegeben sind. Zwischen Breite und Tiefe besteht somit eine Wechselwirkung. Die Zahl der Instanzenstufen einer Organisation wird folglich wesentlich beeinflußt von der Bewältigung des Problems der Leitungsspanne. Wenn auch grundsätzlich der Versuch um die Herstellung eines günstigen Verhältnisses zwischen Breite und Tiefe des Instanzenaufbaues zu bejahen ist, sollen dennoch die Vor- und Nachteile beider Formen nicht außer acht gelassen werden.

Vorteile einer geringen Gliederungstiefe sind:

– Möglichkeit einer straffen Führung
– bessere Basis für eine einheitliche Entscheidungsbildung
– verkürzte Kommunikationswege und dadurch schneller Informationsaustausch
– Reduzierung von Konfliktquellen.

Nachteile zu großer Gliederungstiefe sind:

– lange Kommunikationswege und dadurch zeitliche Verzögerungen beim Vollzug der Anordnungen und Gefahr der Informationsfilterung
– zu große und damit teure Verwaltung
– soziale Differenzierung
– verstärkte Bildung informaler Gruppen.

Der Instanzenaufbau als konkrete Festlegung der einzelnen Instanzenstellen auf allen Instanzenebenen vollzieht sich nach einer Reihe von Bestimmungsgrößen, deren Berücksichtigung und Abstimmung aufeinander nicht leicht fällt, so daß eine optimale Lösung kaum vorstellbar ist. Aus der jeweils gegebenen Situation wird sich entsprechend der Zweckmäßigkeit eine breite oder tiefe Instanzengliederung ergeben.

2.2.2.4   Systeme der Leitung

Umfang und Ausmaß der Entscheidungsbefugnisse sind auf den verschiedenen Instanzenebenen ungleich, sie nehmen von oben nach unten ab. Daher sind Formen der Koordinierung von Entscheidungsvorgängen zu finden, die als Systeme der Leitung (auch als Führungs- oder Weisungssysteme) bezeichnet werden. Diese „organisatorischen Grundmodelle der Kompetenzzuteilung" (Hill, W., Fehlbaum, R., Ulrich, P.: Organisationslehre 1, Bern 1974, S. 191) sind eine Art von Idealtypen, die in der Praxis meist in Mischformen anzutreffen sind. Wenn auch bei den zwei Grundmodellen,

dem **Einliniensystem** und

dem **Mehrliniensystem**

meist auf die klassische, also ältere Organisationslehre verwiesen wird, haben diese nach wie vor Gültigkeit. Mit der Festlegung der Kompetenzen für die einzelnen Leitungsstellen ist eine grundsätzliche Regelung der Kommunikation zwischen vorgesetzten und unterstellten Mitarbeitern verbunden.

2.2.2.4.1   *Das Einliniensystem*

Ausgangsbasis für die Entwicklung dieses Systems war der von Fayol (vgl. Fayol, Henri: Allgemeine und industrielle Verwaltung, München/Berlin 1929) geprägte **Grundsatz der Einheit der Auftragserteilung.** Danach darf eine Stelle nur von einer übergeordneten Instanz Anordnungen erhalten. Die Verbindung zwischen beiden Stellen besteht aus einer einzigen Linie, wie dies aus der Abb. 2.16 hervorgeht.

Beim Einliniensystem ist die Struktur eindeutig gegliedert und die einzelnen Leitungsebenen sind exakt abgestuft. Dieses System der Leitung war bisher schon

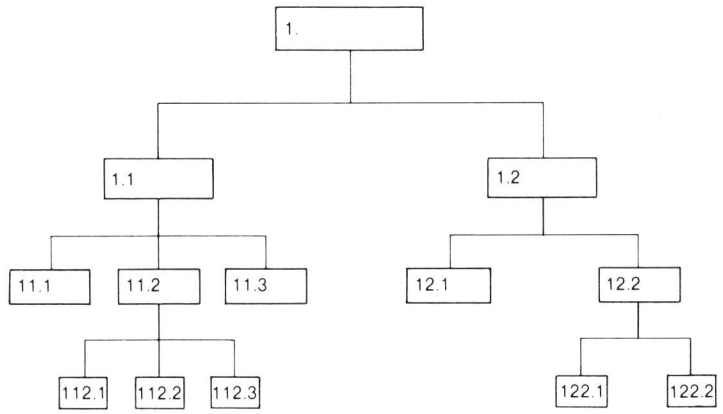

Abb. 2.16: Einliniensystem

im Ansatz bei der Stellen-, Abteilungs- und Instanzenbildung sowie im Fallbeispiel erkennbar.

Vorteilhaft in diesem System sind

- der relativ einfache organisatorische Aufbau
- die eindeutigen Unterstellungsverhältnisse (immer nur ein Vorgesetzter)
- die genaue Kompetenzabgrenzung
- eine klare Übersicht hinsichtlich der Gliederung der Organisation
- der genaue Instanzenweg.

Nachteilig wirken sich dagegen aus

- die fehlende Dynamik
- die langwierigen und umständlichen Instanzenwege
- die kritische Position der Zwischeninstanzen
- hohe Belastung der Instanzen mit Routineaufgaben und Einzelheiten.

Um die nachteiligen, oft langwierigen und umständlichen Instanzenwege zu vermeiden bzw. zu reduzieren, können sogenannte Querverbindungen, also zusätzliche, allerdings konkret geregelte horizontale und/oder diagonale Instanzenwege geschaffen werden. Damit wird gleichzeitig die fehlende Dynamik verbessert.

2.2.2.4.2 Das Mehrliniensystem

Im Gegensatz zum Einliniensystem erreichen die untergeordneten Stellen mehrere Linien, woraus hervorgeht, daß **mehrere Vorgesetzte anordnungsbefugt** sind. Der Grundsatz der Einheit der Auftragserteilung wird aufgegeben. An seine Stelle treten die Vorteile der Spezialisierung, der direkten Wege, denen die Nachteile der Mehrfachunterstellung gegenüberstehen.

Grundlage des Mehrliniensystems ist das sog. Funktionsmeistersystem nach Taylor (vgl. Taylor, F. W.: Die Grundsätze wissenschaftlicher Betriebsführung (The principles of scientific management), Berlin-München 1917), der die arbeitswissenschaftlichen Erkenntnisse der Arbeitsteilung auch auf das Leitungssystem übertragen wollte. Nach den Vorstellungen von Taylor konnte jeder Arbeiter bis zu acht vorgesetzte Meister haben, und zwar vier im Werkstattbereich mit den Funktionen Vorrichtungen, Geschwindigkeiten, Prüfungen und Instandhaltungen sowie vier im Verwaltungsbereich mit den Funktionen Arbeitsverteilung, Unterweisung, Zeit- bzw. Kostenerfassung und Aufsicht. Die Problematik ergibt sich schon aus der schematischen Darstellung in Abbildung 2.17.

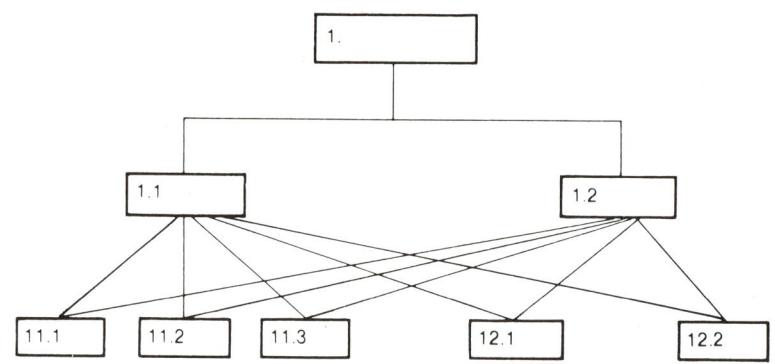

Abb. 2.17: Mehrliniensystem

Voraussetzung der Verwirklichung dieses Systems wäre eine konkrete Abgrenzung der einzelnen Aufgabenbereiche und Kompetenzen sowie eine konsequente Koordinierung durch übergeordnete Instanzen. Neben dem relativ hohen Organisationsaufwand sind Konfliktsituationen nicht zu vermeiden. In der Praxis ist daher das Mehrliniensystem im Sinne des Taylorschen Funktionsmeisterprinzips auch kaum anzutreffen.

Die zunehmende Komplexität der Aufgaben vor allem in Großunternehmen zwingt aber buchstäblich zu einer Spezialisierung, so daß Mehrfachunterstellungen kaum vermeidbar sind. Auf der Grundidee des Mehrliniensystems haben sich moderne Strukturierungskonzeptionen, wie die **Sparten- und Matrixorganisation,** ergeben (siehe 2.2.7.1 und 2.2.7.2), denen heute erhöhte Bedeutung zukommt.

Das Einliniensystem oder auch Linienorganisation und das Mehrliniensystem sind Liniensysteme, deren Leitungsstellen zusammenfassend als **Linieninstanzen oder Linienstellen** bezeichnet werden.

Für die Anwendung des Mehrliniensystems auf das Fallbeispiel bleibt kein Raum.

2.2.2.5 Führung und Organisation

Der diesem Buch zugrundeliegende instrumentale Organisationsbegriff besagt, daß Organisation als ein wichtiges Mittel betrachtet wird, das der Unternehmensführung eine erfolgreiche Zielerreichung ermöglichen kann. Daraus ergibt sich, daß Organisation zu den Führungsaufgaben zählt. Diese Erkenntnis wird vor allem durch die Managementlehre bestätigt, die Organisation eindeutig als Führungsaufgabe festlegt. Dies gilt für organisatorische Zielsetzungen und Maßnahmen, welche die gesamte Unternehmung betreffen, für die obere Leitungsebene, jedoch auch in Teilbereichen für die mittlere und untere Leitungsebene. Organisation ist somit als Führungsaufgabe nicht auf die Unternehmungsleitung beschränkt. Daraus ergibt sich wiederum, daß Organisation eine wichtige Führungsaufgabe ist und bleibt.

Die oberste Leitungsebene wird vielfach bei der Erfüllung der Führungsaufgabe Organisation durch eine Stabsstelle unterstützt, in der als interne Experten Organisatoren tätig werden. Der Einsatz externer Organisatoren bleibt generell zusätzlich oder als Alternative zu internen Organisatoren bestehen. Wird Führung als zielgerichtete Steuerung der Handlungen von Personen durch Personen verstanden, dann kommt der Erfüllung aller Führungsaufgaben besondere Bedeutung zu. Der Erfolg wird letztendlich auch vom realisierten Führungsstil abhängen.

2.2.2.5.1 *Führungsstile*

Charakteristisch für die Instanzen sind die Befugnisse zur Entscheidung und ihrer Anordnung. Diese Führungsaufgaben stehen im Vordergrund, wenn von Führungsstil die Rede ist. Es geht also um die Art und Weise, wie Entscheidungen getroffen und den Mitarbeitern angeordnet werden. Die Verhaltensweisen der Mitarbeiter können dadurch beeinflußt werden und unterschiedliche Reaktionen auslösen. Die besondere Art der Erfüllung der Führungsaufgaben ergibt den Führungsstil. Zwei Erscheinungsformen sind zur Zeit in Theorie und Praxis in den Vordergrund getreten, und zwar der autoritäre und der kooperative (demokratische) Führungsstil.

2.2.2.5.1.1 Der autoritäre Führungsstil

Dieser Führungsstil zeichnet sich besonders dadurch aus, daß Entscheidungen allein getroffen und Anordnungen „befehlsmäßig" erteilt werden. Der Vorgesetzte entscheidet kraft Amtes immer richtig. Der Untergebene hat zu gehorchen. Ein derartiger Führungsstil ist charakteristisch für vergangene Epochen und dürfte gegenwärtig in dieser Ausgeprägtheit nicht mehr sehr häufig anzutreffen sein. Dieser „ältere" Führungsstil trat in vier Formen auf, die kurz behandelt werden.

Dem **patriarchalischen Führungsstil** dient die Position des über allen Familienmitgliedern stehenden Vaters als Vorbild, dem vor allem die Kinder unbedingten

Gehorsam zu leisten haben. Die Führungskraft betrachtet und behandelt demnach ihre Untergebenen wie unmündige, zu Führungsaufgaben ungeeignete „Kinder". Andererseits obliegt ihr als „Vater" eine angemessene Fürsorge- und Treuepflicht.

Der **charismatische Führungsstil** geht von einer überragenden, mit einmaligen Eigenschaften ausgestatteten Führungskraft aus. Ihre Ausstrahlungskraft entspringt einer besonderen Begnadung (Charisma = göttliche Gnadengabe). Kraft dieser Einmaligkeit kann von den Untergebenen jedes Opfer verlangt werden. Fürsorge- und Treuepflicht bleiben meist unbeachtet.

Der **autokratische Führungsstil** drängt die Personenbezogenheit zurück und ist mehr auf Institutionen (Staat, Heer, Großunternehmung) ausgerichtet. Aus dem alleinigen Führungsanspruch des Autokraten wird eine Führung durch Institutionen mittels eines Leitungsapparates (Hierarchie). Aus der unmittelbaren Führung wird eine mittelbare, d.h. die untergeordneten Instanzen setzen die Entscheidungen des Autokraten durch. Sie bleiben aber „Untertanen", unterliegen also der Willkür der höchsten Führungskraft.

Der **bürokratische Führungsstil** zielt auf eine Beseitigung der Willkür der obersten Führungskraft (Entpersönlichung) ab und berücksichtigt neben der Qualifikation der Mitarbeiter vor allem die bestehenden Regelungen. Die Führungskräfte aller Ebenen sind in den Instanzenaufbau eingegliedert und somit berechtigt, die Einhaltung gegebener Befugnisse und bestehender Regelungen zu verlangen (Sachkompetenz). Dem System von Regelungen haben sich somit Führungskraft und Mitarbeiter zu unterwerfen.

2.2.2.5.1.2   Der kooperative Führungsstil

Dieser Führungsstil ist geprägt von der Erkenntnis, daß eine Zusammenarbeit aller Mitglieder einer Organisation zu einer besseren Lösung anstehender Probleme führt. Das Wissen und Können aller Mitarbeiter wird ausgeschöpft. Es gibt keine so strenge Trennung zwischen Vorgesetzten und Untergebenen, sondern eine **Führung im Mitarbeiterverhältnis** (vgl. Höhn,R.: Führungsbrevier der Wirtschaft, 10. Aufl., Bad Harzburg, 1980). Verwirklicht wird dieser Führungsstil grundsätzlich dadurch, daß den Mitarbeitern Entscheidungsbefugnisse delegiert und diese in den Entscheidungsprozeß einbezogen werden. Damit findet die Leistungsfähigkeit der Mitarbeiter Anerkennung; sie sind nicht mehr nur ausführendes Organ. Im Vollzug ihrer Aufgaben – auch der Entscheidungsaufgaben – sind sie weitgehend selbständig. Das Führungsverhalten der Vorgesetzten räumt den Mitarbeitern also Freiheiten ein. Man erwartet, daß durch einen solchen Führungsstil die Mitarbeiter zu besonderer Leistung angeregt werden.

Die extremste Form dürfte im **laissez-faire Führungsstil** zu sehen sein, bei dem Entscheidungen grundsätzlich den Mitarbeitern überlassen bleiben.

Beide Führungsstile (der autoritäre und der kooperative) sind keinesfalls sich gegenseitig ausschließende Formen. Sie finden in der Praxis vielmehr kombinierte

Anwendung, wobei jeweils ein Führungstil überwiegen kann. Man spricht dann vom **situativen Führungsstil,** d. h. der jeweiligen Situation entsprechend wird der autoritäre oder kooperative Führungsstil realisiert.

Den erfolgreichen Führungsstil gibt es nicht, denn Führung ist ein so komplexes Gebilde, daß alle Einflußgrößen einfach nicht erfaßbar sind. Die obigen Führungsstile sind daher auch als Idealtypen zu sehen.

2.2.2.5.2   *Führungs-(Management-)techniken*

Nachdem es den erfolgreichen Führungsstil nicht gibt, versuchte man, Hilfsmittel zu entwickeln, welche die schwierige Erfüllung von Führungsaufgaben erleichtern können. Es gibt eine Reihe von Techniken, die Amerikanismen verwenden, wie Management by .... . Von der Vielzahl bekannter Führungstechniken sollen nur „Management by objectives" und „Management by exception" betrachtet werden. Auch sie sind kein Allheilmittel, sondern haben lediglich unterstützende Wirkung ohne Erfolgsgarantie.

2.2.2.5.2.1   Management by Objectives

Ins Deutsche übersetzt, bedeutet diese Technik „Führung durch Zielvorgabe" oder auch „Führung durch Zielvereinbarung".

Durch die Vorgabe von Zielen besteht die Möglichkeit einer besseren **Leistungsbewertung** und damit **Beurteilung** der Führungskräfte. Maßstab ihrer Leistung ist das gesetzte Ziel und die Art und Weise, wie dies erreicht wird. Dazu gehört auch ein bestimmtes Führungsverhalten, da nur gemeinsam mit den Mitarbeitern der erwartete Erfolg eintreten kann. Die Aufgabenerfüllung wird schwerpunktmäßig auf die Zielerreichung ausgerichtet.

Management by objectives ist ein Prozeß, in dem Führungskräfte auf der oberen, mittleren und auch unteren Ebene gemeinsam ihre Zielsetzung erarbeiten, an der sie ihre Handlungen ausrichten.

Für die Realisierung dieser Führungstechnik müssen seitens der Organisation die Voraussetzungen geschaffen werden hinsichtlich

- der eindeutigen Festlegung der Entscheidungsbefugnisse
- der Willensbildung und Willensdurchsetzung
- der Kontrollmechanismen.

Die Konzeption kann schrittweise wie folgt durchgeführt werden:

- Festlegung des Unternehmungszieles und, daraus abgeleitet, der Teilziele; das Ergebnis führt zu einer Zielhierarchie.
- Verwirklichung der Ziele durch entsprechende Aufgabenerfüllung.
- Leistungsmessung durch Soll-Ist-Vergleich. Notwendige Korrekturen können sich auf die Ziele und Handlungen erstrecken.

2.2.2.5.2.2   Management by Exception

Diese Führungstechnik basiert auf dem Prinzip der Ausnahme. Der Vorgesetzte wird nur in Ausnahmesituationen in den Entscheidungs- und Ausführungsprozeß einbezogen. Damit soll erreicht werden, daß

- der Vorgesetzte entlastet wird und sich intensiver seiner Führungsaufgabe widmen kann und
- der Mitarbeiter durch Übertragung von mehr Verantwortung zu höherer Leistung angespornt wird (Selbstverwirklichung).

Zwangsläufig ergibt sich daraus, daß in verstärktem Maße Aufgaben auf untere Ebenen delegiert werden. Der Anteil an Entscheidungsaufgaben nimmt auf diesen Ebenen zu. Eine erfolgreiche Verwirklichung dieser Konzeption beruht auf

- der exakten Bestimmung des Entscheidungsspielraumes und
- der Regelung des Informationsaustausches, im besonderen hinsichtlich der Überwachungsmöglichkeit.

Als Instrument der Erfüllung dieser Voraussetzungen ist die Stellenbeschreibung (siehe 4.2.2.1.1.2) gut geeignet.

2.2.2.5.2.3   Sonstige Managementtechniken

Die Vielzahl der entwickelten Konzeptionen sind nicht frei von Überschneidungen. Neben den bereits behandelten Führungstechniken sind noch die folgenden erwähnenswert:

- **Management by system.**
Die zunehmende Flut von Verwaltungsaufgaben soll durch ein System von Verfahrensordnungen vereinfacht und dadurch besser koordinierbar werden.
- **Management by delegation.**
Durch die weitgehende Übertragung von Entscheidungsaufgaben auf untere Ebenen soll die Leistungsbereitschaft und der Leistungswille dieser Stelleninhaber gesteigert werden (Harzburger Modell).
- **Management by results.**
Die Führungskraft orientiert ihre Entscheidungen und Handlungen grundsätzlich am Ergebnis.

2.2.2.6   Kontrollfragen

1. Worin bestehen die Ursachen des Leitungsproblems?
2. Welche Merkmale leitenden Tätigseins gibt es?
3. Worin bestehen die Gliederungsmöglichkeiten der Instanzen?
4. Welcher Unterschied besteht zwischen Ebenen und Stufen der Instanzen?
5. Was ist eine Singular- und eine Pluralinstanz und welche Formen der Willensbildung sind bei der Pluralinstanz möglich?
6. Welcher Zusammenhang besteht zwischen Breite und Tiefe der Leitungsgliederung?
7. Wie unterscheiden sich das Ein- und das Mehrliniensystem?
8. Was versteht man unter Führungsstil und welche Bedeutung hat er?

2.2.3   Leitungshilfsstellen (Stabsstellen)

Wissenschaftlich fundierte, in der Praxis vertretbare Erkenntnisse auf allen Gebieten (Technik, Wirtschaft, Soziologie, Psychologie usw.) ergeben bis heute ein Informationsvolumen, das von einem einzelnen Menschen nicht mehr beherrscht werden kann. Der geistigen und physischen Leistungsfähigkeit sind von der Natur aus absolute Grenzen gesetzt, wobei sich diese beim Einzelnen unterschiedlich auswirken. Wenn diese Grenzen erreicht sind oder überschritten werden, ist eine optimale Aufgabenerfüllung nicht mehr möglich. Diese Gefahr ist vor allem bei den Instanzen der oberen Leitungsebene ab einer entsprechenden Betriebsgröße gegeben.

Aus Gründen der Koordination und der Wirtschaftlichkeit kommt oft eine Teilung der betroffenen Instanzenstelle nicht in Betracht. Andererseits muß aber eine Entlastung der Leitungsstelle erfolgen; es muß Hilfestellung geleistet werden. Zur Unterstützung kann eine zusätzliche Stelle, die Stabsstelle, gebildet werden. Sie hat keinen eigenen Aufgabenbereich im Sinne der Instanzenaufgaben und ist einer Linienstelle zugeordnet.

Unter einer **Stabsstelle** versteht man somit eine Stelle, die ihre Aufgaben von der ihr zugeordneten und sie unterstützenden Linienstelle ableitet; sie ist also eine **Leitungshilfsstelle.**

Die Idee des Stabes ist nicht neu, sondern hat in der Kirche und besonders beim Militär eine lange Tradition, bevor eine Übertragung auch auf die Wirtschaft erfolgte. Die Stabsstellen haben sich zu einem Hilfsystem der Leitung entwickelt, das trotz bestehender Kritik immer noch Bedeutung hat.

2.2.3.1   Stabsstellen und ihre wesentlichen Merkmale

Der Stab ist als Stelle eine organisatorische Einheit, die dauerhaft Aufgaben erfüllt und deshalb Gliedcharakter hat. Er tritt ergänzend neben die Linienstelle, hat also eine Linienorganisation zur Voraussetzung. Die Grenzen zwischen Stabs- und Linienstellen sind in der Praxis oft nicht klar erkennbar. Um deutlich zwischen beiden Stellen unterscheiden zu können, sollen folgende wesentlichen Merkmale der Stabsstellen herausgestellt werden:

(1) Sie besitzen **keine Entscheidungs- und Anordnungsbefugnisse,** da sie keine Leitungsstellen sind. Im praktischen Vollzug können sich daraus Schwierigkeiten ergeben, weshalb diese absolute Festlegung Einschränkungen in folgender Richtung erfahren kann:

– Der Leiter einer Stabsinstanz als übergeordneter Stabstelle benötigt zur Führung der untergeordneten Stabsstellen Anordnungs- und Weisungsbefugnis.
– Die Stabsstelle erhält von der Linienstelle für die Erfüllung laufender bestimmter Aufgaben ein funktionales Weisungsrecht (beispielsweise das Rechnungswesen oder die Betriebsstatistik, das Recht der Anforderung notwendiger Daten).
– Für die Durchführung von Sonderaufgaben werden begrenzt Kompetenzen übertragen (beispielsweise die Organisationsabteilung erhält das Recht, alle Maßnahmen zur Realisierung eines ausgearbeiteten Organisationskonzeptes in eigener Entscheidung zu treffen).

(2) Ihre **Angliederung** (Zuordnung) kann **auf allen Ebenen der Instanzen** erfolgen. Dies gilt jedoch nur grundsätzlich, da Stabsstellen überwiegend Instanzen der oberen und mittleren Leitungsebene zugeteilt werden. **Zentrale Stäbe,** deren Wirkungsbereich das gesamte Unternehmen darstellt, werden fast ausschließlich der oberen Leitungsebene zugeteilt im Gegensatz zu den sog. **Abteilungsstäben,** für die das Merkmal der Angliederung auf allen Ebenen zutrifft.

(3) Ihre Aufgaben erstrecken sich **überwiegend** auf **Einzeluntersuchungen,** deren Durchführung auf wissenschaftlicher Basis die praktischen Erfordernisse sinnvoll berücksichtigen sollte.

(4) Ohne besondere **fachspezifische Kenntnisse** können Stabsaufgaben kaum erfüllt werden.

2.2.3.2   Arten und Aufgaben von Stabsstellen

Entsprechend ihrer unterschiedlichen Aufgabenstellung lassen sich die Stabsstellen unterscheiden in
generalisierte und **spezialisierte** Stabsstellen.

2.2.3.2.1 Generalisierte Stabsstellen

Die generalisierte Stabsstelle dient der umfassenden Unterstützung des Linienvorgesetzten und ist vorwiegend auf der oberen Leitungsebene zu finden. Der Aufgabenbereich der generalisierten Stabsstelle ist grundsätzlich der gleiche wie der des Vorgesetzten, von dem zu seiner Entlastung fallweise auf die Stabsstelle Aufgaben übertragen werden, die auch zu Daueraufgaben werden können. Charakteristisch für eine generalisierte Stabsstelle ist die Tätigkeit eines (Direktions-)- **Assistenten** , den Schwarz (vgl. Schwarz,H.: Betriebsorganisation als Führungsaufgabe, 9. Aufl., Landsberg, 1983, S. 89) als persönlichen Leitungsgehilfen bezeichnet.

Eine von der generalisierten Stabsstelle abweichende Aufgabenstellung hat der **Führungsstab** nach Höhn (vgl. Höhn, R.: Die Führung mit Stäben in der Wirtschaft, 2. Aufl., Bad Harzburg 1970, S. 190 ff.), bei dem der Schwerpunkt in der Unterstützung des Linienvorgesetzten bei der Mitarbeiterführung liegt.

2.2.3.2.2 Spezialisierte Stabsstellen

Die spezialisierte Stabsstelle hat im Gegensatz zur generalisierten einen **fachlich fest umrissenen Aufgabenbereich.** Sie tritt ebenfalls vorwiegend auf der oberen und mittleren Leitungsebene als Gesamt- (Zentral-) oder Abteilungsstab in Erscheinung. Die Aufgaben des Stabes werden von den Aufgaben der Linienstelle abgeleitet. Demnach können sie sich nur auf Leitungsteilaufgaben erstrecken, wie Entscheidungsvorbereitung, Planung, Organisation und Überwachung als Hauptaufgaben. Daneben können aber auch Spezialaufgaben, wie beispielsweise Planung der Investition, des Absatzes, des Personals u. a., von Stabsstellen ausgeführt werden. Die **Hauptaufgaben** einer spezialisierten Stabsstelle lassen sich generell einteilen in

- **Beratung** durch Erarbeitung von Alternativlösungen für unternehmenspolitische Entscheidungen, Programme, Verfahren und Pläne
- **Koordinierungsaufgaben** bei der Lösung von Problemen, welche den Gesamtbetrieb oder mehrere Abteilungen betreffen
- **Überwachung der Betriebs- und Bereichsziele** durch Ergebnis- bzw. Erfolgskontrolle.

Diese Hauptaufgaben fallen grundsätzlich für alle spezialisierten Stabsstellen an, wobei schwerpunktmäßig Verlagerungen möglich sind, je nach dem, für welches spezielle Fach die Stabsstelle gebildet wurde. In der Praxis sind hauptsächlich Fachstäbe anzutreffen für Planung, Organisation, Steuer, Recht, Revision, Betriebswirtschaft, Volkswirtschaft, Außenhandel, public relations, Personalwesen, Marketing u.a.

2.2.3.3   Die Bildung von Stabsstellen und das Stab-Linien-System

Bei der im Rahmen des Stabszusammenhangs wiederholt getroffenen Feststellung, daß sich die Aufgaben der Stabsstellen aus den Aufgaben der Linienstellen ableiten, ergibt sich zwangsläufig, daß die Bildung von Stabsstellen nach den gleichen Gliederungsgesichtspunkten der Aufgabensynthese erfolgt wie bei den Linienstellen. Demnach werden die bei der Aufgabenanalyse gewonnenen Teilaufgaben nach den Merkmalen der Aufgabensynthese zu Teilaufgabenkomplexen zusammengefaßt. Wird dabei erkennbar, daß nach den aufgabenträgerbezogenen Prinzipien der Instanzenbildung das Leistungspotential des Instanzenträgers überzogen wird, können aus dem Aufgabenkomplex Ausführungsteilaufgaben ausgegliedert werden, was zur Bildung einer Stabsstelle führen kann. Einige Möglichkeiten der Ausgliederung bzw. Zusammenfassung von Teilaufgaben zu Aufgabeninhalten der Stabsstellen sind z.B.

nach den Sachmerkmalen

Verrichtung: Stabsstellen für Ausführungsteilaufgaben des Rechnungswesens, der Betriebsstatistik, der Arbeitsvorbereitung

Objekt: solche für Forschung und Entwicklung, Rechts- und Steuerfälle, Wirtschaftlichkeitsrechnungen

nach den formalen Merkmalen

Rang: alle Teilaufgaben der Entscheidungsvorbereitung

Phase: die Planungs- und Kontrollaufgaben

Zweckbeziehung: Assistenzaufgaben.

Für die Bildung von Stabsstellen gibt es somit keine besonderen spezifischen Merkmale.

In der Praxis ist für die Entstehung einer Stabsstelle meist eine Überlastung der Linienstelle ursächlich, von der dann Sonderaufgaben abgetrennt und einer zu bildenden Stabsstelle übertragen werden.

Die Aufgaben der Stabsstellen haben dauerhaften Charakter, so daß sie in das Beziehungsgefüge des organisatorischen Aufbaues einer Unternehmung einzugliedern sind. Aus der Tatsache, daß zum einen die Entstehung der Stabsstellen aus dem Aufgabenkomplex der Linienstellen abgeleitet wird und zum anderen auf allen Ebenen der Instanzen eine Angliederung an Linienstellen möglich ist, folgt zwangsläufig, daß das Liniensystem als Grundstruktur vorhanden sein muß. Die Stabsstellen werden quasi in das Liniensystem eingebaut; es wird durch eine **Stabsorganisation** ergänzt. Mitunter wird dieses

Stab-Linien-System

als dritte Form der Leitungssysteme betrachtet (vgl. Hill, W., Fehlbaum, R., Ulrich, P.: a. a. O., S. 196). Die folgende Abbildung 2.18 zeigt das Grundmodell die-

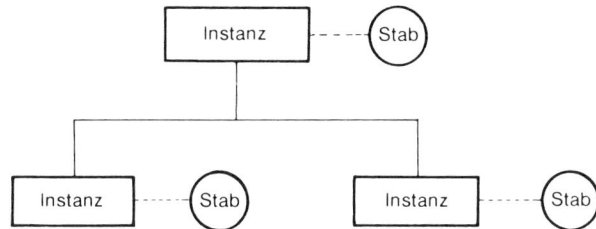

Abb. 2.18: Stab-Linien-System

ser Stab-Linien-Organisation, die trotz aller vorgebrachten Bedenken (siehe 2.2.3.4) in der Praxis noch recht häufig anzutreffen ist.

Mehrere Stabsstellen auf gleichen und verschiedenen Instanzenebenen bedürfen der Koordination durch eine übergeordnete Stabsstelle, **einer Stabsinstanz,** die mit Kompetenzen ausgestattet ist. Das Grundmodell einer solchen Stabshierarchie zeigt die Abbildung 2.19.

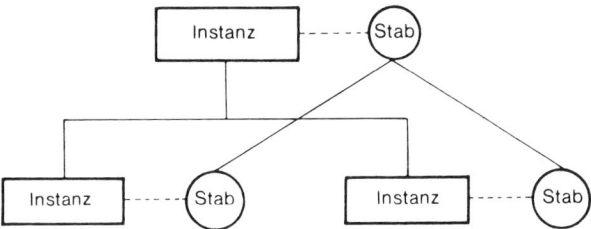

Abb. 2.19: Stab-Linien-System mit Stabshierarchie

Die von Hill, Fehlbaum, Ulrich (vgl. a.a.O., S. 197 ff.) vorgenommene Unterscheidung in „reine Stabsstellen" und „zentrale Dienststellen" präzisiert die in der Praxis vorzufindenden Erscheinungsformen. Unter „reinen Stabsstellen" werden solche verstanden, welche ausschließlich Unterstützungsfunktion ohne jegliche Entscheidungs- und Anordnungsbefugnisse haben, während „zentrale Dienststellen" über funktionale Kompetenzen verfügen können, die ihnen von den Linienstellen übertragen wurden.

2.2.3.4 Die Problematik der Zusammenarbeit von Linie und Stab

Die Kompetenzen auf der einen Seite, der der Linienstellen, das größere fachspezifische Wissen auf der anderen Seite, der der Stabsstellen, birgt den Keim der Konflikte in sich. Es leuchtet daher ein, daß dieses Problem sowohl von der betriebswirtschaftlichen als auch von der betriebssoziologischen Literatur eingehend behandelt wurde, um die Ursachen für die Konflikte zu erforschen und Vorschläge für die Koordinierung des Aufgabenvollzuges herauszuarbeiten.

2.2.3.4.1   Ursachen für Konfliktsituationen

Beispielhaft werden einige Situationen vorgetragen, die das Verhältnis Linie-Stab aus der Sicht der Linienstellen kennzeichnen, und zwar

– als optimal bezeichnete, durch großen Zeit- und Kostenaufwand erarbeitete Lösungen entsprechen oft nicht den Erwartungen
– theoretisch exakte Lösungen berücksichtigen zu wenig die wirkliche Situation
– Mangel der Ausrichtung an gesamtbetrieblichen Zielen
– keine ausreichende Abstimmung zwischen Stabsstellen, wenn mehrere an einem Projekt arbeiten.

Zusammenfassend zeigt sich hieraus, daß mitunter den Stabsstellen die ihnen gebührende Anerkennung versagt wird, was fast zwangsläufig zu Konflikten führen muß.

Demgegenüber verweisen die Stabsstellen ebenfalls auf Schwierigkeiten in der Zusammenarbeit mit den Linienstellen, wie etwa

– Mangel an Bereitschaft zu echter Zusammenarbeit bei der Erarbeitung von Lösungen
– keine Anerkennung von Lösungen, die in den eigenen Aufgabenbereich der Linienstelle ändernd eingreifen
– keine rückhaltlose Unterstützung vor allem hinsichtlich des Mittragens der Verantwortung bei der Realisierung einschneidender Maßnahmen
– Fehleinschätzung der Aufträge im Hinblick auf ihre Wirkung.

Auch aus diesen Beispielen wird deutlich, wie leicht in der Zusammenarbeit von Linie und Stab Probleme entstehen können.

Umgekehrt darf aber nicht übersehen werden, daß der Einfluß der Stabsstelle dominierend werden kann. Dies geschieht überwiegend dann, wenn die Linienstelle im Vertrauen auf die fachspezifische Qualifikation der Stabsstelle deren Vorschläge unkritisch übernimmt. Dann wird die Fachautorität anerkannt und der Vorschlag bzw. Rat zur Entscheidung. In Kenntnis dieser Situation kann sich die Stabsstelle eine Machtposition aufbauen, die sich positiv und negativ auf die Zielerreichung auswirken kann. Vorteilhafte Auswirkungen treten immer dann ein, wenn Fehlentscheidungen verhindert oder ein optimaler Anpassungs- oder Durchführungsprozeß durchgesetzt wird. Nachteile können sich vor allem aus einer informalen Zersetzung ergeben.

2.2.3.4.2   Maßnahmen zur Koordinierung von Stabs- und Linienaufgaben

Zur Lösung der Probleme wurden u.a. moderne teamorientierte Strukturierungskonzeptionen entwickelt. Auch die Organisationsentwicklung zählt dazu (siehe 2.2.9).

Die angeführten Beispiele für die Ursachen von Konfliktsituationen lassen erkennen, daß diese zu vermeiden sind, wenn für die Zusammenarbeit von Linie und Stab Regelungen geschaffen werden, an die sich beide Stellen zu halten haben. Außerdem ist die persönliche Einstellung der betroffenen Linien- und Stabsleute wichtig, für deren Auswahl und Koordinierung die Unternehmungsführung die Voraussetzungen schaffen muß.

Für eine **produktive Zusammenarbeit von Linie und Stab** hat Höhn (vgl. Höhn, R.: Die Führung … a.a.O., S. 103 ff.) Grundsätze aufgestellt, die in Organisationsanweisungen ihren Niederschlag finden müssen. Einige davon werden im folgenden aufgeführt:

– Der Stab darf keine Anweisungsbefugnis besitzen

– Informationspflicht aller Linienstellen auf Anforderung der Stabsstellen

– Recht und vor allem Pflicht aller Linienstellen, die Hilfe der Stabsstellen in Anspruch zu nehmen

– Verpflichtung des Stabes zur Mitteilung an nächsthöhere Instanz, wenn durch vom Rat der Stabsstelle abweichende Linienentscheidung Gefahr für den Betrieb entstehen kann

– Informationen über wichtige Ereignisse der Linie durch den Stab an Vorgesetzte nur nach Absprache mit dem zuständigen Linienvorgesetzten.

Auch die **Zusammenarbeit zwischen den Stäben** bedarf zur bestmöglichen Aufgabenerfüllung einer entsprechenden Regelung. Besondere Bedeutung erlangt diese Forderung beim Vorliegen einer Stabshierarchie, da die untergeordneten Stäbe eine Zwischenstellung einnehmen. Von der übergeordneten Stabsinstanz erhalten sie funktionale Weisungen, während sie disziplinarisch der Linie unterstehen können.

Auch für die Zusammenarbeit zwischen den Stäben hat Höhn (vgl. Höhn, R.: Die Führung … a.a.O., S. 125 ff.) Grundsätze aufgestellt, von denen die wichtigsten aufgeführt werden:

– Informationspflicht der Stäbe untereinander, wenn ein Aufgabenbereich berührt wird, und zwar bereits im Anfangsstadium

– Die „federführende" Stabsstelle entscheidet bei unterschiedlichen Auffassungen über Sach- und Abwicklungsfragen

– Verpflichtung zur Erteilung von Rat und Auskunft zwischen den Stäben

– Kein Anweisungsrecht zwischen den Stabsstellen.

Die aufgeführten Grundsätze erheben selbstverständlich keinen Anspruch auf Vollständigkeit. Es sollte damit nur verdeutlicht werden, daß die zweifelsfrei bestehenden Konfliktgefahren zwischen Linie und Stab vermieden bzw. stark vermindert werden können, wenn die Unternehmensführung die notwendigen Regelungen trifft. Darum hat auch das Stab-Linien-System in der Praxis seine volle Existenzberechtigung.

Für das **Fallbeispiel** ist das Stabsproblem ebenfalls relevant, vor allem dann, wenn für die Unternehmensleitung eine Singularinstanz vorgesehen wird. In diesem Falle darf das Problem der Leitungsspanne nicht übersehen werden, das auch durch Bildung einer Stabsstelle zu lösen ist. In Frage kommt dabei eine generalisierte Stabsstelle bzw. ein Führungsstab. Auf der Ebene der Hauptabteilungen wäre die Bildung von Stabsstellen für Betriebswirtschaft, Organisation, Recht, Steuern sowie Marketing denkbar.

2.2.3.5   Kontrollfragen

1. Was versteht man unter einer Stabsstelle?
2. Welche wesentlichen Merkmale der Stabsstelle gibt es?
3. Welche Stabsstellen lassen sich nach Aufgabenstellung unterscheiden?
4. Was ist eine Stab-Linien-Organisation und worin bestehen ihre Probleme?

2.2.4   Der Informationsaustausch

Die Vielzahl der organisatorisch geschaffenen Stellen (einschließlich Stabsstellen) dient der einheitlichen Erreichung des Betriebszieles. Sie können ihren Beitrag hierzu jedoch nicht isoliert leisten, sondern stehen in einem Beziehungszusammenhang, der eine **laufende Zusammenarbeit** erfordert. Im Rahmen dieser Zusammenarbeit müssen ständig Informationen ausgetauscht werden. Als weitere wichtige Grundlage für eine optimale Aufgabenerfüllung bedarf es somit eines **Kommunikationssystems,** das den Informationsfluß in geordneten Bahnen gewährleistet. (Hierzu insbes. Gernet, E.: Das Informationswesen in der Unternehmung, München Wien 1987.)

2.2.4.1   Information und Kommunikation

Information und **Kommunikation** bedingen einander gegenseitig, d.h. die eine ist ohne die andere nicht denkbar. Hierin liegt vermutlich auch die Ursache, daß beide Begriffe oft nicht klar unterschieden und synonym angewandt werden. Dies ist aber nicht richtig. Daher sollen beide Begriffe exakt herausgearbeitet werden.

Der Begriff „Information" wird verschieden interpretiert. Generell versteht man darunter die Übermittlung von Wissen. Am besten geeignet erscheint die Ableitung des Begriffes nach Kramer (vgl. Kramer, R.: Information und Kommunikation, Berlin 1965, S. 21 ff.), der sich an der (Sprach-)Lehre über Zeichen und Symbole (Semiotik) orientiert. Damit wird gleichzeitig eine Abgrenzung zu den

Begriffen Nachricht und Signal erreicht. Die Semiotik kennt drei Teilbereiche, die vergleichsweise für die Erläuterung des Begriffes Information herangezogen werden. Es sind dies die

Syntax (Syntaktik): Hierunter werden Regeln über die Zusammensetzung von Zeichen oder Signalen in einer bestimmten Reihenfolge im Übertragungskanal zwischen Sende- und Empfangsgerät verstanden. Im Mittelpunkt der Betrachtung steht die Kanalgröße und Übertragungsgeschwindigkeit. Auf den Sprecher und die Bedeutung der Zeichen und Designate wird kein Bezug genommen.

Semantik: Auf dieser Ebene wird die Beziehung zwischen Zeichen und Designaten herausgestellt, so daß auf die Bedeutung der Zeichen/Signale geschlossen werden kann. Das Signal wird zur Nachricht. Auf die Benutzer der Sprache (Empfänger) wird kein Bezug genommen.

Pragmatik: Zwischen der Sprache und ihren Benutzern (Empfänger) besteht eine Beziehung. Durch Berücksichtigung der persönlichen Seite wird die Zweckorientierung einbezogen. Auf dieser Ebene entsteht aus der Nachricht eine Information.

Der Zusammenhang wird durch die folgende Abbildung 2.20 nochmals verdeutlicht.

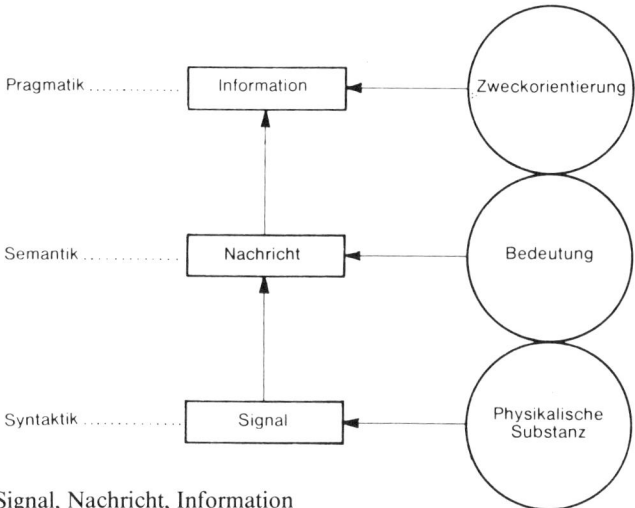

Abb. 2.20: Signal, Nachricht, Information

Die Information stellt die höchste Stufe dar und entsteht aus Signal und Nachricht. Erst durch die Zweckorientierung wird die Nachricht zur Information. **Definiert wird somit die Information als zweckorientiertes Wissen.** Das betriebliche

Geschehen vollzieht sich in zweckbezogenen Handlungen, für die das notwendige zweckorientierte Wissen verfügbar sein muß.

Auch der Begriff „Kommunikation" wird unterschiedlich ausgelegt. Allgemein versteht man darunter eine Art des menschlichen Zusammenwirkens in Form der Übertragung von Mitteilungen. Auf das Betriebsgeschehen angewandt, wird daraus präziser die Zusammenarbeit der Aufgabenträger, für die der Austausch von Informationen eine existentielle Grundlage bedeutet. Die Problematik wird aber erst dann recht verständlich, wenn Klarheit über die Art der Übermittlung von Informationen besteht. Dazu ist notwendig

– ein Sender zur Abgabe von Informationen
– ein Empfänger zur Aufnahme von Informationen
– eine Speicherung, wenn die empfangenen Informationen nicht sofort der Zweckorientierung entsprechend verwertet werden. Die Informationen werden durch das menschliche Gedächtnis oder durch technische Hilfsmittel festgehalten und gegebenenfalls in der Folge auch wieder gesendet (Vermittler)
– eine Umwandlung, d.h. daß normalerweise durch den Denkprozeß eine Verarbeitung der Informationen erfolgt, die in Entscheidungsvorgänge einmünden können.

Zur Übermittlung von Informationen werden also die Verrichtungen „Senden", „Aufnehmen", „Speichern" und „Umwandeln" erforderlich. Für die betriebliche Leistungserstellung versteht man somit unter **Kommunikation alle organisatorischen Regelungen, die den Informationsaustausch durch Senden, Empfangen, Speichern und Verarbeiten (Umwandeln) festlegen.**

Information und Kommunikation sind damit eindeutig begrifflich getrennt. Informationen sind die Objekte der Kommunikation.

Der Kommunikationsbegriff ist so allgemein gehalten, daß nicht nur die Kommunikation zwischen Menschen, sondern auch die grundsätzlich mögliche Kommunikation zwischen Menschen und Maschinen wie auch nur zwischen Maschinen einbezogen werden kann. Für die Behandlung des Kommunikationsproblems der Organisation stehen die Mensch-Mensch-Beziehungen im Vordergrund.

2.2.4.2   Die Bedeutung von Information und Kommunikation für die Organisation

Die Leistungserstellung als Ziel einer jeden Organisation vollzieht sich in einem Wirtschaftsprozeß, für den die Dynamik charakteristisch ist. Man versuche diesbezüglich nur einmal gedanklich die Auftragsabwicklung eines Investitionsgutes von der Auftragseinholung bis zur Auftragserledigung nachzuvollziehen, um das Zusammenwirken von Menschen – sowohl zwischen Auftraggeber und Auftragnehmer als auch innerhalb der Organisation – zu erkennen. Eine Vielzahl von

Informationen ist dabei erforderlich, um das Wissen über die Elemente der Auftragsabwicklung zu konkretisieren. Das Wirtschaften bleibt aber nicht auf einen derartigen Einzelfall beschränkt, sondern geschieht in abgeänderter Form immer wieder. Die Behauptung, daß in allen Phasen des Wirtschaftsprozesses Informationen notwendig sind und diese zu einem Grundelement des Wirtschaftens werden, ist damit unbedingt gerechtfertigt. Ohne Informationen ist ein Wirtschaften schlechthin undenkbar.

Diese Erkenntnis gilt für alle Aufgaben, die in der Unternehmung anfallen, so wie

Sachaufgaben, welche sich auf den Einkauf, die Herstellung und den Vertrieb
          erstrecken, und die
formalbezogenen
Aufgaben   der Entscheidung, Planung, Kontrolle und Verwaltung.

Die Informationen sind jedoch für eine Unternehmung wertlos, wenn sie nicht an die Stelle gelangen, wo der Beitrag für die Aufgabenerfüllung zu leisten ist. Erst durch die Kommunikation, das Senden, Empfangen, Speichern und Verarbeiten von Informationen, wird die Voraussetzung hierfür geschaffen.

Information und Kommunikation bedingen sich somit **gegenseitig, sie sind gleich bedeutungsvoll.** Die Kommunikation ist damit eine Grundvoraussetzung für die Zusammenarbeit aller am Wirtschaftsprozeß einer Unternehmung beteiligten Stellen.

Zu einer optimalen Aufgabenerfüllung genügt demnach keinesfalls nur eine Festlegung der Stellen, Abteilungen, Instanzen und Stabsstellen, sondern in gleicher Weise müssen auch für die Kommunikation Regeln getroffen werden. Sie erstrecken sich auf die Bestimmung von Kommunikationswegen und deren Zusammenfassung zu einem geschlossenen Ganzen und auf die Schaffung von Voraussetzungen für einen reibungslosen Informationsfluß und eine rationelle Informationsverarbeitung. Erstere Aufgaben fallen in den Bereich der Aufbau-, letztere in den der Ablauforganisation (siehe Gernet, a. a. O., S. 72 f.).

Als Ergebnis kann festgestellt werden, daß Information und Kommunikation von größter Bedeutung für eine Organisation sind, da ohne sie das Ziel der Unternehmung nicht erreicht werden kann. Der Grad der Zielerreichung hängt wiederum auch davon ab, wie es gelingt, die Kommunikationsprobleme zu lösen. Von großer Bedeutung ist in diesem Zusammenhang die Informationstechnologie, die auf dem Gebiet der Daten- und Textverarbeitung sowie der Kommunikationstechnologie weitreichende und tiefgreifende Lösungsmöglichkeiten anbietet (siehe unter 2.2.8).

Auch für diese Zusammenhänge kann das **Fallbeispiel** herangezogen werden. Die Herstellung der Maschinen findet nicht statt, wenn die Vertriebsabteilung keine Aufträge bringt, welche die entsprechenden Informationen über Art der

Ausführung, Zahlungsbedingungen, Lieferbedingungen, Lieferzeit u.a. enthalten. Zur Weitergabe all dieser Informationen müssen die Kommunikationswege bekannt sein.

2.2.4.3   Kommunikationswege

Am Grundprinzip der Nachrichtenübermittlung soll zunächst gezeigt werden, welche Verbindung zur Übertragung einer Information vorhanden sein bzw. hergestellt werden muß. Die Phasen der Nachrichtenübermittlung ergeben sich aus folgender Abbildung.

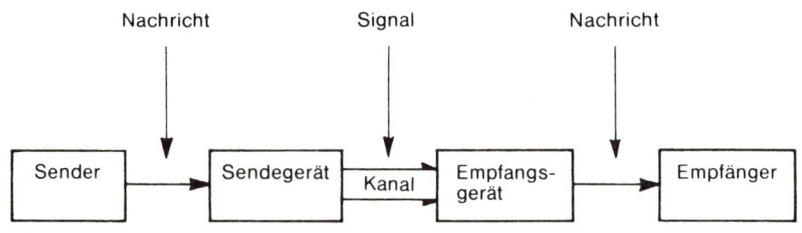

Abb. 2.21: Phasen der Nachrichtenübermittlung

Übertragen auf das betriebliche Geschehen werden Sender und Empfänger zu Aufgabenträgern, die Informationen austauschen. Da eine Zweckorientierung unterstellt werden kann, wird die Nachricht zur Information. Im Falle einer mündlichen Aussprache sind die Sprache und das Gehör Sende- und Empfangsgerät, die Schallwellen der Sprache die Signale. Der nachrichtentechnisch zwischen Sende- und Empfangsgerät liegende Kanal wird zum Kommunikationsweg, der auch als Informationsweg und Kommunikationskanal bezeichnet wird. **Ein Kommunikationsweg ist eine geregelte Kommunikationsbeziehung, durch die von einem Aufgabenträger zu einem oder mehreren anderen Verbindung zum Zwecke der Informationsübermittlung aufgenommen werden kann.** Der so definierte Kommunikationsweg ist ein Verkehrsweg für die Übermittlung der Informationen als Objekte der geistigen Sphäre. Der Gegensatz dazu ist der materielle Verkehr mit körperlichen Gegenständen der Realsphäre (Werkstücke u.a.). Ein Zwang zu seiner tatsächlichen Nutzung besteht nicht. Auch für die Verwendung eines bestimmten Kommunikationsmittels (Telefon, Rohrpost, Sprechanlage) bzw. Informationsträgers gibt es keinen Sachzwang.

2.2.4.3.1   *Wesen der Kommunikationswege*

Grundsätzlich besteht die Möglichkeit, daß in einer Organisation jeder mit jedem Verbindung aufnehmen kann. Man spricht dann von einem **offenen, freien oder ungebundenen Kommunikationssystem.** Von der Größe einer Organisation hängt es dabei ab, wo eine Grenze erreicht wird, ab welcher Kommunikationsbeziehungen schädliche, ja chaotische Ausmaße annehmen können. Spätestens dann wird es notwendig, aus dieser Vielzahl von Kommunikationswegen jene zu konkretisieren, die für eine Zielerreichung notwendig sind. Die so aktivierten Kommunikationswege werden in die Organisationsstruktur einbezogen, sie werden geregelt. Diese Einbeziehung in die Regelungen des formalen Organisationsaufbaues führt zum sog. **gebundenen oder geschlossenen Kommunikationssystem.** Die zu konkretisierenden Kommunikationswege ergeben sich aus der hierarchischen Ordnung (Instanzenzug) und aus den durch die Arbeitsteilung notwendigen Querverbindungen horizontaler oder diagonaler Art.

Im Gegensatz zu diesen **formalen Kommunikationswegen** gibt es in der Organisation kaum einen Hinderungsgrund, Verbindungen herzustellen, die ihre Ursache aus sozialen Beziehungen oder dem Individualverhalten der Aufgabenträger herleiten. Aus diesen Beziehungen werden **informale Kommunikationswege** aktiviert, deren Trennung von den formalen Kommunikationswegen schwierig und kaum lösbar erscheint.

Ähnlich wie bei der informalen Organisation können die Gründe für die Schaffung informaler Kommunikationswege aufgabenbedingt und somit positiv sein. Das trifft zu, wenn ein für die Aufgabenerfüllung notwendiger Informationsaustausch stattfindet, obwohl eine formale Regelung nicht vorliegt. Andererseits dürfen die negativen Auswirkungen des Informationsaustausches durch informale Kommunikationswege nicht unerwähnt bleiben. Sie können eine informale Zersetzung fördern. Der Verlauf informaler Kommunikationswege erfolgt nicht etwa isoliert von den formalen; es sind vielmehr Überlagerungen und Überschneidungen möglich.

Die Kommunikationswege als Grundlage des Informationsaustausches setzen sich also aus den formal geregelten und informal möglichen zusammen.

2.2.4.3.2 Arten der Kommunikationswege

Die unterschiedlichen Kommunikationswege sind abhängig von der Art der Beziehungen zwischen den einzelnen Aufgabenträgern, woraus sich eine Einteilung nach folgenden Gliederungsgesichtspunkten ergibt:

(1) Richtung der Kommunikationswege

Nach diesem Merkmal wird festgelegt, in welcher Richtung wer an wen Informationen übermitteln kann. Ausgangsbasis ist der durch die Stellen- und Abteilungsbildung gewonnene hierarchische Aufbau der Organisation. Diese Grundstruktur läßt **vertikale, horizontale und diagonale Kommunikationswege** entsprechend der Aufgabenstellung der jeweiligen Aufgabenträger zu. Durch das Über- und Unterordnungsverhältnis ergeben sich **vertikale** Kommunikationswege, über die vom Vorgesetzten zum Mitarbeiter und umgekehrt Informationen ausgetauscht werden, also von oben nach unten und umgekehrt von unten nach oben. Die Aufgabenträger sind auf verschiedenen Ebenen eingeordnet. Tritt die übergeordnete Stelle nur mit einem ihr unterstellten Mitarbeiter in Verbindung, wird ein **singularer Kommunikationsweg** benutzt; wird dagegen mit mehreren unterstellten Mitarbeitern Verbindung aufgenommen, liegt ein **pluraler Kommunikationsweg** vor. Die vielfach vertretene Auffassung, daß es sich bei den vertikalen Kommunikationswegen um Befehlswege handelt, wird nicht geteilt, da über diese Verbindungswege nicht nur Informationen mit Anweisungscharakter übermittelt werden, sondern auch der umgekehrte Informationsaustausch von unten nach oben möglich wird (Berichtsweg). Vertikale Kommunikationswege haben stets Formalcharakter.

Zur Verkürzung von Kommunikationswegen und aus Gründen der Entlastung übegeordneter Stellen wird eine Informationsübertragung auf gleicher Ebene/ Stufe sinnvoll. Zu ihrer Realisierung muß ein **horizontaler** Kommunikationsweg vorhanden sein, der ebenfalls sowohl singular als auch plural in Erscheinung treten kann. Die Forderung nach einer Vermehrung und Verbesserung horizontaler Kommunikationswege ist aus den oben angeführten Gründen sicherlich richtig. Wegen der möglichen Informationsverluste durch Umgehung der übergeordneten Stelle und daraus eventuell resultierender Konfliktsituationen bedarf dies aber einer besonders sorgfältigen Regelung. Gerade horizontale Kommunikationswege können neben formalem auch informalen Charakter haben. Man spricht deshalb auch von instabilen und unzuverlässigen Querverbindungen.

Der Wirkungsbereich der Unternehmensleitung erstreckt sich über die gesamte Unternehmung, so daß die Empfänger von Informationen unterschiedlichen Rangebenen angehören können. Es besteht dabei die Möglichkeit, daß über einen **diagonalen** Kommunikationsweg zwei oder mehrere Ebenen überbrückt werden. Auch diese Form der Kommunikationswege kann singular und plural sein und formalen und informalen Charakter haben. Hinsichtlich einer sorgfältigen Regelung gilt das gleiche wie bei den horizontalen Kommunikationswegen. Für die Erfüllung der Aufgaben des Betriebsrates sind die diagonalen Kommunikationswege typisch, da mit allen Stellen auf allen Ebenen ein Informationsaustausch stattfindet und ein Über-/Unterordnungsverhältnis fehlt.

Ein Ausschnitt eines möglichen Organisationsplanes für das Fallbeispiel soll drei Richtungen der Kommunikationswege veranschaulichen, wobei aus Gründen der Übersichtlichkeit nicht alle Wege aufgenommen wurden (Abb. 2.22).

(2) Durchlässigkeit der Kommunikationswege

Mit der Festlegung der Kommunikationswege nach dem Merkmal Richtung ist jedoch noch nicht bestimmt, ob die Informationsübertragung in beiden Richtungen möglich ist, d.h. ob der „Weg" die Informationen hin und/oder zurück durchläßt.

Einseitige Kommunikationswege ermöglichen nur in einer Richtung die Übermittlung von Informationen und sind für die Gegenrichtung undurchlässig. Die-

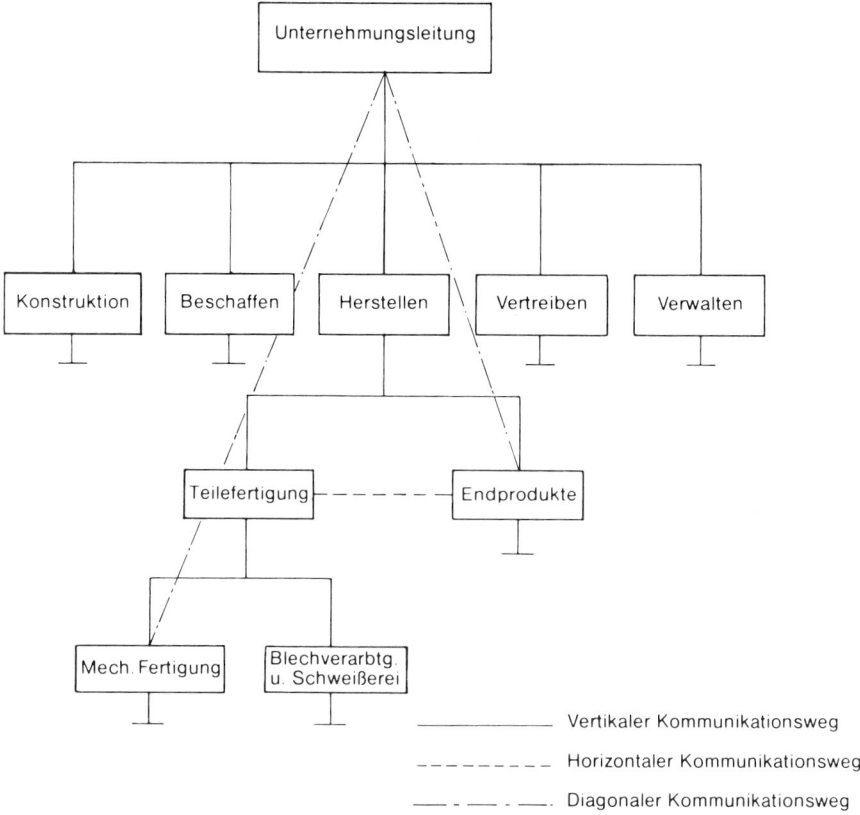

Abb. 2.22: Kommunikationswege nach der Richtung

ser Kommunikationsweg ist also vergleichbar mit einer Einbahnstraße. Der Vorteil liegt in der größeren Übertragungsgeschwindigkeit, da Unterbrechungen seitens des Empfängers ausgeschaltet sind. Andererseits besteht jedoch die Gefahr des Nicht- oder Falschverstehens, so daß der einseitige Kommunikationsweg nur für ganz spezifische Informationen in Frage kommt. Als Kommunikationsmittel für solche Wege dienen beispielsweise Ruf- und Signalanlagen sowie das Schwarze Brett.

Der **zweiseitige Kommunikationsweg** läßt die Informationen in beiden Richtungen durch, so daß die Nachteile des einseitigen Kommunikationsweges nicht eintreten, dafür jedoch eine geringere Übertragungsgeschwindigkeit zu berücksichtigen ist. Mit der Möglichkeit der Rückfragen können Unklarheiten sofort richtiggestellt werden, so daß eine entschieden größere Genauigkeit gegeben ist. Sie gibt weiterhin dem Empfänger ein Gefühl der Sicherheit, wodurch eine zielgerichtete Informationsverarbeitung wahrscheinlicher ist. Außerdem wird der Nachteil der geringeren Übertragungsgeschwindigkeit bei wiederkehrenden Informationen stark reduziert oder gar beseitigt, da dann gegebenenfalls keine Rückfragen mehr erforderlich werden. Je nach Einsatz von Kommunikationsmitteln läßt sich der zweiseitige Kommunikationsweg unterscheiden in

– **Gegenverkehr,** bei dem an beiden Endpunkten gleichzeitig funktionsfähige Sender und Empfänger sind, wie dies am vollkommensten bei Menschen gegeben ist, jedoch auch beim Telefon und einer Gegensprechanlage, und in

– **Wechselverkehr,** bei dem nicht gleichzeitig, sondern nur abwechselnd in beiden Richtungen Informationen übermittelt werden können, so beim Fernschreiber und einer Wechselsprechanlage.

Bei Abwägen der Vor- und Nachteile der Kommunikationswege nach der Durchlässigkeit hat die Genauigkeit größeres Gewicht als die Schnelligkeit, so daß die zweiseitigen Kommunikationswege vorherrschend sind.

(3) Verbindungsart der Kommunikationswege

In einer Organisation besteht nicht nur die Notwendigkeit einer direkten Verbindung zwischen zwei Aufgabenträgern (Sender und Empfänger), sondern auch die des Einschaltens von Zwischenstellen. Typisches Beispiel dafür ist die Speicher- und Verteilerfunktion eines Assistenten oder einer Sekretärin. Vom Entstehungsort einer Information, der Informationsquelle, bis zum Ort, an dem eine Handlung ausgelöst wird, können demnach ein oder mehrere Aufgabenträger dazwischengeschaltet sein. Die ausgelöste Handlung führt zu einer Informationsverarbeitung im Hinblick auf Planungs-, Entscheidungs-, Koordinierungs-, Kontroll- und sonstige Ausführungsaufgaben. Je nach Art der aufgenommenen Verbindung liegt ein direkter oder indirekter Kommunikationsweg vor.

Ein **direkter Kommunikationsweg** kennt nur einen Sende- und Empfangsvorgang und keine Speicherung oder Verteilung der Informationen. Der Vorteil wird in der Beschleunigung des Informationsflusses gesehen. Er kann sowohl vertikal, horizontal und diagonal als auch formal und informal verlaufen.

Beim **indirekten Kommunikationsweg** werden – wie bereits erwähnt – zwischen Informationsquelle und Bestimmungsort Aufgabenträger mit Speicher- und/oder Verteilerfunktion dazwischengeschaltet. Es ergeben sich dann zwei oder mehrere eng verbundene Kommunikationswege. Der indirekte Kommunikationsweg ist immer dann vorteilhaft, wenn damit der Sender durch die Verteilungsfunktion entlastet und ferner durch die Speicherung zeitliche Unterschiede überbrückt werden. Auch der indirekte Kommunikationsweg tritt in vertikaler, horizontaler, diagonaler sowie formaler und informaler Form auf.

Beim indirekten Kommunikationsweg wird die Informationsfilterung als Nachteil erachtet. Durch die Speicher-und Verteilungsfunktion können Informationen verfälscht am Bestimmungsort ankommen.

Beide Formen der Kommunikationswege nach ihrer Verbindungsart bestehen in einer Organisation nebeneinander. Die Aufgabe des Organisators besteht darin, die für die Aufgabenerfüllung jeder einzelnen Stelle notwendigen Kommunikationswege zu bestimmen, wobei von der Aufgabenstellung die Art des Kommunikationsweges abhängig sein kann. Alle Kommunikationswege in ihrer Zusammenfassung bilden das **Kommunikationssystem.** Die Frage der Identität von Kompetenz- und Kommunikationssystem kann dahingehend beantwortet werden, daß dies für die vertikalen Kommunikationswege zutrifft, kaum aber für die horizontalen und diagonalen.

2.2.4.4   Kommunikationssysteme

Es wurde bereits festgestellt, daß das Kompetenzsystem, welches auf der Organisationsstruktur beruht, nicht identisch ist mit dem Kommunikationssystem, d.h. daß sich Aufbau- und Kommunikationsstruktur unterscheiden. Ein **Kommunikationssystem** als die „strukturierte Gesamtheit der durch bestimmte Kommunikationswege verbundenen Kommunikationsträger"(Kramer, R.: a.a.O., S.126) hat allerdings die Aufbauorganisation zur Voraussetzung. Weiterhin wurde auf die prinzipielle Unterscheidung in ein offenes oder ungebundenes und ein geschlossenes oder gebundenes Kommunikationssystem bereits hingewiesen.

Anhaltspunkte für die Gestaltungsmöglichkeit eines Kommunikationssystems bieten die Ergebnisse der Kleingruppenforschung, auf die nicht näher eingegangen wird. Die wichtigsten Ergebnisse in Form von Kommunikationsnetzen zeigt die Abb.2.23.

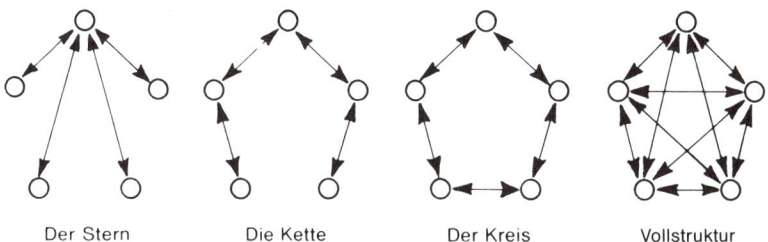

Abb. 2.23: Kommunikationsnetze

Die **Sternstruktur** erweist sich als besonders geeignet für eine schnelle Erfüllung von Routineaufgaben, da für die Übermittlung von Entscheidungs-, Durchführungs- und Kontrollinformationen nur jeweils ein Kommunikationsweg zwischen Vorgesetzten und Mitarbeitern vorhanden ist. Es liegt ein Minimum an Informationswegen vor, weshalb die Koordinierung durch den Vorgesetzten aus der zentralen Stellung heraus zwangsläufig optimal durchgeführt werden kann. Die Sternstruktur wird daher zu Recht auch als Vorgesetztenstruktur bezeichnet.

Die **Kette** verfügt zwar auch über ein Minimum an Kommunikationswegen, jedoch durch deren andere Anordnung mit der Wirkung, daß direkte Verbindung nur mit zwei Partnern bzw. durch die Unterbrechung mit einem Partner möglich ist. Dieses Kommunikationsnetz eignet sich für die Sachentscheidungen, deren Vollzug unproblematisch ist.

Der **Kreis** bietet die Möglichkeit des Informationsaustausches zwischen den jeweils benachbarten Mitgliedern und ist somit stark reduziert. Der wesentliche Vorteil dieses Kommunikationsnetzes wird darin gesehen, daß durch die Zwischenschaltung der Mitglieder ein Lernprozeß einhergeht. Der dadurch erreichbare verbesserte Wissensstand der Mitglieder vermindert die Gefahr von Fehlentscheidungen und falscher Aufgabenerfüllung.

Die **Vollstruktur** stellt ein offenes Kommunikationssystem dar, in dem jeder mit jedem Informationen austauschen kann. Im Gegensatz zu Stern, Kette und Kreis liegt keine Reduzierung der Kommunikationswege vor. Für Aufgaben, welche die aktive Mitwirkung aller Gruppenmitglieder erfordern, wie beispielsweise Entwicklungs- und Forschungsaufgaben, ist das Netz besonders geeignet. Auch für die Lösung des Kommunikationsproblems auf der obersten Leitungsebene wird das Netz bevorzugt verwendet.

Die einzelnen Kommunikationsnetze lassen sich weder in der einen noch in der anderen Form auf das komplexe Gebilde einer Unternehmung übertragen. Man kann unter Zuhilfenahme dieser Kommunikationsnetze auch keine Aussage über die optimale Zahl und Art der Kommunikationswege einer Gesamtunternehmung treffen.

Unter dem Gesichtspunkt der organisatorischen Strukturierung von kommunikativen Teil- bzw. Einzelnetzen innerhalb der Gesamtorganisation können die dargestellten Kommunikationsnetze jedoch Anhaltspunkte liefern, wie dies bei ihrer Darstellung jeweils angedeutet wurde. Die Praxis orientiert sich bei der Lösung ihrer Kommunikationsprobleme mehr an den betrieblichen Erfordernissen mit dem Ziel eines guten, aber nicht unbedingt optimalen Ergebnisses.

Welche Anhaltspunkte ergeben sich aus den dargestellten Kommunikationsnetzen, um die Kommunikation in dem **Fallbeispiel** zu lösen?

Unter Zugrundelegung des Ergebnisses der Stellen- und Abteilungsbildung (siehe Abb. 2.9) ergibt sich, daß die Kommunikation zwischen Unternehmungsleitung und Hauptabteilungen vorteilhafterweise durch ein vollständiges Netz erfolgt, da jede Reduzierung der Kommunikationswege schädlich sein kann. Die Kommunikation zwischen Hauptabteilungen und Abteilungen aus der Sicht der Gesamtunternehmung bedarf dagegen schon einer Reduzierung der Kommunikationswege.

Anders ist die Situation aber bei Betrachtung nur eines Hauptabteilungsbereiches. Hier könnte unter Einbeziehung der Abteilungen, Gruppen und Untergruppen die Kettenstruktur als Anhaltspunkt dienen. Eine Konkretisierung der Kommunikationsbeziehungen auf unterer Ebene, nämlich zwischen Gruppe und Untergruppe, wäre durch Anlehnung an die Sternstruktur denkbar.

2.2.4.5 Kontrollfragen

1. Welche Bedeutung haben Information und Kommunikation für eine Unternehmung?
2. Wie können Signal, Nachricht und Information unterschieden werden?
3. Welche Arten von Kommunikationswegen gibt es?
4. Welches sind die wichtigsten Kommunikationsnetze?

2.2.5 Die Kollegienbildung

2.2.5.1 Ursachen für die Bildung von Kollegien

Die Dynamik des Wirtschaftsprozesses stellt die Unternehmungsführung nicht nur vor neue, sondern in ihrer Auswirkung immer differenziertere Aufgaben, deren Volumen den Aufgabenbereich einzelner Instanzenstellen weit überschreiten kann. Nicht nur vom Umfang her, sondern auch im Hinblick auf das erforderliche Wissen kann die Einbeziehung mehrerer Stellen unterschiedlicher Rangstufen und Sachgebiete notwendig werden. Je komplizierter die zu lösende Spezialaufgabe ist, um so intensiver muß ein Informationsaustausch durchgeführt werden. Unter diesen Voraussetzungen genügt meist das vorhandene Kommunikationssystem nicht mehr den Anforderungen, um nach dem Grundsatz der Zweckmäßigkeit die bestehenden Probleme zu bewältigen. Dann wird es sinnvoll, alle beteiligten Stellen gemeinsam an einem Ort zusammen zu vereinigen, damit umfassend und intensiv der erforderliche Informationsaustausch realisiert werden kann. Aus dem formalen Kommunikationssystem wird eine Sonderform abgeleitet, die abweichend von den geregelten Kommunikationsbeziehungen zwischen den beteiligten Stellen ein vollständiges Kommunikationssystem schafft, das jedoch zeitlich und örtlich auf die Zusammenkunft der Stellen zur Lösung der Sonderaufgabe begrenzt ist. Für diese Sonderform der Kommunikation gibt es in der Praxis verschiedene Bezeichnungen wie Ausschüsse, Kommissionen, Konferenzen, Gremien, Sitzungen, Tagungen u.a. Als Sammelbegriff scheint das **Kollegium** am besten geeignet.

Neben den angeführten allgemeinen Ursachen für die Bildung von Kollegien gibt es noch folgende Gründe:

– Die beteiligten Stellen können wesentlich besser koordiniert werden
– Sonderprobleme, die zusätzlich entstehen, können schneller erledigt werden

– Der Entscheidungsbildungsprozeß erfolgt nachhaltiger auf einer breiteren Basis und reduziert somit die Gefahr von Fehlentscheidungen

– Die Kommunikationswege sind wesentlich kürzer

– Die zwischenmenschlichen Beziehungen verbessern sich durch den persönlichen Kontakt.

2.2.5.2   Besondere Merkmale eines Kollegiums

Ein Kollegium läßt sich durch besondere Merkmale charakterisieren. Dadurch wird eine Abgrenzung, vor allem gegenüber Stabsstellen, leichter möglich. So handelt es sich um ein Kollegium, wenn

– eine **Personenmehrheit** zum Zwecke der gemeinsamen Bewältigung einer Sonderaufgabe, die organisatorisch nicht mehr teilbar ist, zusammenkommt

– die Mitglieder dieser Stellenmehrheit als Stelleninhaber mit einer Hauptaufgabe betraut sind und die Mitwirkung im Kollegium eine **Zusatztätigkeit** darstellt

– die Kollegien nach **reinen Zweckmäßigkeitsgesichtspunkten** gebildet werden, d.h. ohne Rücksicht auf Rangstufen und Abteilungsgrenzen

– die Tätigkeit im Kollegium **örtlich und zeitlich** begrenzt ist; die Mitglieder nehmen nach ihrer Kollegienarbeit wieder ihre Haupttätigkeit auf

– hinsichtlich der **Häufigkeit des Zusammentreffens Elastizität gegeben ist,** was in gleicher Weise für die **Dauer der Existenz** gilt. Ein Kollegium kann aufgelöst, neu gebildet, aber auch zu einer relativ dauerhaften Erscheinung werden.

Unter Berücksichtigung dieser Merkmale läßt sich das **Kollegium** definieren als „eine **Personenmehrheit** (...), die Stelleninhaber aus verschiedenen Gliederungseinheiten zu gemeinsamer geistiger Arbeit zusammenfaßt und in zeitlich begrenzten Zusammenkünften gesonderte Aufträge erledigt, die der Koordinierung mehrerer Unternehmungsbereiche, Ressorts oder Stellengesichtspunkten dienen"(Kosiol, E.: a.a.O., S. 158).

2.2.5.3   Arten von Kollegien

Entsprechend der den Kollegien zugeordneten Aufgaben ergeben sich drei Grundformen, von denen natürlich Kombinationen abgeleitet werden können. Im einzelnen wird in folgende Arten unterschieden.

2.2.5.3.1   *Entscheidungskollegien*

Für sie ist charakteristisch, daß nicht nur ein intensiver Informationsaustausch für eine tiefgreifende Entscheidungsvorbereitung stattfindet, sondern auch **über** zu treffende **Maßnahmen entschieden wird.** Die Einrichtung eines Entscheidungskollegiums kann aber auch damit begründet sein, daß über die Vorschläge mehrerer Instanzen unterschiedlicher Bereiche und auch der Stäbe mit übergreifender Wirkung entschieden wird. In diesem Fall hat der Informationsaustausch bereits stattgefunden. Der Gedanke der Koordination steht dabei immer im Vordergrund. Entsprechend der jeweiligen Aufgabenstellung setzen sich die Entscheidungskollegien aus Mitgliedern gleicher oder ungleicher Rangstufen zusammen. Von der Zusammensetzung wird es abhängen, ob überhaupt einem Kollegium Entscheidungsbefugnisse zugestanden werden sollen. In der Literatur wird dies uneinheitlich beurteilt. Die Skala reicht von der Ablehnung über begrenzte Kompetenzen bis zur vollen Entscheidungskompetenz. In der Praxis wird ein Entscheidungskollegium wohl kaum zu umgehen sein, jedoch sollte es möglichst nur in unumgänglichen Ausnahmefällen mit der Möglichkeit einer Einschränkung der Kompetenz gebildet werden.

2.2.5.3.2   Beratungskollegien

Die häufigste Ursache der Kollegienbildung dürfte zweifelsfrei in der **Vorbereitung von Entscheidungen** liegen, die mehrere Bereiche oder Abteilungen betreffen. Die Hauptaufgabe dieser Kollegien besteht demnach in der Erörterung gemeinsamer Probleme, deren Ergebnis zu Hinweisen, Empfehlungen, Vorschlägen und Alternativlösungen führen kann. Die Entscheidung liegt dann bei der betreffenden Instanz. Die Aufgabe eines Beratungskollegiums hat somit zum Ziel, ein Problem bis zur Entscheidungsreife zu behandeln. Das Beratungskollegium kann Ersatz für einen Stab sein, es kann aber auch neben Stäben bestehen.

2.2.5.3.3   Informationskollegien

Für die **Weitergabe und/oder den Austausch von Informationen,** die schnell an einen bestimmten, aber größeren Kreis von Aufgabenträgern gelangen sollen, ist das Informationskollegium besonders gut geeignet. Seine Aufgabe besteht ausschließlich in der Übermittlung von Informationen in einer mitteilenden oder auch unterrichtenden Form, sowie darin, Erfahrungen und Meinungen auszutauschen. Eine Beratung oder gar Entscheidung ist nach dieser Zielsetzung ausgeschlossen.

Werden in einem Informationskollegium die Informationen nur weitergegeben, ohne daß eine Diskussion stattfindet – wie etwa bei einer beschleunigten und wichtigen Mitteilung der Unternehmensleitung an alle Abteilungsleiter –, spricht man von einem **Informationskollegium mit einseitigen Informationen.** Findet dagegen ein Informationsaustausch statt, so handelt es sich um ein **Informationskollegium mit gegenseitigen Informationen** (z.B. die tägliche Postbesprechung oder eine Pressebesprechung).

Wenn auch in der Praxis alle Arten von Kollegien vorkommen können, so liegt doch eindeutig der Schwerpunkt bei den Beratungs- und Informationskollegien.

2.2.5.4   Eingliederung der Kollegien in die Organisation

Die Eingliederung der Kollegien in die Organisation kann, je nach Aufgabenstellung, auf allen Ebenen und Stufen erfolgen. Entsprechend der Stellung, welche die Mitglieder eines Kollegiums in der Organisation einnehmen, lassen sich alle Arten von Kollegien typisieren. Danach kann auf ihre Eingliederung in die Organisation geschlossen werden.

Es wird unterschieden in ein

- **vertikales Kollegium.**
  Es setzt sich aus hierarchisch (Vorgesetzte-untergeordnete Mitarbeiter) verbundenen Stellen zusammen und dient der Lösung von Sonderaufgaben eines Bereiches, einer Abteilung oder auch einer Gruppe oder Untergruppe. Im Vordergrund stehen dabei Beratungs- und Informationskollegien, seltener die Entscheidungskollegien.
- **horizontales Kollegium.**
  Bei ihm werden Stellen einer Ebene oder Stufe zusammengefaßt. Ihrer Stellung in der Organisation nach sind alle Mitglieder gleichrangig. Auch bei diesem Kollegium sind Beratung und Informationsaustausch vorrangig. Das Treffen von Entscheidungen ist dagegen selten.
- **gemischtes Kollegium.**
  Seine Mitglieder setzen sich aus Aufgabenträgern verschiedener Rangstufen und Unterstellungsverhältnisse zusammen. Entsprechend ihrer Eingliederung in die Organisation lassen sich zwei Formen unterscheiden, einmal das überwiegend Beratungsaufgaben dienende Kollegium, das einer Instanz angeschlossen ist, zum anderen das Kollegium, welches losgelöst vom Stellenaufbau die ihm übertragenen Sonderaufgaben erfüllt. Letzteres erfaßt seine Mitglieder ausschließlich nach sachlicher Qualifikation ohne Rücksicht auf irgendwelche Unterstellungsverhältnisse. Aus diesem Grunde stehen auch bei diesem Kollegium der Informationsaustausch und die Beratungsfunktion im Vordergrund.

Wenn auch die Notwendigkeit von Kollegien und deren Eingliederung in die Organisation unbestritten ist, bestehen doch Zweifel, ob es sich bei ihnen um Stellen und somit organisatorische Einheiten handelt. Die Berechtigung dieser Zweifel leitet sich aus der Tatsache ab, daß die Organisation auf Dauer ausgerichtet ist, ein Kriterium, das den Kollegien im allgemeinen fehlt. Sie sind daher nicht Bestandteil der formalen Organisation, was nach außen dadurch dokumentiert wird, daß die Kollegien nicht in Organisationspläne aufgenommen, sondern allenfalls als Ergänzung gesondert aufgeführt werden.

2.2.5.5   Voraussetzungen für eine erfolgreiche Arbeit von Kollegien

Die Bedeutung der Kollegien wird in Wirtschaft und Praxis unterschiedlich beurteilt. Die Praxis begründet ihre negative Einstellung vor allem damit, daß die Kollegienarbeit Zeitvergeudung sei, da sie Lösungsmöglichkeiten verzögere, die Eigeninitiative zurückdränge, das Verantwortungsgefühl negativ beeinträchtige und anstelle klarer Entscheidungen bzw. Entscheidungsgrundlagen überwiegend auf Kompromissen beruhende Alternativen liefere. Diesen nicht zu bestreitenden Nachteilen stehen jedoch die Vorteile gegenüber, daß die anstehenden Probleme sachkundig erörtert werden, die Wahrscheinlichkeit der Vermeidung von Fehlerquellen groß ist, ein unter gegebenen Bedingungen größtmögliches Informationsvolumen vorliegt, das Kommunikationssystem entlastet wird, die positiven Erkenntnisse der Gruppendynamik genutzt werden können und bei schwierigen Fällen unter bestimmten Voraussetzungen auch schnellere Lösungen möglich sind.

Bei Abwägung der Vor- und Nachteile erhalten erstere noch größeres Gewicht, wenn die Nachteile durch Beachtung der **Voraussetzungen einer erfolgreichen Kollegienarbeit** eingeschränkt werden. Bei der Bildung von Kollegien sollte außerdem immer der Grundsatz berücksichtigt werden, daß die Erfüllung einer Aufgabe durch die gemeinsame Willensbildung eines Kollegiums gegenüber einem einzelnen Aufgabenträger wesentlich vorteilhafter ist.

Der Erfolg eines Kollegiums kann abhängen

- von einer **genau definierten Aufgabenstellung und Kompetenzabgrenzung.** Eine exakt beschriebene Aufgabe schafft Klarheit über die Ziel- und Zwecksetzung des Kollegiums, so daß konkrete und schnelle Lösungsmöglichkeiten erarbeitet werden können. Dies ist auch wichtig im Hinblick auf die Verantwortung der Mitglieder. Wegen der Eigenart der hierarchischen Eingliederung in die Organisation bedarf es einer präzisen Festlegung der Befugnisse. Dies ist für alle Arten der Kollegien gleich bedeutungsvoll;

- von der **Größe und Zusammensetzung der Kollegien.** Eine produktive Arbeit in einem Kollegium wird wesentlich von dessen Größe beeinflußt, so daß die Zahl der Mitglieder überlegt festgesetzt werden sollte. Dabei sollten Art und Schwierigkeit der gestellten Aufgabe, die Position der beteiligten Stellen, deren Qualifikation, die räumlichen und zeitlichen Bedingungen für Zusammenkünfte und die Homogenität der Gruppe berücksichtigt werden.

Darüber hinaus wird zu bedenken sein, daß zwei Mitglieder eigentlich keine Mehrheit darstellen, bei drei Mitgliedern die Neigung besteht, daß zwei gegen einen stehen. Vier Mitglieder haben den Nachteil der Stimmengleichheit, so daß als **Mindestzahl 5** in Frage kommen. Die Festlegung einer **Höchstzahl** ist zwar problematischer, kann jedoch generell auf die **Zahl 15** festgesetzt werden. Eine darüberliegende Größe neigt zur informalen Gruppenbildung und kann die Gefahr des Nachlassens von Verantwortungsbewußtsein und aktiver Teilnahme nicht ausschließen. Als zweckmäßige Rahmengröße kann aus den angeführten Gründen die Spanne von fünf bis fünfzehn angesehen werden.

Ebenso wichtig wie die Größe eines Kollegiums ist auch seine **Zusammenset-**

zung, da hiervon die optimale Erreichung der gesetzten Ziele abhängt. Die erforderliche Mitgliederauslese richtet sich nach der menschlichen und fachlichen Qualifikation. Als menschliche Anforderungskriterien können der Leistungswille, Objektivität in der Meinungsbildung, Mut zur Meinungsäußerung, tolerante Einstellung, Eingestehen eines Fehlers bzw. Fähigkeit zur Änderung der eigenen Meinung, Kreativität und ein ausgeglichenes Persönlichkeitsbild herangezogen werden. Anhaltspunkte für die fachliche Qualifikation ergeben sich aus fundierten Sachkenntnissen, eventuell verbunden mit Spezialkenntnissen, Urteilsfähigkeit, schneller Auffassungsgabe und Redegewandtheit;

- von der **Qualifikation des Vorsitzenden.** Die Stellung der Mitglieder in einem Kollegium ist geprägt von der Idee, daß alle gleiche Rechte und Pflichten haben, was aber besonders bei vertikalen und gemischten Kollegien wegen der bestehenden Rangunterschiede im praktischen Vollzug problematisch sein kann. Ob diese angestrebte Gleichheit hergestellt und aufrecht erhalten werden kann, ist sicher zum größten Teil eine Frage der richtigen Bestimmung bzw. Wahl des Vorsitzenden. Ohne Übertreibung darf festgestellt werden, daß Leistungsfähigkeit und Erfolg eines Kollegiums von den Fähigkeiten des Vorsitzenden weitgehend mitbestimmt werden. Die Forderung nach dem fähigsten Vorsitzenden ohne Rücksicht auf seine Stellung im Betrieb ist zwar richtig, aber in der Praxis schwer zu realisieren. Außer den bereits genannten fachlichen und menschlichen Qualifikationen sollte ein Vorsitzender über Erfahrung in Menschenführung sowie über ein freundliches und ruhiges Wesen verfügen und in der Lage sein, persönliche Bestrebungen zu unterdrücken. Vom Führungsstil des Vorsitzenden hängt auch überwiegend die zu wählende Arbeitstechnik eines Kollegiums ab. Dabei sind hinsichtlich der Vorbereitung und Durchführung der Sitzungen die Regeln einer erfolgreichen Konferenztechnik anwendbar.

Die in kurzen Umrissen genannten Voraussetzungen für eine erfolgreiche Kollegienarbeit sind mit Sicherheit geeignet, die aufgezeigten Nachteile auf ein Minimum zu beschränken.

Auch für das **Fallbeispiel** sind die Kollegien von Bedeutung. Das Problem ihrer Bildung wird immer dann aktuell, wenn Sonderaufgaben anstehen, deren Erfüllung von einer Gruppe – der weitverbreitete Begriff „team-work" wurde bewußt nicht verwendet , da er zu allgemein ist – besser erledigt werden kann.

In der Aufbauphase dieser Organisation sind Kollegien für folgende Aufgaben denkbar:

- Horizontales Kollegium der Hauptabteilungsleiter zur Beratung der Unternehmensleitung bei Sonderproblemen wie Neuaufnahme eines Produktes, Fragen der Diversifikation, Fragen der Personalpolitik usw.
- Vertikale Beratungs- und Informationskollegien der einzelnen Hauptabteilun-

gen wie Rationalisierungsausschuß im Herstellungsbereich, betriebswirtschaftlicher Ausschuß im Verwaltungsbereich, wöchentliche Postbesprechungen im Beschaffungsbereich

– Gemischtes Beratungskollegium für die Realisierung des betrieblichen Vorschlagswesens, Ausschuß für Arbeitsbewertung und Ausschuß für Forschung und Entwicklung.

2.2.5.6   Kontrollfragen

1. Warum sind Kollegien eine Sonderform des Informationsaustausches?
2. Was sind die besonderen Merkmale eines Kollegiums?
3. Welche Arten von Kollegien gibt es?
4. Wie können Kollegien in die Organisation eingegliedert werden?

2.2.6   Gesamtbetrachtung der Aufbauorganisation

Die in ihren einzelnen Problemfeldern isoliert dargestellten Teilbereiche der Aufbauorganisation sind Bestandteil des unternehmensbezogenen Organisationsbegriffs als ein „System von Dauerregelungen, welche die Aufgabenbereiche der Aufgabenträger festlegen ...". Es wurde bereits darauf hingewiesen, daß das Festlegen der Aufgabenbereiche für die Aufgabenträger nicht nur die Stellenbildung betrifft, sondern auch das Leitungs- und Kommunikationsproblem. Diese Aussage wird sicherlich jetzt in vollem Umfang verständlich, genau wie die Tatsache, daß die theoretischen Erkenntnisse operational, d.h. in der Praxis verwertbar und nachprüfbar sind.

Die in logischer Folge dargestellten Zusammenhänge werden in ihren wesentlichen Zügen nochmals wiederholt.

Ausgangs- und Mittelpunkt der gesamtorganisatorischen Probleme (Aufbau- und Ablauforganisation) ist die Aufgabe. Da sich die Gesamtaufgabe als ein Komplex vieler Teilaufgaben erweist, wird die Zerlegung in zuteilungsfähige Teilaufgaben notwendig (Aufgabenanalyse). Die so gewonnenen Teilaufgaben unterschiedlicher Ordnung müssen unter dem Gesichtspunkt einer optimalen Erfüllung wieder zusammengefaßt und Aufgabenträgern zugeordnet werden (Aufgabensynthese). Zur Systematisierung beider Vorgänge bedient man sich der Gliederungsgesichtspunkte, welche die verschiedenen Arten von Aufgaben in ihrer wichtigen Erscheinungsform erfassen und ordnen lassen.

Im ersten der isoliert behandelten Zusammenhänge werden abgrenzbare und zuordnungsfähige Aufgabenkomplexe entsprechend der aufgabenteiligen Aufgabenerfüllung durch einen Aufgabenträger gebildet. Die Aufgaben werden auf **Stellen** verteilt. Damit ist das Fundament errichtet, auf dem alle weiteren Aktionen aufgebaut werden können. Die Notwendigkeit der Koordination führt zur

Zusammenfassung von Stellen zu **Abteilungen.** Bei dieser Aufgabenverteilung steht die **Zentralisation** oder **Dezentralisation** als Grundprinzip im Vordergrund.

Im Anschluß daran wird berücksichtigt, daß Ausführung und Leitung sachlich und personell zu trennen sind. Dies führt zur Bildung von **Leitungsstellen.** Gegenüber den Ausführungsstellen bezeichnet man diese Stellen besonderer Art als **Instanzen.** Durch die mit der Lösung des Leitungsproblems einhergehende Überhöhung über- und untergeordneter Stellen ergibt sich der hierarchische Aufbau einer Organisation, bei dem die Prinzipien und Systeme der Leitung in verschiedenen Formen wirksam werden.

Die Grenzen der Leistungsfähigkeit der Instanzenträger sind ursächlich für eine weitere Stelle, deren Hauptaufgabe in der Unterstützung der Linieninstanzen besteht. Diese Hilfsstellen der Leitung sind die **Stabsstellen.** Je nach Aufgabenstellung dienen sie unterschiedlichen Zwecken und sind dementsprechend in die Organisation eingegliedert.

Typisch für diese Betrachtungsweisen der Abhandlung theoretischer Organisationsprobleme ist die Stellenbildung mit jeweils spezifischen Aufgaben. Aus den Beziehungen der einzelnen Stellen zueinander und ihrer Stellung in der Organisation ergibt sich die Grundstruktur des organisatorischen Aufbaues einer Unternehmung.

Die Bedeutung von **Informationen** in einer Unternehmung zwingt zur Schaffung von Verbindungsmöglichkeiten, die einen bestmöglichen Informationsaustausch gewährleisten.

Von der Art des **Kommunikationssystems,** welches anschließend untersucht wurde, kann es abhängen, ob eine optimale Aufgabenerfüllung erreicht wird.

Schließlich darf eine Sonderform der Kommunikation nicht außer acht gelassen werden, nach der durch Bildung von **Kollegien** eine wesentliche Verbesserung der Kommunikationsbeziehungen, allerdings nur in besonderen Fällen, erzielt wird. Diese letzte Abhandlung aufbauorganisatorischer Zusammenhänge ist ebenfalls bedeutungsvoll, da durch die Bildung und Aufrechterhaltung von Kollegien ein weiterer Beitrag zu einer ziel- und zweckentsprechenden Aufgabenerfüllung geleistet wird.

Unter **Aufbauorganisation** versteht man also die Gestaltung und das Ergebnis der Strukturverhältnisse einer Unternehmung unter Berücksichtigung der Leitungs-, Stabs-, Kommunikations- und Kollegienprobleme. Die idealtypisch und isoliert dargestellten Problemfelder bilden in Wirklichkeit eine strukturierte Einheit, deren Glieder sich gegenseitig bedingen. Diese Aufbauorganisation hat bisher die Merkmale der Aufgabe Raum und Zeit in ihrer prozessualen Auswirkung nicht berücksichtigt, so daß sie sich als ein Bestandsphänomen darstellt.

Die neuere Literatur geht, wie bereits erwähnt, bei annähernd gleicher Vorgehensweise bei der Behandlung der Aufbauorganisation vom systembezogenen Organisationsbegriff aus. Der Begriff **System** wird dabei meist nach Ulrich definiert, der darunter „eine geordnete Gesamtheit von Elementen, zwischen denen irgendwelche Beziehungen bestehen oder hergestellt werden können" (Ulrich, H.: Die Unternehmung als produktives soziales System, 2. Aufl., Bern Stuttgart 1970, S. 105), versteht.

Der Vorteil dieses Begriffes liegt zweifelsfrei in der Universalität, d.h. seiner Anwendbarkeit in den verschiedensten Wissensgebieten. Speziell auf die Organisation einer Unternehmung angewandt, bedeutet dies in vereinfachter Form, daß als Elemente die Stellen betrachtet werden, zwischen denen Beziehungen bestehen oder hergestellt werden. Das Element der Stelle kann ebenfalls als (Sub-)-System betrachtet werden, in dem dann der Aufgabenträger und die eingesetzten Maschinen Elemente sind, für die hinsichtlich der Beziehungen das gleiche gilt. Auch die Beziehungen zur Umwelt können in die systembezogene Betrachtungsweise einbezogen werden, so daß aus dieser Sicht die Unternehmung und deren Organisation zum Subsystem des Systems Umwelt wird. Die Zusammenhänge sollen in der Abb. 2.24 verdeutlicht werden.

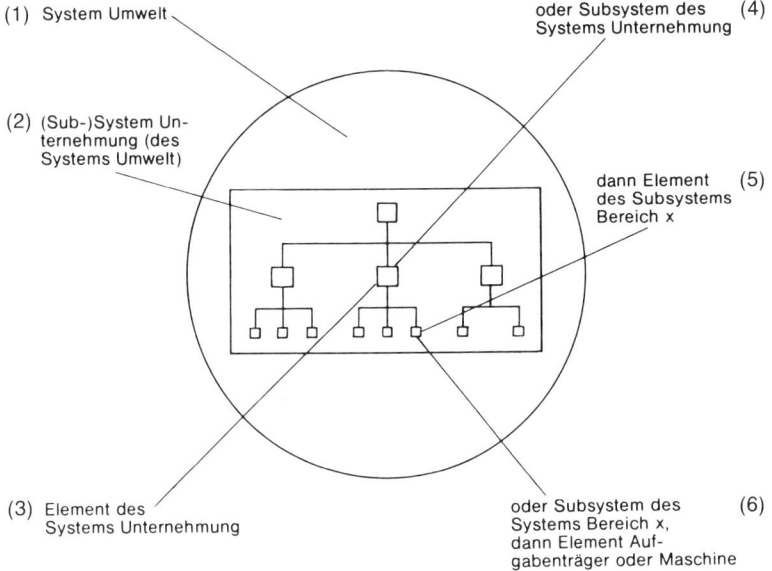

Abb. 2.24: Die Unternehmung als System

Auf weitere Kriterien des Systems, wie beispielsweise die Systemeigenschaften, wird nicht eingegangen.

Auch die Gesamtbetrachtung der Aufbauorganisation läßt sich mit dem **Fallbeispiel** anschaulich darstellen. Die in Abb. 2.9 erkennbare Teilstruktur ist das

Ergebnis der Aufgabenanalyse und -synthese, welches aus allen möglichen Alternativen als Teil eines Sollkonzeptes gelten kann. Unter den gegebenen Bedingungen einer freien Organisation wäre dadurch die Aufgabenerfüllung am besten möglich. Das bedeutet insbesondere, daß das Grundprinzip der Zweckmäßigkeit bei den einzelnen Problemfeldern stets beachtet und gerade bei einer Neuorganisation dem Grundprinzip des Gleichgewichts die erforderliche Aufmerksamkeit zuteil wurde. Die Abb. 2.25 ist gleichzeitig der Organisationsplan der dem Fallbeispiel zugrundegelegten Unternehmung für die Herstellung von Maschinen.

2.2.7   Die Weiterentwicklung von aufbauorganisatorischen Konzepten

Aus den möglichen Kombinationen für die Gestaltung der Aufbauorganisation einer Unternehmung haben sich in der Wirtschaftspraxis einige Konzeptionen durchgesetzt, die auch heute noch aktuell sind. Die Einlinienorganisation nach dem Verrichtungsprinzip und die Stab-Linien-Organisation sind seit langem am häufigsten anzutreffen und können als die traditionellen Strukturierungskonzeptionen bezeichnet werden. Sie wurden in ihren Grundzügen und Problemen bereits behandelt (siehe unter 2.2.2.4 und 2.2.3.3).

Erwähnt, jedoch nicht näher erläutert, wurden die Sparten- und die Matrixorganisation. Der Vollständigkeit halber sollen sie an dieser Stelle in ihren Grundzügen erörtert werden.

2.2.7.1   Die Spartenorganisation

Die Erweiterung der Märkte und der Produktgestaltung (Diversifikation) führt zu expandierenden Unternehmungen. Der dadurch ausgelöste Wachstumsprozeß stellt höhere Anforderungen an den Entscheidungs- und Kommunikationsprozeß sowie an die Koordination, so daß traditionelle Organisationsstrukturen nicht mehr genügen. Eine effiziente Aufgabenerfüllung erfordert deshalb eine Umorganisation.

Die Lösung wird durch eine **Umstrukturierung von der verrichtungsorientierten zur objektorientierten Organisation** möglich. Die Ebene unter der Unternehmungsleitung wird dann nicht mehr nach den Funktionsbereichen Beschaffung, Herstellung, Vertrieb und Verwaltung gegliedert, sondern nach Sparten, Divisionen oder Geschäftsbereichen, weshalb diese Strukturierungskonzeption auch als divisionale Organisation bzw. Geschäftsbereichsorganisation bezeichnet wird. In den meisten Fällen werden die Sparten oder Divisionen nach Produkten oder Produktgruppen gebildet (z.B. Pkw, Lkw, Omnibusse, Nutzfahrzeuge), jedoch auch nach Projekten, Produktionsverfahren oder regionalen Gesichtspunkten. Die divisionale Organisation basiert grundsätzlich auf dem Einliniensystem.

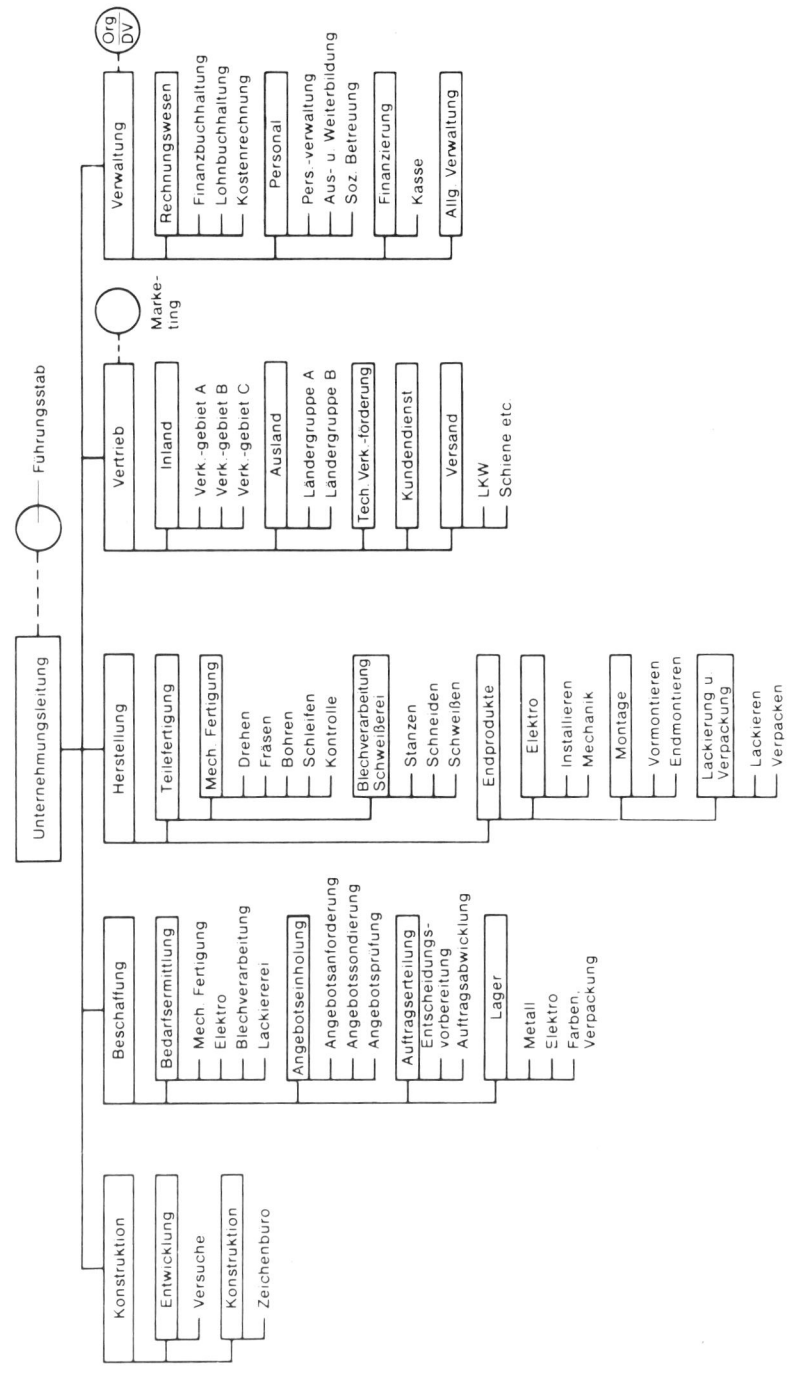

Abb. 2.25: Organisationsplan einer neugegründeten Unternehmung (Fallbeispiel)

Diese Neugliederung hat zur Folge, daß die unübersichtliche und schwer zu koordinierende komplexe Organisation auf überschaubare und in sich nach Objekten geschlossenere Einheiten aufgeteilt wird. Die Sparte muß zur Zielerreichung in ihrer Leitung über umfassende Kompetenzen verfügen, da sie die von der Unternehmensleitung gesetzten Teilziele in eigener Verantwortung realisieren muß. In weiter Auslegung der Spartenorganisation können die einzelnen Unternehmungsbereiche als relativ selbständige, durch die Unternehmungsleitung nach dem Prinzip des management by objectives koordinierte „Unternehmungen" betrachtet werden, die dadurch in ihrer Aufgabenerfüllung auf Störungen von innen (Produktionsprozeß) und außen (Markt) dynamischer reagieren und sich flexibler anpassen können. Beinhaltet die Eigenverantwortung auch die Verantwortung über den Gewinn, dann ist vom Grundsatz her das sog. „profit-center-Konzept" verwirklicht. Infolge des zwangsläufigen Wettbewerbs zwischen den Sparten besteht ein Leistungsanreiz und vor allem die Möglichkeit, Steuerungs- und Kontrollfunktionen mit Hilfe von innerbetrieblichen Verrechnungswerten (Lenkzahlen) im Sinne einer pretialen Lenkung durchzuführen. Die diesbezüglichen Schwierigkeiten der Umstellung des Rechnungswesens auf die Bedürfnisse der Spartenorganisation sind nicht allzu groß, besonders, wenn zu ihrer Lösung Zentralabteilungen zur Verfügung stehen.

Für Funktionen wie Forschung und Entwicklung, Betriebswirtschaft, Rechtswesen u.a. wird die Spartenorganisation durch zentrale Stabsstellen ergänzt, die der Unternehmungsleitung angegliedert sind, aber auch den Sparten für Beratungen zur Verfügung stehen. Für die Bewältigung bestimmter Aufgaben können auch Kollegien gebildet werden.

Die Notwendigkeit, für jede Sparte eigene Funktionsstellen für Beschaffung, Fertigung, Vertrieb und Verwaltung zu bilden, wird aus Kostengründen als nachteilig angesehen.

Die folgende Abb. 2.26 zeigt die Grundstruktur einer Spartenorganisation, die in der Praxis häufig als Mischform vorkommt.

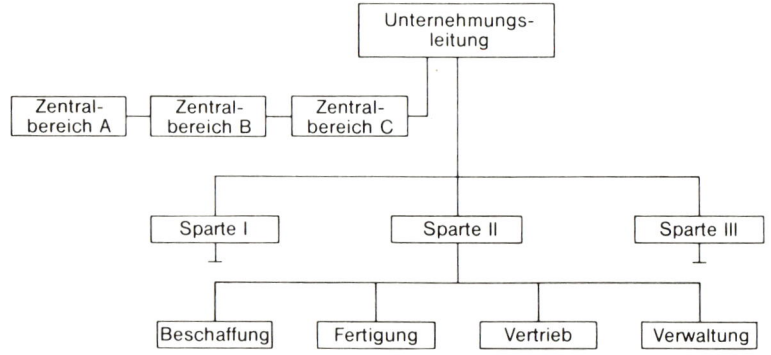

Abb. 2.26: Spartenorganisation

Die dargestellten Ursachen für die Weiterentwicklung der traditionellen Organisationsformen zur Spartenorganisation lassen erkennen, daß diese im wesentlichen auf ein differenziertes Produktprogramm zurückzuführen sind, welches eine entsprechende Mindestbetriebsgröße voraussetzt. Sie findet daher auch fast ausschließlich bei Großunternehmungen Anwendung.

Nach diesen, in der Praxis gewonnenen Erkenntnissen, wäre auch für das **Fallbeispiel** eine Spartenorganisation denkbar. Es wäre sicher interessant, diese Alternative einer eingehenden Prüfung zu unterziehen. Die Wahrscheinlichkeit eines Vorzugs gegenüber der dargestellten traditionellen Stab-Linien-Organisation erscheint jedoch gering.

2.2.7.2   Die Matrixorganisation

Bei der dargestellten Spartenorganisation haben die zentralen Stabsstellen keine Entscheidungsbefugnisse; sie sind der Unternehmungsleitung angegliedert. Überträgt man diesen Stabsstellen nun Kompetenzen, dann existieren in der Organisation zwei Arten von Stellen mit unterschiedlichen Aufgaben, die dafür selbst die Entscheidungen treffen können. Dieses Aufeinandertreffen zweier Entscheidungslinien gleicht formal einer Matrix, was zur Bezeichnung dieser Strukturierungskonzeption führte. Die objektorientierte Spartenorganisation (vertikal) wird von der verrichtungsorientierten nach Funktionen (horizontal) gegliederten Organisation überlagert. Diese Zusammenhänge kommen in der Abb. 2.27 sehr deutlich zum Ausdruck.

Entsprechend dem Ursprung dieser Organisationsform, nämlich dem **Produkt- und Projektmanagement,** wird die Matrixorganisation überwiegend umgekehrt

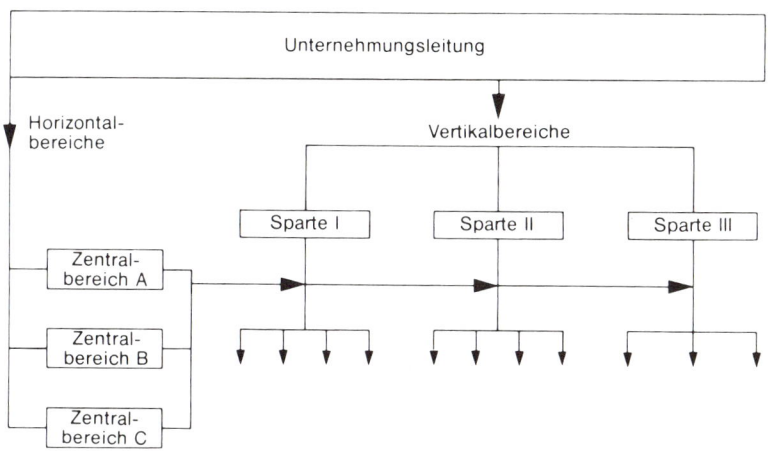

Abb. 2.27: Matrixorganisation

(Funktionen vertikal und Produkte bzw. Projekte horizontal) dargestellt. Dies er-
klärt sich aus der jeweils gegebenen oder zu schaffenden Organisationsform als
Ausgangsbasis. Dieses Produkt- oder Projektmanagement zeigt dann das in
Abb. 2.28 dargestellte Gliederungssystem.

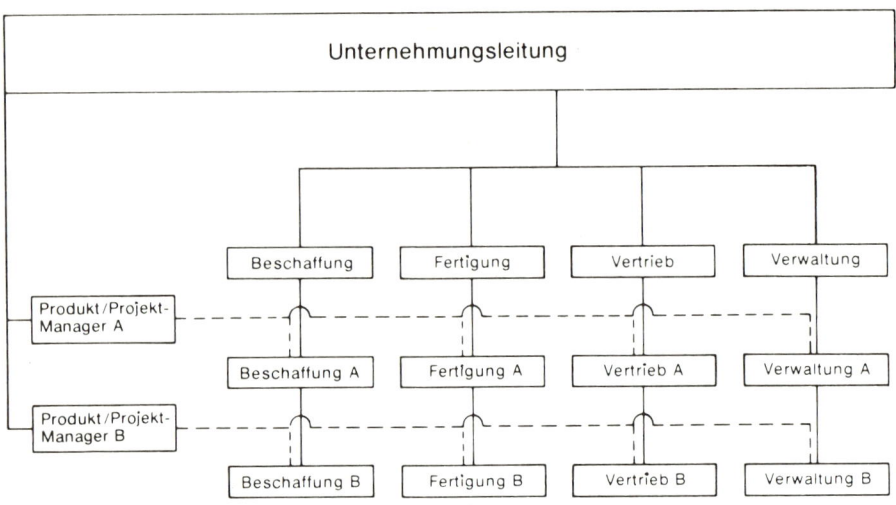

Abb. 2.28: Produkt- und Projektmanagement

Der Unterschied zwischen Produkt- und Projektmanagement liegt grundsätzlich
im Zeitfaktor. Während ein Projekt zeitlich begrenzt sein kann, trifft dies für das
Produktmanagement nicht zu.

Die Hauptaufgabe des Produkt-/Projektmanagers besteht in der Koordinierung
aller in den Funktionsbereichen anfallenden, ihr Produkt/Projekt betreffenden
Probleme mit dem Schwerpunkt der zeitlichen Abwicklung. Die Leiter der
Funktionsbereiche sind dagegen für alle Produkte/Projekte zuständig und entscheiden nicht über das, was wann, sondern wie es ausgeführt werden muß.

Bei der Behandlung des Mehrliniensystems, das durch die Matrixorganisation
verwirklicht wird – allerdings reduziert auf zwei sich überschneidende Linien –,
wurde auf die Bedeutung dieser Organisation bereits hingewiesen. Sie hat sich in
den dargestellten Formen als praxisrelevante Strukturierungskonzeption bewährt. Damit ist bewiesen, daß das zweifelsfrei vorhandene Problem der Koordination zweier Kompetenzsysteme lösbar ist. Voraussetzung ist einmal die exakte Regelung von Aufgaben und Kompetenzen und deren Überwachung durch
die übergeordnete Unternehmungsführung und zum anderen der Einsatz von
für diese Spezialaufgaben besonders qualifizierten Kräften. Dann wird nicht nur
eine durch die Matrixorganisation erstrebte größere Flexibilität der Organisation erreicht, sondern die sich ergebenden, fast systembedingten Konflikte können sich positiv auswirken. „Durch die Institutionalisierung von ‚beabsichtigten'

Konflikten (deliberated conflict) sollen Such-, Lern-, und Kommunikationsprozesse ausgelöst werden, die zur Verwirklichung neuer Verfahren oder Ideen führen können, so daß dieser Konflikt letzten Endes produktiv ist" (Grochla, E.: Unternehmungsorganisation, S. 211).

Dennoch bedarf es vor Einführung einer Matrixorganisation einer eingehenden Prüfung, ob diese Konzeption den betrieblichen Erfordernissen an eine bestmögliche Organisation tatsächlich entspricht.

2.2.7.3 Die Tensor-Organisation

Bei großen, weltweit operierenden sogenannten multinationalen Unternehmungen kann es erforderlich werden, daß sowohl objekt- und verrichtungsorientierte als auch regionale Gliederungsgesichtspunkte bei der Konzeption der Organisationsstruktur berücksichtigt werden müssen. Dies bedeutet, daß eine Sparten- oder Matrixorganisation um eine weitere Dimension erweitert wird. Es liegt dann eine dreidimensionale Organisationsstruktur vor (siehe Abb. 2.29).

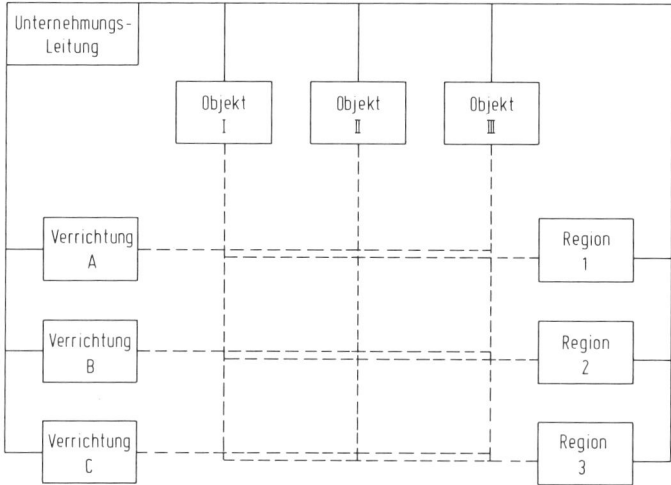

Abb. 2.29: Tensor-Organisation

Wenn bereits bei der zweidimensionalen Matrixorganisation besonders herausgestellt wurde, daß zu ihrer erfolgreichen Realisierung exakte organisatorische Regelungen, vermehrte Kontrolle der Unternehmungsführung und besonders qualifizierte Mitarbeiter Voraussetzung sind, dann gilt dies in besonderem Maße für die Tensor-Organisation. Da diese durch die Mehrdimensionalität zur Unübersichtlichkeit tendiert, werden bei der Problemlösung an die in ihr tätigen Mitarbeiter hohe Ansprüche gestellt.

Mit der Tensor-Organisation besteht zwar die Möglichkeit, besonders komplexe Aufgabengebilde besser zu beherrschen, andererseits ergeben sich aber große Koordinationsprobleme, ein Nachteil, der unbedingt zu beachten ist.

2.2.7.4   Die Management-Holding – eine Organisation für Großunternehmungen

Die weiter oben dargestellte Spartenorganisation mit Zentralbereichen (Geschäftsbereichsorganisation) hat sich bisher als ein bedeutendes und richtungsweisendes Organisationsmodell erwiesen, auf das nicht mehr verzichtet werden kann. Trotz des positiven Verlaufs in der Anwendung, müssen aber auch die Nachteile genannt werden, die sich in den Jahren des Praktizierens ergeben haben. So sind zu nennen:

- hohe Verwaltungsgemeinkosten, die durch große Zentralbereiche bedingt sind,
- hohe Komplexitätskosten, die durch Produktvielfalt in großen Geschäftsbereichen verursacht werden, und
- die Trägheit von Unternehmen, die bewirkt, daß die Innovationskraft sinkt und die Fähigkeit verlorengeht, flexibel auf veränderte Märkte und Technologien zu reagieren (vgl. Bühner, Rolf: Management-Holding, Unternehmensstruktur der Zukunft. 2. Aufl., Landsberg/Lech 1992, S. 27 und S. 32).

Insbesondere die ausgeprägte Koordinierungs- und Kontrollfunktion der Zentralbereiche auf die Geschäftsbereiche wirkte sich mehr oder weniger negativ aus. Zentralbereiche wirkten nicht nur in Form des Rechnungswesens kontrollierend und steuernd auf die Geschäftsbereiche ein, sondern auch Marketing, Forschung und Entwicklung, Personal und andere Bereiche förderten zwar, aber beeinträchtigten auch operative Entscheidungen. Die vorher implementierte Selbständigkeit ging den Geschäftsbereichen allmählich verloren. Synergieeffekte kamen qualitativ nicht so zum Tragen, wie eigentlich vorgesehen war.

So konnte die Geschäftsbereichsorganisation nach herkömmlichem Muster den neuen wirtschaftlichen Herausforderungen nicht mehr gerecht werden. Eine Weiterentwicklung war erforderlich, wobei jetzt das *Prinzip der Dezentralisation zum tragenden Gestaltungsprinzip* wurde. In der Zwischenzeit werden Spartenorganisationen traditioneller Art zunehmend durch **Geschäftsbereichsorganisationen nach Holdingart oder sogenannte Management-Holdings** ersetzt.

Diese Organisationsform gilt heute für diversifizierte Unternehmen als Schlüssel für den unternehmerischen Erfolg. Die Gründe liegen in den charakteristischen Merkmalen einer Holdingorganisation.

Die Management-Holding stellt eine dezentrale Form der Geschäftsbereichsorganisation dar. Die geschäftsführenden Bereiche sind rechtlich selbständige Tochtergesellschaften, die über einen hohen Grad an wirtschaftlicher Selbständigkeit verfügen. Eine Managementholding besteht aus der Holdingleitung, Geschäftsbereichen und wenigen – wenn überhaupt – in der Holding angesiedelten Zentralbereichen.

Nach Bühner sind folgende Merkmale (vgl. Bühner S. 34) charakteristisch für eine Managementholding:

- Konzernbildung,
- Trennung von Strategie und Operation,
- flache Hierarchien,
- Profitcenter,
- überschaubare Geschäftsbereiche,
- erfolgsorientierte Führung.

Bei der Konzernbildung dominiert der *Vertragskonzern*, d.h., mit den Geschäftsbereichen (Tochtergesellschaften) werden Beherrschungs- und/oder Gewinnabführungsverträge abgeschlossen.

Die Geschäftsbereiche sind rechtlich selbständig und allein für das operative Geschäft zuständig. In diesem weiten Rahmen treffen sie eigenständig Entscheidungen (*Business Strategy*), sind aber auch für das Ergebnis verantwortlich (Profit-Center, erfolgsorientierte Führung).

Die Holdingleitung legt die Unternehmensziele des Konzerns fest, variiert diese und entwickelt Strategien (*Corporate Strategy*) zur Erreichung der Ziele. In diesem Zusammenhang erarbeitet sie Diversifikationsstrategien und sorgt für eine zukunftsweisende Ausrichtung der Geschäftsfelderpalette, befaßt sich also mit der Konzernentwicklung als Ganzes.

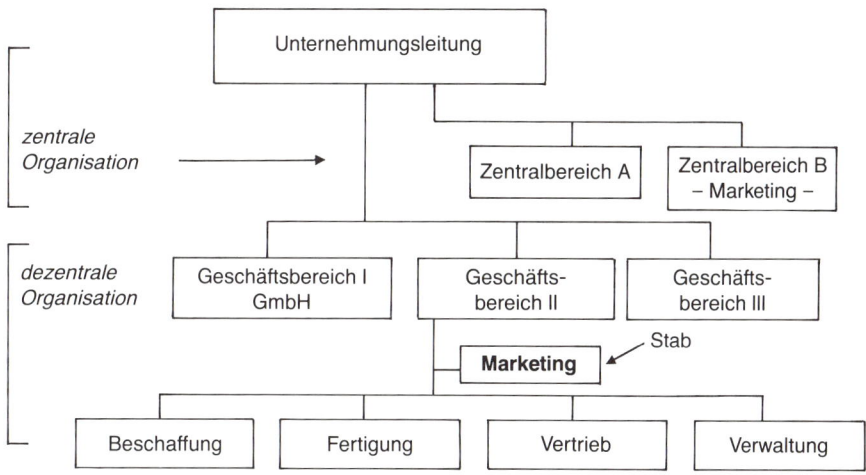

Abb. 2.30: Grundstrukturen einer Managementholding

Die Zentralbereiche (vgl. Frese/Werder/Maly: Zentralbereiche. Stuttgart 1994, S. 5 ff.) und -stäbe unterstützen die Holdingleitung bei denjenigen Aufgaben, die langfristig für den Konzern von Bedeutung sind. Für fachspezifische Aufgaben, z.B. Marketing, gewinnen oder entwickeln sie Erkenntnisse, die zur Weiterentwicklung des Gesamtkonzerns erforderlich sind und ihm eine zukunftsweisende Ausrichtung gewährleisten. Bei Bedarf können Erkenntnisse von den Geschäftsbereichen für die Gestaltung der eigenen Entwicklung abgerufen werden. Ein selbständiger Teil eines Zentralbereichs kann aber auch bereichsspezifisch in den Geschäftsbereichen angesiedelt sein, etwa dann, wenn es sinnvoll erscheint, beispielsweise eine eigene Marketingabteilung als Stabsstelle im Geschäftsbereich vorzusehen, um operativ am Markt optimal reagieren zu können.

Abbildung 2.30 macht den Gesamtzusammenhang Zentralisation der Unternehmensleitung mit Zentralbereichen und der Dezentralisation zwischen Unternehmensleitung und Geschäftsbereichen deutlich.

Modifizierte Formen der Managementholding haben sich in den letzten Jahren entwickelt, wie verschiedene Beispiele zeigen: Siemens AG München/Berlin (vgl. Bronder, Christoph: Entwicklung der Organisationsstruktur bei Siemens. Auf dem Weg zur Holding-Organisation? In ZFO 5/1991, S. 318 ff.), Douglas Hagen (vgl. Geschäftsbericht der Douglas AG vom 30. 6. 1994), Heraeus Hanau und andere.

2.2.7.5   Erweiterte und neue Anforderungen an die Organisation von Unternehmungen

Die gerade dargestellte Weiterentwicklung der aufbauorganisatorischen Konzepte sollte moderneren Entwicklungen in der Wirtschaft Rechnung tragen und mehr als bisher versuchen, den veränderten Zielen von Unternehmungen gerecht zu werden. Die dabei vorgestellten, besonders Objekt- und produktorientierten Modelle, erfuhren in der Wirtschaftspraxis ihre adäquate Anwendung, d.h., sie dienten als Grundidee und wurden je nach Bedürfnissen ausgeweitet, abgewandelt oder auch kombiniert.

Neue Anforderungen an Organisationsstrukturen bedingt durch:

Globalisierung der Märkte	Umbruch in Osteuropa Herausforderung durch asiatische Länder
Unwirtschaftliche Kosten deutscher Unternehmungen Nicht optimale Prozeßorganisation Rückschritt im Know-how	Erstarrte Tarifstruktur

Abb. 2.31: Erweiterte Anforderungen an Organisationen

- **Forderung nach Kostensenkungen in den Unternehmungen**

Die weltweiten wirtschaftlichen Entwicklungen und Veränderungen zu Beginn der neunziger Jahre stellten neue und erhöhte Anforderungen an die Organisationsstrukturen von Unternehmungen und forderten gleichzeitig radikale Veränderungen. So geriet beispielsweise die deutsche Automobilindustrie in eine erhebliche Absatzkrise; parallel und in Verbindung dazu vollzog sich die schwerste wirtschaftliche Rezession der letzten vierzig Jahre. Ein bedeutender Grund neben der Globalisierung der Märkte war, daß japanische Produkte, insbesondere Autos (Personenwagen), mit verbesserter Ausstattung und zu niedrigen Preisen in Deutschland angeboten wurden. In der Folge kam es zu einem enorm starken Absatzrückgang bei deutschen Automobilherstellern.

- **Herausforderung und Vorbildwirkung Japans**

Es hieß, die Japaner verfügten in ihren Unternehmungen über eine effizientere Organisationsstruktur als die Europäer und besäßen dazu schlechthin andere Einstellungshaltungen zur Arbeit und ein leistungsfähigeres Managementsystem.

Sie produzierten mit weniger Instanzen und weniger Aufgabenträgern hochwertige Produkte und könnten damit eine günstigere Kostenstruktur vorweisen. Während bisher in Deutschland die vorhandene Mitarbeiterstruktur für die Erstellung der Leistungen voll benötigt wurde, sah man plötzlich in deutschen Unternehmungen ein Zuviel an Aufgabenträgern.

Um dieser Herausforderung zu begegnen und aus der wirtschaftlichen Rezession herauszukommen, begann man in deutschen Managementetagen, bei Unternehmensberatern und in den Hochschulen Überlegungen anzustellen und nach Konzepten zu suchen, um deutsche Unternehmen nach japanischem Muster umzubauen und die Organisationsstruktur neu auszurichten.

- **„Lean" – das determinierende Merkmal einer zukunftsorientierten Organisation**

„LEAN", d.h. „… fit und athletisch schlank …" (vgl. Bösenberg/Metzen: Lean Management. Vorsprung durch schlanke Konzepte. 4. Aufl. 1994, Landsberg/Lech, S. 7) rückte in den Vordergrund der Überlegungen. Die Unternehmensstruktur sollte „schlanker", der Unternehmensprozeß „vereinfacht", die Prozeßabwicklung „schneller" werden (vgl. Rommel u. a.: Einfach überlegen. Das Unternehmenskonzept, das die Schlanken schlank macht und die Schnellen schnell macht. Stuttgart 1993, S. 1 ff.).

Eine scheinbar einfache Lösung bot sich an, die bis heute andauernd vorgetragen wird: In den Unternehmungen (auch bei öffentlichen) sollen **weniger Stellen** (Mitarbeiter) zu **niedrigeren Kosten** führen, Kostensenkungen eine Budgetentlastung bewirken und auf diesem Wege die Unternehmungen zu einer **besseren Wettbewerbsfähigkeit** führen.

„Abspecken" lautete die triviale Devise dazu.

An eine Neustrukturierung, d. h. Umbau und Verbesserung der bisherigen Organisationsstruktur der Unternehmungen, oder an radikale Änderungen wurde *konzeptionell* zunächst nicht gedacht. Das Konzept **„Lean Management" (bzw. Lean Production)** erschien in der *Praxis* fast gleichbedeutend mit **„Stellenabbaukonzept"**.

Im Laufe der Zeit folgten dann weitere, sich anschließende und weiterführende, aber auch teils sich wiederholende Konzepte bis hin zu einem Konzept der völligen Neuorientierung der Unternehmung (Business Reengineering).

2.2.7.6   Mit Lean Management zur Umstrukturierung einer Organisation

2.2.7.6.1   Zum Grundkonzept

Die Gewinnung einer schlanken Unternehmenshierarchie stellt nur einen Teil des Lean-Management-Konzeptes dar. Vielmehr besitzt es einen umfangreicheren Inhalt als bisher dargestellt.

♦ Der **Begriff Lean Management** ist eine logische Erweiterung des vom MIT (Massachusetts Institute of Technology) in einer großen Vergleichsstudie der weltweiten Automobilindustrie von **John Krafcik** geprägten Begriffs **„Lean Production"**, welcher das in den fünfziger Jahren von Toyota entwickelte Produktionssystem mit „schlank und fit" kennzeichnete (vgl. Womack, James P. / Jones, Daniel T. / Roos, Daniel: Die zweite Revolution in der Autoindustrie. Konsequenzen aus der weltweiten Studie des Massachusetts Institute. 7. Aufl., Frankfurt/New York 1992, S. 11 ff.). Die Begriffe sind bis dato in Japan weitestgehend unbekannt; gebräuchlich dort ist für den bezeichneten Komplex der Begriff „Toyota – Produktionssystem".

Die untersuchten Produktionsverhältnisse wurden als **„lean"** angesehen, weil sie vor allem weniger Input benötigten als die Massenfertigung herkömmlicher Art: die **Hälfte des Personals in der Fertigung**, die **Hälfte der Produktionsfläche**, die **Hälfte der Investition der Werkzeuge**, die **Hälfte der Zeit für die Entwicklung** eines neuen Produktes und weit **weniger als die Hälfte des Lagerbestandes**. Hinzu kam noch eine **variantenreichere Produktpalette**.

Der verminderte Faktor-Einsatz ließ sich jedoch nicht durch einfache Reduktion der Größen erklären. Es mußte ein reformeffizientes Gesamtkonzept vorhanden und dazu noch implementiert worden sein (vgl. Womack, James P. / Jones, Daniel T. / Roos, Daniel: S. 11 ff.). Der Weg dahin war allerdings nicht einfach gewesen. Das Managementsystem, das diese Erfolge bewirkt hatte, wurde als Lean-Management bezeichnet.

♦ Heute wird es beispielsweise nach Bösenberg/Metzen (vgl. S. 7) in der **primären Zielausrichtung** als ein Managementsystem gesehen, das Serienprodukte und Dienstleistungen mit ungewohnt niedrigem Aufwand in vorzüglicher Qualität erstellen kann.

- Vom **Inhalt** her handelt sich um ein komplexes, zur Steigerung der Produktivität und Senkung der Kosten ausgelegtes, Management- und Organisationssystem, welches das ganze Unternehmen umfaßt und in diesem Zusammenhang den Menschen in den Mittelpunkt des unternehmerischen Geschehens stellt.

- Nach der **sekundären Zielausrichtung** werden die Mitarbeiter dazu gebracht, an den Aufgaben in ihrem Gesamtbereich stärker und kreativer mitzuarbeiten als bisher (Das Handelsblatt, 5. 4. 93, S. 12). Der wichtigste Punkt für den Erfolg liege in der Motivation der Mitarbeiter durch die Führung. Teamarbeit und Verantwortung des einzelnen Mitarbeiters seien die entscheidenden Faktoren für einen erfolgreichen Weg. Im Streben nach Erhöhung der Produktivität und Senkung der Kosten spielt der Mensch eine Hauptrolle (vgl. auch Bartels, Christian: Lean Production. Idee – Konzept – Erfahrungen in Deutschland. Köln 1992, S. 7 ff., und Brokmann, Wilfried (Red.): Lean Production II. Erfahrungen und Erfolge in der M + E-Industrie, Köln 1994, S. 5 ff.).

Die Verwirklichung und Erreichung der Ziele erfolgt mit einer größeren Anzahl von Arbeitsprinzipien und Grundstrategien.

- ◆ Das Konzept sieht folgende **Arbeitsprinzipien** vor, die von der Unternehmensleitung zu implementieren sind:
  - Erledigung von Aufgaben in Gruppen oder Teams,
  - mehr Eigenverantwortung in den Stellen,
  - Feedback, d.h. Vergleich Absicht und Wirkung,
  - Kundenorientierung,
  - Priorität der Wertschöpfung,
  - Standardisierung, d.h. schriftliche und bildliche Darstellung der Arbeitsgänge,
  - ständige Verbesserung, japanisch **Kaizen** genannt,
  - sofortige Fehlerabstellung an der Wurzel,
  - Vorausdenken, Vorausplanen,
  - kleine, beherrschte Schritte.

- ◆ Auf der mittleren Ebene, in den Unternehmensbereichen, sollen **Grundstrategien** zur Anwendung gelangen:
  - kundenorientierte, schlanke Fertigung (kontinuierlicher Materialfluß: Just-in-Time und **Kanban**),
  - umfassendes Qualitätsmanagement,
  - schnelle, sichere Entwicklung und Einführung neuer Produkte (Simultaneous Engineering),
  - Kunden gewinnen und erhalten (proaktives Marketing),
  - Wachstums- und Eroberungsfähigkeit (strategischer Kapitaleinsatz),
  - Unternehmen in Gesellschaft harmonisch einbinden (Unternehmen als Familie).

◆ In den Stellen selbst werden den Mitarbeitern **praktische Techniken zur Lösung konkreter Aufgaben** an die Hand gegeben.

Zu bemerken ist, daß ein großer Teil dieser Prinzipien und Strategien auch in den weiter unten zu beschreibenden Konzepten anzutreffen ist.

◆ Begleitet wird das Lean-Management-Konzept, um Bösenberg/Metzen weiter zu folgen, von fünf *Leitgedanken* (vgl. Bösenberg/Metzen, S. 41), die die Unternehmungsführung in ihre geistige Haltung, d. h. in die Unternehmenskultur übernommen haben muß:

- **Proaktives Denken:** Künftige Handlungen werden vorausschauend initiativ durchdacht und gestaltet.
- **Sensitives Denken:** Mit allen verfügbaren Sensoren die Umwelt erfassen und anpassungsbereit darauf reagieren.
- **Ganzheitliches Denken:** Die Wirkung auf das Ganze bedenken und Mut zur Komplexität beweisen.
- **Potentialdenken:** Alle verfügbaren Ressourcen erschließen und nutzen.
- **Ökonomisches Denken:** Sparsam wirtschaften, Vermeidung jeder Verschwendung.

Es handelt sich hier um fundierte, geistige Leitlinien als Denkhaltung für die organisatorische Tätigkeit. Sie fließen bei einer Neustrukturierung in das Organisationsgeschehen ein bzw. begleiten die organisatorische Tätigkeit; sie müssen von der Unternehmensführung ausgehen und gewissermaßen die ganze Unternehmung durchdringen. Die vorzunehmende Neustrukturierung einer Organisation wird wesentlich von ihnen bestimmt.

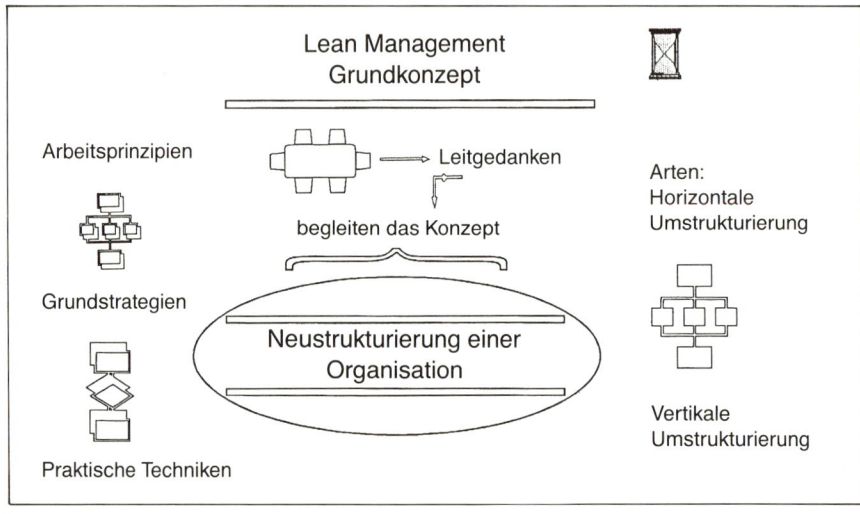

Abb. 2.32: Lean Management I (Grundkonzept)

Abb. 2.32 zeigt diese Bestandteile des Konzeptes im Zusammenhang mit dem organisatorischen Geschehen.

◆ Insgesamt handelt es sich, wie Bösenberg/Metzen (vgl. S. 7) ausführen, um „… ein komplexes System, welches das ganze Unternehmen erfaßt", also um eine der – wie wir sagen – prozeßübergreifenden Managementtechniken. Diese kann im Rahmen einer Organisationsbetrachtung nicht voll dargestellt werden und muß der Managementlehre (vgl. Jung/Kleine: Management. Personen, Strukturen, Funktionen, Instrumente. München/Wien 1993, S. 388 f.) vorbehalten bleiben.

◆ Bei den nun folgenden organisatorischen Überlegungen werden die genannten Merkmale gedanklich mit einbezogen. Das rein organisatorische Geschehen im Rahmen des Konzeptes ist aber nun weiter zu verfolgen. *Es bildet den eigentlichen aufbauorganisatorischen Teil von Lean-Management.* Diese Umstrukturierung einer Organisation, hat als Ergebnis eine „schlanke" Organisation – **Lean Organization** – zur Folge, also eine Organisation mit geringeren Kosten und mehr Dynamik.

Unter Umstrukturierung soll eine Tätigkeit zur Veränderung einer Organisationsstruktur verstanden werden, mit dem Ziel, eine leistungsfähigere Organisation zu schaffen, mit folgendem Inhalt:

● Abbau von Hierarchieebenen und damit Schaffung flacherer Organisationspyramiden,
● weniger und nach Möglichkeit schmalerer Instanzen
● und kleinere, flexiblere Stäbe bzw. Kollegien.

Bei einer engeren Betrachtungsweise wird das Lean-Management-Konzept als eine bloße „Reduzierung der Organisationsstruktur" gesehen (vgl. Hammer/ Champy: Business Reengineering, die Radikalkur für das Unternehmen. 2. Aufl., Frankfurt/New York 1994, S. 68); dieser wird hier nicht gefolgt.

Abb. 2.33 stellt eine derartige Neuordnung schematisch vereinfacht dar: Die fünf Ebenen werden so umgestaltet, daß die neue Struktur nur noch vier Ebenen aufweist. Im Ergebnis ist deutlich die verkleinerte, „schlankere" Hierarchie zu erkennen.

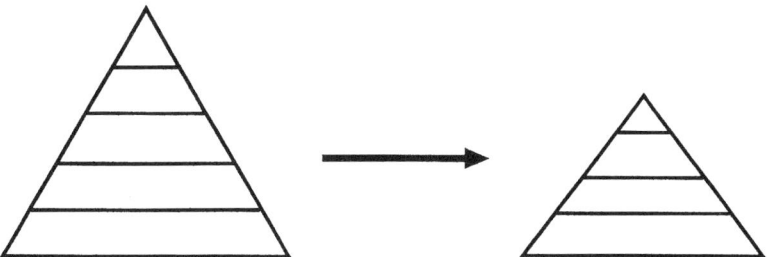

Abb. 2.33: Wandel in der Hierarchiestruktur

♦ Geschichtlich gewachsene Organisationen, insbesondere Bürokratien, müssen durch leistungsfähige, flexible und teamorientierte Konzepte abgelöst werden, deren Hauptvorzüge in einer geringen Komplexität, wenigen Verflechtungen zu anderen Einheiten (Abbau von Schnittstellen), einer geringen Anzahl von Entscheidungsstationen und einer geringen Formalisierung zu sehen sind. Über den Abbau und die Verkürzung von Hierarchien soll der Teamgedanke gefördert werden (vgl. Handelsblatt, 5. 4. 93).

Die Leitmaxime, die Zahl der (ausführenden) Stellen so gering wie möglich zu halten, begleitete *indirekt* seit langem traditionelle und modernere Organisationskonzepte und -modelle. Immer wieder wurde durch *Rationalisierung* versucht, neue Technologien zu gewinnen, einzubinden, um dann Stellen einzusparen.

Wie aber die Entwicklung zu Beginn der neunziger Jahre zeigte, hatte die Organisationsstruktur vieler Unternehmungen in dieser Hinsicht einen erheblichen Nachholbedarf. Ausführende Bereiche, Verwaltungsbereiche und Führungsebenen besaßen und verfügen – aus heutiger Sicht – noch über einen zu großen Umfang. Die Organisationen hatten sich im Verlaufe der Entwicklungsjahre naturgemäß ausgeweitet, da neue Funktionen vielfach neue Stellen erforderten. Auch wegen der guten Auftragslage wurden großzügig neue Stellen geschaffen. Unter dem Zwang der wirtschaftlichen Rezession ergab sich eine andere Perspektive. Die gleiche Leistung sollte mit unbedingt weniger Stellen erbracht werden.

Tom Peters fordert in diesem Zusammenhang, diese Umstrukturierung *radikal* durchzuführen, um eine Befreiung (*Liberation Management*) von überkommenen, streng hierarchisch aufgebauten Organisationsstrukturen zu erreichen (vgl. Peters, Tom: Jenseits der Hierarchien. Libaration Management. Düsseldorf 1993, S. 8 ff.). Nach seiner Einschätzung haben die technokratisch geführten Mammutgebilde keine Zukunft mehr. Ihre Hauptschwächen lägen darin, daß sie neue Tendenzen in den Märkten nicht schnell genug erkennen könnten. Entscheidungen würden nicht in Stunden oder Tagen getroffen; vielmehr brauchten die vielstufigen, scheinbar perfekten hierarchischen Strukturen weltbekannter Spitzenunternehmen Monate. Soviel Zeit ließen ihnen jedoch die heutigen volatilen Märkte nicht mehr.

Für die Großunternehmen gebe es daher nur eine Chance: Sie sollten sich selbst schnell zerstören und dann in anderer Form wiederauferstehen, und zwar als Netzwerke, bestehend aus vielen kleinen selbständig am Markt operierenden Geschäftseinheiten. Viele Großunternehmen hätten zwar in letzter Zeit dezentralisiert, seien es aber de facto nicht (vgl. Peters, S. 8 ff.).

Die Mehrzahl bekannter deutscher Großunternehmen – so Peters – sei von einer tatsächlich dezentralisierten Organisation mit kleinen autonomen Geschäftseinheiten, einer schlanken Holding statt einer klassischen Hauptverwaltung oder Konzernzentrale an der Spitze, noch weit entfernt.

◆ Wenden wir uns wieder der Aufgabe zu, eine **Lean Organization** zu erarbeiten. Um diese mit System aufzubauen, sehen wir mehrere Ansatzmöglichkeiten. Wir wollen hier an verschiedenen Praxisbeispielen anwendungsbezogen Lean Management praktizieren. Bei dieser Vorgehensweise wird zwischen einer horizontalen, bezogen auf eine ganze Ebene, und einer vertikalen, mehr punktuellen Umstrukturierung, unterschieden.

2.2.7.6.2 *Mit einer horizontalen Umstrukturierung zur leanen (schlanken) Organisation*

Wir gehen von dem Teilbereich „Herstellen" einer Organisationsstruktur aus, der bereits grundlegend im Rahmen der **Aufgabenanalyse** dargestellt ist.

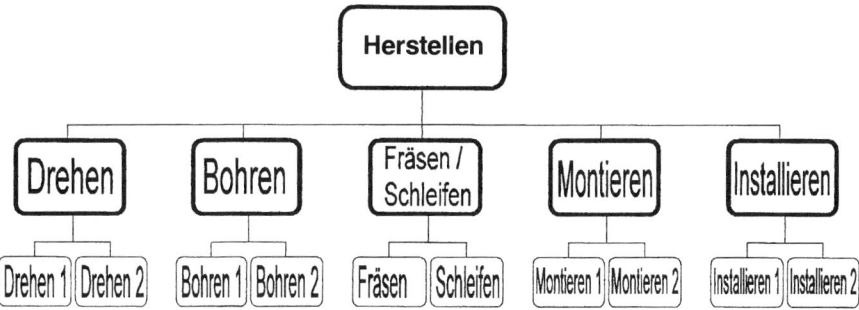

Abb. 2.34: Aufbauorganisation der Abteilung „Herstellen"

Man erkennt die umfangreiche mittlere Ebene, die als Kerngerüst dieser Organisationsstruktur anzusehen ist und zur optimalen Koordination der ausführenden Stellen und Leistungserstellung bisher erforderlich ist. Es handelt sich hier um die Abteilungs- und Entscheidungsfunktionen eines Fertigungsbereichs:

- Drehen,
- Bohren,
- Fräsen/Schleifen,
- Montieren,
- Installieren.

Eine Strukturanalyse (Aufgabenanalyse) untersucht nun systematisch die gesamte Organisation oder fokussiert auf einzelne Unternehmensbereiche mit dem Ziel, bestehende Konzepte zu vereinfachen.

Der organisatorische Teil des Lean-Management-Konzeptes im Sinne einer Struktursynthese (Aufgabensynthese) könnte vorsehen, auf die mittlere Führungsebene zu verzichten. Abb. 2.35 zeigt das Ergebnis:

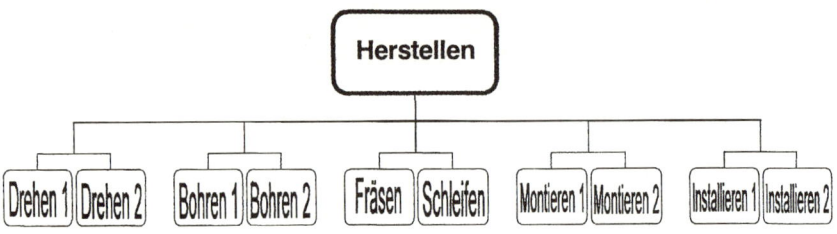

Abb. 2.35: Eine durch Lean Management veränderte Organisationsstruktur

Die nach wie vor benötigten Führungsaufgaben (Koordination und Entscheidung) sind aber auf keinen Fall entbehrlich. Verzichtete man darauf, würde die Organisation nicht mehr leistungsfähig sein und sogar möglicherweise völlig funktionsunfähig werden. Vielmehr müssen die freiwerdenden Aufgaben auf die verbliebenen Ebenen (Führungs- und Ausführungsebene) neu verteilt werden.

Auf die Leitung kommen jetzt vermehrt Koordinations-, Leitungs- und Kontrollaufgaben zu. Dies könnte zur Folge haben, daß die Kontrollspanne (span of control) erheblich umfangreicher wird als vorher. Im vorliegenden Fall ist dies gegeben; es liegt eine viel zu breite Kontrollspanne bei der Leitung „Herstellen" vor.

Das geforderte stärkere Engagement der Leitungsebene – also etwa in operativen Entscheidungen – kann zu Lasten wichtiger übergreifender, kreativer Managementaufgaben gehen und somit zu einer Vernachlässigung wichtiger strategischer Entscheidungen führen. Deshalb ist in der ausführenden Ebene eine neue Arbeitsorganisation erforderlich.

Abb. 2.36 zeigt die Veränderungen in der ausführenden Ebene.

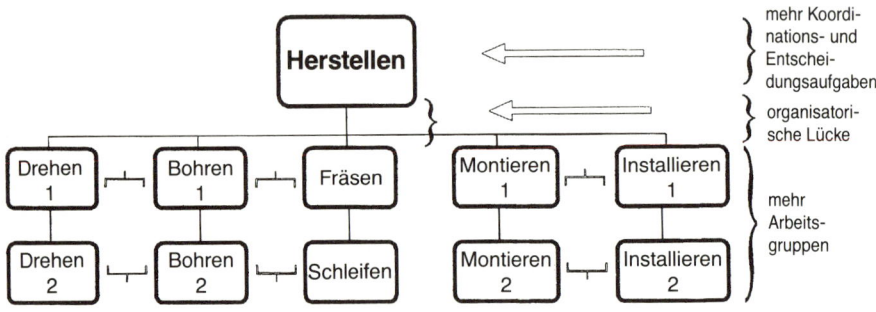

Abb. 2.36: Neue Gruppierungen in der ausführenden Ebene

Neue Technologien und die Bildung von **Arbeitsgruppen mit autonomer Entscheidungskompetenz** könnten den Umfang der Koordinationsaufgaben erheblich verringern. Aber eine Umverteilung der verbliebenen freigewordenen Koordinations- und Entscheidungsaufgaben läßt sich nicht so ohne weiteres durchführen. Da wichtige Aufgabenträger herausgenommen sind, verliert die Organisation leicht Teile ihrer Leistungsfunktion oder wird sogar funktionsunfähig. Ist beabsichtigt, durch diese organisatorische Maßnahme eine *verkleinerte Organisation* zu erreichen, die *auch weniger Leistung (Output)* bewirken soll – weil beispielsweise die Auswirkungen einer Rezession eine Rolle spielen oder eine Anpassung an einen verringerten Marktanteil erforderlich ist – wird hier in Anlehnung an Hammer/Champy (vgl. S. 68) von **Downsizing** gesprochen.

Diese eben durchgeführte „harte" Umstrukturierungsmaßnahme ist mit erheblichen Nachteilen belastet. Sie ist nur begrenzt praktikabel und besitzt mehr Modellcharakter. Insbesondere Mittelunternehmungen könnten davon nicht profitieren, da diese auf ihre mittlere Ebene nicht verzichten können.

Dennoch scheint Lean Management mit dieser horizontalen Restrukturierung bereits in einigen Fällen Erfolg gehabt zu haben, wie Berichte darüber mitteilen. „Weitestgehend abgeschlossen ist bei der **Volkswagen AG der Abbau der internen Hierarchieebenen**. Das bestätigte am Wochenende (1. 4. 93) ein VW-Sprecher. Die bislang acht verschiedenen Führungsschichten, vom Konzernvorstand bis hin zum Meister, sind um die Hälfte reduziert worden. Vor allem die mittleren Entscheidungsträger haben Federn lassen müssen. So ist die Kaste der Abteilungsleiter, die dem indirekten Bereich zugeordnet werden, der Neuorganisation zum Opfer gefallen.

Bereits im vergangenen Jahr hat sich die Zahl der VW-Mitarbeiter, die dem erweiterten Führungskreis angehören, um 13,8% auf rund 1000 Personen verringert. Vorstandschef **Ferdinand Piëch** sieht auf diesem Gebiet weiteren Handlungsbedarf. Eine „Sonderbehandlung" erfahren die Führungskräfte überdies im Rahmen der vereinbarten Arbeitszeitverkürzung von 36 auf 28,8 Stunden pro Woche. Die damit verbundene Reduzierung des Entgeltes um 20% gelte auch für das Management bis hin zum Vorstand. Demgegenüber sind die Führungskräfte ausdrücklich von der Verkürzung der Arbeitszeit ausgenommen. Der Erfolg der Einsparungen schlägt sich bereits in der Bilanz 1993 nieder. Der Personalaufwand der AG verringerte sich von 12,7 Mrd. DM im Jahre 1992 auf 10,8 Mrd. DM in 1993. Im laufenden Jahr soll der Personalaufwand noch einmal um 1,6 Mrd. DM schrumpfen" (vgl. Schlankheitskur in Wolfsburg. In: Die Welt, 5. 4. 93, S. 13).

Wir wenden uns wieder unserem **Fallbeispiel** zu.

Die Situation in einer Organisation und die Möglichkeit der Umstrukturierung sieht völlig anders aus, wenn noch eine weitere Leitungsebene vorhanden ist. Diese ist bisher zum reibungslosen Ablauf und zur quantitativen Bewältigung der Leistung sinnvoll gewesen. Je tiefer eine Organisationsstruktur traditioneller Art (etwa eine trägerorientierte) gegliedert ist, desto reibungsloser, präziser und mit mehr Fachverstand können die zu bewältigenden Aufgaben gelöst werden. Darin liegt ihre Stärke.

Abb. 2.37 zeigt eine derartige Organisationsstruktur mit einer weiteren Ebene.

Es stehen mehr Stellen zur Klärung und Entscheidung von Sachfragen zur Verfügung. Zu erkennen sind die stark ausgeweiteten Ebenen, die als Kerngerüst dieser Organisationsstruktur anzusehen und zur optimalen Koordination der Stellen erforderlich sind. Sie ermöglichen mehr Leistung (Output) in Qualität und Quantität.

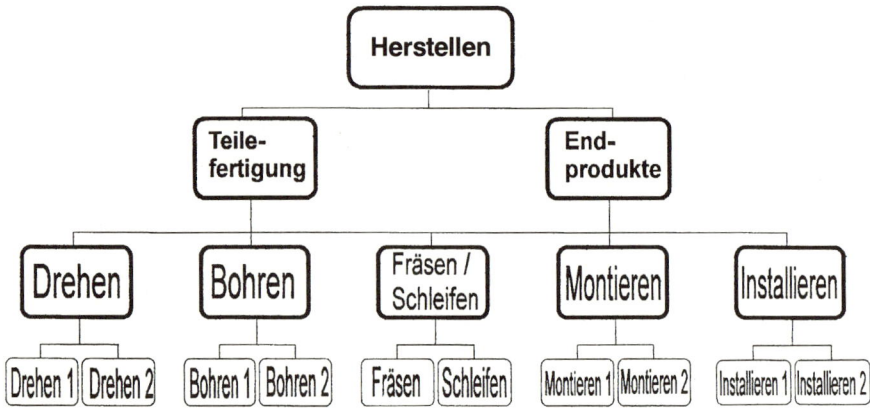

Abb. 2.37: Trägerorientierte Organisation (Ausgangssituation)

Soll aus Kosten- und Wettbewerbsgründen umstrukturiert werden, könnte das Lean-Management-Konzept jetzt wirksam ansetzen. Wird hier die dritte Ebene herausgenommen, sind die Aufgaben der aufgehobenen Stellen auf die zwei Stellen der 2. Ebene und gegebenenfalls auf die Ausführungsebene neu zu verteilen, allerdings nur nach erfolgter Aufgabenanalyse mit anschließender Aufgabensynthese.

Abb. 2.38 gibt dieses Ergebnis in einem Schema wieder.

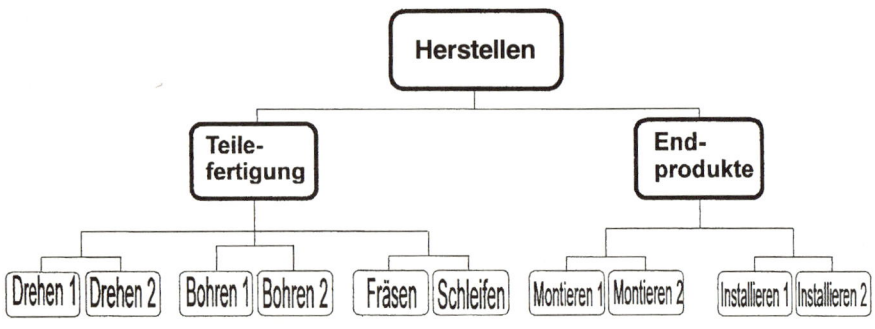

Abb. 2.38: Struktur nach der Umstrukturierung

Wir gehen wieder von den Abteilungs- und Entscheidungsfunktionen des Fertigungsbereichs aus (hier handelt es sich um eine leicht abgewandelte Darstellung der Abbildungen 2.1 und 2.9):

- Drehen,
- Bohren,
- Fräsen/Schleifen,
- Montieren,
- Installieren.

Die Leitungsstelle „Teilefertigung" übernimmt nun die entsprechenden Führungsaufgaben der Unterabteilungen „Drehen", „Bohren", „Fräsen/Schleifen"; die Leitungsstelle „Endprodukte" die der Stellen „Montieren" und „Installieren".

Durch diese organisatorische Maßnahme ist die Organisationsstruktur im echten Sinne „schlanker" geworden, ohne daß die Gefahr einer Destabilisierung der Gesamtorganisation gegeben wäre. Das Ziel, Stellen abzubauen und damit die Personalkosten zu verringern, ist erreicht worden. Aber auch hier bestehen wie im ersten Fall, wenn auch in geringerem Maße, Lücken im Hinblick auf Koordinierung, Entscheidung und modernen Funktionen.

2.2.7.6.3 *Mit einer vertikalen und punktuellen Umstrukturierung zu einer generell veränderten Organisation*

Wie wir gesehen haben, stellt die horizontale Umstrukturierung eine „harte" Lösung dar, weil sie ganze Ebenen herausnimmt, mit der Folge, daß eine instabile Organisation entstehen kann, zumindest organisatorische Lücken auftreten, die sich so ohne weiteres nicht schließen lassen (s. o.). Sehr nachteilig wirken sich die mit diesem Ansatz verbundenen sozialen Härten gegenüber den betroffenen Mitarbeitern aus, auch wenn Freisetzungen zunächst nicht vorgesehen sind.

Die nun zu beschreibende vertikale und punktuelle Umstrukturierung zählt zu den „weichen" Verfahren. Vom Gefüge her bleibt die Organisationsstruktur erhalten und damit auch die Leistungsfähigkeit der Organisation.

Vertikal und punktuell bedeuten, daß von Ebene zu Ebene, also von oben nach unten die Organisationsstruktur partiell verändert wird. Es muß ein Zwang bestehen, alle Ebenen mit einzubeziehen. Dies hat aber punktuell nur dort zu erfolgen, wo es nach sachlich-logischen Gesichtspunkten sinnvoll erscheint. Aufgrund einer neuen Arbeitssynthese können mehrere Teilaufgaben zusammengelegt werden, andere fallen weg, wieder andere werden nach außen zu Subunternehmern vergeben. Stellen werden frei.

Im bekannten Fallbeispiel der Aufbauorganisation, Abteilung „Herstellen" (Abb. 2.34) wird folgende Situation unterstellt: Seit längerer Zeit ist, bedingt durch zu hohe Lohnkosten der vorhandenen neun Stellen, die Wirtschaftlichkeit in der mechanischen Fertigung (Drehen, Bohren, Fräsen/Schleifen) nicht mehr gegeben.

Eine Marktanalyse hat gezeigt, daß andere Fertigungsmöglichkeiten kostengünstiger sind und zu mehr Wirtschaftlichkeit führen könnten.

Ein Teil der mechanischen Bearbeitung wird zu Spezialunternehmen nach außen verlagert (Outsourcing), die bei größerer Kapazität günstiger produzieren können als die eigene Abteilung mit geringerer Kapazität. Ein kleiner Teil der Dreh- und Bohrkapazität bleibt aus produktionstechnischen Gründen erhalten. Zur besseren Leistungseffizienz erfolgt eine Neuausstattung mit CNC-gesteuerten Maschinen. Als Konsequenz kann die Abteilung „Bohren" aufgelöst werden; die Aufgaben werden von der Abteilung „Drehen" mit übernommen. Ebenso wird die Abteilung „Fräsen" aufgelöst. Eine Maschine wird der Abteilung „Drehen" zugeordnet; Teilaufträge werden wiederum nach außen vergeben.

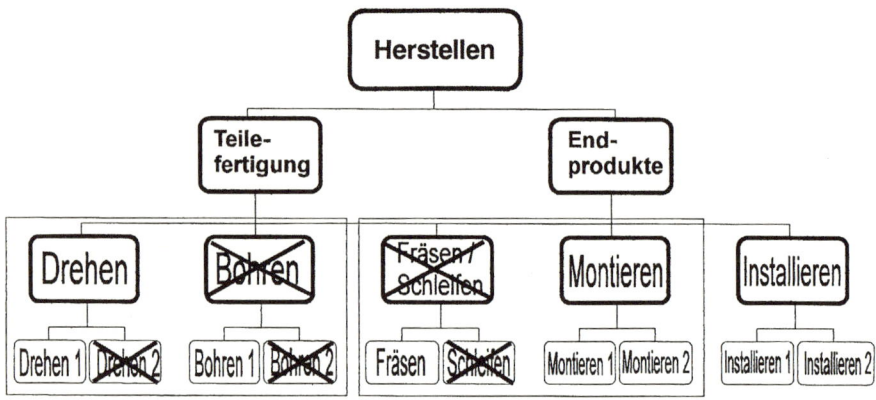

Abb. 2.39: Ausgangssituation

Insgesamt erfolgt durch diese punktuelle Umstrukturierung eine Verkleinerung der Organisation um fünf Stellen.

Später könnte nach einer **neuen Aufgabenanalyse** aus wirtschaftlichen Überlegungen ebenfalls die **Montageabteilung aufgelöst** werden. Dann würden die Hauptmontageaufgaben **Unternehmen in sogenannten Billiglohnländern** übertragen. Eine partielle Endmontage mit Sonderaufgaben verbliebe in der Installationsabteilung.

Der Installationsabteilung kommt nun erhöhte Bedeutung zu. Gegenüber früher sind jetzt neben der Installation von Elektroteilen auch der Einbau von sog. freiprogrammierbaren Steuerungen hinzugekommen. Moderne technische Aggregate sind automatisiert und damit variabel einsatzfähiger geworden. Diese Steuerungen müssen aber erst konstruiert und programmiert werden, ehe sie eingebaut werden können.

Hier sind neue, qualifizierte Aufgaben entstanden, für die wenigstens eine neue Stelle „Steuerungskonstruktion" eingerichtet werden muß.

Ein interessanter Vorgang: Bei umstrukturierenden Maßnahmen zur Anpassung an neue Verhältnisse wird nicht nur die Organisation verkleinert, sondern sie wird durch Schaffung neuer Stellen auf neue Ziele und die damit verbundenen Aufgaben ausgerichtet. Von 15 Stellen wurden 5 abgebaut, 1 Stelle aufgrund neuer qualitativer Ausrichtung neu geschaffen.

Auf die Stellen in der zweiten Ebene kommen – wie in anderen Fällen auch – vermehrt Koordinations- und Entscheidungsaufgaben zu. Anders als bei der horizontalen Umstrukturierung sind neue Technologien, andere Arbeitsformen und Gruppenarbeit nicht vorgesehen.

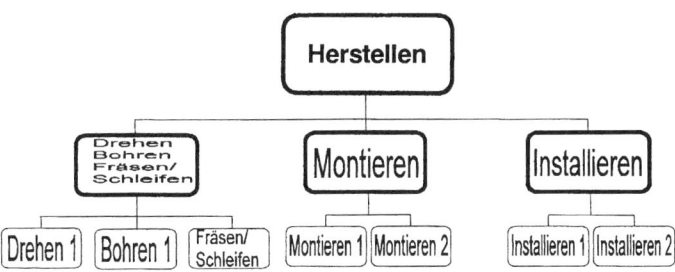

Abb. 2.40: Nach der Umstrukturierung

Welche Vorteile sind durch dieses Umstrukturierung für die Unternehmung erreicht worden?

Durch die Verlagerung von Aufgaben bzw. **Verringerung der Fertigungstiefe** hat das Gesamtengagement der Unternehmung abgenommen. Durch die Konzentration auf wesentliche Aufgaben kann zieladäquater und kostengünstiger produziert werden. Da sich mehr Teilwirtschaftlichkeiten ergeben haben, muß sich die Position der Unternehmung am Markt verbessern. An diesem Beispiel ist zu erkennen, wie durch eine Veränderung der Organisationsstruktur die Gesamtposition der Unternehmung aufgewertet werden kann. „The structure follows strategy" (Chandler). Indirekt wird aber vorausgesetzt, daß die Produkte der Unternehmung Marktgeltung besitzen und noch an einer guten Position im Produktzyklus liegen.

Wir wollen folgenden Leitsätze aufstellen:

- Stellen lassen sich nicht abbauen, ohne die freiwerdenden Aufgaben umzuverteilen bzw. die mit einer Umstrukturierung verbundenen Nachteile zu beseitigen. Dazu müssen neue, innovative Regelungen getroffen werden.

• Aus den Arbeitsprinzipien und Grundstrategien sind einige besonders herauszustellen und weitere hinzuzufügen, die als **aufbauorganisatorische Wesensmerkmale** von Lean Management bezeichnet werden sollen.

2.2.7.6.4   Relevante Wesensmerkmale für die Gestaltung der Organisation

◆ **Verbesserte oder neue Technologien zur Steigerung der Produktivität**

Wie bei der horizontalen, aber auch bei der vertikalen Umstrukturierung sichtbar wurde, sind die bisherigen Leistungen (Output) mit weniger Aufgabenträgern in vielen Fällen nicht zu bewirken. Neue Technologien, etwa der automatisierten Fertigung oder der Einsatz von Computertechnik bei Verwaltungsvorgängen, müssen alte Verfahrensweisen ablösen. Soll zumindest die Leistung gleich bleiben, muß eine neue sachlich-logische Arbeitssynthese in der Ablauforganisation erfolgen (vgl. Kapitel „Ablauforganisation"!). Dies geht in der Regel nur unter Einsatz neuer Technologien. So kann Lean Management in der Produktion beispielsweise durchaus eine sinnvolle Verbindung zwischen bewährten Methoden handwerklicher Fertigung und modernen Elementen der Fabrikfertigung bewirken. Bleibt es bei der bisherigen Technologie, wird aus der Umstrukturierung lediglich ein **Downsizing**, d. h. mit einer verkleinerten Organisation wird weniger Output und damit eine geringere Leistungsmenge erzielt.

◆ **Erforderlich sind besonders qualifizierte Aufgabenträger mit hoher Flexibilität**

Neue oder veränderte Technologien und Organisationsstrukturen erfordern Mitarbeiter mit anderen und verbesserten Fähigkeiten als bisher. Es werden weniger Mitarbeiter als bisher beschäftigt. In neuen Stellen mit einer veränderten und anspruchsvolleren Aufgabenstruktur sind besser ausgebildete Mitarbeiter erforderlich, die in der Lage sind, die Leistungserstellung kreativ und flexibel mitzugestalten. Da die Aufgabenträger in der Lage sein müssen, die neuen Aufgaben qualifiziert zu bewältigen, müssen in vielen Fällen bisherige Stelleninhaber, wenn sie mit neuen Technologien nicht zu betrauen oder bereits nicht mehr lernfähig und flexibel sind, ausgetauscht werden. Es sind in der Regel auf dem externen Arbeitsmarkt neue Mitarbeiter zu gewinnen. Lean Management kann somit auch Austausch von Mitarbeitern, von weniger qualifizierten zu stärker qualifizierten, bedeuten.

◆ **Erweiterter Aufgabenbereich der Aufgabenträger**

Werden Stellen aufgehoben, kann eine Umverteilung von Aufgaben zunächst eine Mehrbelastung anderer Stellen bewirken; es gilt dies zu vermeiden. Die Arbeitstiefe muß vermindert und das Arbeitspensum verringert werden. Das Umverteilen kann auch eine durchaus gewünschte Arbeitsanreicherung zur Folge haben. Letztere ist besonders günstig, wenn sie mit einer verbesserten Entscheidungsmöglichkeit des Stelleninhabers verbunden ist. Vielfach ist mehr als bisher ein *Generalist* als ein Spezialist gefragt.

◆ Eigenständige und schnelle Entscheidungsfindung

In vielen Fällen war bisher der Stelleninhaber stark weisungsgebunden und konnte nur wenige Fälle selbst entscheiden. Zur Lösung flexibler Aufgaben ist in den ausführenden Stellen mehr Eigenentscheidungskompetenz als bisher erforderlich. Dazu muß der Stelleninhaber seine Entscheidungsrahmen genau kennen. Durch Management by Objectives erkennt er übergeordnete Ziele und sein eigenes Stellenziel. Der Stelleninhaber entscheidet selbst in seinem Bereich und wird dazu gebracht, an den Problemen in seinem Arbeitsbereich erfolgreich mitzuarbeiten. Da er mitentscheiden kann, ist er besonders motiviert und trägt zur Leistungsverbesserung und -steigerung bei (vgl. Handelsblatt vom 5. 4. 93, S. 12).

◆ Förderung der teamartigen Kooperation

Die durch die Arbeitsteilung hervorgerufene Trennung zu unterschiedlichen Teilaufgaben ist ein markantes Merkmal jeder traditionellen Aufbauorganisation. Sie bewirkt eine zielorientierte Aufteilung der Gesamtaufgabe der Unternehmung. Die Nachteile können jedoch darin liegen, daß es an Kooperation und Information zwischen den einzelnen Stellen mangelt. Doppelarbeiten werden verrichtet und/oder es entstehen erhebliche Liegezeiten bei der Leistungserstellung. Gibt man mehr gestalterischen Spielraum bei der Aufgabenbewältigung, kommt es zu einer sinnvolleren Verbindung einzelner Stellen zueinander. Ideen kommen besser zum tragen, der Aufgabenprozeß wird besser und schneller bewältigt. Teamartige Kooperation bedeutet, daß zwar auf Grund der Arbeitsteilung feste Grundaufgaben bestehen, daß aber genügend Freiraum gegeben ist, übergreifende Aufgaben gemeinsam zu bewältigen.

◆ Einführung von Gruppenarbeit in der Fertigung

Dieser Freiraum wird noch umfangreicher, wenn keine Funktionsteilung festgelegt ist und die Gesamtaufgabe des Bereichs von einem Team, hier Gruppe, ausgeführt wird. Die Arbeitsgruppe gewährleistet ein Höchstmaß an Dynamik und Kooperation in der Aufgabenerledigung. Die Arbeit bringt nicht nur Zeitersparnis in der Ablauforganisation, sondern spricht auch den arbeitenden Menschen vielseitiger an, erfordert aber mehr Engagement und Beweglichkeit (Flexibilität) des einzelnen Mitarbeiters.

◆ Qualitätszirkel

Die arbeitstechnischen und fachlichen Fragen und Probleme können sowohl bei der festgelegten Funktionsarbeit als auch bei der Gruppenarbeit nicht optimal erledigt werden. Mögliche Lösungen von Arbeitsproblemen lassen sich besser in besonderen Gesprächen, sog. Qualitätszirkeln, erreichen. Jeder Teilnehmer kann seinen Lösungsansatz selbst vortragen, das Gemeinschaftsergebnis ergibt dann die Lösung.

◆ Verbessertes Kommunikationssystem

Optimale Kommunikationsbeziehungen sind in einer Organisation von Natur aus nicht gegeben. Sie müssen, wie in Kapitel 2.2.4 dargelegt, implementiert werden. Das bestehende Kommunikationssystem bedarf aber einer laufenden Verbesserung, einmal funktional, indem Unternehmens- und Abteilungsleitungen für hinreichende Informationsübermittlung Sorge tragen, zum anderen, daß die Informationstechnik laufend, aber praktikabel verbessert wird. So müssen Informationsmedien einfacher zu nutzen sein, ohne daß laufend ein Informatiker zur Seite stehen muß.

♦ **Verbesserte Ablauforganisation (Prozeßorganisation)**

Wenn auch die Aufbauorganisation optimal gestaltet worden ist, reicht dies allein zur verbesserten Wertschöpfung nicht aus. Auch die Prozeßorganisation (s. a. Kap. Ablauforganisation) ist optimal zu gestalten.

Hier muß es zu einer verbesserten Kombination sachlich-logischer, personaler, zeitlicher und lokaler Prozeßelemente kommen. Das Ziel der weiteren Verkürzung der Durchlaufzeiten hat hier eine besondere Priorität.

Alle relevanten Wesensmerkmale sind zur besseren Überschaubarkeit im erweiterten Lean-Management-Konzept dargestellt.

Abb. 2.41: Lean-Management II (Gesamtkonzept)

2.2.7.7 Weiterführende Teilkonzepte zur Umstrukturierung von Organisationen

Lean Management stellt ein umfassendes Konzept zur Umgestaltung bestehender Organisationsstrukturen dar. In ihm sind zahlreiche Teilaspekte, wie Kundenorientierung, ständige Verbesserung der Leistung, umfassendes Qualitätsmanagement, Teamorientierung (Gruppenbildung) usw. enthalten, mit deren Realisierung eine Weiterentwicklung der Organisationsstruktur bewirkt und eine zukünftige Wettbewerbsfähigkeit erreicht werden soll. Die konsequente Anwendung des Konzeptes könnte – bei sachadäquater Anwendung – eine Neuorientierung einer Organisation bewirken. Die enthaltenen Teilaspekte der organisatorischen Gestaltung existieren seit vielen Jahren, wurden in das Lean-Management-Konzept integriert, haben sich aber auch gleichzeitig verselbständigt. Sie wollen als eigenständige Ansätze bzw. Konzepte zur Gestaltung von Organisationen gelten. Hier werden sie als Teilkonzepte zur Umstrukturierung von Organisationen angesehen.

2.2.7.7.1 Umfassende Qualitätsverbesserung in der Organisation (Total Quality Management, TQM)

♦ Die **Forderung nach mehr Qualität in der Leistung** begleitet seit langer Zeit die Prozesse in den Unternehmungen. In Japan ist sie jedoch offensichtlich stärker beachtet worden als in Deutschland (vgl. Runge, Joachim H.: Schlank durch Total Quality Management. Strategien für den Standort Deutschland. Frankfurt/ New York 1993, S. 38 ff.). So zeigte die Studie des „Massachusetts Institute of Technology" 90 Automontagewerke im Vergleich und ermittelte die besten (**Benchmarking**). Dabei wurde bei vielen eine schlanke Organisation sichtbar, die zu einem Teil durch einen hervorragenden Qualitätsstandard mit TQM bewirkt worden war.

Die Japaner hatten bereits vor 40 Jahren mit der konsequenten Einführung von qualitätsverbessernden Maßnahmen, von TQM, begonnen. Sie versuchten ein hohes Ziel mit TQM, einem **„Gesamtsystem zur Verbesserung der Wettbewerbsfähigkeit"** (vgl. Runge, S. 38 ff.), zu erreichen:

- kontinuierlich sinkende Preise,
- null Fehler,
- fast keine Lagerbestände und
- beliebige Produktvielfalt.

„Nur wenn ein Gesamtsystem schrittweise aufgebaut wird und alle Mitarbeiter in einem Unternehmen oder in einer Behörde an der Gestaltung und der ständigen Verbesserung und Weiterentwicklung mitarbeiten, ist es möglich, in einem Zeitraum von drei bis sechs Jahren ein derartiges System zu implementieren und dadurch Anschluß an die Weltspitze zu finden" (vgl. Runge, S. 41).

◆ Qualität ist relativ zu sehen: zum Wettbewerb, zu Erwartungen und Erfahrungen. Objektiv ist die *Beschaffenheit* einer Leistung. Als Summe aller ihrer Eigenschaften stellt sie eine objektivierbare Größe dar; sie ist meßbar und vergleichbar. In der Praxis existiert aber die relative Auffassung von Qualität. Deshalb hat bei der Festlegung von Qualitätsstrategien und -standards die Kundenorientierung größte Priorität, weil ihre Sichtweise die Qualitätsmerkmale bestimmt (vgl. Freitag, Gerhard: Die Bedeutung von Aufmachung und Qualität bei der Warenkategorisierung. Diplomarbeit für Kaufleute. Köln 1966, S. 4 ff.).

◆ Ein TQM-System sollte in Präzisierung von Runges Überlegungen (vgl. Runge, S. 55) verschiedene **Zielsetzungen** enthalten, die die Grundlage einer **Kunden- und qualitätsorientierten Unternehmungsführung** darstellen.

Ausgegangen wird von dem Grundsatz: Der Kunde entscheidet, was Qualität ist. Die Unternehmungsführung legt dazu die Qualitätsstrategie fest.

● **Diese Qualitätsstrategie und daraus resultierende Qualitätspolitik** (vgl. Malorny/Kasebohm: Brennpunkt TQM. Stuttgart 1994, S. 37 ff.) **hat zum Inhalt:**

  – eine hohe Kundenzufriedenheit
    (Meßzahlen geben den erreichten Grad wieder),
  – optimale Bereitstellung aller Ressourcen
    (dazu muß ausreichende Kommunikation gegeben sein),
  – Vereinfachung aller Ablaufprozesse
    (Zykluszeiten und Prozeßkosten sind zu reduzieren),
  – Förderung von Aus- und Weiterbildung,
  – Erreichen einer hohen Mitarbeiterzufriedenheit,
  – Gewährleistung einer absoluten Lieferzuverlässigkeit als unbedingte Voraussetzung für den Erfolg,
  – Anstreben, den Preis „European Quality Reward" zu gewinnen,
  – Überprüfen aller gesetzten Ziele durch Reviews/Audits.

● **Management und Mitarbeiter werden so eingebunden, daß Qualität und Verbesserung dauerhaft in die Arbeitsprozesse integriert sind.**

Abb. 2.42 zeigt den Ablauf im Prozeß an.

● **Operationale Qualitätsziele werden gesetzt:**

  Das bedeutende Ziel muß es sein, fehlerfrei vom ersten bis zum letzten Arbeitsgang, d.h. im jeweiligen Prozeßschritt, (s. Kap. Ablauforganisation) zu arbeiten. Erreicht wird dieses Ergebnis durch eine Summe von persönlicher Qualität und Selbstdisziplin, Teamqualität, Prozeßqualität, Produktqualität und Dienstleistungsqualität.

  Durch Teilzielvorgabe an mittlere und untere Führungskräfte muß gewährleistet werden, daß *alle* Mitarbeiter die erforderlichen Verhaltensformen

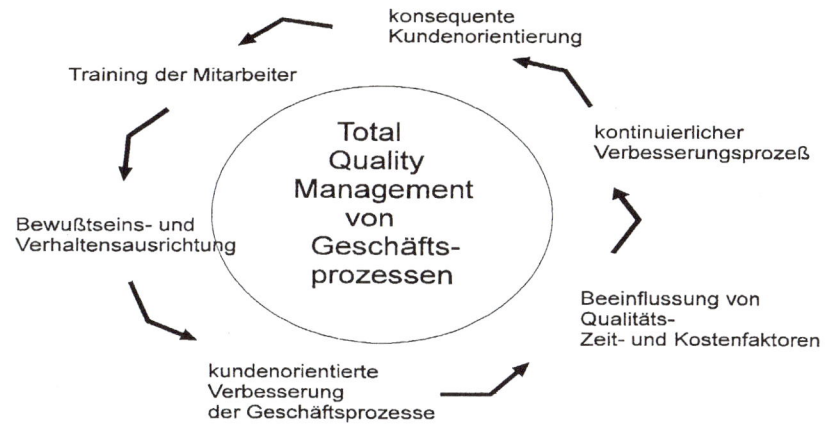

Abb. 2.42: Total Quality Management (TQM)

zur ständigen, kontinuierlichen Verbesserung der Arbeit – KVP – (japanisch **Kaizen**) internalisieren.

Bei VW ist dieser Prozeß in Gang gesetzt worden. „Die neuen Stichworte von Herrn Lopez sind Workshops, Gruppenarbeit und „KVP hoch zwei". Im gesamten Motorenwerk Salzgitter mit 8000 Beschäftigten säumen Stellwände mit Planzielen und erreichten Daten die Produktionsbänder. Statt 305 Fehler im Monat entstehen nur noch 195. Beim Polo-Motor wurde eines der vier Bänder auf Gruppenarbeit umgestellt. Jeder macht die Qualitätskontrolle seiner eigenen Arbeit selber, nicht Extraleute am Bandende" (vgl. Schultz, Harald: KVP hoch zwei – Lopez krempelt VW um. In: Die Welt 5. 7. 92, S. 12).

• **Geschäftsprozesse verbessern und verkürzen.**

Abb. 2.43 zeigt den Ablauf für diesen Zusammenhang an.

Anwendung von TQM auf Geschäftsprozesse

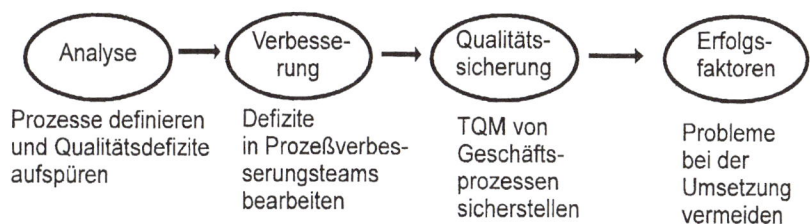

Abb. 2.43: TQM und Geschäftsprozesse

◆ **Zur Gewinnung von Qualitätsstandards sind folgende unterstützende Systeme und Methoden bereitzustellen:**

Um vergleichen zu können und sich vom Kunden überprüfen zu lassen, ist das **ISO 9000-System** einführen. Es legt fest:

- die Elemente des Qualitätssicherungssystems,
- wie Aufgaben und Verantwortung geregelt sind,
- wie interne Qualitätsaudits zur Beurteilung durchgeführt werden,
- wie alle Maßnahmen in einem Qualitätshandbuch zu dokumentieren sind.

Wie Berichte aus der Wirtschaftspraxis zeigen, ist man in vielen Branchen bestrebt, ein hohes Qualitätsniveau zu erreichen.

Im Gesundheitswesen in Hamburg wird z.Zt. versucht, die Organisationsleistung im Klinikbereich wesentlich zu verbessern. Qualitätsmanagement nach TQM-Vorbild im Klinikbereich beinhaltet im wesentlichen, daß nach vorher festgelegten Standards gearbeitet wird. In standarisierten Arbeitsanweisungen wird die Vorgehensweise einfacher, aber auch komplizierter Abläufe festgeschrieben. „Konkret bedeutet das, daß von der Desinfektion, dem Blutabnehmen, über das Blutdruckmessen bis zum Ablauf einer komplizierten Nierentransplantation nach standarisierten Arbeitsanweisungen gearbeitet wird." Diese Regeln gelten für alle Mitarbeiter vom Krankenpfleger bis zum Chefarzt. Obgleich jeder Organismus unterschiedlich ist, können auch Operationsabläufe standarisiert werden. Wichtig ist, daß keine Kontrolle stattfindet, sondern alle Mitarbeiter – der Klinikchef inklusive – ihre Qualitätsnachweise führen. Der externe Qualitätsberater hat die Aufgabe, Abweichungen von den Standards zu erkennen und diese an die verantwortliche Leitung zu berichten. „Statt nach „schwarzen Schafen" zu suchen, werden Strategien zur Lösung von Problemen entwickelt" (vgl. Wehr, Alexander: Qualitätsmanagement im Gesundheitswesen. In: Die Welt 8. 11. 94, S. 12).

Während in dem herangezogenen Beispiel die Verbesserung der Qualität von Dienstleistungsprozessen von einem externen Berater beobachtet und weiter implementiert wird, ist es in vielen Fällen notwendig geworden, eine besondere unabhängige Abteilung, für das **Qualitätswesen** einzurichten. Dieser steht ein **Qualitätsmanager** vor (vgl. Richter, Claudia: Experten auf der Jagd nach dem begehrten Zertifikat ISO 9000. In: FAZ vom 5. 11. 94, S. 43), welcher als neutrale Instanz versucht, also außerhalb der Linie, die hohen Qualitätsziele zu erreichen.

Da einem hohen Qualitätsniveau in Fertigungs- und Dienstleistungsprozessen seit längerer Zeit eine große Bedeutung beigemessen wird, hat sich die **Deutsche Gesellschaft für Qualität (DGQ)** etabliert, die dafür sorgt, daß durch Ausbildung und Prüfung ein zieladäquates Qualitätswesen in den Unternehmungen erreicht werden kann.

Folgendes Strategiemenü nach Bösenberg/Metzen (vgl. S. 155) soll noch einmal das umfassende Qualitätsmanagement verdeutlichen.

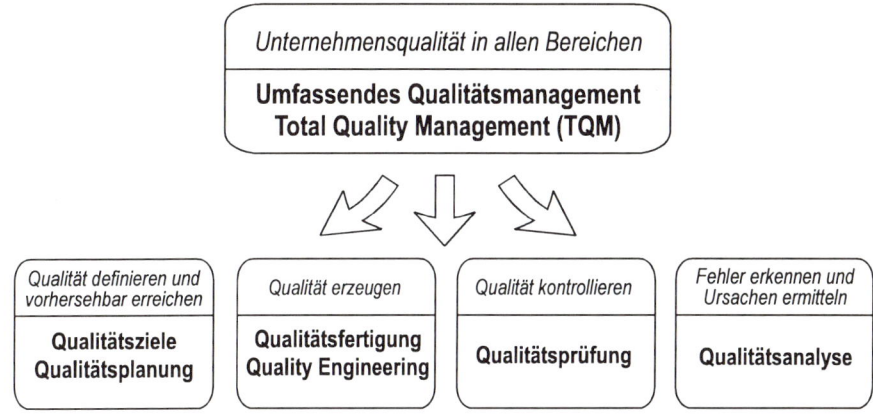

Abb. 2.44: Strategiemenü

2.7.7.2   Die virtuelle Organisation (Virtual Corporation)

Bei diesem Aspekt der Ausrichtung einer Organisation stehen **Aktionsradius und Handlungsgeschwindigkeit einer Unternehmung** im Vordergrund.

Die Virtual Corporation (vgl. Davidow/Mulone: Das virtuelle Unternehmen. Frankfurt/New York 1993, S. 3 ff., und Steger, Ulrich: Nach Lean Management nun Virtual Corporation. In: FAZ 25. 7. 93, S. 12), zu übersetzen mit **„vernetzte Organisation"** (d. Verf.), erlaubt einen größeren Aktionsradius als eigentlich von den Ressourcen her möglich wäre und kann mit einer höheren Anpassungsgeschwindigkeit reagieren. Sie ist nicht mehr durch klare Strukturen und abgrenzbare Leistungen definiert, sondern erscheint fließend, durchlässig und ständig wechselnd in den Grenzen, und zwar zu Lieferanten, Kunden und der eigenen, internen Struktur.

Sie zeichnet sich durch ein **Höchstmaß von Informationsverarbeitung und Beziehungen** aus.

Quantensprünge in Produktivität, Qualität, Kundenzufriedenheit und Mitarbeitermotivation sollen auf diese Weise ermöglicht werden.

Kunden- und Lieferantenbeziehungen nehmen in der virtuellen Organisation einen hohen Stellenwert ein. Virtuale Produkte und Dienstleistungen zeichnen sich durch ein kundenindividuelles Design aus, welche sich stark von den Produkten der Massenfertigung abheben: „produced instantaneously and customised in response to customer demand" (vgl. Davidow/Mulone, S. 4).

Kunden- und Lieferantenbeziehungen sind durch eine **starke Kooperation** gekennzeichnet. Der Kunde wird in den Produktentwicklungsprozeß verstärkt mit

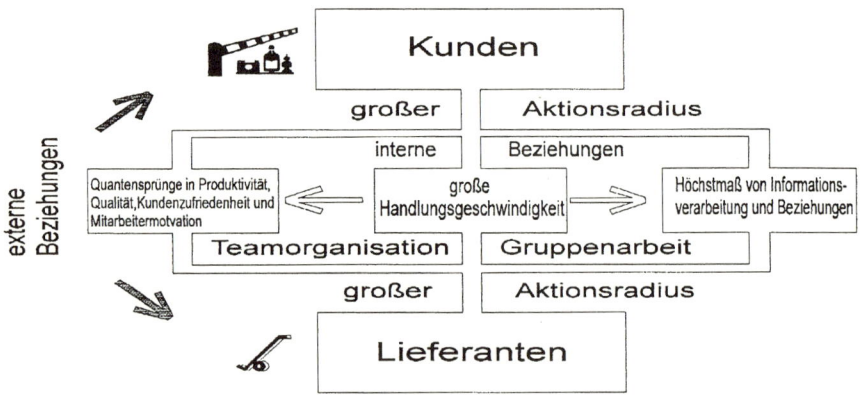

Abb. 2.45: Merkmale und Beziehungen in der virtuellen Organisation

einbezogen, seine Wünsche haben höchste Priorität und finden ein entsprechendes Echo bei allen Beteiligten der Unternehmung.

Wie in anderen Ansätzen auch, spielen eine flache Hierarchie, ein weitergesteckter Arbeitsbereich des einzelnen Mitarbeiters mit erheblicher Eigenverantwortung, ferner Teamorganisation und Gruppenarbeit eine bedeutende Rolle. Gegenüber der rein funktionalen Organisation werden hier deutlich veränderte Arbeitsbeziehungen angestrebt.

Das Konzept sieht eine sehr ausgeprägte Dynamisierung im organisatorischen Gleichgewicht (s. a. Kap. 1.2.1.3) zwischen Stabilität und Elastizität vor. Also ein Höchstmaß an Elastizität soll in allen Bereichen letztlich gewonnen werden. Letztlich eine starke Betonung der Elastizität gegenüber der Stabilität der Organisation. Stabilität in der Organisation soll nur in dem Maße vorhanden sein, wie sie zur Aufgabenerfüllung gerade erforderlich ist.

2.2.7.7.3   *Die fraktale Organisation*

Wie die bisher beschriebenen Konzepte zur Umstrukturierung von Organisationen, so sieht zunächst auch dieses Teilkonzept die Aufgabe darin, gegebene Hierarchien zu vereinfachen. Im weiteren Verlauf soll sogar das Modell der funktionalen Organisation aufgegeben werden.

Die von Warnecke in die Diskussion vorgebrachte fraktale Organisation ist eine „… Struktur mit hoher Komplexität …" (vgl. Warnecke, Hans-Jürgen: Revolution der Unternehmenskultur. Das fraktale Unternehmen. 2. Aufl. 1993, Berlin/Heidelberg, S. 147), die eine ausgeprägte Gestaltungs- und Wirkungsqualität erfordert. „Ein Fraktal ist eine selbständig agierende Unternehmenseinheit, deren Ziele und Leistung eindeutig beschreibbar sind." Die Grundziele dieser Organisation haben folgende Ausrichtung:

Marktorientierung, Leistungsorientierung und Mitarbeiterorientierung.

Fraktale Einheiten in Unternehmungen sind gekennzeichnet durch die Merkmale:

- Selbständigkeit,
- Selbstorganisation,
- Selbstoptimierung,
- Zielorientierung und
- Dynamik.

Geht man mit diesen Prinzipien an eine Organisation heran, dynamisiert sie sich und wird mit Leben erfüllt. So können die bisher in vielen Unternehmungen anzutreffenden **Probleme** beseitigt, wenigstens aber auf ein Mindestmaß beschränkt werden. Bisher zeigt sich in deutschen Unternehmen folgendes Erscheinungsbild:

- starre Strukturen und kaum Bewegung,
- räumliche Enge,
- hohe Lagerbestände,
- großer Transportaufwand,
- Terminverzug bei der Leistung,
- Vernachlässigung des Produktionsfaktors Mensch,
- traditionelle Führung,
- hohe Fluktuation,
- schlechtes Betriebsklima,
- zu wenig qualifizierte und problemorientierte Mitarbeiter.

Löst man eine rein funktionale Organisation auf und wandelt sie in eine teamorientierte um, kommen bei Einführung der oben genannten Prinzipien erhebliche **Vorteile** (vgl. Warnecke, S. 243 ff.) zum Tragen:

- hoher Autonomiegrad fraktaler Unternehmensbereiche,
- Ressortdenken fällt weg,
- Planung liegt bei den Mitarbeitern,
- keine hohen Lagerbestände (Beschaffung erfolgt innerhalb der Leistungsbereiche, Selbstbestellung),
- Minimierung Materialbereitstellungsaufwand,
- Fertigungsinseln, Anreicherung von Arbeitsaufgaben, Gruppenarbeit, Personalentwicklung,
- Komplettverantwortung für termingerechte Montage,
- Minimierung der Schnittstellen zu Stellen und Bereichen,
- Fehlerminimierung durch „Verbesserungsrunden" (Gespräche).

Diese Vorteile sind im Rahmen der „fraktalen Fabrik" zu erreichen; sie besteht aus „Strukturen (von) … kleinen schnellen Regelkreisen, die „von oben" vorstrukturiert und koordiniert werden, gleichzeitig Gegenstand ständiger optimierender Gestaltung „von unten" sind" (vgl. Warnecke, S. 259).

Die genannten Merkmale oder Prinzipien zur Gestaltung und Dynamisierung von Organisationen kommen auch in anderen Konzepten vor. In diesem Ansatz ist jedoch besonders die Implementierung von dynamisierenden Prinzipien vorgesehen. Der Mensch (Aufgabenträger) wird dabei in den Mittelpunkt der Organisation gestellt. Können die Mitarbeiter dynamisch tätig werden, und führt man gleichzeitig Vereinfachungen im Zusammenwirken der Prozeßschritte (Arbeitsgänge) durch, ergeben sich geringere Durchlaufzeiten der Produkte und letztendlich Leistungssteigerungen.

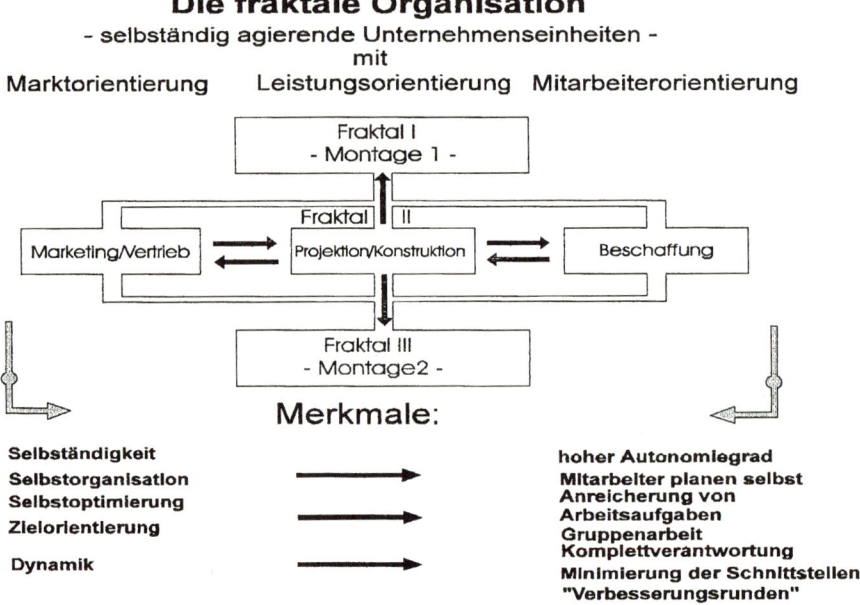

Abb. 2.46: Fraktale Strukturierung im Sondermaschinenbau

Im Fallbeispiel einer Unternehmung im Sondermaschinenbau werden drei fraktale Unternehmensbereiche gezeigt. Bereits bei der optischen Darstellung ist zu erkennen, daß die Organisation nicht hierarchisch gegliedert ist, vielmehr sind die Bereiche nach notwendigen Beziehungen zueinander geordnet. Ein „Oben" und „Unten" ist nicht zu erkennen. Die Unternehmensführung hat durch Management by Objectives die Ziele vorgegeben und greift nicht dauernd in das Geschehen ein. Als Koordinator fungiert ein „Fraktalleiter" (vgl. Warnecke, S. 253),

der lediglich die Rolle des primus inter pares spielt und keine neue Hierarchie-
ebene darstellt.

Fraktal II, welches hier ausführlicher dargestellt wird, umfaßt Marketing/Ver-
trieb, Projektion/Konstruktion und Beschaffung.

Marketing und Vertrieb bilden bereits eine Einheit. Bei einer konkreten Anfrage,
die über den Vertrieb gewonnen wird, erstellt die Projektion einen „technischen
Lösungsentwurf" und arbeitet dabei ganz eng mit der Konstruktion zusammen,
da diese die zukünftigen Aufgaben übernehmen muß. Ist vom Kunden ein Ferti-
gungs- und Lieferungsauftrag erteilt worden, übernimmt die Konstruktion weitere Detailarbeiten zur technischen Lösung und kooperiert sehr frühzeitig mit
dem Teilbereich Beschaffung, der die erforderlichen Einzelteile bereitstellt, aber
auch schon mit dem Montagefraktal. Im Beispiel ist unterstellt, daß die mechanische Fertigung im Rahmen von Outsourcing-Maßnahmen nach außen verlagert
ist. Eine Disposition mit diesen Stellen erfolgt permanent.

Der hohe Autonomiegrad des Fraktals II läßt Selbstorganisation und Selbstoptimierung Wirklichkeit werden. Jeder Mitarbeiter verfügt über den vollen Durch-
blick im momentan gegebenen Produktionsgeschehen. In der Arbeitsgruppe
oder im Arbeitsteam werden Schwachstellen frühzeitig erkannt und beseitigt.
Soll-Ist-Abweichungen werden von vornherein vermieden. Dadurch wird die
Durchlaufzeit (ein klassisches Ablaufproblem) so gering wie möglich gehalten,
Termine werden eingehalten, die Leistung letztendlich gesteigert.

Wie in anderen Modellen auch, müssen die Mitarbeiter hinreichend mit Ent-
scheidungs- und Koordinationsfähigkeiten ausgestattet sein. Mitarbeiter einer
bisher funktionalen Organisation sind auf Aufgaben erst vorzubereiten. Unter
Umständen ist eine Personalergänzung oder ein Austausch erforderlich.

2.2.7.8   Das Business-Reengineering-Konzept zur radikalen Neugestaltung von Unternehmensprozessen in einer Organisation

Die bisher dargestellten Konzepte zur Gestaltung und Veränderung von Organisationen werden als „weiche" Verfahren beschrieben (vgl. Franz, Klaus-Peter:
Schmalenbachtagung „Reengineering". Berlin 10. 10. 94), da sie die Grundstruktur beibehalten und in diesem Rahmen Veränderungen vorsehen. Statt dieser in-
krementaler Verbesserungen will Business Reengineering eine **radikale Umgestaltung – auch Restrukturierung genannt** – erreichen und stellt somit ein „har-
tes" Verfahren in einer organisatorischen Veränderung dar (vgl. Hammer/
Champy, S. 14). Nicht die üblichen, also bisher praktizierten Abläufe sind zu optimieren, sondern ein völliger Neubeginn in der Struktur der Abläufe – und wenn
möglich – der gesamten Unternehmung wird angestrebt. Dies bedeutet eine **Re-
naissance, und damit eine Neukonzipierung der Unternehmensstruktur.**

Weshalb muß man zu diesen „harten" Verfahrens greifen, reichen die bisher dargestellten „weichen" Verfahren, also Reorganisationsmaßnahmen, nicht aus? Die
Reengineering-Vertreter begründen dies mit folgender These:

2.2.7.8.1 Ausgangssituation: „Die Grundlagen für die heutige Organisationsstruktur in den Unternehmungen stammen aus dem 19. Jahrhundert"

◆ „Das Problem vieler Unternehmen besteht darin, daß sie an der Schwelle zum einundzwanzigsten Jahrhundert die Bürde des organisatorischen Aufbaues zu tragen haben, die im neunzehnten Jahrhundert entstand und im zwanzigsten gute Dienste geleistet hat."

Die heutige Organisation ist tatsächlich von einer ausgeprägten Arbeitsteilung geprägt, die von *Adam Smith* eingeleitet und von *Henry Ford* verfeinert wurde, indem sie die Arbeit in winzige, wiederholbare Aufgaben zerlegten, in jene noch heute bei der Aufgabenanalyse anzutreffenden Teilaufgaben der 3. Ordnung, den sog. Elementaraufgaben. Diese werden zwar zu Aufgabenkomplexen (Stellen) gebündelt, stellen aber jeweils separate Gebilde dar, welche zu den benachbarten (Stellen) häufig über nur wenig Verbindung verfügen. Jede Stelle erledigt nur die ihr übertragenen Aufgaben. Kooperationen mit anderen Stellen oder Abteilungen sind auf ein Mindestmaß beschränkt, Innovationen bedürfen der Initiative von außen. Um die erforderliche Kooperation zu erreichen, sind eine größere Zahl von Koordinatoren (Abteilungsleiter) erforderlich. Sie bewirken zwar mit den ausführenden Stellen zusammen (also mit der Abteilung) eine präzise, gründliche und zielgerichtete Aufgabenerledigung, werden jedoch den *erhöhten Anforderungen des Marktes an die Unternehmung (s.o.)* nicht mehr gerecht.

Dies hat folgende Ursachen: „Mangelnde Flexibilität, mangelnde Reaktionsfähigkeit, mangelnde Kundenfokussierung, blinder Aktionismus an Stelle von ergebnis-orientiertem Handeln, lähmende Bürokratien, mangelnde Innovationsfähigkeit, hohe Gemeinkosten – all das sind Hinterlassenschaften der Führungsposition, die viele Industrieunternehmen hundert Jahre lang innehatten."

◆ Jedes Unternehmen – so Hammer und Champy – möchte über eine Organisation verfügen, die flexibel genug ist, um sich an rasche Veränderungen der Marktbedingungen anzupassen, schlank genug, um alle Konkurrenten im Preis zu schlagen, innovativ genug, um Produkte und Dienstleistungen technisch auf dem neuesten Stand zu halten und engagiert genug, um ein Maximum an Qualität und Kundenservice zu bieten. Viele sind jedoch zu „… aufgebläht, unbeweglich, starr, träge, nicht wettbewerbsfähig, unkreativ und ineffizient, unbekümmert gegenüber Kundenwünschen und unprofitabel" (vgl. Hammer/Champy, S. 46, 18). Auch Reaktionen auf größere Veränderungen im externen Umfeld sind häufig nicht möglich.

◆ Durch die Trennung des Managements von operativen Abläufen und durch die Fragmentierung dieser Abläufe in spezialisierten Fachabteilungen ergibt sich in den heutigen Organisationen, daß viele nicht in der Lage sind, bedeutende Veränderungen zu erkennen oder, falls diese doch zufällig erkannt werden, entsprechend darauf zu reagieren. „Viele Unternehmen zahlen heute mehr für das Bindemittel (gemeint ist die funktionale Organisation, d. V.) als für die eigentliche Arbeit – ein sicherer Weg ins Verderben."

◆ Häufig kann ein Teil einer Organisation nur zu Lasten des Gesamtunternehmens effizient arbeiten. Ein Beispiel dafür sind Retouren von Warensendungen. Diese beschäftigen den Wareneingang, den Versand, den Vertrieb, die Rechnungsstellung und das Lager. Die damit verbundenen Arbeiten erfordern die Zusammenarbeit und Koordination etlicher verschiedener Abteilungen und verursachen häufig Probleme und Arbeiten, die keine Wertschöpfung bewirken. Der Kunde wird aus dem Blick verloren. „Die an einem Unternehmensprozeß beteiligten Mitarbeiter blicken nach innen auf ihre Abteilungen und nach oben auf ihre Vorgesetzten, aber niemand richtet seinen Blick nach draußen auf den Kunden." Es entstehen Leistungsprobleme als Folge der zu ausgeprägten funktionalen Organisation. „Die paradoxe Wahrheit lautet, daß Unternehmen heute gerade deshalb so schlechte Leistungen erbringen, weil sie einst so gut funktionierten" (vgl. Hammer/Champy, S. 46, 44, 22).

2.2.7.8.2 Grundlegende Renaissance der Unternehmensstruktur durch Business Process Reengineering

◆ Um eine wirkliche Veränderung der Organisation zu erreichen, ist die Aufbau- und Ablaufstruktur neu zu gestalten. Grundvoraussetzung dafür ist die Einführung eines Prozeßmanagements (vgl. Franz, Klaus-Peter: Prozeßmanagement der Wirtschaft, Erftstadt, Schmalenbachtagung Berlin 10. 10. 94) mit der Zielsetzung, die bisherige Ablauforganisation (Prozeßstrukturierung) radikal zu verändern, um eine Optimierung der **Wertketten: Eingangslogistik, Fertigung (Operation), Ausgangslogistik, Marketing und Kundendienst** zu erreichen (vgl. Porter, Michael E.: Nationale Wettbewerbsvorteile. Stuttgart 1994 und Kunesch, Hermann: Grundlagen des Prozeßmanagements. Stuttgart 1993, S. 15 ff.).

◆ Folgende **Arten** des Prozeßmanagements werden unterschieden:

funktional	**institutional**
Ausrichtung der Organisation	Prozeßmanager als Teil der
Reorganisation	Aufbauorganisation

◆ Als Ziele werden vorgegeben:

Qualitätserhöhung, Zeitersparnis und Kostensenkung.

◆ Folgende **Formen** sind zu unterscheiden:

Geschäftsprozeßoptimierung *(kontinuierliche Verbesserung)*	**Reengineering** *(radikale Umstrukturierung)*
• Optimierung von Teilprozessen • Optimierung bestehender Prozesse • Beschränkung auf Umgestaltung • enge Verbindung mit der Informationstechnologie.	d. h. Restrukturierung von Kernprozessen Neugestaltung der Prozesse vom gesamten Managementsystem bis in die ausführenden Ebenen

◆ Folgende **Auswirkungen hat** die Anwendung des Konzeptes:

- Konzentration auf Kernkompetenzen,
- Veränderungen im Managementsystem,
- Abbau der Hierarchien,
- mehr Generalisten als Spezialisten
- Verstärkung der Teamarbeit,
- Abbau der Komplexität; Abbau gemeinkostentreibender Faktoren,
- der Manager wird zum Coach.

◆ Es stellt sich folgende Ausgangsfrage: Wenn ein Unternehmen heute mit dem jetzigen Wissen und beim gegenwärtigen Stand der Technik neu zu gründen wäre, wie müßte dann seine Organisation aussehen? Um eine Antwort zu finden, ist ein „... fundamentales Überdenken und **radikales Redesign** der Unternehmung oder wesentlicher Unternehmensprozesse" erforderlich. Dies ist der Inhalt des **Begriffs Business Process Reengineering**).

Bei adäquater Anwendung dieses Verfahrens kommt es zu neuen und verbesserten Ergebnissen und Leistungsgrößen in den Bereichen Kosten, Qualität, Service und Zeit.

◆ **Vier Schlüsselworte** sind kennzeichnend für das Konzept:

- *fundamental:* warum die Abläufe erforderlich sind,
- *radikal:* völlige Neugestaltung,
- *Verbesserungen um Größenordnungen:* Quantensprünge,
- *Unternehmensprozesse:* Prozesse völlig neu gestalten.

◆ Folgende **Elemente** sind bei der Implementierung des Konzeptes mit vorzusehen:

- Prozeßorientierung,
- ehrgeizige Pläne,
- Bruch mit Regeln,
- kreativer Einsatz der Informationstechnologie.

◆ Wird Business Reengineering mit Total Quality Management kombiniert angewendet, ergibt sich **Change-Management**.

◆ **Überdenken von Unternehmensprozessen** ist das Hauptanliegen des Konzeptes. Hammer/Champy (vgl. S. 71 ff. und S. 48) sehen folgende Schritte vor:

- Mehrere Positionen werden zusammengefaßt.
- Mitarbeiter fällen Entscheidungen, die einzelnen Prozeßschritte werden in eine natürliche Reihenfolge gebracht.
- Es gibt mehrere Prozeßvarianten.
- Die Arbeit wird dort erledigt, wo sie am sinnvollsten ist.
- Weniger Überwachungs- und Kontrollbedarf muß notwendig sein.
- Abstimmungsarbeiten haben sich auf ein Minimum zu reduzieren.
- Ein Casemanager dient als einzige Anlaufstelle.

- Eine Mischung aus Zentralisierung und Dezentralisierung gilt als Organisationsprinzip.

◆ **Eine neue Arbeitswelt** soll sich nach der Durchsetzung des Konzeptes ergeben:

- Organisatorische Einheiten verändern sich: von Fachabteilungen zu Prozeßteams.
- Arbeitsstellen ändern sich – einfache Aufgaben werden durch multidimensionale Berufsbilder ersetzt.
- Die Rolle der Mitarbeiter verändert sich – die Kontrolle weicht dem „Empowerment".
- Die Vorbereitung auf die Aufgabe verändert sich – vom Anlernen zur Aus- und Weiterbildung.
- Konzentration auf meßbare Leistungsgrößen und Veränderung der Vergütungsgrundlage nach Ergebnissen, nicht nach Tätigkeiten hat zu erfolgen.
- Beförderungskriterien ändern sich – statt Leistung zählen Fähigkeiten.
- Manager verändern sich – vom Aufseher zum Coach.
- Organisationstrukturen ändern sich – die Hierarchie weicht der flachen Organisation.
- Verantwortliche Manager verändern sich – vom Punktezähler zur Führungspersönlichkeit.

2.2.7.8.3   Möglichkeiten der Anwendung in der Wirtschaftspraxis

◆ Bei traditionellen Geschäftsprozessen erfolgt die Bearbeitung von Aufträgen häufig in einzelnen Stationen im Nacheinander, d. h., ein „Spezialist" in der Station 1 nimmt einen Auftrag entgegen, erledigt Grundaufgaben und leitet diesen dann an die nächste Bearbeitungsstation, Station 2, weiter. Hier werden Sachbearbeitungen vorgenommen, dann gelangt der Auftrag zu den Stationen 3 und 4. Dieses Verfahren hat sich insofern bewährt, da größere Auftragsmengen sachspezialisiert bearbeitet werden können. Die Bearbeitung erfolgte präzise nach genau festgesetzten Regeln.

Bei den heutigen Anforderungen an eine Organisation stellen sich folgende Nachteile heraus:

- zu lange Durchlaufzeiten, insbesondere Liegezeiten zwischen den Stationen,
- lange Entscheidungswege, auch bedingt durch Rückfragen und Kommunikationsprobleme
- und hohe Kosten, aufgrund zahlreicher Bearbeitungsstationen.

Abb. 2.47 zeigt im oberen Teil den Verlauf eines als traditionell zu bezeichnenden Geschäftsprozesses.

◆ Business Reengineering kann und will die Wirtschaftlichkeit von Geschäftsprozessen erheblich verbessern. Dazu müssen sie aber von Grund auf erneuert werden. Im vorliegenden Fall führt die Prozeßstrukturierung zu völlig anderen

Business Process Reengineering
- Restrukturierung von Geschäftsprozessen -
Beispiel: Kreditsachbearbeitung

Traditioneller Geschäftsprozeß:

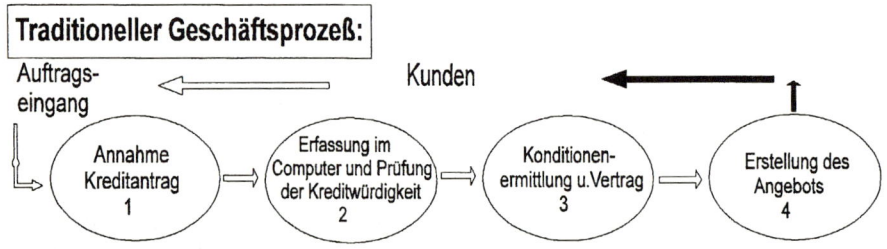

Durchlaufzeit/Antrag: 6 - 14 Tage   **Zahl der bearbeiteten Anträge :20/Woche**

Neuer Geschäftsprozeß nach Reengineering: *- mit verbesserter Technologie -*

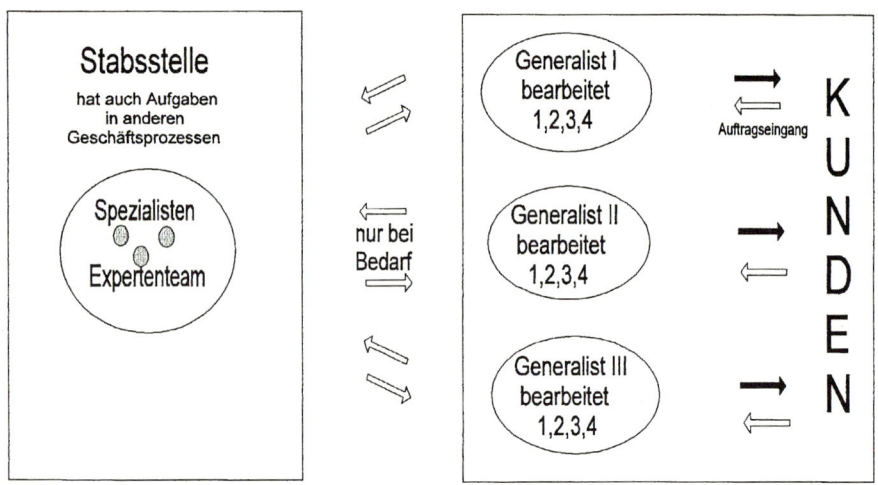

Durchlaufzeit/Antrag: 0,5 - 1,5 Tage   **Zahl der bearbeiteten Anträge :100/Woche**

Abb. 2.47: Business Reengineering in der Anwendung

Ergebnissen als bisher. Um die beschriebenen Nachteile zu beseitigen, wird von einer Zwangsabfolge im Nacheinander abgesehen und ein Nebeneinander autonomer Aufgabenbereiche eingerichtet.

Die Stelleninhaber sind „Generalisten"; ihr Aufgabenfeld ist umfangreicher als bisher. Sie verfügen über ein *breites Fachwissen*, bearbeiten die Aufträge völlig autonom, entscheiden selbständig und wickeln jeden Auftrag selbst ab. Bei außergewöhnlichen Sachproblemen können sie Spezialisten aus einem Expertenteam (Stabsstelle) in Anspruch nehmen. Diese beraten und *ergänzen* damit die gegebene Qualifikation *in der Fachtiefe*. Das Expertenteam hat außerdem eigene Aufgaben.

Durch die völlige Neugestaltung des Geschäftsprozesses (Restrukturierung) werden die weiter oben beschriebenen Nachteile beseitigt:

- Durchlaufzeiten verkürzen sich rapide, da Liegezeiten zwischen den Bearbeitungsstationen wegfallen.
- Entscheidungsprobleme werden durch die teamartige Kooperation leichter gelöst.
- Eine verbesserte Technologie bei der Aufgabenbewältigung ergibt mehr bearbeitete Aufträge und damit mehr Leistung, also eine höhere Wirtschaftlichkeit.

Abb. 2.47 zeigt im unteren Teil den veränderten, neu gestalteten Geschäftsprozeß mit seinen Auswirkungen.

2.2.7.9 Theorie und Wirklichkeit von Veränderungskonzepten für Organisationen

Die vorgestellten Konzepte zur Veränderung von Organisationsstrukturen lassen unterschiedliche Ansätze und Inhalte erkennen. Bei intensiver Betrachtung und genauem Vergleich werden Gemeinsamkeiten sichtbar.

Das Grundanliegen von *Lean Management* ist, eine schlanke Organisation zu erreichen. In der weiteren Entwicklung ist dieses Konzept aber erheblich ausgebaut worden. Auch Inhalte von Total Quality Management (TQM) kommen darin vor.

TQM beabsichtigt, die Leistung in allen Bereichen der Unternehmung qualitativ erheblich zu verbessern. Gleichzeitig strebt TQM einen schlanken Aufbau der Organisation an.

Die *virtuelle Organisation* hat zum Inhalt, den Wirkungsbereich zu Kunden und Lieferanten stärker auszubauen; über den eigenen Radius hinaus soll das Unternehmen verstärkt tätig werden.

Die *fraktale Unternehmenskultur* will mehr autonome Bereiche im Unternehmen schaffen, die zueinander in verstärkter Kooperation stehen; Schnittstellen werden verringert, die teamartige Kooperation ist auszubauen.

Während diese „weichen" Verfahren eine Reorganisation, also eine qualitative Veränderung der bestehenden Organisation bewirken wollen, fordert *Business Reengineering* einen Neuanfang und verlangt nach neuen und völlig anderen Arbeitsprozessen.

Gemeinsam ist allen Konzepten, daß sie zunächst eine schlankere Organisationsstruktur als bisher erreichen wollen. Das Ziel ist „Lean Organization". Hier spielen nicht nur Kostenüberlegungen eine Rolle, sondern die Vorstellung, daß kleinere Einheiten flexibler und dynamischer am Markt reagieren können. Ein großer Teil der Konzepte möchte weg von der funktionalen Organisation, also von der spezifischen Arbeitsteilung, hin zu Team- und Gruppenarbeit.

Nach dieser Grundrichtung folgen dann die spezifischen Ausrichtungen der Konzepte, die in der jeweiligen Bezeichnung zum Ausdruck kommen.

Abb. 2.48 zeigt die Verfahren noch einmal im Wirkungszusammenhang.

"Lean Organization" in allen Organisationskonzepten

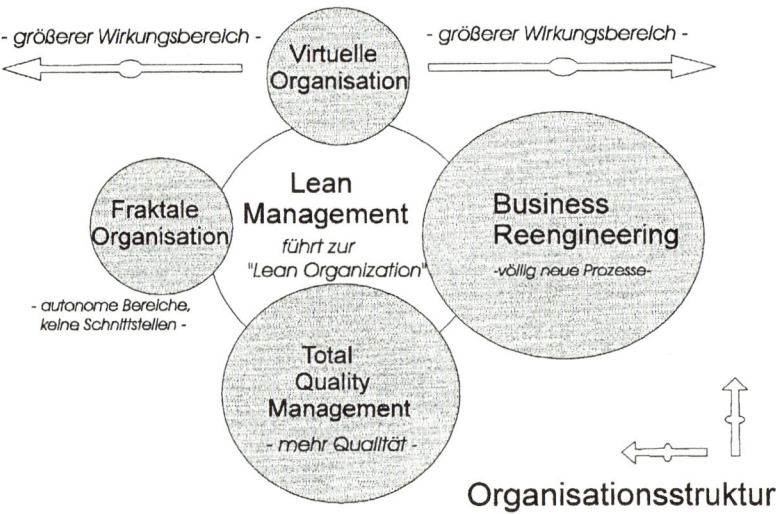

Abb. 2.48: Die Organisationskonzepte im Zusammenhang

Viele Unternehmungen sind in diesen Jahren dabei, ihre Organisation zu verändern. Manche spekulieren „... auf ein **Patentrezept, die Expreßfahrkarte auf Spitzenniveau zum Sondertarif** ...“ (vgl. Metzger/Gründler: Zurück auf Spitzenniveau. Ein integratives Modell zur Unternehmensführung. Frankfurt/New York, S. 5 ff.). Dieses gibt es leider nicht. Da jedes Unternehmen seine individuellen Eigenarten hat, muß auch der Strukturwandel individuell gelöst werden. Allerdings müssen die Unternehmen handeln.

In der wirtschaftlichen Praxis gelangen inzwischen alle Verfahren zur Anwendung, in der Regel in einer Kombination, selten, daß nur ein Verfahren praktiziert wird. Nicht ein Konzept allein, sondern das Zusammenwirken verschiedener Ansätze und Verfahren, also nur eine „**Verbundfahrkarte**“ (vgl. Metzger/ Gründler, S. 5 ff.) bringt die gewünschten Ergebnisse.

◆ So hat nach Aussagen von Manfred Schneider (vgl. Schneider, Manfred: Strukturwandel und Restrukturierung bei Bayer. Schmalenbachtagung Berlin, 10. 10. 94) die **Bayer AG** 1994 eine Umstrukturierung durchgeführt. „Bayer will sich vom technisch orientierten zum kundenorientierten Unternehmen mit noch mehr Qualitätsbewußtsein entwickeln." Ein Abbau von Hierarchieebenen hat stattgefunden, verbunden mit einem Personalabbau von 20% in den Jahren 1990/94. Geschaffen wurde eine schlanke Organisation mit flachen Führungs-strukturen und zusätzlichen Entscheidungsgremien. Die Hierarchieabflachung erfolgte horizontal und vertikal. Vorstandsmitglieder sollen nicht mehr im opera-tiven Geschäft tätig sein. Neue Teamführungsmodelle sind in der Diskussion.

Organisationsstruktur 1995 bei Bayer:

Bisher	Jetzt
↓	↓
1. Ebene **Sektoren**	fehlt in Zukunft
2. Ebene **Unternehmensbereiche**	**1. Unternehmensbereiche**
3. Ebene **Ressorts**	**2. Ressorts**
4. Ebene **Hauptabteilungen**	fehlt in Zukunft
5. Ebene **Abteilungen**	**3. Abteilungen**
6. Ebene **Gruppen**	fehlt in Zukunft
7. Ebene **Sachgebiete**	**4. Sachgebiete**

Die Geschäftsbereiche berichten nun direkt an den Gesamtvorstand, ebenso die Zentralbereiche. Damit entfällt die Ebene der Sektorleiter. Erreicht ist eine Re-organisation der Geschäftsbereiche: Aus „Anwendungstechnik/Vertrieb" wurde „Marketing", aus „Produktion/Ingenieurtechnik" wurde „Technik", aus „For-schung/Entwicklung" wurde „Forschung *und* Entwicklung". Die Geschäftsberei-che „Anorganische Chemikalien" und „Pigmente und Keramik" wurden zum neuen Geschäftsbereich „Anorganische Chemieprodukte" zusammengelegt. Er-gebnis: statt 6 Führungsebenen 1993, nur noch 3 Ebenen 1994. Die Zahl der lei-tenden Mitarbeiter wird mittelfristig um 10% zurückgehen. Dadurch erfolgte be-reits eine Verminderung der Kosten um 21,5 Mill. DM. Mit teilweisem Abbau der Arbeitsteilung soll mehr Spielraum für eigenverantwortliches Handeln und Teamarbeit gegeben werden. Als Folge ergeben sich gewünschte Stelleneinspa-rungen.

Bei den hier durchgeführten strukturierenden Maßnahmen handelt es sich um eine kombinierte Anwendung von Lean Management, TQM und Business Re-engineering.

Auch die **Porsche AG** hat nach Wiedeking 1994 ein Verfahren zur Umstrukturie-rung vorgenommen, allerdings auf Reengineering ausgerichtet (vgl. Wiedeking, Wendelin: Reengineering und Restrukturierung am Beispiel der Porsche AG. Schmalenbachtagung 11. 10. 94).

Bedingt durch die Wettbewerbsvorteile der Japaner und durch Probleme am Markt der USA mußte sie sich für eine radikale Änderung der Organisationsstruktur entscheiden. Bewährtes war in Frage zu stellen, mehr Kreativität gefordert. Nach Vision und Strategie sollten mit „weniger Mitarbeitern mehr Autos" produziert werden.

◆ Ziele seit 1992:
  - bis 1993 abgebaut 2500 Mitarbeiter, 1994 abgebaut 300,
  - starke Kundenorientierung,
  - innovative Produkte: 1996 neues Modell auf den Markt im Bereich 70–80 TDM, neue Käuferkreise sind zu gewinnen,
  - 1997 Erneuerung der bekanntesten Modellmarke,
  - neues Geschäftsfeld: Porsche-Unternehmensberatung.

◆ Der Weg zum Reengineering:
  - Erst waren Visionen erforderlich, dann hatten Strategien zu folgen.
    • Porsche sollte ein eigenständisches Unternehmen bleiben.
    • Mit weniger Mitarbeiter sollten mehr Autos produziert werden.
    • Der Marktanteil war um 20 % zu erhöhen.
    • Ein prozeßgetriebenes, teamorientiertes Unternehmen sollte entstehen.
  - Reengineering ist nach Wiedeking wohldosiert vorzunehmen; geistige Restrukturierungsprozesse haben stattzufinden, aber nicht unbedingt hohe Investitionen.
  - Porscheverbesserungsprozeß (PVP) ging über einen Lernprozeß bei Toyota, Benchmarking als Wettbewerb in allen Bereichen.

Der Porscheverbesserungsprozeß (PVP) sieht vor, mit eigenen Mitarbeitern 25 % Rationalisierung zu erreichen. Damit ist ein Hierarchieabbau in der Fertigung von 6 auf 4 Ebenen verbunden. Mehr Dezentralisation in der Organisation soll erreicht werden:

  - statt Zentralisation mehr Dezentralisation und eigenständige Gruppen (Unternehmer),
  - Schulung der Mitarbeiter auf neue Strategien, PVP-Teams, Teamprojekte,
  - Folge: Fertigungszeit um 34 % reduziert; Zahl der Führungskräfte verringert,
  - statt 900 nur noch 300 Lieferanten,
  - Werksfernsehen „CarreraTV" + Werkszeitschrift; Spruchbänder, Meistertafel,
  - demnächst Anwendung von Lean Management in der Verwaltung.

◆ Wiedeking: „Nicht über die Vergangenheit nachdenken, die Zukunft gestalten, aber so, daß wir sie erleben!"

Bei diesen beiden Beispielen ist zu erkennen, daß von der Unternehmensleitung konzipierte, beschlossene und mit den Mitarbeitern abgestimmte Umstrukturierungsmaßnahmen zu einem beachtlichen Erfolg führen können.

Die Wirtschaftsmedien berichten von vielen Ansätzen, nach denen Unternehmungen versuchen, eine Änderung ihrer Organisationsstruktur herbeizuführen. Allerdings haben die Bestrebungen nach den Aussagen von **Peter Scott-Morgan** in der Reorganisation häufig nicht zu dem erhofften Erfolgen geführt (vgl. Scott-Morgan, Peter: Die heimlichen Spielregeln – die Macht der ungeschriebenen Gesetze im Unternehmen. Frankfurt/New York 1994). In den USA sind 1993 viele Manager mit dem Ergebnis ihrer Organisationsbestrebungen unzufrieden, weil sich der Erfolg nicht eingestellt hat. „Alles, was die verantwortlichen Manager zur Restrukturierung ihres Unternehmens unternahmen, hatte Hand und Fuß. Doch für das Scheitern fanden sie keine Erklärung." Scott-Morgan untersuchte die Situation in mehreren Fällen und fand heraus: „Es gibt dort klare Vorgaben, aber auch unausgesprochene Gesetze, nach denen gehandelt wird. Oft scheitern organisatorische Veränderungen, weil zum Beispiel die Chemie zwischen den Mitarbeitern nicht stimmt oder weil es Dissonanzen in den Führungsetagen gibt. Das sind die eigentlichen Barrieren, die eine Neuorientierung blockieren" (Gespräch mit Peter Scott-Morgan. In: Wirtschaftswoche 47/94, S. 105 f.).

„Jeder Topmanager schwört derzeit auf Teamarbeit. Belohnt wird aber nach wie vor die Leistung des einzelnen. Noch immer lautet das ungeschriebene Gesetz: Wenn du Karriere machen willst, mußt du dich als einzelner durchkämpfen. Das ganze Gerede vom Teamgeist ist nur Heuchelei." Die **heimlichen Spielregeln** zwischen Machern und Mitarbeitern bestimmen das Alltagsverhalten, nicht die hausgemachten Hierarchien. Nach den Erfahrungen der amerikanischen Unternehmensberatung Arthur D. Little wird im Redesign (d.h. bei der Restrukturierung) lediglich ein idealtypisches Unternehmen konstruiert. Dabei werden sowohl die heimlichen Spielregeln der Führungskräfte als auch der Mitarbeiter ignoriert (vgl. Spielregeln. In: Wirtschaftswoche 47/94, S. 106).

Um hier Fortschritte zu erzielen, müssen diese Spielregeln wohl erst noch vom Organisator erkannt werden. Dann ist zu prüfen, ob eine organisatorische Veränderung überhaupt durchführbar ist bzw. welche Voraussetzungen dazu geschaffen werden müssen. Die Konzepte weisen dazu den Weg.

2.2.7.10   Kontrollfragen

1. Wie läßt sich die Unternehmung als System darstellen und beschreiben?
2. Was ist eine Spartenorganisation und wann bringt sie Vorteile?
3. Welche charakteristischen Merkmale kennzeichnen die Matrix-Organisation?
4. Warum ist die Tensor-Organisation eine mehrdimensionale Strukturierungskonzeption?
5. Welche Merkmale hat eine Management-Holding?
6. Nennen Sie Bedeutung und Aufgaben der Zentralbereiche!
7. Welche wirtschaftlichen Besonderheiten sind in den letzten Jahren auf die Unternehmungen zugekommen?

8. Was ist unter Lean Management zu verstehen?
9. Beschreiben Sie das Grundkonzept von Lean Management!
10. Was ist unter einer horizontalen Umstrukturierung zu verstehen?
11. Was ist unter einer vertikalen Umstrukturierung zu verstehen?
12. Erklären Sie „Total Quality Management"!
13. Welche Verbesserung der Geschäftsprozesse kann durch Anwendung von TQM erreicht werden?
14. Was ist unter „virtueller Organisation" zu verstehen?
15. Was ist unter „fraktaler Organisation" zu verstehen?
16. Was wird mit „Business Reengineering" beabsichtigt?
17. Beschreiben Sie ein Anwendungsbeispiel!

2.2.8   Informationstechnologie und Organisation

Die Bedeutung von Information und Kommunikation für die Organisation wurde bereits im Kapitel 2.2.4.2 besonders herausgestellt. Auf die Informationstechnologie wurde ebenfalls hingewiesen. Dieser Bereich des Technologieeinsatzes in Organisationen wirft eine Reihe von Organisationsproblemen auf. Zum einen ist der Organisator bzw. die Tätigkeit des Organisators betroffen, er ist es, der den Einsatz dieser Techniken vorbereitet, realisiert und mitgestaltet. Zum anderen ergibt sich durch den Einsatz dieser Techniken eine Fülle von Auswirkungen auf die Aufbau- und Ablaufstrukturen der Unternehmungen.

Man unterscheidet heute allgemein vier Formen von Informationen, nämlich Daten, Text, Bild (Fest- und Bewegtbild) und Sprache, wobei deutlich Integrationstendenzen zu erkennen sind (z.B. Daten und Graphiken in Texte „einspielen" und womöglich noch sprachliche Anmerkungen zu hinterlegen). Diese Integrationstendenzen lassen sich bei den Endgeräten ebenso (vom Mono- zum Multifunktionsgerät) beobachten wie bei den Übertragungssystemen und Postdiensten.

Dieses Kapitel soll keine systematischen Hinweise auf die angedeuteten Probleme geben, sondern pragmatisch, in Form von kleineren Fallstudien in die Zusammenhänge einführen. Zunächst wird allerdings kurz auf einige Zusammenhänge Organisation-Datenverarbeitung i.e.S. eingegangen, es werden Grundbegriffe und Fragen der Automatisierung und Automatisierungsfähigkeit dargestellt.

Für eine vertiefte Beschäftigung mit der Thematik Information/Organisation, einschließlich Projektorganisation, sei das im selben Verlag erschienene Buch von Erich Gernet, Das Informationswesen in der Unternehmung, empfohlen.

2.2.8.1   Organisation und Datenverarbeitung

Die Zusammenhänge Organisation-Datenverarbeitung sind sehr vielfältig, wobei unter **Datenverarbeitung die Umgruppierung oder Verknüpfung von Daten zur Erzeugung neuer Daten** verstanden wird.

2.2.8.1.1   *Grundbegriffe Aufgabe, Daten, Computer*

Unter 1.1.1.2 wurde Organisation als ein System von dauerhaften Regelungen beschrieben, welche die Aufgabenbereiche der Aufgabenträger festlegen und die optimale Aufgabenerfüllung gewährleisten. Im Mittelpunkt organisatorischer Arbeit steht also die Aufgabe bzw. die Aufgabenerfüllung. **Aufgaben** sind Verrichtungen an Objekten. Die Objekte sind teils materieller und teils immaterieller Art. Als Objekte immaterieller Art spielen besonders **Daten** im Sinne von DV-Informationen eine Rolle, mit denen ein bestimmter Zweck verfolgt wird (Zweckgebundenheit von Daten).

Den Daten kommt im Betrieb doppelte Bedeutung zu. Einmal kann es sich um Daten handeln, die direkt Gegenstand der betrieblichen Leistung sind (primäre Aufgaben, Zweckaufgaben), andererseits um solche, die mit dieser Leistung in direktem Zusammenhang stehen (sekundäre Aufgaben, Verwaltungsaufgaben).

Beispiele: Eine Bank übernimmt für ihre Kunden Kontoführung, Zahlungs- und Überweisungsverkehr usw.
Die notwendige Datenverarbeitung gehört zu ihren Zweckaufgaben (primäre Aufgaben).
Der Großhändler erstellt eine Kundenrechnung.
Er benötigt dafür Daten (gekaufte Artikel und deren Preise, Kundenanschrift usw.). Auch diese Daten gehören zu den Zweckaufgaben.
Die Bank ermittelt ihre innerbetrieblichen Kosten, um in Zukunft diese Kosten besser planen und kontrollieren zu können. Die erforderlichen Daten gehören zu den mittelbaren Aufgaben (Verwaltungsaufgaben). Ebenso sind die Daten, die sie zur Erstellung ihrer Bilanz benötigt, Daten, die den Verwaltungsaufgaben zuzurechnen sind.

Trotz dieser zweiseitigen Betrachtung des Begriffes „Daten" (nach Leistungs- und Verwaltungsbereich) gibt es Verknüpfungen. Daten für innerbetriebliche (verwaltungsmäßige) Planungen und erforderliche Kontrollen gewinnt man z.T. aus Daten des Leistungsbereiches, z.T. aus Daten des Verwaltungsbereiches. Oft läßt sich die Zuordnung der Daten nur schwer durchführen, so daß es zu Überschneidungen zwischen Daten des Leistungs- und Verwaltungsbereiches kommt.

Der **Computer** ist (ebenso wie andere Kommunikationssysteme) als Hilfsmittel der Aufgabenerfüllung (hier Informationsverarbeitung) anzusehen. Er beschleunigt die Aufgabenerfüllung nicht nur (schnelle Verarbeitung und Übertragung,

Drucken von Rechnungen usw.), sondern ist auch anpassungsfähig. Weitere bemerkenswerte Eigenschaften sind z.B.

- **direkte Datenerfassung:** Lesen von Preisschildern mittels Lesestift, Übermittlung der Daten an das Kassen-Computer-System zur automatischen Erstellung von Rechnungen, Buchungen usw.

- **Große Speicherkapazität:** Es ist nicht mehr erforderlich, Tausende von Konten in Karteiform zu führen, manuell mit der Hand mühsam herauszusuchen, anschließend wieder einzusortieren etc. Die Daten werden auf Datenträger (z.B. Magnetplatte) festgehalten; über den Bildschirm kann bequem über eine Nummer oder den Match-Code auf die Daten zugegriffen werden.

Die Leistungsfähigkeiten des Computers sind sehr vielfältig, aber begrenzt, und zwar vor allem durch die Programmierung. Der Computer vermag nämlich nur das zu verarbeiten, was ihm vorher bis in jede Einzelheit, Schritt für Schritt, vorgedacht und mit Hilfe eines Programmes eingegeben wurde. Der Erarbeitung eines derartigen Programmes gehen wichtige organisatorische Arbeiten voraus. Hier hat der Organisator (DV-Organisator) eine wesentliche Funktion zu erfüllen.

2.2.8.1.2   *Automatisierung von Abläufen*

Bevor ein automatisiertes Datenverarbeitungssystem eingeführt wird, ist eine Analyse des Istzustandes der betrieblichen Datenverarbeitung erforderlich. Im Vordergrund stehen dabei die Ermittlungen der **Automatisierungsfähigkeit** und der **Automatisierungswürdigkeit.**

2.2.8.1.2.1   Die Automatisierungsfähigkeit

Bei der Automatisierungsfähigkeit geht es darum, festzustellen, ob sich eine Aufgabe überhaupt automatisieren läßt, d.h. dem Leistungsangebot eines EDV-Systems entspricht, wobei die Programmierbarkeit ein wesentliches Kriterium ist.

Es ist vor allem erforderlich, daß die Aufgaben einschließlich der notwendigen Entscheidungen voraussehbar und ausreichend determiniert sind, damit sie in eine eindeutige Operationsfolge (Programm) gebracht werden können.

Es ist festzustellen, ob es eindeutige Entscheidungsregeln gibt, die bei gleichen Dateieingaben die entsprechenden Ergebnisse liefern, auch wenn sie zu unterschiedlichen Zeitpunkten und/oder von unterschiedlichen Personen angewendet werden.

Einen derartigen Algorithmus muß der Organisator als Text (Arbeitsanweisung), als Entscheidungstabelle, als Programmablaufplan oder schließlich als Computerprogramm formulieren.

2.2.8.1.2.2   Die Automatisierungswürdigkeit

Bei der Automatisierungswürdigkeit ist zu prüfen, welche Merkmale erfüllt sein müssen, um ein Urteil über die Vorteilhaftigkeit automatischer Verarbeitung zu erhalten. Als derartige Merkmale gelten z.B.:

1. Große Zahl gleichartiger **Verarbeitungsfälle**. Dies ist vor allem erforderlich, um den hohen Programmier- und Umstellungsaufwand amortisieren/ umlegen zu können. Beispiele sind Rechnungsschreibung (Großhändler), Erstellen von Kontoauszügen (Bank).

2. **Verarbeitungsbreite**. Gemeint ist, daß, ausgehend von den einmal erfaßten und gespeicherten Daten, vielfältige Auswertungen möglich sind. Beispiele: Anschriften der Kunden sind für die Rechnungsschreibung ebenso zu verwenden wie für Werbeschreiben.

3. **Verarbeitungstiefe**. Sie ist das Maß der Arbeitsschritte, die bei einer Aufgabenerfüllung auszuführen sind. Viele Aufgaben des vergangenheitsorientierten kaufmännischen Rechnungswesens zeichnen sich durch große Datenmengen und einfache Rechenoperationen aus. Die Verarbeitungstiefe ist also gering. Aufgaben der betriebswirtschaftlichen Planungsrechnung zeichnen sich durch eine größere Verarbeitungstiefe aus. Je nach Rechenmethode werden die Rechenschritte verkompliziert.

4. **Integrationsbeteiligung**. Hier geht es um die Frage des Zusammenhanges eines automatisierbaren Aufgabenbereiches mit einem anderen; sind beispielsweise die Artikel und Kunden eines Großhändlers EDV-mäßig gespeichert, liegt es nahe, auch die Fakturierung zu automatisieren (vgl. Schwarz. H.: a.a.O., S. 146)

2.2.8.1.3   *Mitwirkung des Organisators bei einfachen EDV-Projekten*

2.2.8.1.3.1   Allgemeine Vorüberlegungen

Zu Beginn eines EDV-Projektes wird, wie bei jedem Organisationsprojekt, eine Aufnahme und Analyse des Ist-Zustandes durchgeführt. Im Zusammenhang mit EDV hat sich der Begriff „Systemanalyse" durchgesetzt, für den durchführenden Organisator der Begriff „Systemanalytiker".

Dieser liefert auch den Systementwurf, wobei er die unter 4.1.2 gezeigten Phasen durchläuft. Dieser Ablauf ist auch derselbe, wenn statt selbst erstellter Programme vorgefertigte Verfahren (Standardsoftware) eingesetzt werden sollen.

Kamen früher die DV-Aktivitäten aus den DV-Abteilungen, bzw. wurden sie diesen übertragen, so sind die Verhältnisse heute anders geworden. Der Anstoß zu EDV-Projekten kommt oft aus den Fachabteilungen. Bei Großunternehmen besitzen die Fachabteilungen entweder Fachkräfte, die die entsprechenden Projekte vorbereiten, oder die Organisationsabteilung stellt die entsprechenden

Kräfte, welche man heute meist als DV–Organisatoren bezeichnet. Die Aufgaben eines DV-Organisators sollen an zwei Beispielen aufgezeigt werden, die sich vor allem im Umfang unterscheiden.

2.2.8.1.3.2   Fallstudie „Anschriftenschreiben"

Von der Verkaufsabteilung kommt der Auftrag an die Organisationsabteilung, zur verbesserten Durchführung von Werbemaßnahmen (zielgruppenbezogene Werbung) die Anschriften im Computer zu speichern und entsprechend auszudrucken. Der DV–Organisator soll ein entsprechendes Konzept erarbeiten. Erfahrungsgemäß erfolgen derartige Aufgabenstellungen in der Praxis immer sehr grob, d.h. sie sind zu allgemein formuliert.

Der DV-Organisator hat sich – zusammen mit dem Fachmann der Verkaufsabteilung (meist ist dies nicht der Leiter der Abteilung) – zu überlegen, was erzielt werden soll, in vorliegendem Falle beispielsweise, wie die **Datenausgabe** auszusehen hat; die Frage nach dem Druckbild (Anschriftengestaltung) spielt eine Rolle. Sollen Einfach- oder Mehrfachdrucke erfolgen? Soll der Ausdruck auf Etiketten (Endlospapier) oder/und auf Werbeschreiben (Briefbögen) erfolgen? Sollen auf die Werbeschreiben auch persönliche Anreden? Sind grundsätzlich alle Anschriften auszudrucken oder denkt man auch an Selektionen? Können diese Selektionen unterschiedlich sein (z.B. Auswahl nach Kundenart(en), Postleitzahlen, Vertreterbezirken o.a.)? Soll auf einzelne Anschriften auch gezielt zugegriffen werden können? Ist ein Nummernsystem oder Match-Code-System aufzubauen? Welche Maßnahmen des Datenschutzes sind zu treffen?

Schließlich hat sich der DV-Organisator mit der **Dateneingabe** zu beschäftigen. Es ist zu prüfen, ob die Daten in der erforderlichen Art bereits vorliegen. Sollte dies der Fall sein, so ist zu überlegen, ob sie in der vorhandenen Art in die Anschriften-Datei übernommen werden können. Möglicherweise ist eine **Datentransformation** erforderlich.

Je nach vorgefundenen Verhältnissen bzw. den Zielvorstellungen wird das entsprechende EDV-Konzept ausfallen. Vielleicht genügt eine einfache Anweisung an den Programmierer; fast immer sind die Dinge komplizierter. Im Prinzip würde es bei einer direkten Datenerfassung um folgende Zusammenhänge gehen:

Die Bildschirm-Erfassungsmaske ist zu entwerfen (Vordrucke), ggf. ist an ein Auswahlsystem zu denken, d.h. Masken/Programmzweige für das Erfassen, Ändern, Drucken, Löschen der Anschriften sind zu beschreiben. Die Art des Satzaufbaues der jeweiligen Anschriften und Ausdrucke (Vordrucke) ist festzulegen usw. Soweit an Selektionen gedacht ist, sind auch diese zu beschreiben.

Der DV-Organisator sollte schließlich bei den Testläufen die erforderlichen typischen Daten liefern und versuchen, das Programm selbst zu steuern. Abschließend wäre eine Bedienungsanleitung zu erarbeiten, an deren Erstellung der DV-

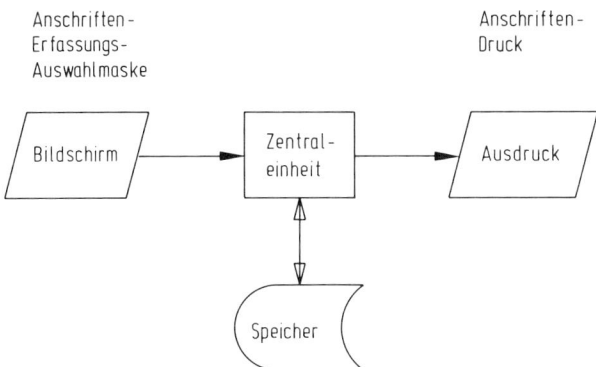

Abb. 2.49: Datenflußdiagramm eines sehr einfachen DV-Projektes

Organisator wesentlichen Anteil hat, soweit er sie nicht überhaupt selbst konzipiert. Von Bedeutung kann auch die Gestaltung von Verarbeitungsmasken (Menue-Technik) sein.

Es wäre denkbar, in der ersten Phase das Bewertungsverfahren (siehe unter 4.2.4.) einzubauen und Überlegungen hinsichtlich der Zahl der Verarbeitungsfälle, Verarbeitungsbreite usw. anzustellen. Auch im Anschluß an die zweite Phase ist das Bewertungsverfahren denkbar, um z.B. eine Entscheidung hinsichtlich Eigenprogrammierung oder Kauf treffen zu können.

Bei derartigen − einfachen − Aufgabenstellungen sind von seiten des Organisators grundsätzlich keine speziellen Organisationstechniken anzuwenden, die Aufgabe ist überschaubar (nicht komplex). Für den Organisator ist es wichtig, daß er sehr klare Zielvorstellungen hat. Der Schwerpunkt seiner Arbeit liegt bei der Gestaltung der Dateneingabe (Bildschirm-Maske). Schließlich ist die Gestaltung des bzw. der Ausdrucke von Bedeutung. Außerdem hat der DV-Organisator zu prüfen, ob die Datenverarbeitung (Manipulation) eindeutig ist. Je klarer diese Vorgaben, desto leichter gestaltet sich die Programmierarbeit.

Die wichtigsten Phasen der Organisation der meisten DV-Projekte sind:

1. Aufgabenanalyse (Dateneingabe, -transformation, -ausgabe festlegen)

2. Datenflußplan (mit Skizzen der Dateneingabe und -ausgabe)

3. Programmablaufplan

4. Programmierung

5. Testläufe (mit typischen Probebeispielen)

6. Ggf. Programm-Modifizierung und weitere Testläufe

7. Programm-Dokumentation

8. Bedienungsanleitung

9. Programmübergabe

Das dargestellte Projekt „Anschriftenschreiben" könnte man sich in der personellen Aufteilung wie folgt vorstellen

	Verkaufsleiter	Organisator	Programmierer
Aufgabenstellung	X		
Aufgabenanalyse		X	
Datenflußplan	X	X	
Programmablaufplan			X
Programmierung			X
Testläufe		X	X
Programm-Modifizierung			X
Programm-Dokumentation			X
Programmabnahme	X	X	
Bedienungsanleitung			X

2.2.8.1.4   *Mitwirkung des Organisators bei komplizierten/komplexen Projekten*

2.2.8.1.4.1   Allgemeine Vorüberlegungen

Auch einfach erscheinende Organisationsprojekte erweisen sich bei näherer Betrachtung als kompliziert, vielschichtig und verwickelt. Man kann z.B. das oben dargestellte Beispiel „Anschriftenschreiben" „fortspinnen". So könnte man bei einem größeren Unternehmen unterstellen, daß verschiedene betriebliche Bereiche die Anschriften benötigen, jeweils unterschiedlich selektiert, ausgedruckt usw. Man möchte u.U. neben den Anschriften weitere „Kundenmerkmale" bis hin zu Verkaufsdaten u.v.a. Schließlich kann ein recht kompliziertes „Programmpaket" entstehen.

Kompliziert sind derartige Projekte besonders auch dann, wenn auf bereits vorhandenen Daten/Dateien aufgebaut werden muß, diese zu ergänzen sind, die Speicherung auf unterschiedlichen Hardwaresystemen erfolgt, zur Abarbeitung womöglich auch noch unterschiedliche Softwarepakete erforderlich sind.

In derartigen Fällen werden an die Organisationsarbeit besonders hohe Anforderungen gestellt. Die Probleme werden schnell „komplex", d.h. sie sind von einer Person nicht mehr zu bewältigen, die Lösungsrichtung ist zu Beginn unklar usw. Oft ist es dann erforderlich, die einzelnen Projektaktivitäten genau zu planen, das Projekt selbst aufbau- und ablauforganisatorisch zu strukturieren, sich eine gewisse Projektstrategie zurechtzulegen u.v.a.

Anregungen findet man in der Spezialliteratur (z.B. Meffert, H.: Informationssysteme, Grundbegriffe der EDV und Systemanalyse, Düsseldorf 1975; Steinbuch, Pitter, A.: Softwareorganisation, Bad Homburg v.d.H. 1986).

In Anlehnung an Koreimann (Koreimann, D. S.: Systemanalyse, Berlin/New York 1972) kann man z.B. folgende Teilanalysen unterscheiden:

- maschinenbezogene   - informationsbezogene
- prozeßbezogene   - problem- oder aufgabenorientierte
- datenbezogene
- modellgestützte

Bei der **maschinenbezogenen Analyse** steht das vorhandene bzw. potentielle Maschinensystem im Vordergrund und es interessiert dessen optimale Auslastung. Im Rahmen einer **prozeßorientierten Analyse** werden alle relevanten Arbeitsgebiete und Abläufe untersucht. Die **datenbezogene Systemanalyse** geht von einer Inventur aller zur Verfügung stehenden Daten aus und beabsichtigt, eine integrierte Datenbasis für die Entwicklung von Informationssystemen auf Datenbankbasis zu erhalten.

Von besonderer Bedeutung ist die **informationsbezogene Analyse**. Im Mittelpunkt steht der Informationsbedarf der beteiligten Stellen. Die **problembezogene oder aufgabenorientierte Analyse** geht von benutzerspezifischen Aufgaben-/ Problemstellungen aus; im Mittelpunkt stehen Problemlösungs- und Entscheidungsprozesse, die in Zukunft automatisiert ablaufen sollen. Die **modellorientierte Aufgabenanalyse** geht schließlich von einem modellhaften, allgemeingültigen Konzept aus.

Bei Organisationsprojekten, die besonders komplex sind, empfiehlt sich schließlich ein „Herantasten" an die Problematik, etwa im Sinne von Vorstudie, Hauptstudie, Teilstudien und eine Realisierung mit den Stufen Systembau, Einführung, Erhaltung (vgl. hierzu vor allem Schmidt, G.: Methode und Techniken der Organisation, 8. Aufl., Gießen 1988). Dieses Modell wird auch als Organisationsprozeßmodell bezeichnet, denn die Phasen Vorstudie, Hauptstudie, Teilstudien werden u.U. in übereinstimmenden Zyklen, wie Auftrag, Erhebung, Analyse, Kritische Würdigung, Lösungsentwurf, Bewertung und Auswahl durchlaufen. (Zur Veranschaulichung dieses Modells siehe auch Kapitel 2.2.8.2.)

Es leuchtet ein, daß der DV-Organisator bei den meisten Phasen/Schritten beteiligt ist.

Im Rahmen der Teilanalysen werden die bekannten Erhebungstechniken, wie Fragebogen, Interview, Beobachtung (insbesondere Multimomentaufnahme) und Selbstaufschreibung empfohlen (siehe unter 4.2.1).

Zusätzlich wurden weitere Techniken entwickelt, wie Inventurmethode (Zählen von Belegen, Positionen u.a.), Konferenzmethode (Weiterentwicklung des Gruppeninterviews), Interpolationsmethode (eigene Abläufe, Dateien usw. werden mit anderen verglichen), Input-Output-Analyse (quantitative Erfassung der Informationsprozesse) u.a.

Zur Veranschaulichung der Vielfältigkeit organisatorischer Tätigkeit dient die folgende Fallstudie, der eine sehr vielschichtige hochaktuelle Problematik zugrunde liegt.

2.2.8.1.4.2 Fallstudie „CIM"

Das Schlagwort, mit dem heute der Schwerpunkt der Organisationsbemühungen in der Industrie belegt wird, heißt „CIM" (Computer Integrated Manufacturing). Gegenstand der Organisationsarbeit ist dabei nicht ein bestimmter Ablauf oder ein Teilbereich der Unternehmung, sondern das Unternehmen wird als Ganzheit gesehen, die betriebswirtschaftlichen Funktionen sind dabei ebenso zu berücksichtigen wie die technischen. (Wenn man insbesondere dem Ansatz von Scheer folgt, vgl. Scheer, A.-W.: CIM Computer Integrated Manufacturing. Der computergesteuerte Industriebetrieb, 2. Auflage, Berlin 1987.)

Zu den kommerziellen Funktionen wären insbesondere zu rechnen: Operative Planung, Vertrieb, Produktionsplanung und -steuerung, Instandhaltung, Lagerwirtschaft und Rechnungswesen. Als technische Bereiche gelten Funktionen wie Konstruktion, Planung, Qualitätssicherung, Maschinenbelegung und -steuerung u.v.a.

Da es bis heute keine durchgängigen CIM-Lösungen mit vergleichbarer Struktur gibt, kann CIM eher als Philosophie bzw. Denkweise gesehen werden, allerdings als ein sehr innovatives, zukunftsweisendes Modell.

Für CIM gibt es heute weder fertige Software- noch Hardwarelösungen am Markt zu kaufen, obwohl für die verschiedensten kommerziellen bzw. technischen Funktionen sehr gute Lösungen zu haben sind. Programmierarbeiten des Anwenders in Richtung CIM sind von untergeordneter Bedeutung, da sie viel zu personal-, zeit- und letztlich kostenaufwendig wären. Eher beziehen sich die Programmierarbeiten auf Anpassungen/Ergänzungen, auf Schnittstellen-, Dateiübertragungsprobleme (von einem älteren auf das neue System) auf Konfigurations- und Datenübertragungsprobleme andererseits. Hier entstehen viele Probleme, die nicht mehr Aufgaben des Organisators sind, sondern typische Aufgaben für Informatiker. Die Aufgaben des Organisators erhalten aber neue Gewichte und Dimensionen.

Aufgaben in Zusammenhang mit der Analyse bleiben erhalten, werden aber wesentlich ergänzt durch modellhaftes, konzeptionelles Arbeiten. Einem CIM-Projekt muß ein Modell des zukünftigen Industriebetriebes zugrunde liegen, was aus vielen Gründen recht schwierig ist. Im übrigen ist damit zu rechnen, daß sich ein CIM-Projekt auf einen Zeitraum von 10 und mehr Jahren (von der Initiierung bis zur Realisierung) erstreckt.

Die folgende Abbildung gibt einen groben Überblick der angedeuteten Zusammenhänge. Es handelt sich um ein Software-Hardwaremodell, das die Funktionen der Datenverwaltung, des Reportsystems, der Belegerstellung und Textver-

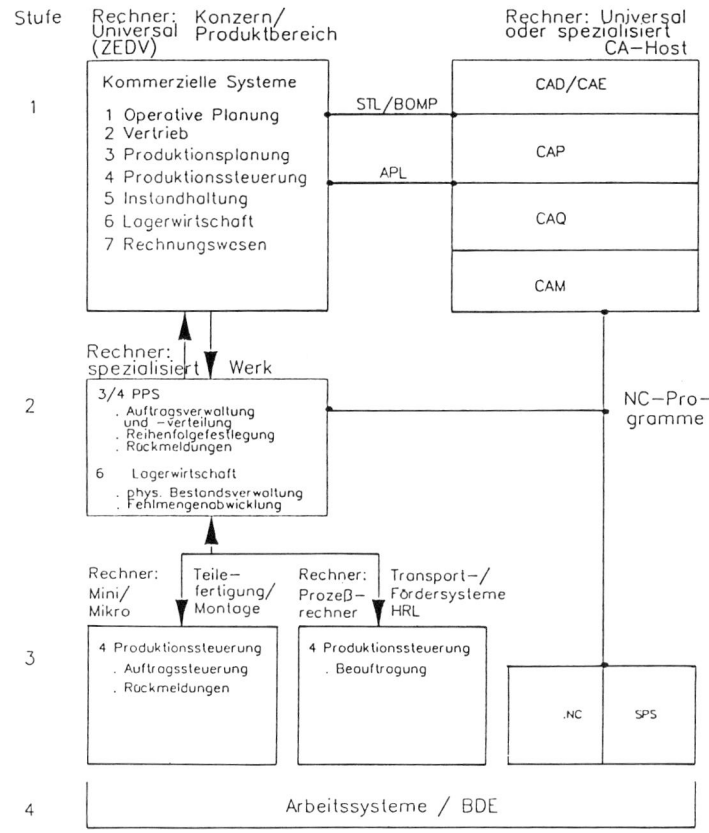

Erläuterung der verwendeten Abkürzungen:

APL   Arbeitsplan
BDE   Betriebsdatenerfassung
BOMP   Bill of Material Processor
CAD   Computer Aided Design
CAE   Computer Aided Engineering
CAM   Computer Aided Manufacturing
CAP   Computer Aided Planning
CAQ   Computer Aided Quality Assurance (Rechnergestützte Qualitätssicherung)
HRL   Hochregallager (mit autonomer Steuerung)
NC   Numerical Control
PPS   Produktionsplanung und -steuerung
SPS   Speicherprogrammierbare Steuerung
STL   Stückliste
ZEDV   Zentrale Datenverarbeitung (Rechenzentrum)

Abb. 2.50: Grobdarstellung eines CIM Software-/Hardwaremodells (nach Lang, a. a. O., S. 14)

arbeitung ausklammert, da diese Funktionen jeder Stufe zuzuordnen sind, bzw. als stufenunabhängige bereichsübergreifende Module zu betrachten sind.

Dem hier dargestellten Fall liegen Denkweise und Verhältnisse des CIM-Projektes im Hause FAG-Kugelfischer Georg Schäfer KGaA, Schweinfurt, zugrunde. Ein Teilprojekt, insbesondere die Analyse-/Konzeptionsphase bis zur Auswahl von Software ist detailliert nachzulesen (Lang, G.: Auswahl von Standard-Applikations-Software, Berlin/Heidelberg/New York/London/Paris/Tokyo/Hong Kong 1989).

Kurz einige Daten zum zugrundeliegenden Unternehmen: Das Haus Kugelfischer beschäftigt über 30 000 Mitarbeiter, ist bekannt als einer der größten Hersteller von Wälzlagern (Kugellagern), außerdem werden High-Tech-Produkte in dem stark divisionalisierten Produktbereich Industrietechnik hergestellt.

Dem CIM-Projekt bei Kugelfischer liegt das in Abb. 2.50 dargestellte Soft-Hardware-Modell zugrunde, und zwar bezogen auf die unterschiedlichsten Werke. Als Entwicklungskern werden die kommerziellen Systeme angesehen, wobei im Mittelpunkt die Produktionsplanung und -steuerung steht.

Alle anderen möglichen Anwendungen werden zunächst nur als Funktionscluster um die erwähnten kommerziellen Anwendungen angeordnet. Das Modell unterstellt, daß es heute am Markt eine große Zahl von brauchbaren Soft- und Hardwarelösungen gibt, die allerdings nur aufgrund klarer Vorgaben ausgesucht bzw. gekauft werden können.

Alleine im Rahmen der Analyse/Konzeption eines kommerziellen Kerns hat man etwa 1400 Merkmalsausprägungen/Kriterien gebildet und auf dieser Basis den Ist-Zustand ermittelt, die Soll-Konzeption festgelegt, daraus das Pflichtenheft entwickelt und Angebote eingeholt.

In der Phase „Grobkonzept" sind die bereichsübergreifenden Module, wie Datenverwaltung, Reportsystem, Belegerstellung und Textverarbeitung von besonderem Interesse, ebenso die Schnittstellen zu Umsystemen, z.B. zu CA-Systemen, Lagerverwaltungs-/Transportsystemen, PC-Hostverbindungen, Unterstützung der Datenfernübertragung usw.

Der Auswahlprozeß umfaßt danach die Phasen: Grobkonzept, Marktanalyse/ Ausschreibung, Grobauswahl/Feinauswahl, Entscheidung, Feinkonzept. Die Abb. 2.51 gibt einen guten Überblick der einzelnen Phasen des Projektes und der verwendeten „Instrumente" (zur Erhebung, Beurteilung usw.).

Aufgabe des Organisators ist es u.a., den Überblick zu behalten, die erforderlichen Instrumente festzulegen, zu konzipieren, einzusetzen, die erhobenen Daten zu analysieren und schließlich ein Konzept zu entwickeln, den Entscheidungsträgern vorzulegen usw.

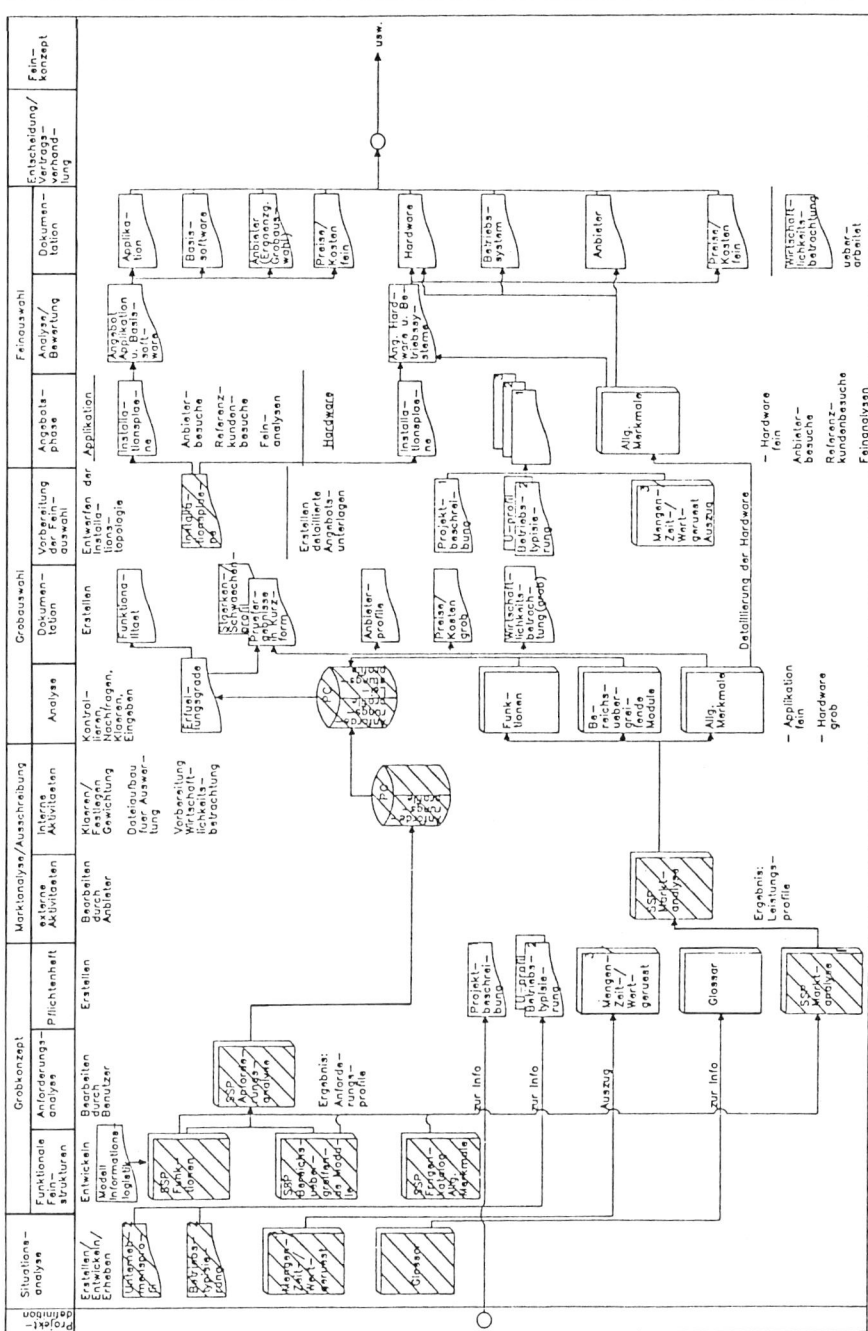

Abb. 2.51: Phasen und Instrumente und Ablauf i.R. eines Auswahlprozesses für CIM-Software (nach Lang, a.a.O., S. 6)

2.2.8.2   Organisation und Textverarbeitung

2.2.8.2.1   Allgemeine Vorüberlegungen

Die Aufgaben der Textverarbeitung werden heute, in Zusammenhang mit der Entwicklung von hochleistungsfähigen PC-Systemen (einschließlich der entsprechenden Software), meist isoliert vom Gesamtablauf gesehen. Aus der Erfahrung heraus weiß der Organisator, daß ein Arbeitsplatz, der heute noch mit einer elektrischen Schreibmaschine ausgestattet ist, beim Einsatz eines PC-Textsystems praktisch immer Rationalisierungspotentiale enthält.

Die Tätigkeit des Organisators beschränkt sich in diesen Fällen meist auf die Systemauswahl, denn sowohl Hardware als auch Software sind durchaus sorgfältig auszuwählen.

Im allgemeinen sollte man aber die Textverarbeitung nicht nur aus der Sicht eines einzelnen Arbeitsplatzes sehen, sondern die aufbau- und ablauforganisatorischen Zusammenhänge berücksichtigen. In diesem Fall ist der Organisator bzw. die Organisationsabteilung gefordert. Komplizierte Textaufgaben bzw. Aufgaben in größeren Organisationseinheiten können schließlich zu eigenen bzw. integrierten Textsystemen bzw. Bürokommunikationssystemen führen. Denkbar ist auch, daß viele Texte, die sich immer wiederholen, in Form von Textbausteinen abgespeichert werden, daß Texte, insbesondere Variable aus bestimmten Dateien, elektronisch eingespeist werden können und daß schließlich auch der „Versand" elektronisch erfolgt. Anhand der folgenden Fallstudie sollen die Zusammenhänge aufgezeigt werden, insbesondere die Vorgehensweise nach dem Organisationsprozeßmodell (vgl. Abschnitt 2.2.8.1.4).

2.2.8.2.2   Fallstudie Textverarbeitung

(1) Problemstellung

Bei einer Unternehmung (etwa 1.300 Mitarbeiter), die in verschiedene Betriebe aufgeteilt ist, soll die Textverarbeitung reorganisiert werden. Es ist beabsichtigt, moderne TV-Systeme anzuschaffen. Eine Organisationsstudie soll Entscheidungshilfen liefern, insbesondere hinsichtlich der Umstrukturierung (Abteilungsbildung) und möglicher Rationalisierungseffekte. Ggf. bei Schreibarbeiten freiwerdende Kräfte sollen in Zukunft mit Verwaltungs-/Sachbearbeitungsaufgaben betraut werden, da die derzeitigen Mitarbeiter vor allem im Bereich „Sachbearbeitung" überbeansprucht sind. Außerdem soll untersucht werden, welche organisatorischen Veränderungen durch die Reorganisation der Textverarbeitung initiiert werden.

Ein Organisationsteam wird mit einer Studie beauftragt, um Ansatzpunkte für die Reorganisation der Textverarbeitung unter Berücksichtigung von Grundsätzen der „Humanisierung am Arbeitsplatz" zu entwickeln.

(2) Methodik und Erhebung

Auf Grund der umfassenden Aufgabenstellung ist das Projekt als sehr komplex zu bezeichnen. Das methodische Vorgehen kann sich weitgehend am Organisationsprozeß-Modell (siehe unter 2.2.8.1.4.1) orientieren. Zunächst soll eine Vorstudie durchgeführt werden, d.h. als Pilotfälle werden zwei Betriebe der Unternehmung ausgewählt. Die Aufgabenstellung ist bei beiden Betrieben in etwa dieselbe. Den Auftraggebern der Studie ist bekannt, daß beide Betriebe verhältnismäßig gut organisiert sind und auch sehr effizient arbeiten.

– Auftrag und Vorgehensplan

Das Organisationsteam versucht, die Aufgabenstellung zu konkretisieren (siehe unter 4.1.1). Neben allgemeinen organisatorischen Zusammenhängen (Leitungszusammenhang) sollen vor allem Sach-/Fachaufgaben, Verwaltungsaufgaben und Textverarbeitungsaufgaben erfaßt werden. Letztere jeweils getrennt nach „Diktatberechtigten" und „Schreibkräften". Die Ergebnisse der Erhebung sollen vergleichbar sein (Kontrollzwecke). Von besonderer Bedeutung sind die Texterstellungsmethoden (z.B. Schreiben nach Vorlagen, Stenogramm u.ä.). Nachdem auf Humanisierungsaspekte besonderer Wert gelegt werden soll, werden hierfür eigene Erhebungen erforderlich sein (siehe Buchstabe b und d des Erhebungsmodells). Um all diesen Anforderungen an die Aufgabenstellung gerecht zu werden, bedarf es einer gezielten Vorgehensweise, wie dies im Erhebungsmodell nach Abb. 2.52 für die Interviews und die Tätigkeitsanalysen zum Ausdruck kommt.

Ausgehend von diesem Erhebungsmodell bzw. Vorgehensplan werden die wichtigsten Erhebungsinstrumente (Interviewleitfaden, Vordrucke zur Selbstaufschreibung/Tätigkeitsanalysen usw.) konzipiert. Von besonderer Bedeutung ist eine Schriftgutanalyse, d.h. eine Auswertung des erstellten Schriftgutes nach Art der Erstellung und Anschlägen/Minute. Außerdem werden Tabellen für die wichtigsten Auswertungen entworfen.

Die im Verlauf der Vorstudie erforderlichen Aktivitäten werden schließlich in einem Balkendiagramm (siehe unter 4.2.2.2.2.1) festgehalten und der voraussichtliche Zeitbedarf ermittelt. Auf Grund dieser Planung kann der Personalbedarf (für die Vorstudie) geschätzt werden, unter Berücksichtigung der Sachkosten läßt sich dann verhältnismäßig leicht ein Budget aufstellen.

Für Schreibkräfte (Buchstabe c) gilt das Erhebungsmodell grundsätzlich in gleicher Weise.

Die erstellten Unterlagen, insbesondere Erhebungsinstrumente, Balkendiagramme und Budget, werden dann dem Auftraggeber zur Entscheidung vorgelegt. Nach der Genehmigung kann der nächste Schritt „Erhebung und Analyse" beginnen.

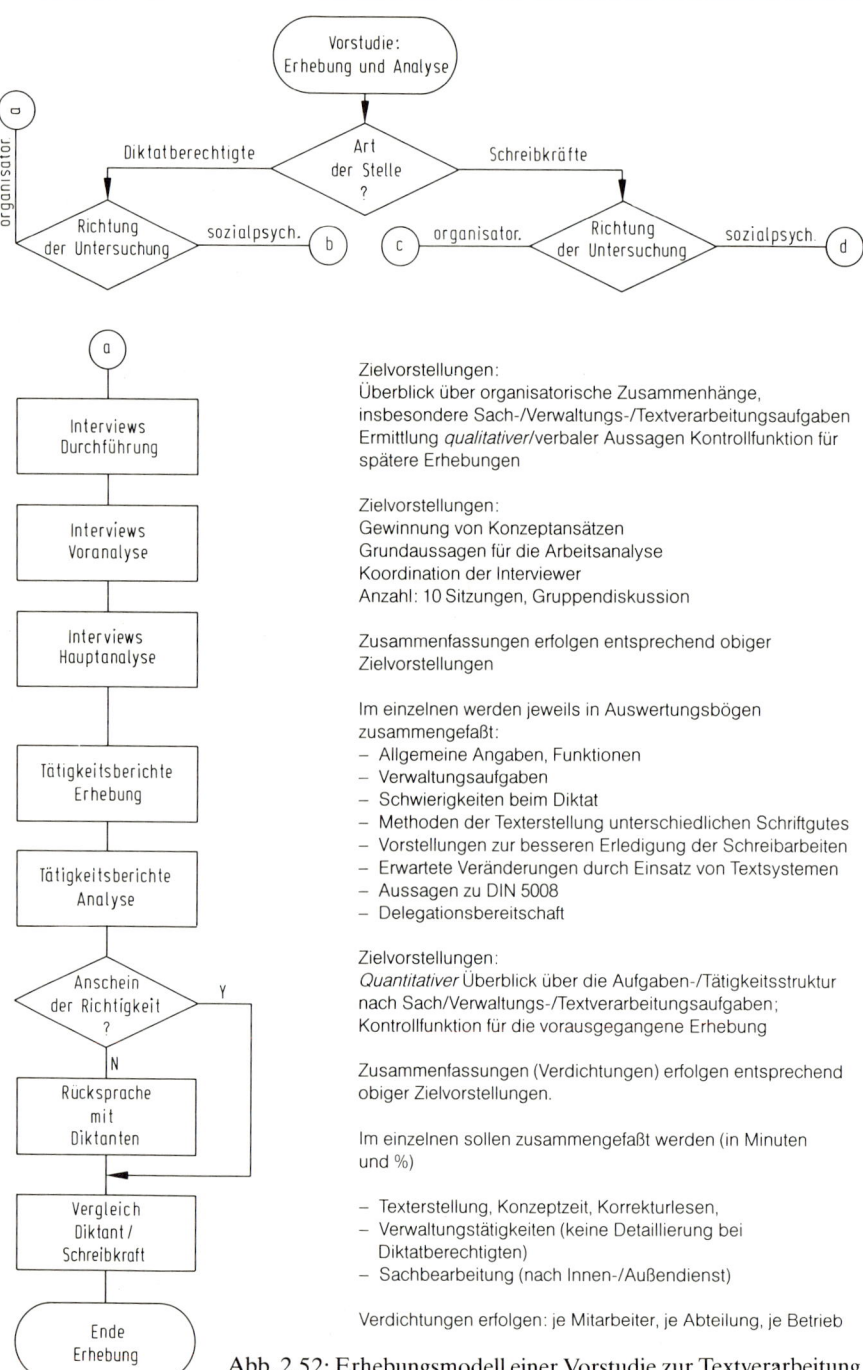

Abb. 2.52: Erhebungsmodell einer Vorstudie zur Textverarbeitung

- Erhebung und Analyse

Entsprechend dem oben dargestellten Modell erfolgt die Erhebung. Die wesentlichsten Phasen sind

- Durchführung und Analyse der Interviews
- Durchführung und Analyse der Tätigkeitsberichte
- Auswertung des Schriftgutes nach Erstellungsart und Anschlagsmenge/ Minute.

Im Rahmen des dieser Fallstudie zugrundeliegenden Originalprojektes mußten für 150 zu untersuchende Stellen rund 4000 Seiten Fragebögen und fast 3000 Tätigkeitsberichte ausgewertet werden. Im Rahmen der Analyse entstanden 40 Tabellen. Es würde an dieser Stelle zu weit führen, auf Einzelergebnisse einzugehen.

- Kritische Würdigung

Die wesentlichsten Ergebnisse der Erhebung werden kritisch durchleuchtet und beurteilt, besonders problematisch erscheinende Tatbestände verbal beschrieben.

Betrachtet man die abgebildete Tabelle, fällt auf, daß die dritte Methode, Erstellung der Texte nach handgeschriebenen Volltexten, dominiert, gefolgt von der 8. Methode (Diktiergerät) bei Betrieb A, bzw. der 7. Methode (Stenogramm) bei Betrieb B.

Ergebnis der qualitativen Erhebung (Befragung) der „Textaufgaben" aus der Sicht der „Schreibkräfte" nach 9 verschiedenen Methoden (Nennungen in % der Gesamtnennungen je Betrieb):

Schreibkräfte erstellen Texte nach folgenden Methoden	Betrieb A	Betrieb B
1. mündliche Angaben zur selbständigen Formulierung	2	6
2. schriftliche Volltexte, Angaben zur selbständigen Formulierung	1,5	9
3. handgeschriebene Volltexte	30,5	24
4. maschinengeschriebene Volltexte	13	11
5. Stenogramm der Diktatberechtigten	12	3
6. Diktat in die Maschine	9	15
7. eigenes Stenogramm	1,5	17
8. nach Diktiergerät	30	15
9. sonstige Methoden	0,5	–
Summe:	100	100

Da sich diese Aussagen bei der Auswertung der Fragebögen ergeben haben, sind sie durch Kontrollerhebungen, z.B. Tätigkeitsanalysen, Auswertung des Schriftgutes usw., abzusichern. Bleibt es bei diesen Relationen, fallen Konzeptansätze nicht schwer. Der Organisator wird nur die wesentlichsten Schwachstellen herausgreifen, wie z.B.

„Handgeschriebene Volltexte". Diese Methode besagt, daß die Sachbearbeiter die zu erstellenden Texte mit der Hand vorschreiben. Die Analyse bei den Diktanten ergab, daß es sich zum Teil um komplizierte Texte handelte, so daß diese Methode sich leider nicht ganz umgehen lassen wird.

Die Analyse der Anschläge zeigte, daß die Leistungen mit 59 Anschlägen/Minute (Betrieb A) bzw. 72 Anschlägen/Minute (Betrieb B) zwar verhältnismäßig hoch lagen, die Schwankungen aber waren sehr groß, manche Schreibkräfte schafften nur 26 Anschläge/Minute, andere dagegen weit über 100! Daraus ist eindeutig zu folgern, daß die Vorlagen von unterschiedlicher Qualität sind. Beim Betrieb A dürften durch die Zentralisierung weitere Probleme entstehen (kein Kontakt Schreibkräfte – Diktanten). Es ist wohl dringend zu empfehlen, daß die Texte nur konzipiert werden (also keine Volltexte) und dann ins Diktiergerät gesprochen werden.

„Maschinengeschriebene Volltexte". Die Sachbearbeiter geben bei dieser Methode den Schreibkräften mit Maschine vorgeschriebene Texte, d.h. dieselben Texte wurden bereits einmal erstellt, es sind vielleicht nur neue Anschriften u.ä. erforderlich (Variable). Bei dieser Methode ist organisatorisch anzusetzen, und zwar im Hinblick auf die programmierte Textverarbeitung (Bausteinkorrespondenz). D.h. im Textautomaten sind die Textbausteine gespeichert und werden anhand eines Schlüssels abgerufen. Die Schreibkraft ruft also nur die „Bausteine" auf und ergänzt die Variablen, der Automat schreibt mit der vielfachen Geschwindigkeit, im Vergleich zur Schreibkraft etwa 1 : 10! Die Schreibkraft „schreibt richtig", es entfällt viel Frustration, die Diktanten haben kaum zu korrigieren, ihr Diktat beschränkt sich auf die Angabe der Bausteinnummern und der Variablen.

– Synthese, Konzeptentwurf und Konzeptbewertung

Die als kritisch festgestellten Ergebnisse müssen einer Lösung zugeführt werden. Der Organisator sollte möglichst verschiedene, alternative Lösungsvorschläge unterbreiten und deren Vor- und Nachteile herausstellen, sie letztlich bewerten. Die wesentlichsten Ergebnisse der einzelnen Phasen werden im Rahmen von Präsentationen den Auftraggebern unterbreitet, eine umfangreiche schriftliche Ausarbeitung (Studie) dient der Erläuterung der Ergebnisse und als Entscheidungsgrundlage für das weitere Vorgehen. In vorliegendem Fall umfaßte die Originalstudie 150 Seiten.

Ein grundlegendes Ergebnis der besprochenen Original-Fallstudie war die Feststellung, daß in den untersuchten Betrieben – trotz grundsätzlich gleicher Aufgabenstellung – die Texterarbeitung sehr unterschiedlich erfolgte, wobei vor allem der Betrieb B wesentlich effizienter arbeitete, was von dem Organisatorenteam auf aufbauorganisatorische Unterschiede zurückgeführt wurde. Betrieb A hatte die Textverarbeitung stark zentralisiert, was u.a. zu einer sehr großen Textverarbeitungsabteilung führte. Diese Abteilung umfaßte 30 Mitarbeiterinnen, die alle in Gruppenarbeitszimmern (meist zu zweit) tätig waren und direkt dem Abteilungsleiter bzw. dessen Stellvertreter zugeordnet waren, so daß sich eine Leitungsspanne von 1 : 30 ergab. Betrieb B hatte dagegen den einzelnen Abteilungen kleine Textbüros zugeordnet. Es mußte also zunächst einmal die zukünftige organisatorische Grundstruktur geklärt werden.

2.2.8.2.3 Haupt-, Teilstudien, Systembau

Im Rahmen der aufgezeigten Fallstudie „Textverarbeitung" wurde sicherlich deutlich, welch vielfältige Aufgaben der Organisator bei einem entsprechenden Projekt hat. Auf den Erkenntnissen der bei beiden Pilotbetrieben durchgeführten Vorstudie wurde ein Konzept für die Hauptstudie entwickelt, die sich auf die übrigen Betriebsstätten bezieht.

Im Rahmen von Teilstudien wird man Probleme lösen, wie oben angedeutet. Zunächst wird die zukünftige organisatorische Grundstruktur festzulegen sein. Typisch für TV-Projekte sind Teilstudien in Bezug auf die programmierte Textverarbeitung (Bausteinkorrespondenz), d.h. es ist zu klären, welche Bereiche (Abläufe) sich hierfür besonders eignen; entsprechende Textanalysen und -konzepte sind zu erstellen.

Zusammenfassend ist festzustellen, daß die Arbeit des Organisators im Zusammenhang mit TV-Aufgaben sehr vielfältig ist. Beginnend bei der Organisation der Erhebung über die Analyse bis zum Systembau reicht das Spektrum seiner Tätigkeit. Es ist zu empfehlen, daß er auch noch bei den Phasen „Einführung" und „Erhaltung" mitwirkt.

Die „Einführung" ist eine besonders kritische Phase im Organisationsprozeß, gilt es doch, gewohnte Abläufe zu ändern, in das Aufgabengesamt einzelner Stellen bzw. Abteilungen einzugreifen, ja u.U. neue Stellen bzw. Abteilungen einzurichten. Die vorbereitenden Maßnahmen (Schulung) spielen dabei eine besondere Rolle.

Nach der Umstellung (Einführung) folgt die Phase der „Erhaltung". Die neuen Strukturen können noch so gut geplant und vorbereitet sein, Schwachstellen sind nicht zu vermeiden.
Nur in engem kollegialen Kontakt zu den betroffenen Mitarbeitern wird der Organisator auch diese Probleme lösen können.

2.2.8.3 Organisation und Telekommunikation

2.2.8.3.1 Telekommunikation – Grundlagen und Begriffe

Die Begriffe Information und Kommunikation und ihre Abgrenzung und Bedeutung für die Organisation sind im Kapitel 2.2.4 „Der Informationsaustausch" behandelt. Ihre Bedeutung einschließlich der dort dargestellten Kommunikationssysteme (siehe 2.2.4.4) gilt unverändert für das Gebiet der Telekommunikation.

Während dort allerdings mit „System" und „Netz" die organisatorischen Kombinationsmöglichkeiten von Verbindungen zwischen Kommunikationspartnern bezeichnet werden, beschreiben diese beiden Begriffe im Bereich der Telekommunikation die **Geräte** mit ihren organisatorischen und technischen **Verbindungen**, die **Software** zu deren Steuerung und Verwaltung sowie die **Unterstützung** des Benutzers.

Unter Zugrundelegen des im Kapitel 2.2.4 erarbeiteten Begriffs des Informationsaustauschs ist Telekommunikation der Austausch zweckorientierten Wissens mit Hilfe organisatorisch/technischer Systeme, die dieses Wissen sammeln, ordnen, auswählen, übertragen und auf Anforderung dokumentieren. Eine Trennung zwischen externer und hausinterner **Information** ist nur noch organisatorisch oder juristisch; die Trennung von externer und hausinterner **Kommunikation** ist angesichts derselben verwendeten Technologie und deshalb zusammengewachsener Kommunikationssysteme nicht sinnvoll. Der Begriff Telekommunikation umfaßt deshalb öffentlich zugängliche und Inhaus-Systeme.

2.2.8.3.1.1   Übertragungsmedien und deren Strukturen

Das bestehende Telefonnetz bot sich als erstes auch für andere Übertragungen neben der Sprache („non voice"-Dienste) an, wurde aber durch den zunehmenden Einsatz elektronischer Ausrüstung in der Informationsverarbeitung und die damit verbundene Informationsflut sehr schnell überfordert. Es wurden Übertragungsmedien entwickelt, die in wesentlich kürzerer Zeit viel mehr Informationen übertragen können, und es entstanden spezielle Netze, um die verschiedenen Anforderungen der Kommunikationspartner besser zu erfüllen. Aber auch deren Kapazitäten stoßen immer wieder an ihre Grenzen, denn offensichtlich reicht es nicht aus, den vorhandenen Kommunikationsbedarf zu decken − neue Medien schaffen auch neuen Bedarf. Die explosionsartige Verbreitung von Telefon und Telefax sind hierfür schillernde Beispiele.

So sind auch die Spezialnetze wieder am Rande ihrer Kapazitäten, und die Entwicklung verläuft nun gegenläufig zu einem einzigen schnellen Universalnetz, das alle Kommunikationen transportieren soll. Diese Entwicklung wird allerdings frühestens im ersten Jahrzehnt des 21. Jahrhunderts beendet sein, und sie geht teils seltsame Umwege und erleidet Rückschläge, weil sie oft nicht am Bedarf, sondern am technisch machbaren orientiert ist.

Sie setzt Netze der Glasfasertechnologie mit ihren wesentlich größeren Transportkapazitäten voraus. Im Ausland − auch im europäischen − sind sie zum Teil schon im täglichen Einsatz, und sie werden in der Bundesrepublik das Versuchsstadium bald verlassen, was angesichts des europäischen Binnenmarktes überfällig ist.

Die konventionellen Medien Schall, ungebündeltes Licht mit vollem Farbspektrum und mechanischer Transport haben nur noch in der Kommunikation zwischen persönlich anwesenden Partnern Bedeutung; aber auch Brief- oder Paketpost fallen nicht unter den Begriff Telekommunikation. Er wird erst dann verwendet, wenn örtlich getrennte Partner mittels technischer Verbindungen, die Informationen auf der folgenden Basis transportieren, miteinander kommunizieren:

- elektromagnetische Impulse über Kupferkabel und Luftstrecken (Funk). Die Impulse sind entweder **analog**, d.h. kontinuierlich mit der übertragenen physikalischen Größe veränderbar (je lauter der übertragene Schall, desto stärker der Impuls) oder **digital**, d.h. die physikalische Größe ist in Zahlen binärer Basis umgewandelt, die binäre Stelle ist ein Impuls konstanter Stärke
- gebündelter einfarbiger digitaler Lichtimpulse (Laser) in Glasfaserkabeln.

Die **Struktur** der Verbindungen ergibt ein Kommunikationsnetz. Die Charakterisierung von Netzen geschieht sowohl unter technischen wie unter organisatorischen Gesichtspunkten, wobei sich grundlegend andere Darstellungen ergeben:

- die **technische Struktur** von Kommunikationsnetzen besteht aus Kanälen, Vermittlungs- und Teilnehmereinrichtungen. Die Verbindung zwischen den Kommunikationspartnern (Leitung oder Funkstrecke) hat einen wesentlich größeren Frequenzbereich (Bandbreite), als für **eine** Kommunikation nötig. Deshalb können über dieselbe Leitung/Funkstrecke gleichzeitig mehrere Kommunikationen übertragen werden. Bei analoger Übertragung werden hierzu die jeweiligen Frequenzen von Kommunikationen mit verschiedenem Faktor vor dem Senden vervielfacht (technisch mit einer Trägerfrequenz moduliert, Frequenzmultiplexverfahren) und beim Empfang wieder geteilt (demoduliert). Bei digitaler Übertragung werden die Impulse mehrerer Kommunikationen nach einem vorgegebenen Zeitrhythmus ineinandergeschachtelt übertragen und am Ziel im selben Rhythmus wieder aufgeteilt (Zeitmultiplexverfahren). So werden bei analoger Übertragung mehrere Kommunikationen auf **einer** Leitung/Funkstrecke „aufeinandergestapelt" und bei digitaler Übertragung „verschachtelt"; die einzelne Kommunikation und ihr Frequenzbereich bzw. Zeitanteil wird als **Kanal** bezeichnet.

Teilnehmereinrichtungen, wie das Telefon oder der Fernkopierer, gelten als Kommunikationspunkte. Die Vermittlungseinrichtungen, die Verbindungen zwischen den Kommunikationspartnern herstellen, werden als Knoten bezeichnet; bei den meisten Telekommunikationssystemen sind das Computer, die Teilnehmeradressen identifizieren, Nachrichten zwischenspeichern und weiterleiten etc.

Technisch wird unterschieden in

- Verteilnetze: Übertragung von einer Zentrale zu vielen Benutzern mit allgemein interessanten und keinem besonderen Schutz unterliegenden Informationen, z.B. Rundfunk, Videotext
- Vermittlungsnetze: Der Kanal einer Leitung wird zwischen zwei oder mehreren Teilnehmern reserviert, die Information ist vertraulich. Sind die Partner für die Dauer einer Kommunikation direkt miteinander zusammenge-

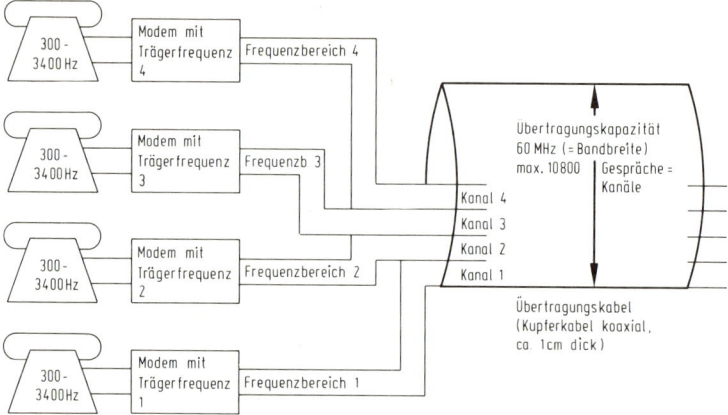

Abb. 2.53: Prinzipdarstellung der Aufteilung der Übertragungskapazität einer analogen Leitung/Funkstrecke in Kanäle

schaltet, so ist diese Verbindung **leitungsvermittelt**; besteht die Verbindung auf Dauer, also nicht nur für eine einzige Kommunikation, so wird dieser feststehende gemietete Kanal als **Standleitung** bezeichnet; sind immer nur die Strecken zwischen zwei Knoten-Computern im Netz aktiv, die gerade ein Nachrichten„paket" untereinander weitertransportieren, ist die Verbindung **paketvermittelt**: die Partner sind nicht zusammengeschaltet, ihre logische, aber physisch nicht geschlossene Verbindung wird als virtuelle Verbindung bezeichnet.

Verteilnetze sind Einrichtungen der Massenkommunikation, Vermittlungsnetze dienen der Individualkommunikation.

Die Betriebsart von Netzen und deren Kanälen spielt für die Organisation eine wichtige Rolle:
- Kann ein Kanal ausschließlich in einer Richtung übertragen, so arbeitet er in der Betriebsart **simplex**. Sie hat vor allem Bedeutung bei Verteilnetzen.
- Kann ein Kanal in beide Richtungen übertragen, aber nur wechselweise, so arbeitet er **halbduplex.** Ältere leitungsvermittelte Netze, wie Telex, sind für diesen wechselweisen Dialog ausgelegt.
- Kann ein Kanal gleichzeitig in beide Richtungen übertragen, so arbeitet er **vollduplex**. Moderne Übertragungssysteme arbeiten so gut wie ausschließlich in dieser Betriebsart.

Welche Betriebsart auf einer Leitung bzw. einem Kanal betrieben wird, ist vorwiegend von der Steuerung durch die Vermittlungsstellen und Knoten abhängig. Diese müssen die gegenläufigen Signale, die über den Kanal gehen, auseinanderhalten und dem richtigen Kommunikationsvorgang zuordnen. Lediglich beim Fernsprechen erledigt der Benutzer diese Aufgabe selbst, wenn er merkt, daß er nicht zur selben Zeit reden und zuhören kann.

- Für die **organisatorische Struktur** von Kommunikationsnetzen steht die Frage im Vordergrund, wie viele Teilnehmer gleichzeitig mit wechselseitiger oder einseitiger Kommunikation in Verbindung treten können.

Dieselbe Kommunikationsverbindung findet demnach zwei völlig verschiedene Darstellungen, je nachdem, ob die Schaltung von Leitungen über Kanäle und Knoten im Vordergrund steht, oder ob die Kommunikationsmuster des Kapitels 2.2.4.4 benötigt werden:

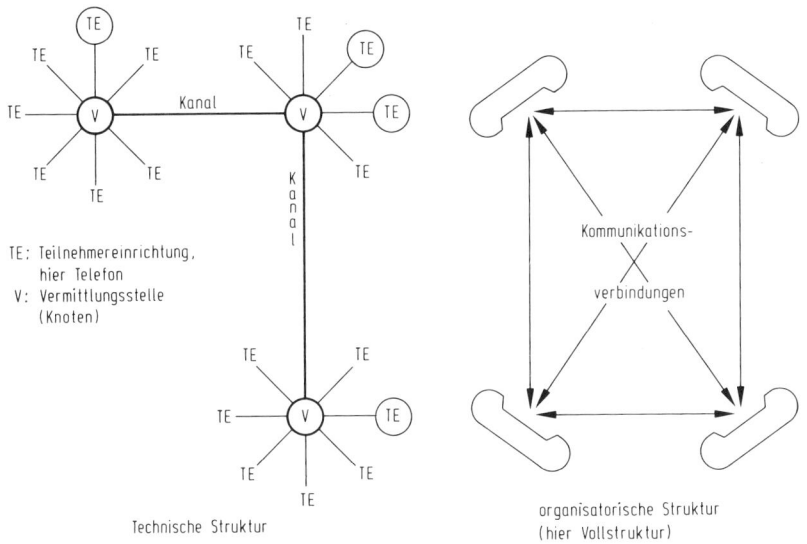

Abb. 2.54: Technische und organisatorische Struktur eines Kommunikationsnetzes am Beispiel einer Telefonkonferenz mit vier Teilnehmern

Bis 1989 besaß die Bundespost das Fernmeldemonopol für Kommunikationen, die eine Grundstücksgrenze überschreiten. Mit der dann erfolgten Postreform sollte die Bundespost rechtlich und organisatorisch dem technischen Fortschritt angepaßt werden, und die Verwaltungsbehörde sollte sich zum Dienstleistungsunternehmen wandeln, das dem freien Wettbewerb ausgesetzt ist. Hierzu wurde sie in drei Bereiche gegliedert mit jeweils eigenem, aber dem Postminister und einem Direktorium verantwortlichen Management: der **Bundespost Postdienst**, die **Bundespost Postbank** und die **Bundespost Telekom**. Das Fernmeldemonopol wurde eingeschränkt auf den Telefondienst und die Übertragungsnetze (beim Mobilfunk und Satellitendiensten werden Ausnahmen zugelassen). Der Wettbewerb wurde geöffnet für die Dienstleistungen, die auf diesen Netzen angeboten werden, und für die Endgeräte. Das Fernmeldemonopol hat sich in ein

Telefon- und Netzmonopol gewandelt; für den Benutzer von Telekommunikationsnetzen hat die Postreform keinen wirtschaftlichen oder praktischen Nutzen gebracht. Allenfalls ist durch die größere Auswahl an Endgeräten ein Zuwachs an Komfort zu verzeichnen. Er ist nach wie vor auf die Netze Bundespost Telekom angewiesen, die im einzelnen noch unter Punkt 2.2.8.3.2.1 dargestellt werden. Ob die Konkurrenz bei den Telekommunikations**diensten** aufkommt, wird im wesentlichen von der weiteren Gebührenpolitik und einem kundenfreundlichen Marketing der Bundespost Telekom für Anbieter und Nutzer abhängen.

Die Ablösung der Telekommunikationsordnung „TKD" von 1988 durch vier Einzelwerke (Telekommunikations**ver**ordnung „TKV", Allgemeine Geschäftsbedingungen „AGB", Leistungsbeschreibungen sowie Tarif- und Preislisten) von über 400 Seiten Umfang und dazu die Ankündigung, daß die TKV 1992 wieder geändert wird, zeigen deutlich, daß sich die Bundespost Telekom beim Start als Unternehmen schwer tut, und welchen Aufwand der Benutzer treiben muß, um sich für ein System aus Netzen und Diensten zu entscheiden.

2.2.8.3.1.2   Übertragungsformen und Endgeräte

Information kann übertragen werden in Form von

a) Daten (elektronisch gespeicherte Zahlen, Text und Grafik)
b) geschriebenem Text
c) bewegtem Bild
d) Sprache.

Die dazu nötigen Aufnahme- und Empfangsgeräte sind

a) Tastatur, Abtastgerät (Flachbett-Scanner oder Stift) sowie Bildschirm und Drucker
b) Tastatur, Flachbettscanner sowie Bildschirm und Drucker
c) Kamera und Bildschirm
d) Mikrofon und Hörer; in Kombination Telefon„hörer".

Über einen Kanal können verschiedene Formen der Information übertragen werden; so erlaubt z.B. die analoge Telefonleitung die Übertragung aller vier Formen. Bei Daten, Text, Grafik und Bewegtbild kann digitale Übertragung allerdings nur simuliert werden, indem digitale Impulse in gleichförmige analoge umgewandelt werden. Die Übertragung ist deshalb relativ langsam, und es ist erstaunlich, daß das Telefonnetz in der BRD angesichts dieser erheblichen Einschränkung immer noch einen breiten Einsatz über die Sprachübertragung hinaus findet. Im ISDN, das noch unter Punkt 2.2.8.3.2.1 näher zu betrachten sein wird, wird nur noch digital übertragen, auch die Sprache. Dort können alle vier Formen ohne Simulation übertragen werden.

Gleichzeitige Übertragung aller vier Formen der Information ist bislang nicht möglich, weil vor allem Aufnahme- und Wiedergabegeräte immer nur für eine

Übertragungsform konstruiert sind. Die organisatorische Entscheidung für die Übertragungsform legt deshalb die Geräteausrüstung fest, und es muß derzeit noch zwischen Sprach-, Text-, Daten- und Bildübertragungssystemen unterschieden werden. Kombinationen, die am Markt angeboten werden, sind nur monofunktionale in einem Gehäuse untergebrachte Geräte. Telekommunikation bedeutet daher immer eingeschränkte Kommunikation, die teils sogar in zeitlich versetzte Abläufe aufgespalten ist. So kann sich ein Kommunikationsvorgang spalten in ein Telefongespräch und die zeitlich nachfolgende schriftliche Bestätigung der getroffenen Vereinbarungen. Telekommunikation kann daher oft das Gespräch zwischen anwesenden Partnern nicht ersetzen, zumindest bei wichtigen Entscheidungen. ISDN ist immerhin einen Schritt weiter: Es erlaubt die gleichzeitige Übertragung zweier Kommunikationen. Es ist also möglich, während eines Gesprächs über das ISDN-Telefon mit dem Telefax-Gerät dem Partner eine Fernkopie zur Verdeutlichung oder Bestätigung zu schicken, ohne das Gespräch zu unterbrechen.

2.2.8.3.1.3 Informationsverwaltung

Die Grenzen zwischen dem reinen Vorgang des Austausches von Informationen und den vor- und nachgelagerten Tätigkeiten sind angesichts der rapide zunehmenden Informationsmengen und der damit verbundenen notwendigen Informationsverwaltung immer schwieriger zu ziehen. Die Kommunikationspartner erwartet sowohl als Vorbereitung wie auch als Auswertung des Kommunikationsvorgangs das Spektrum folgender Tätigkeiten:

- Archivieren
- Aktualisieren
- Umordnen
- Auswahl
- Verdichten und Bewerten
- Verteilen.

Wenn die Informationsverarbeitung bis in die siebziger Jahre davon geprägt war, daß die Ausgabe der Ergebnisse fast ausnahmslos gedruckt wurde, so bestand berechtigte Hoffnung, daß die Papierflut durch den sich schnell durchsetzenden Bildschirm gebremst werden könnte. Was die eigenen Datenbanken des Unternehmens anbetrifft, ist diese Hoffnung teilweise erfüllt worden; was aber zunehmenden elektronischen Nachrichtenverkehr angeht, ist das genaue Gegenteil eingetreten: die elektronisch übermittelte Information wird ausgedruckt und abgeheftet. Zunehmender Telekommunikationsverkehr heißt damit weitere Papierflut. Hierfür gibt es zwei Gründe:

- Die Anbindung des Unternehmens an öffentliche Telekommunikationsnetze ist überwiegend dezentral unkoordiniert, und es besteht deshalb kein Organisationskonzept für weitere hausinterne elektronische Verteilung und Archivierung.

– Am Markt werden sehr wenige Software-Pakete zur Archivierung und zum Wiederauffinden („Information Retrieval Systeme") angeboten. Diejenigen, die angeboten werden, berücksichtigen nicht die Verteilung innerhalb der Unternehmenshierarchie.

Hausinterne Verarbeitung, Verdichtung, Verteilung und Archivierung externer Informationen beginnt schon beim Telefonieren; meist muß eine Telefonnotiz angefertigt, verteilt und abgelegt werden. Diese Tätigkeiten sind in die Planung von Telekommunikations-Systemen einzubeziehen; eine rein technische Betrachtung ist deshalb auch beim einfachsten System für den Organisator zu einseitig und vernachlässigt die wichtigen vor- und nachgelagerten Tätigkeiten eines Kommunikationsablaufs (zum externen und internen Kommunikationsablauf siehe Gernet E.: Das Informationswesen in der Unternehmung, Aufbau-, Ablauf- und Projektorganisation, 1987, S. 72–159).

2.2.8.3.1.4   Initiative zur Kommunikation

Im allgemeinen geht die Initiative zum Austausch vom Sender der Information aus. Dies trifft aber nur zu bei vermittelten Verbindungen und gezielt ausgewählten Empfängern (z.B. Telefon, Telex). Genauso bedeutungsvoll ist die Möglichkeit, die auf Verteilnetzen beruht. Sie besteht darin, daß der Sender Informationen bereithält und sie auf **Abruf** abgibt, oder daß er sie laufend aussendet, und der Empfänger **wählt aus** (siehe 2.2.8.3.2.2 Bildschirmtext). Die Initiative zum konkreten Kommunikationsvorgang geht dabei vom Empfänger aus.

2.2.8.3.1.5   Informationsempfang und Darstellung

Abhängig davon, ob die empfangene Information zu Archiv-, Beweis- oder sonstigen Dokumentationszwecken festgehalten werden soll oder nicht, muß unterschieden werden in

– **flüchtigen Informationsempfang**. Die Information wird nicht dauerhaft, sondern nur kurz festgehalten (Bildschirm)
– **dokumentierten Informationsempfang**.

Sprache wird festgehalten, wenn der Empfänger nicht anwesend ist (Anrufbeantworter, Sprachspeicherdienst) oder als Kommentar zu anderen Speicherungsformen, ansonsten ist ihre Speicherung selten sinnvoll, solange sie noch nicht digital in Schriftzeichen umgesetzt werden kann.

Text wird im allgemeinen als gedrucktes Dokument festgehalten oder – wenn er in elektronisch speicherbarer Form empfangen wird – wie Daten abgespeichert.

Daten werden meist in derselben Form gespeichert wie beim Sender.

Bewegte Bilder werden selten festgehalten, weil ihr Aussagewert für die Organisation eingeschränkt ist. Zudem ist ihre Übertragung wegen der nötigen großen Bandbreite des Kanals sehr aufwendig.

Feststehende Bilder beruhen auf grafischen Darstellungen, die in Raster aufgeteilt und damit elektronisch speicherbar sind. Sie fallen unter **Daten** und brauchen deshalb hier nicht weiter getrennt behandelt zu werden.

Die Auswahl der Dokumentation empfangener Informationen bedeutet direkt die Auswahl von Empfangsgeräten, die ihrerseits wieder abhängig von den Aufnahme- und Sendegeräten sind. Kombinationen sind nur eingeschränkt möglich, und die Übertragungsform und Dokumentation sind wesentliche Bestimmungsfaktoren für die Auswahl des Kommunikationssystems.

2.2.8.3.1.6 Breitbandkommunikation als technische Grundlage

Die Bandbreite bezeichnet die Übertragungskapazität eines Mediums. Bei analoger Übertragung wird die Kapazität in Frequenzumfang gemessen; die aufaddierten Bandbreiten der Kanäle eines analogen Übertragungsmediums ergeben dessen gesamte Bandbreite. Das menschliche Ohr hört von ca. 16 bis 16 000 Schwingungen in der Sekunde (Hz), hat also eine Bandbreite von knapp 16 000 Hz. Würde die menschliche Sprache in voller Bandbreite des Gehörs über Telefon übertragen, entstünde ein natürlicher Höreindruck. Wird die Bandbreite eines Telefongesprächs aber so weit eingeschränkt, daß zwar Tonqualität − die von Oberfrequenzen abhängt − aber keine sachliche Information verlorengeht, so können auf einer Telefonleitung mehr Kanäle, also Gespräche, untergebracht werden. Ein Telefongespräch wird deshalb nur mit 300 bis 3400 Hz übertragen, seit 1990 im ISDN auch mit 7 kHz.

Bei digitaler Übertragung bedeutet die Bandbreite eines Mediums die Geschwindigkeit übertragener bits pro Sekunde. Die aufaddierten Bandbreiten der zeitmultiplex (siehe 2.2.8.3.1.1) ineinander verschachtelten Kanäle ergeben die gesamte Bandbreite des digitalen Übertragungsmediums.

Kupferkabel haben eine analoge Bandbreite von bis zu 60 Millionen Hz und können rechnerisch 17 647 Telefongespräche gleichzeitig übertragen. Wegen zunehmendem Widerstand bei hohen Frequenzen und für die Trennung der Kanäle gehen aber Frequenzen verloren, so daß tatsächlich 10 800 Telefonkanäle zur Verfügung stehen. Hierzu wird aber alle 1,5 km ein Verstärker benötigt, bei Beschränkung auf 1000 Kanäle z.B. verlängert sich dieser Zwischenraum auf 9 km.

Musikübertragung benötigt wegen hoher Anforderung an die Tonqualität mindestens die Bandbreite des menschlichen Gehörs, so daß beim Kupferkabel rechnerisch 3750 Kanäle übrigblieben; die Übertragung bewegter Bilder (Fernsehen, Bildtelefon) benötigt einen Kanal von 5 Millionen Hz, so daß rechnerisch nur noch 12 Kanäle pro Kabel bleiben. Damit ist die analoge Übertragungs-Technologie des Kupferkabels an ihre Grenze gestoßen.

Das ISDN-Netz, das ab 1990 in Betrieb genommen wurde, benutzt das herkömmliche Telefonnetz aus Kupferkabel zur **digitalisierten** Übertragung mit einer Bandbreite von insgesamt 144 000 bits pro Sekunde, das sind zwei Nutzkanäle je 64 000 und ein Steuerkanal mit 16 000 bits pro Sekunde. Obwohl mit dieser Bandbreite das Kupferkabel am Rande seiner wirtschaftlichen Kapazitäts-auslastung angelangt ist, können nur mäßig bewegte Bilder übertragen werden; für Fernsehbilder der PAL-Norm sind 165 Millionen bits pro Sekunde (Mbits/s) nötig. Gemessen an den Erfordernissen und den Kapazitäten von Computern ist ISDN auf der Basis des Kupferkabels deshalb ein schmalbandiges Netz.

Funkübertragung hat eine Bandbreite von 30 000 Hz bis 300 GigaHz (Milliarden Hz), also etwa die 5000fache Kapazität von Kupferkabeln. Hochwertige Übertragung von Ton- und Bildfunk in vielen Kanälen ist damit möglich. Für betriebswirtschaftlich-organisatorische Anwendungen ist Funkübertragung aber problematisch. Die Überlastung der Kanäle und die dadurch auftretende Überlagerung sowie die starke Richtcharakteristik bei hohen Frequenzen mit der Gefahr von Abschattungen durch Berge und Hochhäuser entsprechen nicht den hohen Qualitätsanforderungen des verlustfreien Informationsaustauschs von Telekommunikationssystemen. Dasselbe gilt für digitale Funkübertragung.

Breitbandkommunikation setzt deshalb heute die Technologie des Glasfaserkabels als Übertragungsmedium voraus. Seine breitere Verwendung ist — abgesehen von vorläufigen Testnetzen und einigen Spezialnetzen von der Bundespost Telekom ab Mitte der 90er Jahre geplant. Übertragungsraten von 140 und 565 Millionen (Mbits/s) bis 1,8 Milliarden bits pro Sekunde (Gigabits/s) sind realisierbar. Eine Glas**faser** (nicht Kabel) hat dann schon etwa 7500 Telefonkanäle. Erheblich geringerer Widerstand machen Verstärker nur alle 20 bis 100 km nötig. Das Seekabelprojekt England — Deutschland „Nr. 5" soll mit 2 x 1,8 Gigabits/s eine Kapazität von 40 000 Telefonkanälen erhalten.

Die Kosten eines Glasfasernetzes liegen im wesentlichen in der Neuverlegung des gesamten Netzes und im Herstellverfahren, das allerdings mit zunehmender Produktion preisgünstiger wird; der Rohstoff ist Quarzsand und sein Preis und Aufwand gegenüber dem knapper werdenden Kupfer relativ gering.

Mit zwei Glasfasern pro Unternehmen und Haushalt können **gleichzeitig** Telefongespräche, Ton- und Fernsehrundfunkempfang, Bildschirmtext-Kommunikation und Übertragungen von Telefax durchgeführt werden. Die Übertragung mittels digitaler Lichtimpulse führte zu der Bezeichnung „optische Nachrichten-technik".

Die Bundespost hatte unter dem Namen BIGFON („breitbandiges integriertes Glasfaser-Fernmeldenetz") in Berlin, Düsseldorf, Hamburg, Hannover, München, Nürnberg und Stuttgart seit 1983 separate Versuche mit begrenzter Teilnehmerzahl laufen, wobei mit Integration die gleichzeitige Massen- und Individualkommunikation in einem Netz gemeint sind. 1984 wurden die BIGFON-Einzelnetze von Hamburg und Hannover über Glasfaserfernleitungen miteinander verbunden; 1989 wurden 29 Städte der Bundesrepublik mit einem „Overlay-Netz" aus Glasfaser zusammengeschaltet, das mit dem Namen VBN (früher

„Vorläufer Breitbandnetz", jetzt „Vermittelndes Breitbandnetz") versehen wurde (siehe 2.2.8.3.2.1). Es hatte 1989 etwa 1000 Teilnehmer und eine Übertragungsrate von 140 Mbits/s. Neuere Teilnehmerzahlen hat die Bundespost Telekom nicht herausgegeben.

2.2.8.3.1.7 Zusammenfassende Definition

Telekommunikation ist der externe und interne Austausch zweckorientierten Wissens – also von Information – mit Hilfe organisatorisch/technischer Systeme, die dieses Wissen sammeln, ordnen, auswählen, übertragen und auf Anforderung dokumentieren. Im Rahmen der Organisation ist nicht nur die technische Auslegung dieser Systeme zu planen, sondern es müssen folgende weiteren Komponenten erfaßt werden:

- die Übertragungsmedien und deren Strukturen
- die Übertragungsformen Daten, Text, Bild und Sprache
- die vor- und nachbereitende Informationsverwaltung
- Empfang/Sendung und Dokumentation der Information
- die für diese Anforderungen nötigen Übertragungskapazitäten.

Telekommunikationssysteme sind heute noch getrennt in Daten-, Text-, Bild- und Sprachübertragungssysteme und basieren auf Kommunikationsnetzen aus immer weniger analogen und zukünftig ausschließlich digitalen Leitungen; Funkstrecken spielen wegen der Sicherheitsanforderungen außer für Sprache nur eine untergeordnete Rolle.

Das Glasfaserkabel wird wegen seiner wesentlich größeren Bandbreite und zunehmenden Wirtschaftlichkeit das Kupferkabel verdrängen.

Der Systembenutzer muß das Übertragungsmedium nicht kennen, um die Ausrüstung an seinem Arbeitsplatz zu bedienen; der Organisator muß jedoch zur Entscheidung für eine Arbeitsplatzausrüstung und zur Kompatibilität mit anderen Arbeitsplätzen die technischen und organisatorischen Kriterien vergleichen.

2.2.8.3.2   *Telekommunikationssysteme*

Telekommunikationssysteme werden unterteilt in Netze und Dienste. Diese Unterteilung ist zwar überall gebräuchlich, aber die Grenzen werden unterschiedlich gezogen, manchmal sogar widersprüchlich. So bezeichnet die Bundespost Telekom manchmal ein Netz als Dienst („Datex-Dienst") und umgekehrt werden Dienste manchmal als Netz bezeichnet („Datenübertragungs-Netz").

Die Grenze zwischen Netzen und Diensten kann aber ganz klar gezogen werden:

- Alle Systeme, die aus Leitungen, Knoten (Computern, Vermittlungsstellen) und Teilnehmeranschlüssen bestehen, sind **Netze.** Dieser Begriff umfaßt also die von der Bundespost Telekom bereitgestellte Verbindungs-Hardware zwischen den Kommunikationspartnern.

– Die Partner bedienen sich der Netze zur Durchführung ihrer Kommunikation. Der **Dienst,** der dazu in Anspruch genommen wird, stellt die Form, den Ablauf, die Art der Übertragung und der Dokumentation bereit und hat Einfluß auf die Ausrüstung der Partner. Ein Netz bietet im allgemeinen mehrere Dienste, und es ist langfristig geplant, alle Dienste auf einem universellen Netz anzubieten.

Abbildung 2.55 zeigt in der rechten Spalte die Netze der Bundespost Telekom und der ARD, sowie ihre Entwicklung von den 70er Jahren bis über die Jahrtausendwende. Der erste Integrationsschritt war die Zusammenfassung der digitalen Netze Direktruf, Datex und Telex zu einem Integrierten Datennetz IDN, das Telefon blieb davon unberührt. Als zweite Stufe war zu Beginn der neunziger Jahre die Zusammenfassung mit dem Telefon zum ISDN „Integrated Services Digital Network" geplant; die Integration ist aber nur zum Teil erfolgt. ISDN benutzt das Telefonnetz zur digitalen Übertragung; neben der digitalen wird die analoge Übertragung weiterbestehen. Datex-P sollte integriert werden, sobald deren Nutzer auf ISDN übergegangen sind; Telex soll separat bleiben, aber angesichts der Anzahl Benutzer mußte vom ISDN ein Übergang geschaffen werden. Der Balken ganz rechts zeigt das geplante Endstadium eines Integrierten Breitband Fernmeldenetzes IBFN, das alle vorherigen Netze einschließlich Rundfunk und Fernsehen umfassen soll. Um dieses Netz ist es etwas stiller geworden, nachdem sich Planungen verzögert und Integrationen als schwierig erwiesen haben, und die Bundespost Telekom benutzt diesen Begriff in den neueren Unterlagen nicht mehr. Er scheint durch den Begriff „Vermittelndes Breitbandnetz — VBN" (bislang „Vorläufer Breitbandnetz") ersetzt zu werden, wenn die Projekte OPAL („Optische Anschlußleitung" mit dem Ziel eines Universalnetzes bis zum privaten Teilnehmer; ab Mai 1990 in Köln) und BERKOM (Glasfaserprojekt in Berlin) erfolgreich verlaufen und Akzeptanz finden.

Die linken zwei Drittel der Abbildung 2.55 unterteilen die Dienste der Bundespost Telekom und der ARD in Sprach-, Bild-, Text- und Datendienste und ordnen sie den entsprechenden Netzen, auf denen sie angeboten werden, zu.

Die Netze und Dienste sollen im folgenden dargestellt werden, so weit sie für die Organisation von Interesse sind. Leider ist die Bundespost Telekom mit Zahlenmaterial, besonders über Teilnehmer, nicht mehr publizitätsfreudig, weil sie sich nun als Unternehmen im Wettbewerb sieht, was beim Netzmonopol aber nicht zutrifft. Die angeführten Zahlen sind dem ersten Geschäftsbericht für 1990, herausgegeben im August 1991, entnommen und zum Teil für 1991 aus Schriften einzelner Anbieter ergänzt. Angaben über weltweite Teilnehmerzahlen gibt die Bundespost Telekom nicht mehr heraus; die entsprechenden Zahlen in den folgenden Tabellen sind von 1989 und sollen einen ungefähren Eindruck über die Verbreitung und den deutschen Anteil geben.

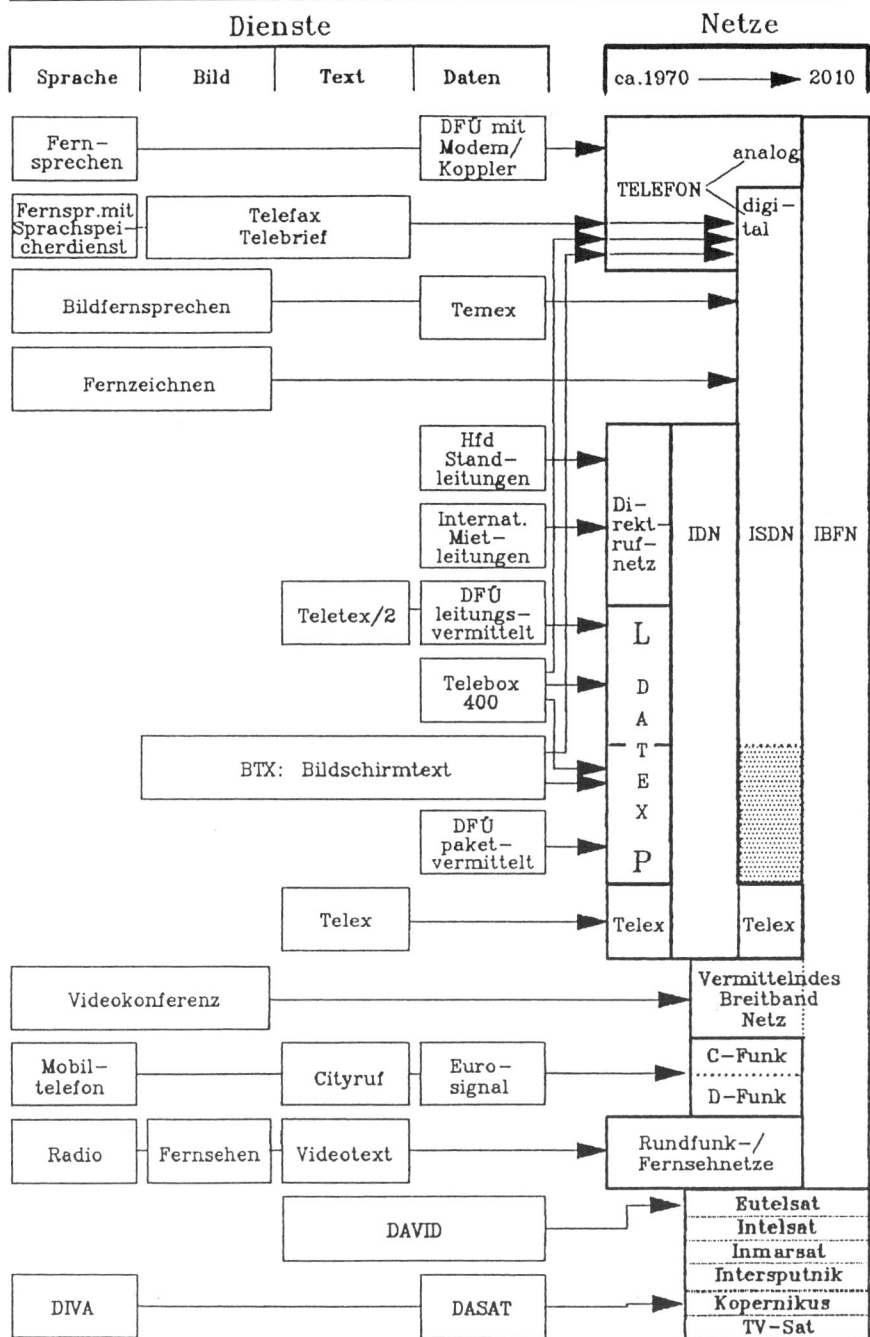

Abb. 2.55: Netze und Dienste der Bundespost TELEKOM und der ARD

2.2.8.3.2.1 Öffentliche Netze

Diese Netze sind keine völlig getrennten Einrichtungen, sondern im wesentlichen organisatorisch/technische Trennungen der Frequenzbereiche bzw. der zeitmultiplexen Kanäle. Kombinationen der verschiedenen Netze für **eine** Kommunikation sind durchaus üblich. So gehen viele Telefongespräche aus dem Telefonkabelnetz über Funkstrecken, und das Satellitenfernsehen kann eine Sendung vom Satelliten mit einer günstig positionierten Großantenne empfangen und über Leitungen an die Teilnehmer weitergeben.

Netz:	Telefon-Netz, Inbetriebnahme: 1873
Einsatz für:	ursprünglich für den Fernsprechdienst konzipiert, kamen immer mehr Dienste hinzu, da das Netz vorhanden war und keine gesonderten Leitungen gelegt werden mußten: BTX, Telefax, Telebrief, Telebox, Datenübertragung

ÜBERTRAGUNG
  Medium:
  Technik:
  Kapazität:
  Betriebsart:
  Verbindung:
	
	Kupferkabel, Zweidraht
	analog, ab 1990 auch digital im ISDN
	analog 3,1 kHz, ab 1990 7 kHz, digital 144 000 bits/s
	vollduplex
	leitungsvermittelt

ENDGERÄTE:	Fernsprecher, ISDN-Fernsprecher, Modem, Akustik-koppler zur Datenübertragung, MultiTel, MultiCom oder Fernseher für BTX über BTX-Box, Telefax-Gerät
SONDER-FUNKTIONEN:	**im analogen Telefon:** Service 130 (Ortstarif für Anrufer, Empfänger übernimmt weitere Gebühren), Sprachspeicherdienst (Sprachbox), Telefonkonferenz weltweit mit bis zu 15 Teilnehmern auf Voranmeldung **im ISDN zusätzlich:** Anklopfen (beim besetztem Partner), Anzeige der Nummer des Anrufenden, Anrufweiterschaltung zu anderem Anschluß, geschlossene Benutzergruppen; darüber hinaus bieten die Telefonapparate je nach Typ zusätzlichen Komfort, wie Lauthören, Anrufwiederholung, Gebührenanzeige etc.
NETZÜBERGANG:	Datex L und P, Mobiltelefon
ANZAHL TEILNEHMER:	vereinte BRD: 31,9 Millionen, davon neue Bundesländer 1,9 Millionen; weltweit über 500 Millionen
VERBREITUNG:	weltweit
GEBÜHREN-STRUKTUR:	Einmalige Bereitstellungsgebühr; Grundgebühren im Monat; Gebühren für Einheiten variabel nach 3 Entfernungs-, 2 Tageszeitstufen (BRD) und Arbeits- und Feiertagen

Die folgenden Darstellungen der Netze Telex, Datex-L und P enthalten Sonderfunktionen, die für die Organisation praktisch sein können. Sie sollen deshalb hier zuvor kurz erklärt werden.

Anschlußkennung. Zur Vermeidung von Täuschungsversuchen oder Irrtümern kann die Vermittlungsstelle der Bundespost Telekom die Nummer des Partners anzeigen.

Kurzwahl. Der Teilnehmer kann eine Anzahl von Partner-Nummern bei der Vermittlungsstelle der Bundespost Telekom speichern, die er dann nur noch mit einer Kurznummer aufruft.

Direktruf. Die Kurzwahl wird auf einen Partner eingeschränkt. Dessen Nummer wird in der Vermittlungsstelle gespeichert; durch betätigen der Anruftaste wird direkt zum Partner durchgeschaltet.

Teilnehmerbetriebsklassen. Begrenzung des Kreises der Kommunikationspartner aus Sicherheitsgründen.

Gebührenübernahme. Der gerufene Partner übernimmt die Gebühren der Kommunikation.

Hinweisgabe. Kurzmitteilung, die in der Vermittlungsstelle gespeichert und allen Anrufern vor Durchschalten mitgeteilt wird.

Zuschreiben von Gebühren. Mitteilung der Gebühren einer Kommunikation an den Anrufer.

Netz:	Telex-Netz, Inbetriebnahme: 1933
Einsatz für:	Schriftverkehr mit beschränktem Zeichenvorrat
ÜBERTRAGUNG	
Medium:	Kupferkabel
Technik:	digitale Übertragung 5-bit-Code
Kapazität:	50 bits/s
Betriebsart:	halbduplex
Verbindung:	leitungsvermittelt
ENDGERÄTE:	Fernschreibmaschine zur dauernden Empfangsbebereitschaft obligatorisch, zusätzliche Datenendeinrichtung (Personal-)Computer
SONDER-FUNKTIONEN:	Kurzwahl, Direktruf, Rundschreiben, Anschlußkennung, Teilnehmerbetriebsklassen, Gebührenangabe, Hinweisgabe, Zuschreiben von Gebühren
NETZÜBERGANG:	Datex-P, Teletex
ANZAHL TEILNEHMER:	vereinte BRD: 1989 160 000, 1990 134 000; weltweit über 1,7 Millionen
VERBREITUNG:	weltweit
GEBÜHREN-STRUKTUR:	Monatliche Grundgebühr; Zuschläge für Datum/Uhrzeitkennung, Hinweistexte und Anschlußkennung; Verbindungsgebühren variabel nach zwei Entfernungs- und zwei Tageszeitstufen mit Zuschlägen, Gebührenzuschreibung und Anzahl Rundsendungen; Instandhaltungsgebühr für von der Post gemietete Fernschreibmaschinen

Telex ist nach dem Telefon, gemessen an der Anzahl Teilnehmer, das zweitgrößte Netz der Welt. Wie beim Telefon wählt der sendende Partner den Empfänger
an und meldet sich über Tastatur. Nach Lesen der Druckausgabe kann der Empfänger in gleicher Weise antworten. Eine Speicherung für wiederholtes Ausdruk-
ken ist mit dem Zusatzgerät Lochstreifenleser/-stanzer möglich. Modernere
Fernschreiber haben elektronische Speichermöglichkeiten und gehören dann systematisch schon zu Teletex. Die Übertragungsgeschwindigkeit beträgt 50 bits/s,
eine DIN-A-4-Seite benötigt etwa vier Minuten. Der Zeichenvorrat ist begrenzt.

Netz:	Datex-L, Inbetriebnahme: 1967
Einsatz für:	Text- und Datenübertragung vorwiegend für kürzere Verbindungsdauer und nicht ständige Kommunikation
ÜBERTRAGUNG	
Medium:	Kupferkabel
Technik:	digitale Übertragung
Kapazität:	300 bis 9600 bits/s; im Probebetrieb vor Integration ins ISDN teils 64 000 bits/s
Betriebsart:	vollduplex
Verbindung:	leitungsvermittelt
ENDGERÄTE:	(Personal-)Computer. Die Endgeräte der Partner müssen mit derselben Geschwindigkeit übertragen
SONDER- FUNKTIONEN:	Kurzwahl, Direktruf, Rundschreiben, Anschlußkennung, Teilnehmerbetriebsklassen, Gebührenangabe, Hinweisgabe, Gebührenübernahme, Zuschreiben von Gebühren
NETZÜBERGANG:	Datex-P
ANZAHL TEILNEHMER:	alte BRD: 1989 30 000, 1990 keine Angaben
VERBREITUNG:	alte BRD
GEBÜHREN- STRUKTUR:	Monatliche Grundgebühr variabel nach Übertragungs- geschwindigkeit; Einheiten pro Sekunde variabel nach Übertragungsgeschwindigkeit und drei Entfernungsstufen, nach Anzahl der Verbindungen im Monat und drei Tages- zeitstufen und nach Werktag/Feiertag plus feste Gebühr pro Verbindung

Netz:	Datex-P, Inbetriebnahme: 1980
Einsatz für:	Datenübertragung von geringem bis mittlerem Volumen
ÜBERTRAGUNG	
Medium:	Kupferkabel
Technik:	digitale Übertragung
Kapazität:	110 bis 48 000 bits/s
Betriebsart:	vollduplex
Verbindung:	paketvermittelt
ENDGERÄTE:	(Personal-)Computer und nicht-paketorientierte Endeinrichtungen. Die Endgeräte der Partner können mit unterschiedlicher Geschwindigkeit übertragen
SONDER-FUNKTIONEN:	Kurzwahl, Direktruf, Rundschreiben, Anschlußkennung, Teilnehmerbetriebsklassen, Gebührenangabe, Hinweisgabe, Gebührenübernahme, Mehrfachanschluß. Zuschreiben von Gebühren. Auslandsverkehr mit Ländern, die paketvermittelte Netze haben, weil internationale Standardisierungen bestehen (CCITT/ISO).
NETZÜBERGANG:	Telefonnetz, Datex-L, ausländische Netze
ANZAHL TEILNEHMER:	alte BRD: 60 000
VERBREITUNG:	76 Länder inclusive USA, Frankreich, Fernost
GEBÜHREN STRUKTUR:	Monatliche Grundgebühr abhängig von der verwendeten Übertragungsgeschwindigkeit, aber unabhängig von der Entfernung; Zuschläge für Sonderfunktionen; Verbindungsgebühren pro Minute abhängig vom Übertragungsvolumen und Anzahl der Verbindungen im Monat; drei Tageszeitstufen sowie Wochentag/Feiertag; Gebühr für Anpassung von zeichenorientierten Daten; Gebühr für Teilnehmerkennnung und Zugangsgebühr bei Übergang auf andere Netze

Das **Datex-P Netz** war zu Beginn ausgelegt auf 40 000 Teilnehmer, Prognosen der 80er Jahre sahen die Teilnehmerzahlen bis auf 150 000 ansteigen, und neuere Prognosen setzen inzwischen etwas gedämpfter nur noch 100 000 Teilnehmer an. Der Zeitpunkt zum Übergang ins ISDN wäre 1990 bei 35 000 gerade noch rechtzeitig gewesen. Die Bundespost Telekom verwirrte ihre Kunden mit den widersprüchlichen gleichzeitigen Aussagen, daß das Datex-P Netz einerseits 1991 ins ISDN übergehen, andererseits aber als Spezialnetz bis 1996 für 400 Millionen DM erweitert werden sollte, um die prognostizierten Teilnehmerzahlen realisieren zu können. Datex-P ist wegen der Unabhängigkeit der Gebühren von der Entfernung für solche Unternehmen besonders interessant, die oft kleine Datenmengen über größere Entfernungen senden, solange die Bundespost Telekom diese Preispolitik beibehält. Die kräftige Erhöhung der Anschlußgebühr am 1. 7. 1991 spricht allerdings dafür, daß die Bundespost Telekom an Neukunden für das Datex-P Netz nicht mehr sehr interessiert ist und ISDN stärker favorisiert.

Netz:	Direktrufnetz, Inbetriebnahme: 1973
Einsatz für:	Datenübertragung in großen Mengen an ständige Partner (Rechenzentren, Tochter unternehmen)
ÜBERTRAGUNG	
Medium:	Kupferkabel
Technik:	digital
Kapazität:	50 bits/s bis 1,92 Millionen bits/s
Betriebsart:	vollduplex
Verbindung:	fest geschaltete Verbindung („Standleitung")
ENDGERÄTE:	Computer. Die Übertragungsgeschwindigkeit muß bei den Partnern identisch sein
SONDER-FUNKTIONEN:	Verbindung mehrerer Partner möglich
NETZÜBERGANG:	internationale Mietleitungen
ANZAHL TEILNEHMER:	alte BRD: 1989 160 000, 1990 keine Angaben
VERBREITUNG:	alte BRD
GEBÜHREN-STRUKTUR:	Anschlußgebühr; monatliche Grundgebühr je nach Entfernung und Übertragungsgeschwindigkeit

Das ISDN „Integrated Services Digital Network" ist kein neues Netz; als Netz wird das herkömmliche Telefonnetz benutzt. Neu ist die Umstellung auf digitalisierte Übertragung, was wie bei der Betriebsart weniger eine Frage der Leitungen als der technischen Gestaltung der Vermittlungsstellen/Knoten ist.

Das Direktrufnetz, das Datex- und das Telexnetz wurden in den Jahren 1973 bis '78 zusammengefaßt zum IDN „Integriertes Datennetz", wie in der Abbildung 2.36 ersichtlich. Das IDN stellte aber keine wirkliche Integration dar, weil der Teilnehmer, der mehr als einen Dienst im IDN benutzen wollte, für jeden einzelnen einen separaten Anschluß mit unterschiedlicher Teilnehmernummer, unterschiedlichen Gebührenstrukturen und unterschiedlichen Endgeräten mieten mußte. Lediglich die Netzübergänge wurden etwas vereinfacht. So wurde auch das IDN der 70er Jahre nicht komplett in das ISDN integriert. Das Telex-Netz bleibt wohl wegen seiner eigenen Kodierung und seiner konventionellen Technik separat; seine Überlebenschancen liegen nur im weltweiten einfachen Standard und in der großen Verbreitung, denn es ist nach dem Telefon noch das zweitgrößte Netz der Welt. Ein Übergang vom und zum ISDN ist deshalb unerläßlich.

Ganz anders als im IDN ist die Integration im ISDN verwirklicht: für alle anschließbaren Dienste, wie sie in Abbildung 2.55 dargestellt sind, ist nur noch ein Anschluß mit einer einzigen Teilnehmernummer und einheitlicher Gebührenstruktur für die ISDN-Dienste nötig. Lediglich bei Übergang auf andere Netze kommen weitere Gebühren, wie Bereitstellungs- und Grundgebühren hinzu.

Netz:	ISDN Integrated Services Digital Network
Inbetriebnahme:	als Schmalbandnetz Erprobung in Mannheim und Stuttgart ab 1986; ab 1990 Einsatz in acht miteinander verbundenen Ortsnetzen der BRD mit je ca. 1000 Teilnehmern; vereinte BRD bis ca. 1995; als Breitbandnetz (Glasfaser) ab Mitte der 90er Jahre bis ca. 2015
Einsatz für: ÜBERTRAGUNG	Übertragung digitalisierter Daten, Texte, Bilder und Sprache
Medium:	digitalisiertes Telefonnetz (Kupferkabel), ab Mitte der 90er Jahre Übergang auf Glasfaser geplant
Technik:	digitale Übertragung; der 3,1 kHz-Kanal des Telefons wird ersetzt durch drei digitale Kanäle:
Kapazität:	144 000 bits/s für zwei Kanäle je 64 000 bits/s und einen Steuer-Kanal („D-Kanal" für Anzeige von Rufnummern, Gebühreninformation etc.) mit 16 000 bits/s.
Betriebsart:	vollduplex
Verbindung:	1. leitungsvermittelt (Wählnetz) 2. feste Verbindung, wie beim Direktrufnetz 3. „Vorbestellte Dauerwählverbindung": wie 2. aber Gebühren werden erst ab „Aktivierung", also Übertragung, berechnet
ENDGERÄTE:	ISDN-Telefon, (Personal-)Computer mit ISDN-Karte, Lokale Netze, Bildschirm-Telefon, Grafik-Telefon, BTX-Geräte, Telefax etc.
NETZÜBERGANG:	analog-Telefon, IDN, Datex-P, C-Netz (City-Ruf)
ANZAHL TEILNEHMER:	alte BRD: 8300, vereinte BRD angeblich 16 300
VERBREITUNG:	alte BRD 317 Gemeinden = 70% der Fläche (1993 100%, 1995 100 % vereinte BRD geplant), Belgien, Dänemark, Finnland, Frankreich, England, Holland, Italien, Japan, Österreich, Schweden, Schweiz, Spanien, USA. Anschluß an Holland, Frankreich, England und Japan. 1992 an USA, Italien und Dänemark geplant. ETSI (European Telecommunications Standards Institute) hat 1987 Standards für den Binnenmarkt festgelegt, in der BRD werden dieser und der nationale Standard angeboten
GEBÜHREN-STRUKTUR:	Bereitstellungsgebühr für Basis- oder Primärmultiplex-Anschluß; monatliche Grundgebühren; Gebühren für geschlossene Benutzergruppen, Anrufumleitung/Weiterschaltung. Einheiten wie beim Telefonnetz, bei Nutzung beider Kanäle doppelte Einheiten. Einmalige Bereitstellungsgebühr und monatliche Grundgebühr für den Übergang zu Datex-P. Die kräftige Preiserhöhung für die „Vorbestellte Dauerwählverbindung" macht diese ehemals günstige Verbindungsart völlig uninteressant

Der Teilnehmer kann an seinem genormten Anschluß („Kommunikationssteck-dose") über eine Businstallation bis zu acht verschiedene Endgeräte für Daten-, Text-, Bild- und Sprachübertragung anschließen und davon zwei gleichzeitig betreiben, weil zwei Kanäle zur Verfügung stehen.

Ein Anschluß, der bis zu acht Geräte zuläßt, wird als Basisanschluß bezeichnet. Will ein Unternehmen mehr Geräte betreiben, so gibt es mehrere Möglichkeiten:

- mehrere Basisanschlüsse
- kleine und mittlere ISDN-Nebenstellenanlagen an einem Basisanschluß
- ein Anschluß mit 30 Kanälen („Primär-Multiplex-Anschluß"; entspricht 15 Basisanschlüssen); nach Rechnungen der Bundespost Telekom lohnt dieser Anschluß schon ab 7 Basisanschlüssen
- eine mittlere bis große ISDN-Nebenstellenanlage an einem Primär-Multiplex-Anschluß. Damit genügt für alle Dienste im ISDN eine Nebenstellenanlage für das Unternehmen.

Für die Endgeräte stellt die Bundespost Telekom eine international standardisierte Standardschnittstelle zur Verfügung:

S_0 für einen leitungsvermittelten Basisanschluß
S_{0FV} für einen Basisanschluß mit fester Verbindung
S_{2M} für einen leitungsvermittelten Primär-Multiplex-Anschluß
S_{2MFV} für einen Primär-Multiplex-Anschluß mit fester Verbindung

Ältere Geräte, die diese Schnittstelle nicht haben, können über einen Adapter angeschlossen werden. Sie arbeiten aber langsamer.

Die Übertragungsrate von 64 000 bits/s beruht auf dem Ablauf der Analog-Digital-Umwandlung: Analoge Signale werden 8000mal in der Sekunde abgetastet, das Signal wird in 8-bit-Sequenzen (binäre Zahlenkombinationen) umgesetzt; 8000 Abtastungen pro Sekunde multipliziert mit 8 bits ergeben 64 000 bits/s.

Die Analog-Digital-Umwandlung ist deshalb ausschlaggebend, weil einige Dienste, wie Fernzeichnen oder Bildtelefon diese Umsetzung benötigen; das analoge Telefon kann ebenfalls nicht getrennt vom ISDN existieren, es muß mit dem digitalen ISDN-Telefon kommunizieren können.

ISDN und der Personal-Computer wachsen immer enger zusammen. Mit Adapterkarte und dazugehöriger Kommunikationssoftware, für die ein umfangreiches Angebot besteht, läßt sich der Personal-Computer — als Einzelplatz oder Lokales Netz — relativ preisgünstig zu einem Kommunikationsgerät ausbauen, das über die Netzübergänge des ISDN mit mehreren Diensten, im allgemeinen analoges und digitales Telefax, Bildschirmtext und Datenübertragung, verkehren kann.

Netz:	VBN Vermittelndes Breitbandnetz
Inbetriebnahme:	1983 als einzelne „BIGFON"-Versuchsnetze in acht Städten der BRD; 1984 erste Verbindung zweier Städte (Hamburg und Hannover); 1989 in 29 miteinander verbundenen Städten („Overlay"-Netz) unter der Bezeichnung „Vorläufer Breitbandnetz"
Einsatz für:	Übertragung von Daten, Text, Bild und Sprache im Glasfaserkabel; Vorbereitender Test zur Integration jeder elektronischen Kommunikation incl. Rundfunk und Fernsehen. Seit 1990 für den Dienst Videokonferenz eingesetzt, vorgesehen für Tele-Publishing (Übertragung fertiger Druckseiten mit Text und Grafik) und Tele-Medizin (Ferndiagnose, Übertragung von Röntgenbildern etc.)
ÜBERTRAGUNG	
Medium:	Glasfaserkabel
Technik:	digitale Übertragung
Kapazität:	1990 140 Millionen bits/s (Mbits/s); vorgesehen 565 Mbits/s; Versuch 1,7 Milliarden bits/s (Gigabits/s)
Betriebsart:	vollduplex
Verbindung:	je nach Dienst leitungs- oder paketvermittelt, vorgewählte Dauerwählverbindung (siehe ISDN); Vermittlungs- und Verteilnetz
ENDGERÄTE:	im Endstadium alle Kommunikationsgeräte
ANZAHL TEILNEHMER:	Videokonferenz 275, sonstige Dienste für 1990 keine Angaben

Netze:	nationales C-Funknetz, Inbetriebnahme 1985 europaweites D-Funknetz, geteilt in D1 (Bundespost Telekom) und D2 (betrieben von der Mannesmann Mobilfunk GmbH zur Wahrung eines Wettbewerbs), erster Feldversuch ab Juli 1991, BRD-weit nach 1994 geplant
Einsatz für:	drahtlose Signal-, Sprach- und numerische und Kurztext-Kommunikation
ÜBERTRAGUNG	
Technik:	C- Funk analog, D-Funk digital
Kapazität:	geplant für 100 000 Teilnehmer, ab 1992 800 000
Verbindung:	simplex für Signal-, numerische und Kurztextkommunikation, vollduplex für Sprachkommunikation
ENDGERÄTE:	Signalgerät, Kurztext-Empfänger, Mobiltelefon
ANZAHL TEILNEHMER:	vereinte BRD: C-Funk Ende 1990 544 000. Oktober 1991 719 000. Näheres siehe beim Dienst Mobilfunk.
VERBREITUNG:	vereinte BRD, das C-Funknetz ist nicht kompatibel mit den europäischen Nachbarn; erst das D-Funknetz soll internationalen Standards entsprechen
GEBÜHREN-STRUKTUR:	C-Funk siehe Dienste Eurosignal, Mobiltelefon, Cityruf D-Funk Ende 1991 noch keine festgelegte Struktur, über verschiedene Vermittler sollen individuelle Gebühren-Strukturen angeboten werden

Mobile Kommunikation über Funknetze entwickelt sich in der BRD im Verhältnis zu unseren Nachbarländern sehr langsam. Statt der angekündigten Inbetriebnahme des D-Funknetzes 1991 wurde im Juli ein „erster Feldversuch" gestartet. Das C-Funknetz, das durch das D-Funknetz abgelöst werden sollte, wird wohl die Jahrtausendwende wohlbehalten überdauern, und das Angebot an Endgeräten für das angeblich verschwindende C-Funknetz explodiert nachgerade bis zur Unübersichtlichkeit. Dasselbe gilt für die Teilnehmerzahl, die 1990 einen monatlichen Zuwachs von 20 000 Teilnehmern verzeichnete. Allein das Mobiltelefon stieg in dieser Zeit von 274 000 auf 544 000.

Netze:	Satellitennetze

Die Bundespost Telekom arbeitet mit 15 Satelliten über Beteiligung an den internationalen Satellitennetzen 1 bis 4 und die beiden eigenen Netze 5 und 6. Die Dienste sind, wie bei den anderen Netzen, hiervon nicht zu trennen, sie werden der Übersichtlichkeit zuliebe hier mit genannt.

1. **Eutelsat** — Europaweiter interaktiver Übertragungsdienst DAVID für Text- und Datenübertragung. 350 Bodenstationen, davon 130 in den neuen Bundesländern, Rest im Ausland. Inbetriebnahme 1990; interesant für Unternehmen mit Filialen in den neuen Bundesländern und im europäischen Ausland

2. **Intelsat** — weltweite Satellitenorganisation mit 6 Kontrollstationen, davon eine in Raisting, Oberbayern

3. **Inmarsat** — Mobile Funkdienste über Satellit weltweit für Schiff, Flugzeug und mobile Bodenstationen: Telefon, Telefax und Datenübertragung mit 9600 und 600 bits/s. Verbindung zu allen Telex- und Datex-P-Teilnehmern

4. **Intersputnik** — Übernahme der Mitgliedschaft der ehemaligen „Deutsche Post" der DDR durch die Bundespost Telekom. Direkte Fernmelde- und Fernsehverbindung über die Bodenstation Neu Golm bei Berlin mit Osteuropa, Algerien, Syrien, Jemen, Irak, USA, Kanada, Kuba, Nicaragua, Afghanistan, Vietnam, Kambodscha, Nord-Korea, Laos, Mongolei und China

5. **Kopernikus** — Inbetriebnahme 1990. Übertragung von Daten und Fernsehfunk. Telefondienst DIVA für direkte Verbindungen mit den neuen Bundesländern mit Bodenstationen in Schwerin, Frankfurt/Oder, Cottbus, Chemnitz, Gera. Datenübertragungsdienst DASAT mit einer Kapazität von 2 Megabits/s; Bodenstation in Rostock, Leipzig, Erfurt, Halle und Magdeburg

6. **TV-SAT** — Radio und Fernsehen

Der Zugang für den Endbenutzer zu Satellitennetzen geht über die vorgenannten Netze, er selbst hat keinen Zugriff. Es gelten deshalb die dort genannten Gebührenstrukturen

2.2.8.3.2.2 Öffentliche Dienste

Im folgenden werden nicht nur Dienste der Bundespost Telekom dargestellt. Auch Informations- und Nachrichtendienste privater Anbieter können auf den öffentlichen Netzen zugelassen werden. Ihr Tätigkeitsfeld liegt vor allem in Mailboxen sowie in technischen und Wirtschaftsdatenbanken.

Zu jedem Dienst werden Angaben über seine Geschwindigkeit gemacht, wo das möglich ist. Diese Angaben betreffen meist die Übertragungsdauer für eine durchschnittliche DIN-A4-Seite oder eine Bildschirmseite. Die Angaben nennen nur die reine Übertragungsdauer, Zeit für Verbindungsaufbau und Steuerungszeiten sind nicht enthalten. Sie sind oft ein mehrfaches der reinen Übertragungsdauer. So benötigt Teletex z.B. im ISDN etwa eine Sekunde für eine DIN-A4-Seite. Wird aber für eine Kommunikation insgesamt nur eine Seite übertragen, dauert der Vorgang sieben Sekunden; Verbindungsaufbau und Steuerung benötigen demnach das sechsfache einer Seite.

Dienste:	Fernsprechen, Bildtelefon, Grafiktelefon, Sprachspeicherdienst, Telefonkonferenz mit bis zu 15 Teilnehmern
Inbetriebnahme:	Fernsprechen 1873, Bildtelefon 1991, Grafiktelefon ca. 1993, Sprachspeicherdienst ab 1989 im Versuch in Berlin, Essen, Hannover
Einsatz für:	Sprachkommunikation. Im Sprachspeicherdienst das Bereithalten von individuellen und allgemeinen Mitteilungen; Bildtelefon als Ergänzung mit optischem Kontakt (Partner, Dokument, Entwurf, Modell); das Grafiktelefon ist ergänzt mit Zeichentablett und Bildschirm und erlaubt gemeinsames Entwerfen via Telekommunikation
Netzgrundlage:	Analoges Telefonnetz (nur Fernsprechen), ISDN, Satellit.
Übergang auf andere Netze/Dienste:	Mobiltelefon
verwendbare Geräte:	**analoges Telefonnetz:** einfaches Telefon; **ISDN:** Komforttelefone mit verschiedenen Funktionen; Bildschirm für Bildtelefon und zusätzlich Zeichentablett für Grafiktelefon; für den Sprachspeicherdienst wird ein Tonfrequenzsender wie beim Anrufbeantworter mit Fernabfrage oder ein MfV-Telefon benötigt (Mehrfrequenzwahlverfahren) **analoges Telefon und ISDN:** schnurloses Telefon „Telepoint birdie" bis ca. 300 Meter über die nächste Telefonzelle einsetzbar
Dauer für die Übertragung einer Bildschirm-Seite:	Zum Bildtelefon werden seit 1988 Vorstufen angeboten. Sie übertragen im analogen Netz feststehende Bilder in knapp 10 Sekunden und blockieren solange das Sprechen. Im ISDN geht die Übertragung mit über den Sprechkanal, ein Festbild dauert unter einer Sekunde

Anzahl Teilnehmer am Telefon:	vereinte BRD: 31,9 Millionen, Sprachspeicherdienst 2700 international: ca. 700 Millionen
Gebühren- struktur:	Fernsprechen siehe Telefonnetz und ISDN; Sprachspeicher- dienst: einmalige Einrichtungsgebühr, monatliche Grundge- bühr gestaffelt nach Anzahl Sprachboxen, pauschale Nut- zungsgebühr, Telefoneinheiten; Bildtelefon ist nur eine Aus- stattung des Endgerätes und benutzt nur einen Kanal, des- halb keine zusätzlichen Gebühren; Grafiktelefon ebenso; bei Geräten, die beide Kanäle benutzen, doppelte Einheiten
Vorteile:	Sprachspeicherdienst mit Tonfrequenzsender von jedem An- schluß aus abrufbar; niedrige Investition; nicht nur indivi- duell, auch Rundnachrichten, Ansagen (Börse, Wetter etc). Deutschland-Direkt-Dienst zu den USA, Belgien, Däne- mark, Frankreich, Großbritannien, Kanada, Luxemburg, Niederlande, Schweden, Spanien: kostenloser Anruf bei der deutschen Vermittlungsstelle zur Herstellung eines Rück- rufs („R"-Gespräch)
Nachteile:	Bild- und Grafiktelefon sind eine Frage der Verbreitung und Akzeptanz; keine Dokumentation möglich

Dienst:	Telefax/Telebrief
Inbetriebnahme:	1959 postintern, 1979 öffentlich
Einsatz für:	Schrift- und Bildkommunikation (schwarz/weiße Raster). Über 1000 Postämter halten Telefaxgeräte bereit, und es können von dort Dokumente entweder direkt zu einem Empfänger oder zum nächsten Postamt mit Fax-Gerät übermittelt und ausgetragen werden (Telebrief, gehört laut Allg. Geschäftsbedingungen zum Briefdienst)
Netzgrundlage:	Telefonnetz/ISDN
verwendbare Geräte:	analoge oder digitale Fernkopierer („Faxgeräte"), Personal-Computer mit Fax-Karte
Dauer für die Übertragung einer DIN-A4-Seite:	im analogen Telefonnetz (Gerätegruppe 3): 1–3 Minuten; im ISDN (Gerätegruppe 4) 5–15 Sekunden bei doppelter Auflösung in Kopiererqualität
Anzahl Teilnehmer:	vereinte BRD: 696 000 (Telefax), international: ca. 18 Mio.
Grenzüber- schreitung:	weltweit
Gebühren- struktur:	**Telefax:** im analogen Telefonnetz: einmalige Bereitstel- lungsgebühr; monatliche Grundgebühr; Telefoneinheiten. ISDN nur ISDN-Gebühren **Telebrief:** Seiten-, Datenträger- und Zustellungsgebühr
Vorteile:	sehr einfache Handhabung; preisgünstig (20 DIN-A4- Seiten pro Einheit im Ortstarif); Sonderfunktionen: Speichern und zeitversetztes Senden zum Nachttarif, Journal, Nummernspeicherung

Obwohl die Technik des **Telekopierens** schon seit 1959 bei der Bundespost bei Telegrammübertragung eingesetzt ist, wird sie erst seit dem 1. 1. 1979 postextern angeboten. Der explosionsartige Markt an Telefaxgeräten in den ausgehenden achtziger Jahren zeigt deutlich, daß die Deutsche Bundespost einen jahrzehntelangen Vorsprung nicht genutzt hat.

Ein Abtastgerät unterscheidet bei einem Schriftstück oder einer Zeichnung Helligkeitswerte, die in Raster aufgelöst über Telefonleitung analog übertragen werden. Bei der Bandbreite von 300 bis 3400 Hz pro Telefonkanal ist das Auflösungsvermögen auf Hell-Dunkel-Werte beschränkt, und so können Schrift, Diagramme und Grafiken übertragen werden. Im ISDN erlaubt die doppelte Auflösung von 400 Bildpunkten pro Inch annähernd die Qualität von Fotokopierern. Analoge Telekopierer der Gruppe 3 können mit den digitalen der Gruppe 4 kommunizieren.

Dienst:	Telex, Inbetriebnahme: 1933
Einsatz für:	Schriftverkehr mit beschränktem Zeichensatz
Netzgrundlage:	Telex-Netz
Übergang auf andere Netze/Dienste:	Teletex, Telegramm, Telebox, BTX, Cityruf
verwendbare Geräte:	Fernschreibmaschinen, (Personal-)Computer
Dauer für die Übertragung einer DIN-A-4-Seite:	3–5 Minuten
Anzahl Teilnehmer:	vereinte BRD: 1989 160000, 1990 134000 international: 1,7 Millionen in 175 Ländern
Gebührenstruktur:	siehe Telex-Netz
Vorteile:	weltweite Verbreitung; einfache Standards; relativ geringe Investition;
Nachteile:	eingeschränkter Zeichensatz

Dienst:	Teletex, Inbetriebnahme 1981
Einsatz:	elektronischer Schriftverkehr
Netzgrundlage:	Datex-L, ISDN
Übergang auf andere Netze/Dienste:	Telex, Datex-L + P, Cityruf
verwendbare Geräte:	Speicherschreibmaschine mit Display; Textsystem; (Personal-)Computer mit Teletex-Karte, Kommunikationssoftware und Druckeradapter; Personal-Computer-Netze
Dauer für die Übertragung einer DIN-A4-Seite:	Datex-L Netz: 6–12 Sekunden; ISDN 1 Sekunde
Anzahl Teilnehmer:	alte BRD: 1989 20 000, 1990 16 000 international: ca. 40 000 in 13 europäischen Ländern, USA und Südafrika
Gebührenstruktur:	Datex-L Netz: einmalige Bereitstellungsgebühr; Monatliche Grundgebühr in 2 Stufen nach Anzahl Kommunikationen; Verbindungsgebühren pro Sekunde variabel nach 3 Entfernungszonen und drei Tageszeitstufen/Werk- und Feiertagen; Bereitstellungsgebühr je Verbindung. Zuschlag bei Durchschaltung auf hauseigene Anlagen. Bei Übergang auf Telex gelten Telex-Gebühren. ISDN: ISDN-Gebühren
Vorteile:	durch Trennung von Empfangs- und Kommunikationsteil ständige Empfangsbereitschaft bei ungestörter Arbeit; Einbindung in Computernetze; Dokument rechtsverbindlich und weiterverarbeitbar; schneller Verbindungsaufbau; Korrespondenzqualität; teils internationale Standards
Nachteile:	Der Benutzer ist zur ständigen Empfangsbereitschaft verpflichtet

Teletex ist ein Kommunikationssystem mit wesentlichen Unterschieden zu Telex:

- keine Einschränkung des Zeichenvorrats
- fast 50fache Übertragungsgeschwindigkeit von 2400 bits/s; im ISDN mit 64 000 bits/s
- der Text wird vor der Übertragung elektronisch gespeichert und erst nach Fertigstellung komplett gesendet. Die Leitung wird nur kurz belegt, die hohe Geschwindigkeit der Übertragung wird damit sehr wirtschaftlich
- auch beim Empfänger wird die Nachricht elektronisch gespeichert, der Empfang stört die eigene Texterstellung nicht
- die Texte können mit Programmen bearbeitet und ausgewertet werden.

Wird als Teletexgerät statt der ursprünglich vorgesehenen Speicherschreibmaschine ein (Personal-)Computer eingesetzt, der auch noch ein hausinternes

Kommunikationssystem (siehe 2.2.8.3.2.3 Inhausnetze) bedient, so vereinen sich Telekommunikation, Datenverarbeitung und Textverarbeitung zu **einem** System.

Teletex-Verbindungen ins Ausland benutzen mit den oben genannten Einschränkungen das Telex-Netz, eines der größten Netze der Welt. Dann gilt wieder der eingeschränkte Zeichenvorrat und langsame Übertragung.

Teletex wurde 1981 eingeführt, und der schnelle, preisgünstige und von der Anwesenheit des Empfängers unabhängige Kommunikationsdienst ließ hohe Teilnehmerzahlen erwarten. Daß bis Mitte 1988 erst knapp 20000 Teilnehmer angeschlossen waren, kann nur an der Gebührenpolitik der Bundespost Telekom liegen, denn von der elektronischen Speicherschreibmaschine über den Personal-Computer bis zum Groß-Computer ist alles anschließbar. Der Übergang auf das ISDN-Netz sowie eine Aktion der Bundespost Telekom zum dreimonatigen kostenlosen Test im Herbst 1989 und die Senkung der Anschlußgebühren von DM 220 auf DM 170 (Grundgebühr A) bzw. von DM 180 auf DM 90 (Grundgebühr B) sollte die Teilnehmerzahlen nach oben bringen. Das Gegenteil ist eingetreten.

Interschiedliche Verbindungsgebühren, gestaffelt nach Tageszeit, Dauer und Entfernung sowie unterschiedliche Anschlußgebühren je nach Entfernung zum nächsten Datenumsetzer der Telekom sowie eine ebenso komplizierte Staffelung von Teletex-Telex-Verbindungen lassen den Benutzer jedoch Kostenbelastungen des laufenden Betriebes nicht im Voraus kalkulieren, ja kaum schätzen. Und unkalkulierbare Kosten stellen eine enorme Akzeptanzschwelle dar. Die Bundespost Telekom begründet den Rückgang von Telex und Teletex zwar mit dem Einsatz „höherwertiger" Dienste; die Erhöhung der Anschlußgebühr am 1. 7. 1991 auf 500 DM bei beiden Diensten und bei Datex-P zeigt aber, daß die Geschäftspolitik inzwischen rigoros in Richtung ISDN gedreht wurde, und daß dieser Trend durchaus beabsichtigt ist.

Dienst:	Telebox/Mailbox, Inbetriebnahme: 1984/85
Einsatz:	Individueller elektronischer Schriftverkehr mit fester Adresse in einem elektronischen Kommunikationssystem
Netzgrundlage:	Datex-L + P, Telefonnetz mit Modem oder Akustikkoppler, ISDN
Übergang auf andere Netze/Dienste:	Telex, Teletex, Telefax, BTX und zu privaten Mailboxen
verwendbare Geräte:	Personal-Computer, elektronische Schreibmaschine
Dauer für die Übertragung einer DIN-A4-Seite:	Datex-L: 1,5 Minuten (300 bits/s) Datex-P: 2,5–10 Sekunden (2400–9600 bits/s) Telefonnetz: 10 Sekunden (Modem 2400 bits/s) 20 Sekunden bis 1,5 Minuten (Akustikkoppler 300/1200 bits/s)
Anzahl Teilnehmer:	vereinte BRD: 2800 (Bundespost Telekom) international: 1989 ca. 250 000 in 19 Ländern bei den Postverwaltungen; ca. 7 Millionen über private Anbieter (5 in der BRD). Neuere Zahlen liegen nicht vor
Gebührenstruktur:	Bereitstellungsgebühr für Einrichtung oder Änderung einer Adresse; monatliche Grundgebühr für eine oder mehrere Boxen in drei Staffelungen; Zuschlag für geschlossene Benutzergruppe; Einheiten je Minute, Gebühren für Speicherung und Adressierung in 4 Stufen; Gebühren für Übermittlung an andere Mailboxsysteme und Dienste
Vorteile:	Konkurrenz mit privaten Anbietern; ortsungebundene Nutzung mit Akustikkoppler; schneller Verbindungsaufbau bei Datex; Zugriffsschutz; Sprachübersetzungen (nur bei privaten Mailboxen)
Nachteile:	zu wenige Teilnehmer in der BRD; Zugriff auf Datenbanken nur über private Mailbox-Anbieter; unterschiedliche Bedienung der angebotenen Post- und Privat-Mailboxen

Telebox kann als elektronisches Schließfachsystem bezeichnet werden. Jeder Teilnehmer hat ein Schließfach („Box"), das mit einem Paßwort geschützt ist. Der Benutzer kann sein Paßwort selbst ändern. Mitteilungen gehen von Box zu Box. Da im Prinzip nur zwei Partner bei einer Mitteilung beteiligt sind, ist Telebox ein System zur Individualkommunikation; ein „schwarzes Brett" für alle Telebox-Benutzer und eines für geschlossene Gruppen wird aber angeboten. Die Bundespost Telekom gibt den Zuwachs 1990 stolz mit 39% an; dies ist aber bei der verschwindend geringen Teilnehmerzahl nicht erwähnenswert. Mit der weltweiten Einführung des X.400 Standards könnten die Teilnehmerzahlen allerdings doch noch beträchtlich werden.

Dienst:	Bildschirmtext BTX, Inbetriebnahme 1984
Einsatz für:	Daten-, Text- und einfache Bildkommunikation; ursprünglich geplant zwischen Unternehmen und Haushalten; BTX entwickelt sich aber zum universellen Kommunikationssystem vor allem zwischen Unternehmen
Netzgrundlage:	Telefonnetz zu den Haushalten; Datex-P zu Unternehmen; ISDN
Übergang auf andere Netze/Dienste:	Telex, Telebox, Telefax, Cityruf
verwendbare Geräte:	MultiTel, MultiCom, Fernseher mit Telefon, Personal-Computer mit BTX-Karte oder Softwaredekoder
Dauer für die Übertragung einer Bildschirm-Seite:	ca. 30 Sekunden über analoges Telefonnetz (1200 bits/s zum Teilnehmer, zurück 75 bits/s), im ISDN 1,5 Sekunden
Anzahl Teilnehmer:	alte BRD: 260 000, 3100 Anbieter
Grenzüberschreitung:	Abruf von Seiten aus dem französischen Télétel; kein gemeinsamer Standard mit dem englischen System (Prestel)
Gebührenstruktur:	einmalige Bereitstellungsgebühr; monatliche Grundgebühr; Gebühren für Mitbenutzerkennung täglich, Absenden pro Seite, Speichern, Abruf aus fremden Regionalbereichen; Gebühren pro Seite für den Anbieter; Telefoneinheiten meist nicht im Ortstarif. Anbieter haben tiefgestaffelte Gebühren je nach Angebot ihrer Seiten, deren Speicherung und Bekanntgabe in Verzeichnissen. Im ISDN: nur ISDN-Gebühren und Gebühren für die Seiten der Anbieter

Bildschirmtext (BTX) ist eine englische Entwicklung aus der Mitte der 70er Jahre. Es hieß dort zunächst Viewdata, sein endgültiger Name ist Prestel. Das deutsche System BTX hat seine Standardisierungen nicht von Prestel übernommen, sondern sich der Europäischen Konferenz der Post- und Fernmeldeverwaltungen – CEPT – angeschlossen. 1977 auf der Funkausstellung in Berlin vorgestellt und ab 1980 durch Versuche in Berlin und Düsseldorf erprobt, sollte seine Einführung im Herbst 1983 bundesweit beginnen, wurde aber um ein Jahr verschoben, weil der Entwicklungsaufwand der Steuerungs- und Verwaltungssoftware höher als erwartet war.

Der organisatorische und technische Ablauf von BTX wird im folgenden dargestellt:

– Die Bundespost Telekom stellt regionale BTX-Zentralen in größeren Ortsnetzen zur Verfügung, die mit hierarchisch verbundenen Groß-Computern ausgerüstet sind. Dort sind Bildschirmseiten auf Platten gespeichert. Die Seiten sind nach einem sehr unfangreichen Inhaltsverzeichnis geordnet, das nach dem Prinzip des Suchbaums aufgebaut ist. Der Suchvorgang läuft nach der Menü-Technik ab: nach der ersten Begrüßungsseite wird eine Grobauswahl zur Verfügung gestellt, auf der nächsten Seite eine feinere Auswahl usw. Zusätzlich werden ein alphabetisches Anbieterverzeichnis und ein Schlagwortkatalog angeboten. Ist die Anbieternummer z.B. aus der Werbung bekannt, kann sie direkt gewählt werden.

Die BTX-Zentralen sammeln Seiten von Informationsanbietern und halten sie zum **Abruf** bereit. Sie steuern den Dialog mit dem Benutzer, prüfen seine Berechtigung und rechnen Gebühren ab.

– Die Anbieter von Informationsseiten können diese den BTX-Zentralen auf verschiedenen Wegen Informationen:
  • auf einem Formblatt pro Seite. Die Seite wird in der BTX-Zentrale erfaßt
  • Speicherung der Seiten in ihrem eigenen Computer, der von der Bundespost Telekom „externer Rechner" genannt wird, und Übersendung über das Datex-P Netz an die nächste BTX-Zentrale. Von Benutzern ausgefüllte Seiten, z.B. vorgefertigte Formulare, werden periodisch vom Anbieter abgerufen
  • die Bereitstellung von Seiten im Computer des Anbieters ist dann möglich, wenn sie bei Bedarf vom Benutzer über die BTX-Zentrale abgerufen werden kann. Nach Ausfüllen der Seite geht sie wieder direkt zum Anbieter zurück. Damit wird der direkte Dialog Anbieter-Benutzer ermöglicht
  • auch über die Benutzereinrichtung können Seiten angeboten werden.

– Der Benutzer benötigt ein Fernsehgerät mit Dekoder, ein Telefon mit Modem zur Umsetzung der digitalen Signale in analoge und eine eingeschränkte oder komplette Tastatur, je nachdem, welche Information er abgeben will. Wahlweise kann er einen Drucker anschließen. Statt des Fernsehers setzen sich der Personal-Computer, aufgerüstet mit einer BTX-Karte, und langsam auch das MultiTel und das MultiCom, kleinere Bildschirme mit recht unhandlichen Tastaturen, durch.

Die BTX-Kommunikation des Benutzers geht über Telefonleitung. Der Benutzer kann Information von den BTX-Zentralen abfragen. Hat eine Zentrale nicht die gewünschte Seite, so kann sie diese von der BTX-Leitzentrale in Ulm über das Datex-P Netz anfordern. Dies macht bundesweite BTX-Kommunikation möglich. Der Benutzer kann nicht feststellen, ob er eine Seite von einer anderen BTX-Zentrale oder direkt von einem Anbieter erhält.

Der Benutzer kann selbst Information anbieten
  • als Anbieter von Seiten
  • als Antwort auf Seiten. Stellt seine Bank z.B. Seiten mit seinem Konto zur Verfügung, kann er sich seinen Kontostand anzeigen lassen und Überweisungen vornehmen.

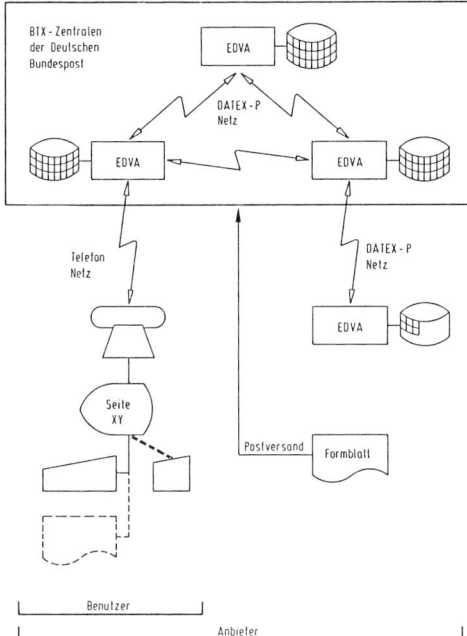

Abb. 2.56: Bildschirmtext Gesamtablauf

Benutzer und Anbieter lassen sich bei BTX oft nicht mehr klar trennen. Zwar war BTX als Kommunikationsmedium zwischen Unternehmen und privatem Haushalt konzipiert, die undurchsichtige Gebührenstruktur hebt aber wie bei Teletex die Akzeptanzschwelle in unkalkulierbare Höhen – nicht nur bei den privaten Haushalten. Erst zögernd wird BTX akzeptiert – von den für 1986 prognostizierten eine Million Teilnehmern waren zu diesem Zeitpunkt 58 000 realisiert, 1988 wurde die Grenze von 100 000 überschritten, und Ende 1990 waren es 260 000. Diese Teilnehmer sind überwiegend Unternehmen; BTX hat sich zum Kommunikationsmedium zwischen Unternehmen gewandelt. Und hier sind oft beide Seiten Anbieter und Benutzer gleichzeitig.

Die klarere Gebührenstruktur von ISDN könnte die Verbreitung von BTX fördern; allerdings sind die über dreifachen Grundgebühren für Haushalte nicht interessant. Schon die Grundgebühr von DM 74,– für das ISDN wird BTX weiter zum Kommunikationssystem für Unternehmen machen.

Vorreiter für diese Verbindungen sind die Banken, die ihren Firmenkunden über eine BTX-Kommunikation Software für wesentliche Bereiche ihrer Betriebswirtschaft anbieten. Der Terminus Electronic Banking hat sich hierfür duchgesetzt.

Mit den derzeit zur Verfügung stehenden Netzen der Telekom ist BTX ein universelles Daten-, Text- und teils auch Bildverarbeitungs- und Telekommunikationssystem.

BTX ist das erste System, das Massenkommunikation – z.B. Werbung, Kataloge, Nachrichten, lexikalische Informationen, Fahrpläne etc. – und Individualkommunikation – z.B. Bankverkehr, Platzbuchung, Bestellungen etc. – auf breiter Basis zusammenbringen könnte, würden die privaten Haushalte nicht durch die Grundgebühr für ISDN praktisch ausgeschlossen.

Inzwischen werden auch öffentliche BTX-Geräte angeboten („öBTX"), aber nur für angemeldete BTX-Teilnehmer, die schon zuhause oder im Büro einen Anschluß haben. Die sporadische Verteilung und der Zwang zur Angabe der Benutzernummer, die ein Nachfolger stundenlang auf Kosten des Anmelders mißbrauchen kann, wenn man vergißt sich abzumelden, lassen es geraten erscheinen, besser einen tragbaren Computer („Laptop") mitzuschleppen.

Dienst:	Datenbanken
Inbetriebnahme:	erste Datenbanken in der BRD ca. 1974
Einsatz für:	Fachauskünfte in den Gebieten Wirtschaft (52%) Technik (15%) Naturwissenschaften und Medizin (11%) und sonstige (22%). Die Zahlen beziehen sich auf die BRD 1988
Zugang:	Datenbanken sind im wesentlichen über private Mailboxen und zum Teil über BTX erreichbar
verwendbare Geräte:	(Personal-)Computer
Anzahl Datenbanken:	BRD: ca. 500 international: ca. 6000
Grenzüberschreitung:	über Mailboxen
Gebührenstruktur:	Gebühren des verwendeten Netzes und des Dienstes; zusätzlich Datenbankgebühren: zeitabhängige Lizenzgebühr für die Datenbank; zeitabhängige Benutzungsgebühr für den Computer („Host"); Kosten für nachgewiesene Dokumente; Druckkosten für Listen etc; Versandkosten. Bei seltener Abfrage oder zum Einstieg lohnt die Einschaltung einer Informationsvermittlungsstelle („information broker"), die Festpreisangebote oder aushandelbare Obergrenzen pro Recherche bietet
Vorteile:	Sehr breites Angebot an Informationssammlungen
Nachteile:	Die Unterschiedlichen Datenbanken haben verschiedene Benutzeroberflächen und Abfragesprachen; eine Standardisierung der Abfrage kommt erst zögernd in Gang, und nicht jeder Anbieter stellt seine Datenbank auf eine neue Abfragesprache um

Datenbanken werden nicht von der Bundespost Telekom angeboten; sie sind Auskunftssysteme, die fast ausschließlich von privaten Unternehmen bereitgehalten werden. Die wenigen Ausnahmen, die von Seiten der öffentlichen Hand zur Verfügung gestellt werden, sind Datenbanken von Ministerien.

Datenbanken bieten ein sehr breites Wissensspektrum für viele Branchen, Wissenschaft und Praxis. In Amerika ist seit etwa 15 Jahren ein großer Datenbankmarkt entstanden, den nur noch Spezialisten überblicken können. Diese Spezialisten bieten ihre Vermittlungsdienste an, d. h. der Interessierte kann den Auftrag geben, eine bestimmte Recherche in bestimmten oder allen möglichen Datenbanken zu einem Wissensgebiet oder einer Spezialfrage durchzuführen. Viele Unternehmen ziehen die Recherche durch solch einen Informartions-Makler („information broker") der eigenen Recherche vor, weil sie damit Investitionen für die entsprechenden Geräte, Schulung der Mitarbeiter und langes unqualifiziertes suchen sparen.

Es ist zu erwarten, daß sich auch in der BRD langsam Broker durchsetzen. 1990 existieren etwa 160 solche „Informationsvermittlungsstellen", die etwa zur Hälfte private Unternehmer und öffentliche Institute sind. Eine Adressensammlung wird in der Zeitschrift „cogito" veröffentlicht im Verlag Hoppenstedt, Postfach 4006, 6100 Darmstadt.

Viele Broker kennen auch das breite Angebot ausländischer Datenbanken, das sie in ihre Recherchen einbeziehen können.

Um die Informationsflut, die durch einen Auftrag an einen Broker entstehen kann, in lesbaren Grenzen zu halten, ist es ratsam, den Auftrag mit möglichst treffenden und gut strukturierten Suchbegriffen zu erteilen. Eine allgemein formulierte Recherche kann Berge von Drucklisten produzieren.

Dienst:	Datenübertragung leitungs- und paketvermittelt, über Datex- und Telefon- oder Direktrufnetz, ISDN
Inbetriebnahme:	Datex-L 1967; Datex-P 1980; über Telefon mit Modem und Akustikkoppler in den 60er Jahren; Direktruf 1973; ISDN ab 1990
Anzahl Teilnehmer:	vereinte BRD 575 000

Da die Kriterien der **Datenübertragung** schon mit den entsprechenden Netzen (Datex, Telefonnetz, Direktrufnetz, ISDN) behandelt sind, sollen hier nur noch einmal alle Möglichkeiten des Austauschs zwischen Computern mit ihren Geschwindigkeiten gegenübergestellt werden. Die weiteren Kriterien, wie Gebührenstruktur, Austausch mit anderen Netzen und Diensten können den obigen Darstellungen entnommen werden.

- Datex-L mit fester Leitungsvermittlung zwischen den beiden Partnern. Die Übertragungsgeschwindigkeit ist 300 bis 9600 bits/s und im ISDN 64 000 bits/s
- Datex-P mit Paketvermittlung; Übertragungsgeschwindigkeit 300 bis 48 000 bits/s
- Telefonnetz mit Akustikkoppler; leitungsvermittelt; 300 oder 1200 bits/s
- Telefonnetz mit Modem; leitungsvermittelt; 2400 bits/s
- Direktrufnetz; fest geschaltet; 50 bits/s bis 1,92 Mbits/s
- Vorbestellte Dauerwählverbindung im ISDN; 64 000 bits/s.

Eine leitungsvermittelte Verbindung ist direkt dialogfähig, dafür erfordert eine paketvermittelte nicht die Anwesenheit des Kommunikationspartners. Die Endgeräte bei Datex-L müssen bei beiden Partnern mit derselben Geschwindigkeit laufen, bei Datex-P nicht.

Generell kann festgehalten werden, daß die langsamen Dienste vor allem über das relativ teure Telefon nur für sporadische Übertragungen mit geringem Umfang geeignet sind. Sie sind zwar die ersten Übertragungsdienste überhaupt gewesen, aber sie sind auch technisch weit überholt. Die unsichere Übertragung muß durch Prüfprozeduren der Software laufend kontrolliert werden, was die Geschwindigkeit weiter herabsetzt. Ihr Vorteil ist weltweite Kommunikationsmöglichkeit und kostengünstige Ausrüstung.

Die schnellen Verbindungen, die auch entsprechend teurer sind, bieten mehr Sicherheit und die Möglichkeit für zeitkritische Anwendungen.

Man kann davon ausgehen, daß sich die Datenübertragung im ISDN langfristig durchsetzen wird. Die Bundespost Telekom will allerdings die Netze, die nicht in das ISDN übergehen, so lange beibehalten, wie eine Nachfrage besteht. Diese läßt sich allerdings über die Gebührenpolitik gut steuern. Der Einsatz der Glasfasertechnik mit seiner immensen Bandbreite wird auch die Datenübertragung aufsaugen.

Bis dahin muß der Benutzer aber nicht nur entscheiden, welcher Dienst und welches Netz für ihn optimal ist; zu dieser Entscheidung gehört auch das passende Endgerät, denn was nützt eine schnelle Komponente, wenn die andere langsam ist?

| **Dienst:** | TEMEX Telemetry Exchange |
| Inbetriebnahme: | ca. 1990 |

Einsatz für:	Schalten, Steuern, Regeln, Messen aus der Ferne
Netzgrundlage:	analoges Telefonnetz, ISDN (D-Kanal)
verwendbare Geräte:	Regel- und Meßgeräte
Anzahl Teilnehmer:	vereinte BRD: 11 300
Gebührenstruktur:	Einmalige Bereitstellungsgebühr; monatliche Gebühren gestaffelt nach zeitkritischen/unkritischen Übertragungen, Länge der bit-Sequenzen und Anzahl der Übertragungen. Preisgünstig.

Temex ist ein Dienst, mit dessen Hilfe Prozeßdatenverarbeitung zur Steuerung und Regelung aus der Ferne betrieben werden kann. Dieser Dienst wird auch als Fernwirken bezeichnet. Er kann zu Überwachungen, Regelungen von Alarm-, Heizungs- und anderen Anlagen, Notrufen, medizinischen Messungen und Überwachungen etc. eingesetzt werden.

Die Temex-Signale im analogen Telefon liegen oberhalb der Frequenzen der Sprache und beeinflussen das Telefongespräch nicht. Im ISDN gehen die Temex-Signale über den D-Kanal. Die Signale können aus einzelnen Impulsen, also bits, oder 8er-Gruppen, also Bytes, bestehen. Das Signal geht bis zur Vermittlungsstelle über die Telefonleitung und von dort zu Temex-Zentralen der Bundespost Telekom.

Dienst:	Videokonferenz
Inbetriebnahme:	Zweierkonferenzen 1985; Mehrpunktkonferenzen 1988
Einsatz für:	Konferenzen mit mehreren Personen an verschiedenen Orten
Netzgrundlage:	Vermittelndes Breitbandnetz, Satellit Kopernikus
verwendbare Geräte:	Videokameras, Mikrophone, Monitoren, Lautsprecher
Anzahl Studios:	vereinte BRD: 40 der Bundespost Telekom und 235 private (alte BRD); international ca. 1300
Grenzüber-schreitung:	via Breitbandnetz und Satellit, 16 europäische und einige wichtige Industrienationen in Übersee
Gebührenstruktur:	Einmalige Bereitstellungsgebühr für 5 Jahre, monatliche Grundgebühren je nach Überlassungszeit 2 Stufen; Einheiten 15 Minuten in zwei Tarifstufen; international 30 Minuten
Vorteile:	einfacher Informationsaustausch im Gespräch; Einsparung an langen Reisen; Begleitung mit optischer Information
Nachteile:	kein Austausch von Dokumenten trotz des teuren Systems; hierzu muß einer der obigen Dienste zusätzlich benutzt werden (Telefax, Teletex)

Erstmalig hatte die Bundespost auf der Funkausstellung 1983 in Berlin die Möglichkeit der Kombination von Sprach- und Bildinformation gleichzeitig mit dem Kommunikationssystem **Videokonferenz** vorgestellt. Es handelte sich zu Beginn um eine Verbindung von nur zwei Teilnehmereinrichtungen, inzwischen können Konferenzen an mehr als zwei Orten stattfinden. Hierzu ist die Einrichtung eines Studios an jedem Teilnehmerort nötig. Die Deutsche Bundespost Telekom stellt 40 Studios in größeren Städten zur Verfügung; Großfirmen leisten sich ein eigenes, wie Ford zwischen Köln und Reading in England. Weltweite Videokonferenzen bis nach China wurden schon bis 1990 durchgeführt.

Dienst:	Mobilfunk
Inbetriebnahme:	Eurosignal 1976; Mobiltelefon Ende 50er Jahre; Cityruf 1989; C-Funknetz 1986; D-Funknetz erster Versuch Juli 1990; Bündelfunk CHEKKER 1990; Datenfunk MODACOM vorgestellt 1990
Einsatz für:	drahtlose Kommunikation per Signal (Eurosignal); Sprache (Mobiltelefon); numerische Übermittlung oder Kurztext (Cityruf); regionalen Sprechfunk (CHEKKER); Datenübertragung für Außendienst (MODACOM)
Netzgrundlage:	C-Funknetz; D-Funknetz; Satellit (Eurosignal)
Zugang von anderen Netzen/Diensten	Telex, Teletex, BTX, Datenendgerät mit Modem oder Akustikkoppler (Personal-Computer), Telefon über Funkrufzentrale („Auftragsservice")
verwendbare Geräte:	Eurosignalgeber; tragbares oder Autotelefon; Cityruf-Empfänger für Signal, Signal und numerische Anzeige, Signal und Speicherung bis 2200 und Display bis 80 Zeichen; Funksprechgerät (CHEKKER); Funkdaten-terminal (MODACOM)
Anzahl Teilnehmer:	**Mobiltelefon** Ende 1990 274 000, Oktober 1991 450 000 (vereinte BRD) **Eurofunk** 205 000 (alte BRD) **Cityruf:** 65 000 (vereinte BRD, 500 in den neuen Bundesländern) **CHEKKER:** 2700 in Berlin, Potsdam, Frankfurt/Main, Hamburg, Stuttgart
Grenzüber-schreitung:	C-Funknetz ist mit den ausländischen Funknetzen nicht kompatibel, erst das D-Funknetz wird internationale Normen kennen; Eurosignal in Frankreich und der Schweiz. Ab 1992 ist ein europaweiter Funkdienst „ERMES" (European Radio Message System) geplant. Die nationalen Funknetze werden über Satellit gekoppelt
Gebührenstruktur:	**Eurosignal:** einmalige Bereitstellungsgebühr; monatliche Gebühren nach zwei Gruppen und Anzahl Rufnummern **Mobiltelefon** im C-Netz: einmalige Bereitstellungsgebühr; einmalige Übernahmegebühr; monatliche Grundgebühr; Einheiten in zwei Stufen. D-Netz noch nicht festgelegt **Cityruf:** einmalige Bereitstellungsgebühr; monatliche Gebühr gestaffelt nach Nur-Signal/numerische/alphanu-merische Mitteilung, Einzel-/Gruppen-/Sammel-/Zielruf und drei Rufzonen

Während das **Eurosignal** nur ein Rufsignal hat, das z.B. zum telefonischen Rückruf auffordert, hat der **Cityruf** einen kleinen Empfänger in der Größe eines Taschenrechners mit einem Display für Zahlen oder kürzere Texte. Der umfang-reichste der drei Funkdienste ist das Mobiltelefon – tragbar oder im Auto an-schließbar – zur Sprachkommunikation wie über das normale Telefon. Die im

Februar 1991 gesenkte Grundgebühr und die sprunghaft steigenden Teilnehmerzahlen lassen hoffen, daß der Rückstand zu unseren Nachbarländern bald
vorbei ist. Die Beschränkung auf das Bundesgebiet – trotz übergang zum Telefonnetz – stellt ein Hindernis dar, das mit dem GSM-Standard (Groupe Spéciale
Mobile) im D-Netz von 23 Betreibern in 19 europäischen Ländern beseitigt
werden soll. Jeder Anschluß soll dann erreichbar sein, egal wo er sich gerade befindet.

Der Bereich des regionalen Funkverkehrs für Unternehmen (Taxifunk, Flugha-
fen etc) soll mit dem Bündelfunk CHEKKER verbessert werden. Die Zuteilung
eines Kanals, also Frequenzbereichs, für über 100 Teilnehmer, die nur exklusiv
kommunizieren können, ergab unbrauchbare Wartezeiten, und die fehlende Vertraulichkeit wegen beliebiger Mithörmöglichkeiten brachten Datenschutzproble-
me. Ob der Bündelfunk, der nun einer Benutzergruppe eine Reihe von Kanälen
anbietet, der Benutzer also immer noch teilen muß, Abhilfe bringt, erscheint bei
der allgemeinen Überlastung fraglich.

Schätzungen der Bundespost Telekom, die nie kleinlich sind, beziffern für das
Jahr 2000 10 Millionen Teilnehmer am Mobilfunk, davon 6 Millionen am Mobiltelefon.

2.2.8.3.2.3 Inhausnetze

Inhausnetze sind technisch und organisatorisch immer weniger von allen anderen Netzen zu unterscheiden. Ihr wesentliches Kriterium liegt in der juristischen
Einschränkung durch das Netzmonopol der Bundespost Telekom. Unter Inhausnetz sollen hier Kommunikationssysteme verstanden werden, die auf ein
Grundstück beschränkt sind und ausschließlich in der Verantwortung des Benutzers stehen. Selbstverständlich können sie mit externen – öffentlichen – Kommunikationsnetzen verbunden sein und mit ihnen Informationen austauschen.

Telefonnebenstellenanlage und **Telexnebenstellenanlage** werden von der Bundespost schon lange angeboten. Sie funktionieren wie das öffentliche Telefon-
und Telexnetz, Konferenzschaltungen sind allerdings nicht möglich. Sie werden
wohl bald durch eine **ISDN-TK-Anlage** (siehe 2.2.8.3.2.1 ISDN-Anschlüsse) abgelöst werden, denn diese bietet entsprechend dem öffentlichen ISDN Mehr-
dienstekomfort: Telefon, Teletexverteilung, Fernkopie, BTX und hausinterne
Datenübertragung sind schon beim Start 1990 über eine einzige Anlage möglich.
Die Bundespost Telekom bietet unter dem Namen Octopus eine solche Anlage
an, und auch Computerhersteller bringen zunehmend ISDN-TK-Anlagen auf
den Markt.

Der Bildschirm am Arbeitsplatz ist inzwischen fast schon so selbstverständlich
wie das Telefon. Er ist in zwei Formen realisierbar: an einem Mehrplatzsystem
oder an einem Lokalen Netz.

Mehrplatzsysteme sind dadurch gekennzeichnet, daß am Arbeitsplatz keine Verarbeitungskapazität vorhanden ist – eventuell abgesehen von der Fähigkeit, korrekte Eingaben zu prüfen. Die Programme und die Daten des Benutzers wer-

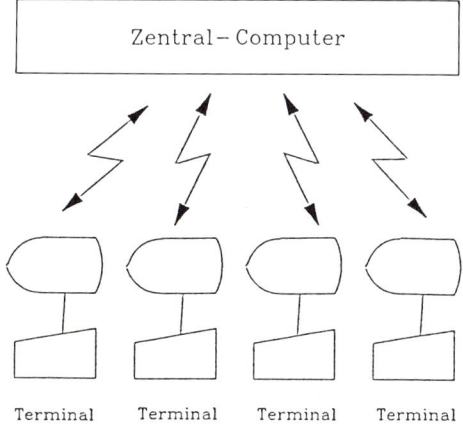

Abb. 2.57: Mehrplatzsystem

den in einem Zentral-Computer gehalten und auch dort abgearbeitet, der Arbeitsplatz erhält nur die entsprechenden Anzeigen auf seinem Bildschirm. Die Arbeitsplatzausrüstung ohne eigene Speicher- und Verarbeitungskapazität wird als Terminal bezeichnet. Mehrplatzsysteme sind die Domäne der Mini- und Großcomputer, da zur Bedienung mehrerer oder vieler Terminals große Arbeits- und externe Speicher benötigt werden. Mehrplatzsysteme setzen beim Zentral-Computer die Fähigkeit voraus, mehrere Programme und Unterprogramme verzahnt im schnellen Wechsel zu bearbeiten (Multitasking).

Lokale Netze. Durch die zunehmende Miniaturisierung und Verbilligung der Hardware konnte Computerkapazität immer weiter auf die Arbeitsplätze verteilt werden. Da diese aber nicht isoliert für sich sind, sondern mit anderen Informationen austauschen müssen, stellte sich die Frage ihrer Verbindung. Diese Verbindungen, die seit Beginn der 80er Jahre entwickelt wurden und sich noch erheblich weiterentwickeln werden, werden Lokale Netze genannt. Da jeder Arbeitsplatz eigene Speicher- und Verarbeitungskapazität hat, wird seine Ausrüstung als Personal-Computer bezeichnet. Angesichts der Preisentwicklung wurden diese zum Teil auf Initiative der Arbeitsplatzinhaber beschafft, und es entstand das Problem, daß der eine Personal-Computer nicht mit dem anderen zu verbinden war. Hier ist für den Organisator ein weites Feld zur unternehmensinternen Standardisierung, die aber immer die Gefahr der Einengung des Arbeitsplatzes birgt. Bestrebungen nationaler und internationaler Institutionen zur Standardisierung und Schaffung offener Netze und zunehmende Standardisierung der Personal-Computer selbst entschärfen das Problem wieder etwas.

Lokale Netze lassen sich in drei verschiedene Strukturen gliedern:

Beim **Ringnetz** geht die Kommunikation im Kreis, die Kommunikationspartner sind gleichzeitig Vermittler (Knoten). Bei den ersten Entwicklungen unterbrach der Ausfall eines Gliedes die Kette, neuere Netze umgehen das ausgefallene Glied. Um zu vermeiden, daß alle Teilnehmer unkoordiniert senden, geht im Ring ein „Pfand" herum, und nur wer dieses Pfand hat, darf senden; wer nichts zu senden hat, muß das Pfand unverzüglich weiterreichen (token ring).

Beim **Busnetz** wird entsprechend der Paketvermittlung (siehe 2.2.8.3.1.1 Übertragungsmedien) ein Datenpaket an alle Teilnehmer gesendet; der Ausfall eines Gliedes beeinflußt den Ablauf ebenfalls nicht. Da hier aber im Gegensatz zum Ring Datenpakete aufeinanderstoßen können, muß jeder Personal-Computer mit Prüfprogrammen zur Entdeckung von Kollisionen (CSMA/CD collision detection) oder zu deren Vermeidung (CSMA/CA collision avoidance) ausgerüstet sein. Vermeidung von unkoordinierter Sendung kann auch durch ein Token – wie im Ring – erfolgen, logisch kommt das Busnetz dann dem Ring sehr nahe.

Das **Sternnetz** ist dadurch gekennzeichnet, daß alle Kommunikation über eine Zentrale Vermittlung (Knoten) geht, die selbst ein Personal-Computer ist. Entsprechend abhängig ist das gesamte Netz von der Funktion dieser Zentrale. Dafür ist die Koordination von Nachrichten einfacher. Sternnetze sind wesentlich seltener als Ring- oder Busnetze.

Allen drei Typen von Netzen gemeinsam ist die Steuerung des gesamten Netzes durch einen Teilnehmer, der den Personal-Computern zusätzliche Speicherka-

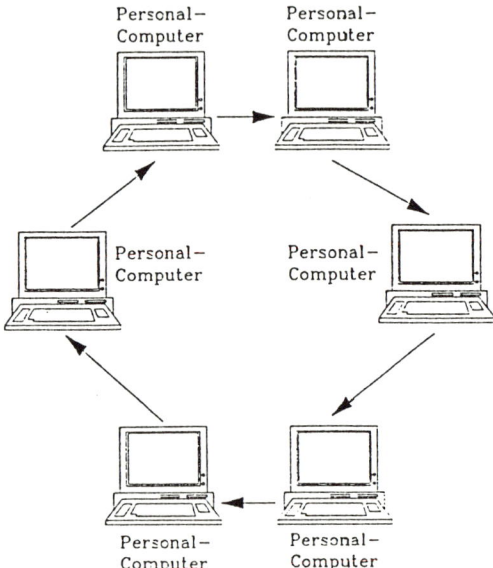

Abb. 2.58: Ringnetz

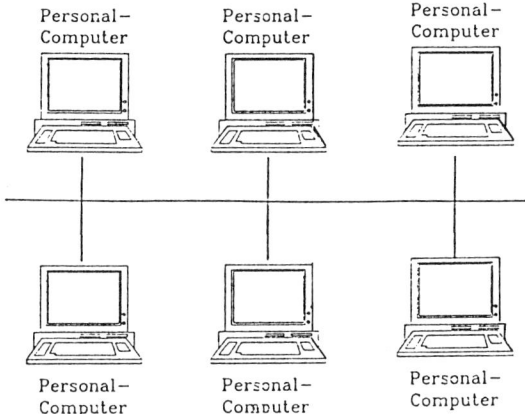

Abb. 2.59: Busnetz

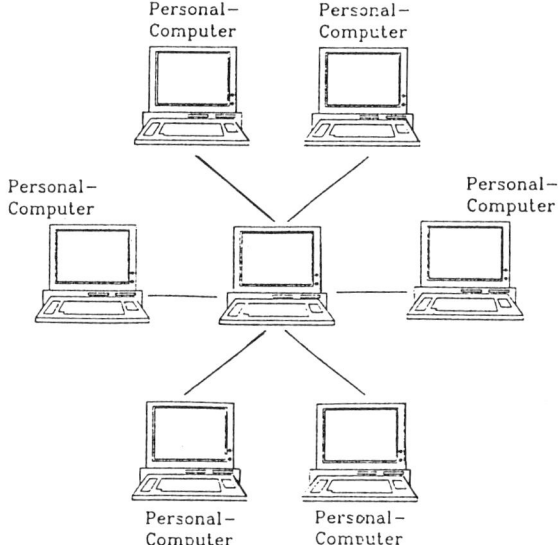

Abb. 2.60: Sternnetz

pazität zu der am Arbeitsplatz vorhandenen sowie die Programme zur Verfügung stellt. Die Programme laufen allerdings im Arbeitsspeicher des Personal-Computers am Arbeitsplatz ab.

Der Personal-Computer, der das Netz verwaltet, heißt **Server**. Die Speicherkapazität einer großen Platte kann in drei Organisationsformen dem Netz zur Verfügung gestellt werden: feste Aufteilung der Platte (einfacher Disk-Server), konkurrierende Anforderung der Teilnehmer an Speicherplatz (Disk-Server) und zentrale Verwaltung von Dateien, Nachrichtenaustausch und Druckausgabe (File-Server).

Da auch Lokale Netze nicht isoliert voneinander zu sehen sind und in mittleren und großen Unternehmen wiederum mehrere Netze existieren, müssen diese ebenfalls untereinander kommunizieren. Hierzu erhält der Server weitere Funktionen über die Steuerung des eigenen Netzes hinaus:

- Kommunikation mit den Netzen anderer Abteilungen oder Bereiche im Unternehmen. Diese Funktion wird als Gateway bezeichnet und von einer speziell dafür entwickelten Kommunikationssoftware gesteuert
- Verdichtung der im Lokalen Netz vorhandenen Informationen, denn die Überzahl von Einzelinformationen verbleibt in der Abteilung oder dem Bereich, in dem das Netz des Servers eingesetzt ist. Die Verdichtung muß von den Anwenderprogrammen der Benutzer vorgenommen werden.

Ein Server, der diese Funktionen erfüllt, wird als **Abteilungsrechner** bezeichnet.

Sind somit mehrere Netze im Unternehmen miteinander über Abteilungsrechner gekoppelt, entsteht ein System von hierarchischen Netzen, das in einem Zentralcomputer zusammenläuft. Dieser Zentralcomputer muß nun nicht mehr alle Einzelinformationen des gesamten Unternehmens bereithalten, sondern nur die verdichteten Informationen für die Unternehmensleitung und die Steuerungsdaten für ein zentrales Informationswesen. Er kann deshalb mit weitaus geringerer Kapazität ausgestattet sein, als ein Zentralcomputer, der als Mehrplatzsystem das gesamte Unternehmen mit allen Informationen versorgt. Sicher ist ein derartiges hierarchisches Netzsystem noch teurer als ein zentrales Mehrplatzsystem, aber die weitere Preisentwicklung läßt erwarten, daß sich beide bald die Waage halten oder hierarchische Netze sogar preisgünstiger werden. Nicht nur die geringere Auslegung des Zentralcomputers ist hierfür der Grund, es kann erwartet werden, daß die Mikroprozessortechnik erheblichen Einfluß haben wird auf die Preise der Groß-Computer-Technik oder dieser vielleicht sogar erhebliche Konkurrenz machen wird.

Hierarchische Netze können als **Hardware-Pyramide** gesehen werden.

Diese muß ergänzt werden durch eine **Software-Pyramide**, d.h. die Software eines Unternehmens muß so ausgewählt werden, daß sich die Programme miteinander verständigen und ihre Ergebnisse austauschen können. Die Entwicklung von durchgängiger Standard-Software und Standard-Abfragesprachen, wie SQL, geben eine aussichtsreiche Perspektive. In der Auswahl kompatibler Software und deren Einsatzmöglichkeiten liegt für den Organisator ein großes Betätigungsfeld.

Reine Organisationstätigkeit ist die Entwicklung einer **Informations-Pyramide**. Hierzu müssen vorhandene Informationen daraufhin untersucht werden, welche am Arbeitsplatz, in der Abteilung oder dem Bereich bleiben, und welche verdichteten Informationen weitergegeben werden. Diese hier zuletzt genannte Informations-Pyramide muß deshalb am Anfang aller Planungen einer Informationsausrüstung stehen. Deren Auswahl muß in folgender Reihenfolge durchgeführt werden:

1. Organisationskonzept der Informationsverteilung (Informations-Pyramide)
   a) im Unternehmen
   b) zur Außenwelt
2. Auswahl kompatibler Software bzw. Ergänzung der vorhandenen Software (Software-Pyramide)
   a) Anwender-Software
   b) Auswahl der Netz-Software
3. Auswahl der Geräte und Verbindungen (Hardware-Pyramide)
   a) in der Unternehmung
   b) Anschluß an externe Netze (in der Bundesrepublik ausschließlich Netze der Bundespost Telekom, da diese nach der Postreform zwar nicht mehr ausschließliche Nachrichten-, wohl aber das Netzmonopol behält).

(Ausführliche Darstellung von Netzen siehe Gernet, E.: Das Informationswesen, a.a.O., S. 122–150 und der Hardware-, Software- und Informations-Pyramide ebda. 151–159, sowie Gernet, E.: Informationsmanagement in: RKW-Handbuch Führungstechnik und Organisation, Berlin 1990, Ziff. 1442).

2.2.8.3.3   Organisationsfragen der Telekommunikation

2.2.8.3.3.1   Der Organisationsprozeß zum Einsatz von
              Telekommunikationssystemen

Der bei jedem Projekt zu durchlaufende Organisationsprozeß ist im prinzipiellen Ablauf seiner Stufen immer gleich, dies gilt sogar für technische Projekte. Die unter Kapitel 4 beschriebenen Methoden und Techniken gelten bei Einführung von Telekommunikationssystemen deshalb unverändert, und es sollen hier nur die dabei speziell auftretenden Probleme behandelt werden (zum Organisationsprozeß der Auswahl und des Einsatzes von Informationsausrüstung siehe Gernet, E.: Das Informationswesen, a.a.O., S. 160–237 „Projektorganisation").

Kommunikationsanalyse

Um Aussagen für die Gestaltung eines Kommunikationssystems zu erhalten, müssen die bei der Ist-Aufnahme gewonnenen Kommunikationsdiagramme (siehe 4.2.2.1.2.3) sorgfältig analysiert werden. Dabei sind einmal Ungleichgewichte in der Kommunikationsverteilung, die organisatorisch nicht sinnvoll sind, beim Kommunikationssystem **nicht** zu berücksichtigen, sondern zu berichtigen. Ergibt sich aus dem Diagramm z.B. eine zu hohe Stundenzahl an Kommunikation des Verkaufsleiters mit der Konstruktion, so ist der Verkaufsleiter vielleicht ein guter Techniker, sollte aber auf seine wirklichen Aufgaben hingewiesen werden. Erst wenn Ungleichgewichte ausgeglichen sind – wofür es keine Maßzahlen gibt – können die Kommunikationswege ausgewertet werden.

Dabei ist die Maßzahl Stunden/Monat oft nicht aussagekräftig genug. Ob diese Stunden aus vielen kurzen oder wenigen langen Kommunikationsabläufen kommen, wird auf die Gestaltung des Kommunikationssystems wesentlichen Einfluß haben. Demnach müssen auch die Kommunikationshäufigkeiten sowie die Dauer einzelner Abläufe festgestellt werden.

Informationsanalyse

Einen wesentlichen Einfluß auf die Gestaltung des Kommunikationssystems hat die Information selbst. Zwingt schon die Trennung in Sprach-, Text-, Daten- und Bildübertragungssysteme mangels Universalausrüstung zur Entscheidung für eines von diesen oder zu einer Kombination, so kann die Frage der Dokumentation weitere Einschränkungen bedeuten (siehe 2.2.8.3.1.2 und 2.2.8.3.1.5). Dazu kommen noch weitere Kriterien:

- Dringlichkeit der Information
- Ziel der Information (Entscheidungsvorbereitung, Abwicklung, Archivierung etc.)
- Richtung der Information (Massen-/Individual-Kommunikation)
- Inhalt der Information (dienstlich/privat).

(Näheres zur Informationsanalyse und dem Mengengerüst der Informationen siehe Gernet, E.: Das Informationswesen, a.a.O., S. 182 ff.)

Bewertungskriterien für Telekommunikationssysteme

Unter Nummer 4.2.4 ist das Bewertungsverfahren für organisatorische Alternativen behandelt. Es gilt auch für die Bewertung von Kommunikationssystemen. Hier werden nur die wesentlichsten Kriterien aufgezählt. Lediglich die Kosten sind quantifizierbar.

- Abschreibungen
- Wartung
- Personalkosten
- Materialkosten
- Archivierung
- Postgebühren.

Nicht oder nur durch Schätzung quantifizierbare Kriterien sind:

- Zuverlässigkeit (Ausfallsicherheit und Fehlerfreiheit)
- Geschwindigkeit
- Dokumentationsfähigkeit (Qualität und Rechtsverbindlichkeit der Dokumente)
- Kundendienst (Servicefreundlichkeit und Zuverlässigkeit)
- Benutzerfreundlichkeit
- Möglichkeit des Anschlusses an andere interne und externe Systeme (Kompatibilität)
- Marktposition der Hersteller

- Zukunftssicherheit
- Multifunktionaler Einsatz (Daten, Text, Bild, Sprache).

Realisierung des Systemeinsatzes

a) Probleme der Optimierung von Kommunikation

Aus der Kommunikations- und Informationsanalyse ergibt sich nicht zwangsläufig der Bedarf an Kommunikationsausrüstung. Wie schon dargestellt, ist die Frage nach der optimalen Gestaltung von Kommunikationshäufigkeiten, -dauer und -menge nicht zu beantworten. Lediglich Ungleichgewichte und unlogische Verschiebungen können erkannt werden.

Das erarbeitete Soll-Konzept, das sich nicht nur auf die Kommunikationsbeziehungen erstrecken kann, enthält häufig sogar Änderungen der Aufbauorganisation. Erst wenn strukturelle und personelle Soll-Vorschläge entwickelt und entschieden sind, kann an die Gestaltung des Kommunikationssystems gedacht werden.

Dabei muß die Optimierung des Systems unter folgenden teils sich entgegenwirkenden Kriterien gesehen werden:

- **technische Optimierung**
  Störungsfreiheit. Nicht immer muß eine völlig originalgetreue Übertragung angestrebt werden. Qualitätsverluste der Übertragung selbst z.B. können teilweise in Kauf genommen werden, nicht aber Qualitätsverluste der Information (siehe 2.2.8.3.1.2), weil sonst empfindliche Störungen in der Organisation, aber auch durch die Organisation auftreten können.

  Anpassungsfähigkeit an zukünftige Entwicklungen ist eine Forderung, die im konkreten Fall nur sehr bedingt beurteilt werden kann. Der schnelle Fortschritt der Mikroelektronik und besonders ihrer Einsatzmöglichkeiten verbreitert das Spektrum von Kommunikationssystemen erheblich, so daß das gewählte System schnell veraltet sein kann.

- **wirtschaftliche Optimierung**
  Kosten des Kommunikationssystems. Die fixen Kosten sind relativ leicht festzustellen, sie gehen aus den Preisen für Kauf/Miete etc. hervor, die variablen Kosten hängen vom Grad der Ausnutzung des Systems ab. Dabei sind die Kosten des einzelnen Kommunikationsvorgangs bei konventionellen Abläufen und technischen Systemen noch gut zu bestimmen, bei modernerer Ausrüstung und Überschneidung mit Daten-, Text-, Bild- und Sprachverarbeitung kaum noch zurechenbar. Die immer noch sehr undurchsichtige Gebührenstruktur der Bundespost Telekom kommt noch erschwerend hinzu. Weil die Preise der Bundespost Telekom sich dynamisch stark ändern, wurden sie bei den Aufstellungen zu den Netzen und Diensten nicht genannt. Lediglich die Gebührenstrukturen wurden aufgeführt, um zu zeigen, wie uneinheitlich und undurchsichtig sie immer noch sind, aber auch, um den Organisator zu veran-

lassen, bei Kostenrechnungen keine Beträge zu übersehen. Auch bei der konkreten Planung können nur Beispielrechnungen durchgeführt werden, d.h. die künftige Kostenbelastung kann nur in Größenordnungen geschätzt werden. Darüber hinaus sind in den obigen Aufstellungen die Investitionskosten, also Gerätepreise, Ausbildung etc. nicht genannt; auch hier sind die Preise einer extremen Dynamik unterworfen. Unterbliebene Kommunikationen sind kaum erfaßbar, die Folgekosten des Unterbleibens nicht mehr.

Zeitoptimierung. Wesentlicher Faktor und von den Kosten schwer zu trennen ist die zeitliche Optimierung. Zunächst meßbar in der Beschleunigung des einzelnen Kommunikationsvorgangs, sind aber die Auswirkungen, wie die Möglichkeit des gezielten Abrufs einzelner Informationen (Bildschirm) gegenüber der Bereitstellung massierter Informationen („EDV-Listen") für den Benutzer oder gar das Erreichen eines Vorsprungs vor Mitbewerbern am Markt, kaum erfaßbar und nur sehr schwer zu bewerten (siehe 4.2.4).

- **organisatorische Optimierung**
  Redundanzfreiheit. Jede Kommunikation enthält Informationen, die zur Verständigung nicht unbedingt nötig, erforderlich oder vielleicht sogar mehrfach vorhanden sind. Organisatorisch sind diese Informationen redundant, also überflüssig. Das Entfernen dieser überflüssigen Teile verkürzt zwar den direkten Informationsaustausch, formalisiert aber die Kommunikation (siehe 2.2.8.3.2.1). Die Entscheidung, wo das Optimum zwischen weitestmöglicher Redundanzfreiheit und Formalisierung liegt, wird auch im Einzelfall sehr schwer zu treffen sein.

  Benutzerführung. Organisatorisch-technische Kommunikationssysteme sind ohne Anleitung oder gar Schulung nicht zu bedienen. Einfache Kommunikationssysteme, die reine Text- oder Sprachübertragung durchführen, können zwar ihre Funktionen selbst erklären oder bedürfen keiner Erklärung, aber sobald die Kommunikation von Software gesteuert wird, ist eine Anleitung unerläßlich. Wirklich selbsterklärende Software gibt es nicht, und auch die Handbücher können keine Schulung ersetzen. Es müssen demnach die Preise für die Schulung verglichen, darüber hinaus aber auch beurteilt werden, ob die Benutzerführung nach der Schulung (Betriebsanleitung, Handbuch, Bildschirmmasken, Hilfe-Funktionen) wirklich hilfreich ist. Diese Beurteilung kann nicht in einer Produkt-Demonstration schlüssig sein; der künftige Benutzer muß schon selbst intensiver prüfen, indem er das Kommunikationssystem beim Anbieter oder einem anderen Unternehmen Stunden oder Tage selbst benutzt.

  Sicherung der Vertraulichkeit. Zahlreiche einzelne und auch aufeinander abgestimmte Methoden der Zugriffssicherung bieten sich bei den Geräten (z.B. Schlüssel, Verschlüsselung, Gerätekennung), bei Programmen (z.B. Benutzeridentifizierung, Geräteidentifizierung, Zugriffsstufen für Benutzer) und durch Organisation (z.B. Berechtigungsstufen, Zugangskontrollen) an. Eine einzige Methode bietet wenig Sicherheit; Hinzunehmen einer zweiten Methode ver-

doppelt die Sicherheit nicht. Das bedeutet, daß 100% Sicherheit nicht zu erreichen ist, die Anzahl der Sicherungsmethoden und die Kosten würden ins
Unendliche steigen. Die Optimierung muß deshalb im Abwägen der Kosten
für Sicherungsmethoden mit dem eventuellen Schaden durch das Restrisiko
liegen.

Kommunikationsverteilung. Nicht jede Information ist für jeden Teilnehmer
am Kommunikationssystem bestimmt. Es kann aber auch nicht festgelegt werden, welche Information konkret nur für welche Empfänger sein soll. Dazu
müßte zuallererst eine genaue Gesamtmenge der vorhandenen Information
bestimmbar sein. Deshalb wird nicht von der vorhandenen Information, sondern vom Informationsbedarf der einzelnen Teilnehmer ausgegangen. Hoher
Informations**bedarf** und unterschiedliche Anforderungen an die Form der Information erfordern eine kostenintensive Ausrüstung für die Informationsverteilung. Die Beschränkung auf ein wirtschaftlich sinnvolles Maß ist bei der
Trennung von Kommunikationssystemen nach der Form der Information
selbst im Einzelfall schwierig zu entscheiden. Ob zunehmende Multifunktionalität der Arbeitsplatzausrüstung und deren zunehmende Einbindung in die
unter 2.2.8.3.2.3 (Inhausnetze) beschriebene Hardware-, Software- und Informationspyramide einen besseren Einblick zuläßt, bleibt abzuwarten. Der Begriff der Multifunktionalität, der auf eine Integration von Daten-, Text-, Bild-
und Sprachverarbeitung und Übertragung abzielt, wird von den Anbietern leider schon gebraucht, wenn nur zwei Bereiche hiervon integriert sind.

Optimierung der Datenübertragung. Seit 1987 besteht eine internationale
Normung für Aufbau und Darstellung zu übertragender Daten. Unter dem
Begriff EDIFACT – Electronic Data Interchange For Administration Com-
merce And Transport – wurden Datenstrukturen für den Informationsaustausch international vereinbart. An den Richtlinien haben das amerikanische
ANSI, das eigens gegründete europäische EDIFACT-Board und sogar das
polnische Außenhandelsministerium für das gesamte COMECON mitgear-
beitet. Diese Datenstrukturen sollten Einfluß auf die hausinternen Daten bis
hin zum normierten Satzaufbau von Dateien haben. Die Normen haben weltweite Geltung erhalten; näheres kann beim Deutschen Institut für Normung
e.V. in Berlin erfragt werden.

b) Kommunikationsausrüstung am Arbeitsplatz

Die Probleme der Optimierung von Kommunikation sind für ein konkretes
Kommunikationssystem nicht alle schlüssig zu lösen. Darüber hinaus zwingt die
Trennung in Daten-, Text-, Bild- und Sprach-Übertragungssysteme bei der Verteilung von Endgeräten zur Entscheidung für **eines** dieser Systeme, und die konventionellen (z.B. Brief als Aktentransport, Rohrpost oder Postweg) können auf
absehbare Zeit nicht außer acht gelassen werden.

Arbeitsplätze sind zwar heute weitgehend mit Telefon ausgestattet, aber schon
wenn die Beweis- oder Dokumentationsfunktion bei einem Telefongespräch nö-

tig wird, tritt die unter 2.2.8.3.1.2 beschriebene Kommunikationsspaltung in Telefonanruf und spätere schriftliche Bestätigung auf.

Um die Kommunikationsspaltung zumindest teilweise rückgängig zu machen, müßten Arbeitsplätze entweder mit mehreren getrennten Systemen oder mit einem Mischsystem ausgestattet werden. Dann wäre z.B. Sprachübertragung mit gleichzeitiger Textübertragung möglich, der Kommunikationsablauf wäre wesentlich beschleunigt. Das ISDN ist hierzu ein erster Schritt.

Die neuere Entwicklung geht zu Mischsystemen mit zwei Übertragungsformen – meist Sprache und Schrift oder Schrift und Bild –, wobei Sender und Empfänger dieselben Endgeräte besitzen. Organisatorisch ist zu überlegen, ob die Geräteausstattung aller Arbeitsplätze eines Kommunikationssystems identisch sein soll, auch wenn ein Arbeitsplatz nicht alle Möglichkeiten des anderen benötigt. Ein anderer Arbeitsplatz könnte sonst auf weniger Übertragungsformen als benötigt eingeschränkt werden.

Bei der Frage der Kommunikationsausrüstung am Arbeitsplatz spielt schließlich die Person des Mitarbeiters eine nicht unerhebliche Rolle. Prestigedenken auf der einen und natürliche Scheu vor technischen Neuerungen auf der anderen Seite dürfen nicht unberücksichtigt bleiben (Zur Akzeptanz und ihre Bewältigung siehe Gernet, E.: Das Informationswesen, a. a. O., S. 237–243).

c) Koppelung des hausinternen an externe Kommunikationssysteme

Einerseits sind Telefonnebenstellenanlagen schon in kleineren Unternehmen heute eine Selbstverständlichkeit, andererseits werden andere hausinterne Telekommunikationssysteme noch überwiegend unabhängig von der Koppelung an ein externes geplant. Ein wesentlicher Grund dafür ist die Trennung der Übertragungsformen. Erst wenn externe und interne Mischsysteme – im Extremfall nur noch **ein** universelles Kommunikationssystem – bestehen, wird die Anpassung problemlos oder wenigstens wesentlich erleichtert sein.

Ein erster Weg dahin ist Bildschirmtext, das Text-, Daten- und Rasterbildübertragung ermöglicht. Dies allerdings nicht durch Zusammenfassung der Übertragungsformen, sondern durch Umsetzen der drei Formen in elektronische Speicherung **vor** der Übertragung. Lokale Netze sind ohne größeren technischen Aufwand mittels Adapterkarten an die Netze und Dienste der Bundespost Telekom anschließbar; es bestehen sogar Wahl- und Kombinationsmöglichkeiten, wie man z.B. an das Datex-Netz oder Bildschirmtext oder Teletex angekoppelt sein will. ISDN bietet schon eine Dienstvielfalt, wobei über die Nutzkanäle schon zwei Kommunikationen, also Gespräch und Dokumentenübergabe, gleichzeitig durchgeführt werden können.

Problematisch bleibt die Entscheidung, ob der einzelne Arbeitsplatz oder nur eine Zentrale an die Außenwelt angekoppelt werden soll. Einerseits benötigt mancher Mitarbeiter den direkten Kontakt zu Lieferanten oder Kunden, andererseits wird die Arbeitsplatzankoppelung unübersichtlich, kaum noch durch ein Informationswesen steuerbar und verursacht extrem hohe Kosten. Der konsequente Aufbau einer Hardware-, Software- und Informationspyramide wird es naheliegen, die Ankoppelung an die Außenwelt über den Zentral-Computer der Unternehmung vorzunehmen. Damit ist auch am besten sicherzustellen, daß alle vier Übertragungsformen extern künftig auch durchgeführt werden können (vgl. Gernet, E.: Das Informationswesen, a. a. O., S. 127–159).

d) Dokumentation im Organisationshandbuch

Der Aufbau und die Nutzungsmöglichkeiten von Kommunikationssystemen müssen im Organisationshandbuch dokumentiert werden. Im ablauforganisatorischen Teil werden eine prinzipielle Beschreibung der Kommunikationsabläufe und eine Bedienungsanleitung niedergelegt. Auf technische Einzelheiten muß verzichtet werden. Der Mitarbeiter soll zur Benutzung von Kommunikationssystemen motiviert werden. Je einfacher ihm ein Organisationshandbuch dazu Zugang verschafft, um so leichter macht er sich sowohl mit dem Kommunikationssystem als auch mit dem Organisationshandbuch vertraut.

Bestehen mehrere Möglichkeiten der Kommunikation, sollte eine Kostentabelle den Mitarbeiter auf den im Einzelfall kostengünstigsten Weg hinweisen.

2.2.8.3.3.2 Soziologische und Personalprobleme der Telekommunikation

a) Formalisierung der Kommunikation

Eine vollkommene Kommunikation zwischen Menschen ist nur möglich, wenn sowohl Sprache, Gesten, Hilfsmittel wie auch Dokumente und Bilder ausgetauscht werden können. Dies ist nur bei Anwesenheit der Kommunikationspartner möglich, denn jedes Kommunikationssystem ist bislang fast ausschließlich für eine der vier Übertragungsformen und allenfalls für eine Kombination von zweien ausgerüstet. Kommunikationsspaltung ist deshalb nicht zu vermeiden. Aber selbst ein System mit allen Übertragungsformen kann die persönliche Anwesenheit wohl nicht voll und ganz ersetzen.

Durch Einschränkung und Kommunikationsspaltung wird die bei persönlicher Anwesenheit schon nötige Formalisierung (Benehmen, Ausdruck) zwangsläufig noch weitergetrieben; je stärker die Einschränkung, desto formaler die Kommunikation.

Dies führt zu einem Trend der Standardisierung der Kommunikation und damit zur zunehmenden Einschränkung der persönlichen Verbindung. Informelle Aspekte der Kommunikation, die sicherlich ihren positiven Einfluß haben, werden weit zurückgedrängt, die Partner müssen sich auf das Sachlich-Formale beschränken.

b) Technik am Arbeitsplatz

Zunehmender Technisierung der Arbeitswelt steht seit Jahren die Forderung nach Humanisierung des Arbeitsplatzes entgegen. Diese Forderung kann nicht bedeuten, daß Kommunikationssysteme nicht oder auch nur eingeschränkt benutzt werden, damit der Mensch natürlicher – also ohne Kommunikationsspaltung und -formalisierung – kommunizieren kann. Die natürliche Erscheinung, daß sich ältere Mitarbeiter zumindest weniger leicht an die schnelle Entwicklung der Technik anpassen, legt zwei Lösungsmöglichkeiten nahe:

- Moderne Kommunikationstechnik müßte dem Menschen zur Selbstverständlichkeit werden, d.h. er muß sehr frühzeitig mit ihr vertraut werden. Solange die Entwicklung des Bildungssystems der technischen mit großer Verzögerung nachläuft, muß diese Forderung als nicht erfüllt angesehen werden. Und solange die Bundesrepublik – hier in Person von Bundespost, Hochschulen und Industrie – den Vorsprung unserer nächsten Nachbarn an Ausbildung und Anwendung immer größer werden lassen, entfernen wir uns sogar von dieser Forderung.
- Die Kommunikationssysteme müssen benutzerfreundlich – und das heißt menschenfreundlich – gestaltet werden. Erfordert ein System allzu lange Ausbildung und Vertrautwerden mit Kommunikationsalgorithmen, wird der Benutzer von seiner wirklichen Aufgabe abgehalten.

Selbstverständlich sind diese beiden Lösungswege gemeinsam zu verfolgen.

c) Informationserfassung am Arbeitsplatz

Die Aufbereitung von Daten, Texten und Grafiken dauert heute länger als deren Übertragung über ein modernes Kommunikationsmedium. Die Ursache liegt darin, daß das Fixieren von Gedanken und deren Kenntlichmachen für technische Systeme manuelle Tätigkeiten sind, die im Sekunden- und Minutenbereich, Übertragungsmedien aber schon im Millisekunden- und Computer schon im Nano- und Pikosekundenbereich ablaufen. Diese manuellen Tätigkeiten werden überwiegend mit Tastaturen, seltener mit dem Ausfüllen maschinenlesbarer Belege und noch seltener mit Hilfe der Sprache durchgeführt.

Dies stellt die Organisation vor ein gewichtiges Problem. Soll der Sachbearbeiter oder Spezialist, für den Telekommunikationssysteme und Computer nur Hilfsmittel sind, die Aufbereitung seiner Informationen in Form von Texten und Bildern selbst vornehmen, oder sollte die – eintönige – Arbeit speziell dafür ausgebildeten Mitarbeitern – Sekretärin, Datentypistin – übergeben werden?

Im ersten Fall besteht bei zunehmender Menge an Information die Gefahr, daß die Aufbereitung immer mehr Zeit des Sachbearbeiters in Anspruch nimmt, er also durch technische Unterstützung nicht ent- sondern belastet wird, und er im Extremfall vielleicht selbst zum Datentypist degradiert wird – zumindest einen erheblichen Teil seiner Arbeitszeit. Im zweiten Fall geschieht die Aufbereitung zwar mit mehrfacher Geschwindigkeit bei im allgemeinen niedrigeren Lohnkosten, der zusätzliche Kommunikationsvorgang des Diktierens oder Ausfüllens von Erfassungsformularen macht diesen Vorteil aber zum Teil wieder zunichte. Die Entscheidung für eine dieser beiden Möglichkeiten kann deshalb nie endgültig sein, da sich die erste Lösung bei geringem Informationsanfall noch vertreten läßt, bei dessen Zunahme sich aber der Übergang zur zweiten Lösung anbietet. Wann dieser Übergang stattfinden soll, kann nur im Einzelfall entschieden werden.

d) Schulung der Mitarbeiter

Das Organisationshandbuch kann alleine – zumindest bei aufwendigen organisatorisch-technischen Systemen – nicht ausreichen. Diente die innerbetriebliche Ausbildung vornehmlich der Erweiterung der Qualifikation der Mitarbeiter, so ist sie hier lediglich als Vertrautmachen mit Hilfsmitteln anzusehen. Dabei kann allerdings nicht übersehen werden, daß innerbetriebliche Ausbildung immer ein guter Motivationsfaktor ist, der gerade die sozialen und personellen Probleme abbauen hilft.

Eigene Ausbildung im Betrieb setzt eine organisierte Schulung voraus. Sie ist deshalb fast nur in größeren Unternehmen zu finden. Die Anbieter von Kommunikations- und Computersystemen bieten wo nötig Kurse und Training an.

Immer wenn technische Neuerungen sich durchsetzen, kann man feststellen, daß die innerbetriebliche Ausbildung und die Ausbildung der Hersteller verstärkt angeboten und nachgefragt werden. Die unter dem Punkt „b) Technik am Arbeitsplatz" erwähnte Lücke der staatlichen Ausbildung schließt sich erst mit größerer Verzögerung. So öffnet die Ausbildung des Bildungssystems der Bundesrepublik zur Zeit den Einstieg in die Grundlagen, in den Anwendungskonzeptionen von Systemen vergrößert sich die Lücke immer mehr.

Benutzer, die versuchen, an der Ausbildung für Telekommunikations- und Computersysteme zu sparen, müssen sich darüber im klaren sein, daß durch mühsame und unsystematische Selbstschulung „on the job" Initiative gebremst und durch zunehmende Demotivation ausnahmslos weitaus höhere Kosten als für eine ordentliche Schulung entstehen.

e) Schulung des Organisators

Die obigen Betrachtungen gelten für den Organisator unverändert. Hinzu kommt, daß er anderen Mitarbeitern in der Kenntnis der einsetzbaren Systeme voraus sein muß. Hierzu bieten sich ihm mehrere Möglichkeiten:
- Zeitschriften von Instituten, Systemanbietern und Berufsverbänden
- Tagungen von Fachverbänden und Ausbildungsstätten
- Messen und Ausstellungen
- Lehrgänge der Anbieter
- Lehrgänge von Schulungszentren und Unternehmensberatern.

Neben diesen eher prinzipiellen Informationen zum Stand der technischen Möglichkeiten muß er die konkreten Angebote des Marktes kennen, die zur Zeit fast unübersehbar sind.

Eine Möglichkeit besteht im dauernden Kontakt mit den wesentlichen Anbietern, die auf Anforderung fallweise und manche sogar von sich aus Produktinformationen ihrer Neuerscheinungen versenden.

Zunehmend setzt sich durch, daß Organisatoren zur eigenen Weiterbildung von ihren Unternehmen Freiraum – z.B. in Form von Bildungsurlaub – erhalten, da für die Weiterbildung des Organisators 10% und mehr seiner Arbeitszeit anfallen.

2.2.8.3.4   *Telekommunikation in der vereinten BRD und in Europa 1993*

Die Bundespost Telekom ist durch die beiden zeitlich nicht weit auseinanderliegenden großen Ereignisse der Wiedervereinigung und der Entstehung des Europäischen Binnenmarktes vor Aufgaben gestellt, die auch eines der größten Unternehmen in einem der wirtschaftlich stärksten Länder der Welt überfordern können. Drei Aufgabenkomplexe sind zu bewältigen:

1. Die Telekommunikationssysteme in den neuen Bundesländern sind nicht nur um Jahrzehnte veraltet, sie sind nicht gewartet worden und in weiten Teilen ganz einfach kaputt. Dazu war die Verbreitung bedingt durch das politische System nicht sehr hoch: bei der Vereinigung bestanden 1,83 Millionen Anschlüsse, die bis Ende 1990 auf 1,9 Millionen gebracht wurden. Das sind knapp 6 Prozent der 31,9 Millionen Telefone der vereinten BRD. Autofahrten von mehreren hundert Kilometern sind oft noch immer nötig, weil eine telefonische Verbindung einfach nicht herzustellen ist.

   Immerhin zeigt der Anstieg der Telefonanschlüsse und die Anzahl der Bodenstationen zum Umleiten von Telefongesprächen über Satellit, daß der Bundespost Telekom das Problem voll und ganz bewußt ist. Bis 1997 sind deshalb für das Projekt „Konzept Telekom 2000" für die Einrichtung eines modernen Telekommunikationsnetzes in den neuen Bundesländern 60 Milliarden DM Investitionen geplant.

2. Die Bundespost Telekom rühmt sich forsch, sie besäße eines der modernsten Kommunikationsnetze der Welt. Was die technische Ausrüstung betrifft, so ist das sogar richtig, aber Technik alleine schafft noch keine Akzeptanz. Vergleicht man die Teilnehmerzahlen mit denen unserer europäischen Nachbarn oder gar mit den USA oder Japan, so drängt sich Frage auf, woran es liegt, daß so moderne Dienste wie Bildschirmtext oder Mobilfunk hier nur Bruchteile ausmachen. Nicht nur die schon genannte Gebührenpolitik, noch viel mehr die unüberschaubare Vielfalt an Diensten und Netzen, die sich entge-

gen dem behaupteten Trend zum einheitlichen System eher noch vermehrt haben, vor allem aber undurchsichtige und vielfältige Software zur Unterstützung der Endbenutzer haben einen Rückstand entstehen lassen, der schon mehrere Jahre beträgt.

Dieses Problem scheint der Bundespost Telekom nicht bewußt zu sein, denn sie setzt nach wie vor einseitig auf die Technik. Im November 1990 wurde die Verbindung von Bildschirmtext zum französischen NUMERIS geschaltet, Übertragung zum englischen Schwestersystem ist inzwischen ebenfalls möglich. Mit dem Binnenmarkt wird bei den Diensten die volle Wettbewerbssituation hergestellt sein, und es könnte sich zeigen, daß die einfacher aufgebauten und durch ihre größere Verbreitung preisgünstigeren Dienste zusammen mit kundenfreundlicherem Service, Beratung und Marketing denen der Bundespost Telekom empfindliche Konkurrenz machen werden. Sollte Frankreich hier dieselbe Politik verfolgen, die vor sechs Jahren innerhalb von 12 Monaten von 1,5 Millionen zu 5 Millionen Minitel-Anschlüssen führte, wird Bildschirmtext mit seinen kläglichen 260 000 Teilnehmern schnell abgedrängt. Sollte der Versuch unternommen werden, diese Gefahr politisch abzublocken, kann diese Barriere nur zu einem weiteren Rückstand führen, denn unsere Nachbarn haben diesen Protektionismus der 80er Jahre schon hinter sich.

Die Bundespost Telekom gibt zwar stolz bekannt, daß sie jetzt im Ausland tätig werden kann und schon Büros in New York, Brüssel, Tokio, London und Paris hat; aber daß die ausländischen Konkurrenzunternehmen dies mit demselben Recht bei uns können, scheint nicht einmal einer Erwähnung wert.

3. Mit der Übernahme der maroden Telekommunikationssysteme der vergangenen DDR hat die Bundespost Telekom nicht nur eine erheblich Last übernommen, hierin liegt auch eine einmalige Chance. Über den Satellitendienst Intersputnik besteht eine funktionsfähige Verbindung zum ehemaligen Ostblock und weit darüber hinaus. Die Bundespost Telekom kann hier eine Brücke nach Osten aufbauen, die in der weltweiten Telekommunikation zur Schlüsselfunktion werden kann. Die Investitionen hierfür sind in den oben genannten 60 Milliarden Mark nicht enthalten; es werden aber keine Investitionssummen genannt, und der Eindruck, daß sich die Bundespost Telekom dieses Problems und dieser Chance ebenfalls nicht bewußt ist, drängt sich auf. Es genügt nicht, wenn man stolz von einer der größten Unternehmensfusionen, die es je gegeben hat, spricht. Nur konkrete mittelfristige Planungen einschließlich der nötigen Investitionen wie beim Ausbau des Telefonnetzes in den neuen Bundesländern können diese Chance wirklich nutzen.

Prognosen sehen den Anteil des Telekommunikationsmarktes auf 3,5 bis 7 Prozent des Bruttosozialproduktes des Binnenmarktes anwachsen. Das Zusammenwachsen von Informationsverarbeitung und Telekommunikation wird diesen

Sektor noch gewichtiger machen. Die deutsche Telekommunikations-Industrie wird gezwungen sein, ihren technischen Standard der Netze um einen gleichwertigen bei den Diensten zu ergänzen. Das bedeutet, daß bedienerfreundliches Marketing den Benutzer bei der vielfältigen Auswahl unterstützen, verständliche und möglichst einheitliche Software den Benutzer bei der Bedienung führen und kundenfreundlicher Service ihn bei Problemen schnell und sicher beraten muß. Die Bundespost Telekom wäre gut beraten, hier ebenfalls beträchtliche Investitionen anzusetzen.

Organisation und Informationswesen in der Unternehmung stehen nicht nur vor der Qual der Wahl, wenn es um die Entscheidung für die Informationsausrüstung und die Netze und Dienste der Telekommunikation geht. Der gemeinsame Markt wird die Angebotsvielfalt wesentlich erweitern; hiermit ist aber auch die Gefahr verbunden, daß man sich für Ausrüstung, Netze und Dienste entscheidet, die bei dem derzeitigen und sich beschleunigenden Verdrängungswettbewerb sehr schnell wieder verschwinden können und damit nicht mehr gewartet werden. Nicht einmal bei den öffentlichen Netzen und Diensten besteht hier Gewißheit – wer möchte seine Inhausausrüstung auf ein externes Telekommunikationssystem, wie dem hochgerüsteten Bildschirmtext aufbauen, dem für Ende 1986 die Überschreitung der Millionengrenze an Teilnehmern prognostiziert wurde, und das fünf Jahre später gerade ein Viertel davon erreicht hat? Dem darüberhinaus im freien Markt eine Konkurrenz gegenüberstehen wird, die an Teilnehmerzahlen eine rund 40fache Übermacht darstellt, und die die Kommunikation à la BTX zwischen Haushalt und Unternehmung genau so millionenfach verwirklicht hat wie zwischen den Haushalten untereinander? Dem Teletex-Dienst, der eigentlich sehr preisgünstig und schnell sein müßte, geht es nicht besser.

Das mittelfristig wichtigste Kriterium für die Systemauswahl muß deshalb für Organisation und Informationswesen Zukunftssicherheit heißen; Zukunft bedeutet bei der Telekommunikation wenigstens die Jahre für die Abschreibung der Investition. Aber der Wechsel des Anbieters eines Systems mangels Nachfolgetyp nach der Abschreibungsperiode erfordert erneuten hohen Organisations- und Lernaufwand.

Dies ist der Grund, warum die Konzentration des Telekommunikations- und Informationsmarktes nicht nur von der Anbieterseite her betrieben wird; der Käufer, der diese Entwicklung befürchtet und auf der sicheren Seite eines soliden Anbieters sein will, fördert diese Entwicklung ebenso.

2.2.8.4   Kontrollfragen

1. Worauf wirkt sich der Einsatz der Informationstechnologie besonders aus?
2. Was versteht man unter Datenverarbeitung?

3. Wie lassen sich Daten des Leistungs- und Verwaltungsbereiches unterscheiden?

4. Welche Eigenschaften hat ein Computer?

5. Worum geht es bei den Begriffen Automatisierungsfähigkeit und -würdigkeit?

6. Welche Strukturen haben Übertragungsmedien der Telekommunikation?

7. Welche Übertragungsformen bestehen in der Telekommunikation?

8. Was bedeutet Bandbreite?

9. Worin liegen die beiden wesentlichen Neuerungen des ISDN?

10. Was sind die wesentlichen Unterschiede zwischen einem lokalen und einem Netz der Bundespost Telekom?

11. Welche organisatorischen Aspekte sind bei der Auswahl eines Telekommunikationssystems zu beachten?

12. Welche Probleme entstehen beim Anschluß eines Arbeitsplatzes an ein Kommunikationsnetz?

13. Wo liegen die drei wichtigen Aufgabenfelder für die Bundespost Telekom bei der mittelfristigen Entwicklung von Telekommunikationssystemen im Hinblick auf die vereinte Bundesrepublik und den Binnenmarkt 1993, und was bedeutet das für den Organisator?

2.2.9 Organisationsentwicklung (OE)

In dem komplexen Gebilde Organisation erfüllen Menschen Aufgaben, um das Unternehmensziel möglichst ohne Reibungsverluste zu erreichen. Diese Aufgabenträger bewegen sich grundsätzlich in einer vorgegebenen Organisationsstruktur, ohne wesentlichen Einfluß auf deren Gestaltung ausüben zu können. Eine Identifikation mit der Aufgabe wird dabei kaum möglich. Die Organisationsentwicklung hat sich zum Ziel gesetzt, den Menschen stärker in den Gestaltungsprozeß der Organisation (Aufbau- und Ablauforganisation) einzubeziehen, damit bei der Aufgabenerfüllung menschliche Belange berücksichtigt und somit Störfaktoren von dieser Seite ausgeschaltet werden.

2.2.9.1 Definition, Ziele, Grundlagen

2.2.9.1.1 *Der Begriff Organisationsentwicklung*

Die kürzeste Definition des Begriffes OE läßt sich aus dem englischen „Organization Development (OD)" ableiten und bedeutet soviel wie „geplanter organisatorischer Wandel". Umfassender ist die Definition aus dem Leitbild und den Grundsätzen der Gesellschaft für Organisationsentwicklung (GOE), und zwar

„OE ist ein längerfristig angelegter, organisationsumfassender Entwicklungs- und Veränderungsprozeß von Organisationen und der in ihnen tätigen Menschen. Der Prozeß beruht auf Lernen aller Betroffenen durch direkte Mitwirkung und praktische Erfahrung. Sein Ziel besteht in einer gleichzeitigen Verbesserung der Leistungsfähigkeit der Organisation (Effektivität) und der Qualität des Arbeitslebens (Humanität)" (Trebesch, K.: Organisatoren und Organisationsentwicklung, in Zeitschrift für Organisation, 2/1983, S. 85).

Wesentliche Kriterien dieser Definition sind:

– **Langfristig.** 2 bis 3 Jahre!

– **Organisationsumfassend.** Nicht Lösungen für bestimmte Finanz-, Kosten-, Verfahrens-, Organisations- und sonstige Probleme, sondern ganzheitliche Perspektive, also auch Kommunikations-, Informations-, Motivations-, Führungs- und andere Problemkreise (soziale Organisation als Ganzheit).

– **Entwicklungs- und Veränderungsprozeß.** Nicht nur Entwurf, sondern tatsächliche Veränderung und Umsetzung **mit Beteiligung der Betroffenen.**

Mögliche Ursachen (Anlässe) für einen OE-Prozeß können veränderte Märkte, neue Technologien und die Bedürfnisse der Mitarbeiter sein, aus denen möglicherweise Schwierigkeiten entstehen wie komplizierte Dienstwege, unbewältigter Papierkrieg, Ressortstreitigkeiten, hoher Krankenstand, Mißtrauen, allgemeines Desinteresse, aktiver und passiver Widerstand gegen innerbetriebliche Umstellungen u.a. Ganz allgemein kann OE dann in Frage kommen, wenn ein Problem besteht.

OE basiert auf einer Ganzheitsbetrachtung, d.h. die Organisation wird als ein offenes soziales System betrachtet, in dem neben der Struktur auch die Menschen mit allen ihren Verhaltensweisen den gleichen Stellenwert einnehmen. Deshalb bilden auch **Werte** einen Schwerpunkt der OE, beispielsweise

– ein positives Menschenbild
– Offenheit
– Partizipation
– Lernprozeß

woraus erkennbar wird, daß die Soziologie die OE wesentlich geprägt und beeinflußt hat und sich weiterhin intensiv mit ihr auseinandersetzt.

2.2.9.1.2   Ziele der Organisationsentwicklung

Wie bereits in der OE-Definition enthalten, gibt es zwei Hauptziele der OE, nämlich

– Verbesserung der Leistungsfähigkeit der Organisation durch Steigerung des Problemlösungspotentials (Effektivität) und

– Verbesserung des Arbeitslebens (Humanität).

Daraus ergibt sich zwangsläufig eine Komplexität, welche als die Problematik der OE angesehen werden kann. Beispielhaft seien einige Teilziele aufgeführt, die sich aus den Hauptzielen ableiten lassen:

– Effiziente Strukturierung der Organisation entsprechend ihrer wirtschaftlichen Zielsetzung

– Gestaltung der Unternehmensstruktur als flexible, anpassungs- und reaktionsfähige Organisation

– Optimale Ablauforganisation

– Verbesserung der Selbstkontroll-, Selbstbestimmungs- und Selbstverantwortungsmöglichkeiten der Mitarbeiter

– Erhöhung der Flexibilität, Sensibilität und Kreativität der Mitarbeiter

– Förderung der aktiven und positiven Problemlösungsorientierung

– Allen Mitarbeitern soll die Möglichkeit eingeräumt werden, sich in hohem Maße mit den Organisationszielen zu identifizieren.

Sind diese und andere Teilziele erreicht, dann spricht man von einer kompetenten oder gesunden Organisation. Endziel schließlich könnte eine Art selbststeuernde Organisation sein, die den notwendigen Veränderungsprozeß durch flexible Maßnahmen ihrer Mitglieder selbstverantwortlich initiiert, durchführt und lenkt.

2.2.9.1.3   Grundlagen der Organisationsentwicklung

2.2.9.1.3.1   Gegenstand der Organisationsentwicklung

Bevor eine intensive Auseinandersetzung mit der OE erfolgt, muß Klarheit über deren Untersuchungsgegenstand und ihr Erkenntnisobjekt bestehen. Zweifelsfrei kann es sich hierbei nur um die Organisation handeln. Weniger zweifelsfrei ist das, was man schlechthin unter Organisation versteht, da es eine Reihe von Ansätzen gibt. Trotzdem können drei Teilaspekte herausgestellt werden, die Organisation im Sinne von OE zu beschreiben. Es sind dies die Organisation

– als Institution, worunter alle sozialen Gebilde fallen (Unternehmung **ist** demnach eine Organisation)

– als Struktur, d.h. ein System von dauerhaften Regelungen (Unternehmung **hat** folglich eine Organisation)

– als Tätigkeit des Organisierens (Unternehmung **wird** organisiert).

Daraus ergibt sich die zwingende Notwendigkeit, den auf der Systemtheorie auf-
bauenden Organisationsbegriff für OE zu verwenden als „Gesamtheit integrier-
ter Elemente, die in ihrer Struktur durch die Aufgabe und Zielsetzung des So-
zialgebildes bestimmt wird".

2.2.9.1.3.2 Organisation und Umwelt

Als offenes System befindet sich die Unternehmensorganisation ständig den
vielfältigen und komplexen Einflüssen der Umwelt ausgesetzt.

Das Hauptproblem dieser Betrachtungsweise besteht in der Grenzziehung zwischen Organisation und Umwelt bzw. System und Umsystem. Da eine genaue
Abgrenzung kaum möglich erscheint, kann vereinfachend die Trennung in systemrelevante und nichtsystemrelevante Umwelt als Anhaltspunkt dienen. Die
systemrelevante Umwelt wiederum läßt sich in vier Gruppen einteilen, nämlich
die Umsysteme Wirtschaft, Technologie, Gesellschaft, Recht und Politik. Die
Umsysteme ändern sich. Der daraus resultierende Änderungsprozeß soll durch
OE besser bewältigt werden.

2.2.9.1.3.3 Stellung der Menschen in der Organisationsentwicklung

Der systemtheoretische Ansatz beinhaltet bereits die Menschen als Systemele-
mente. Andererseits können aber auch die Menschen selbst als System verstanden werden. Der Unterschied zum Unternehmen als System besteht aber darin,
daß die Menschen sowohl Insystem oder Element der Organisation als auch
Element mehrerer Umsysteme sind. Das Individuum nimmt somit eine „Multi-
systemposition" ein, was für beide Systempositionen Probleme mit sich bringt.

Trotz dieser Problematik geht die OE von modernen, empirisch gewonnenen Erkenntnissen der Sozialwissenschaften aus, wonach

- Einstellungen und Verhaltensweisen der Menschen in wesentlich stärkerem
  Maße von den Umwelteinflüssen, d.h. von früheren und aktuellen Lebens-
  und Arbeitssituationen geprägt werden als durch Erbanlagen
- fast jeder Mensch ein nicht vorhersehbares persönliches Entwicklungspoten-
  tial besitzt, welches unter entsprechenden organisatorischen und sozialen Voraussetzungen dazu führen kann, Wissen und Fertigkeiten, aber auch emotio-
  nale Bedürfnisse und Einstellungen, soziale Verhaltensweisen und persönliche Wertvorstellungen zu lernen und zu verlernen
- der Mensch am leichtesten lernt und sich entwickelt durch praktische Erfahrungen, im direkten Kontakt mit anderen und in direkten Auseinandersetzun-
  gen mit konkreten Problemen, die ihn selbst in irgendeiner Weise betreffen.

Inwieweit die OE die kaum abschätzbare Einflußgröße Mensch mit der ihr eigenen Einmaligkeit und Vielfalt der Persönlichkeitsstruktur tatsächlich mit aller
Konsequenz einordnen kann, bleibt fraglich.

2.2.9.1.3.4 Die Rolle der Führung in der Organisationsentwicklung

Betrachtet man das anspruchsvolle Endziel von OE, so könnte der Eindruck entstehen, als wäre der Entscheidungs- und Aufgabenbereich der Führung drastisch eingeschränkt. Dem ist nicht so, wenn auch eine Modifikation bzw. Revision des Verständnisses von Management erforderlich wird. Traditionell besteht das Prinzip der hierarchischen Delegation, was kooperativen Führungsstil und Führungsverhalten keinesfalls ausschließt.

Die OE geht noch weiter mit dem Prinzip des Rollenmanagements, wonach jedes Individuum eine Rolle in der Organisation übernimmt, also selbst als eine Art Manager fungiert. Dies erfolgt in zweifacher Weise. Einmal gilt es, die Beziehungen zwischen der (seiner) Person und seiner Rolle (in der Organisation), zum anderen die einzelnen Aufgaben und die Verbindung zu anderen Rolleninhabern zu „managen".

Die Führungsaufgaben dagegen unterscheiden sich in diesem System dadurch, daß sie die Voraussetzungen schaffen, damit eine effektive Aufgabenerfüllung gewährleistet wird. Die Mitglieder der Organisation können demnach ihre „Rolle" dann besonders erfolgreich umsetzen, wenn sich die Führungskräfte auf die Prozeßgestaltung und Prozeßabwicklung, d.h. auf die Zielsetzung, Steuerung und Kontrolle konzentrieren. Daraus ergeben sich einige Kriterien für die praktische OE-Arbeit.

(1) Organisatorische Gruppen (Familien) als Kleingruppen, die durch ihre Aufgaben miteinander verbunden sind. OE spielt sich grundsätzlich zwischen bzw. innerhalb organisatorischer Einheiten ab wie Gruppen, Abteilungen, Betriebe.

(2) Arbeiten am konkreten Problem.

(3) Problemlösung durch Mitwirkung der Betroffenen in Teamarbeit.

(4) Kontinuität des OE-Prozesses.

(5) Ort des Geschehens ist der Arbeitsplatz.

2.2.9.1.3.5 Lernprozesse

Lernen wird allgemein definiert als „das Erwerben einer neuen oder das Ändern einer bereits vorhandenen Verhaltensweise".

Die Erfahrung zeigt, daß Verhaltensänderungen nicht verwirklicht werden können, weil dies die „Organisationskultur" nicht zuläßt. Die Organisationsmitglieder bewegen sich in festgefahrenen Geleisen und haben nicht gelernt, sich notwendigen Veränderungen anzupassen.

Dies wird oft deutlich bei Problemen zwischenmenschlicher Beziehungen. Ziel der OE aber ist die **gemeinsame** Problemlösung, so daß soziale Verhaltensweisen wie

- zuhören können
- Anteil nehmen
- ungetrübt wahrnehmen
- nicht gleich werten oder beurteilen
- Auffassung des anderen tolerieren
- Konflikte sachlich lösen und nicht persönlich nehmen

gelernt werden müssen, um OE praktizieren zu können. Lernen im Sinne der OE ist also nicht nur Verhaltensänderung, sondern auch Veränderung von **Verhaltenserwartungen.** Nicht der lernt in diesem Sinne, der seine Erwartungen trotz erlebter Realität aufrechterhält, sondern wer bereit ist, seine Erwartungen angesichts von Enttäuschungen zu ändern, d.h. also, daß Erwartungen nicht aufrechterhalten werden müssen, sondern änderbar sind.

2.2.9.2   Inhalte und Methoden praktischer Organisationsentwicklung

2.2.9.2.1   Das Phasenmodell der Organisationsentwicklung

Organisieren in einer Unternehmung erfolgt grundsätzlich mit den Methoden und Techniken praktischer Organisationsarbeit (siehe unter 4 ff.). Die OE kennt dagegen kein Standardprogramm, d.h. daß der Verlauf eines OE-Projektes nicht im einzelnen vorherbestimmt werden kann. Trotzdem sollten die Betroffenen über einen möglichen Prozeßablauf Bescheid wissen.

Grundsätzlich kann der OE-Prozeß in folgenden Phasen ablaufen:

Phase 1: Kontakt (Interesse an OE?)

Phase 2: Vorgespräche (Abklärung von Modalitäten)

Phase 3: Vereinbarung (Präzisierung der Erwartungen)

Phase 4: Datensammlung (Aufnahme des Ist-Zustandes)

Phase 5: Datenfeedback (Sichtung, Ordnen und Aufbereiten der Daten und Rückkopplung)

Phase 6: Diagnose (systematische Problemanalyse und klare Problemdefinition)

Phase 7: Maßnahmenplanung und -durchführung (Maßnahmen zur Problemlösung hinsichtlich Planung und Durchführung)

Phase 8: Erfolgskontrolle (gemeinsame Auswertung des Gesamtprojektes)

2.2.9.2.2   Das Problem des Einstiegs

Unterschiedlich ist die Auffassung über den Beginn des OE-Prozesses, d.h. auf welcher Hierarchiestufe gestartet werden soll. Aus diesem Problem des Einstiegs wird auch deutlich, daß OE keinesfalls eine gesamte Organisation auf einmal erfassen kann, sondern auf Organisationseinheiten beschränkt bleibt. Andererseits wird hier fraglich, ob es bei Einzelmaßnahmen bleibt oder ob die gesamte Organisation einbezogen werden muß.

Es gibt fünf Strategien, die zu einer Lösung des Problems führen können, und zwar die

„Top-down-Strategie", d.h. OE-Maßnahmen haben bei der Unternehmensspitze zu beginnen;

„Basis-upward-Strategie", welche an der Basis ansetzt und sich nach „oben" ausweiten kann;

„Bi-polare-Strategie", die sowohl an der Spitze als auch an der Basis beginnt und sich zur „Mitte" hin bewegt;

„Keil-Strategie", die beim mittleren Management ansetzt und sich nach oben und unten fortpflanzen kann;

„Multiple-nucleus-Strategie", wo auf verschiedenen Hierarchieebenen begonnen wird.

Eine für alle Organisationsformen gültige Strategie gibt es nicht. Entscheidend ist vielmehr die jeweilige Organisationskonzeption und der Schwierigkeitsgrad der erforderlichen geplanten Maßnahmen. Egal, welche Strategie angewandt wird, muß unbedingt berücksichtigt werden, welche Position die Unternehmensleitung zu OE einnimmt. OE wird nur dann erfolgreich sein können, wenn die Unternehmensleitung voll dahintersteht und sie aktiv unterstützt.

2.2.9.3   Modelle und Konzepte der Organisationsentwicklung

Es sollen die wichtigsten und bekanntesten Ansätze der OE aufgezeigt werden. Sie unterscheiden sich im wesentlichen in der jeweiligen theoretischen Auffassung über Organisationen und Menschen.

2.2.9.3.1   *Prozeßberatung*

Die Prozeßberatung besteht aus einer Reihe von Beraterinterventionen, die dem Klienten helfen, Prozesse und Ereignisse in seiner Umwelt wahrzunehmen, zu verstehen und adäquat zu verarbeiten. Diagnose und Steuerung der persönlichen, zwischenmenschlichen und Gruppenprozesse stehen dabei im Mittelpunkt. Daraus ergibt sich, daß

– Kommunikationsstrukturen

– Funktionen und Rollen von Gruppenmitgliedern

– Problemlösungs- und Entscheidungsverfahren in Arbeitsgruppen

– Normen und Wertsysteme

– Führung und Autorität

– Kooperation und Konkurrenz zwischen Gruppen vorrangigste Ziele der Beratung sind.

Eine entscheidende Rolle bei dieser Konzeption kommt der Qualifikation des Beraters zu, d.h. von ihm hängt hauptsächlich der Erfolg der Prozeßberatung ab. Er muß über ausgeprägte Kontaktfähigkeit, diagnostisches Geschick und Überzeugungskraft verfügen. Ziel der Prozeßberatung ist nicht nur Wissensvermittlung, sondern eher die Aktivierung und das Erlernen prozeßorientierter Fertigkeiten (wie gehe ich mit anderen Leuten um). In diesem Sinne hat der Berater überwiegend begleitende Funktion.

Prozeßberatung wird ganzheitlich verstanden. Der praktische Vollzug wird jedoch meist auf die Arbeit in kleinen und kleinsten (Paare) Gruppen beschränkt.

2.2.9.3.2   *Managerial Grid*

Dieses Modell stellt den wohl frühesten Ansatz von OE (USA) dar. Die Tatsache, daß der Name „Grid" ein eingetragenes Warenzeichen ist, verdeutlicht die Standardisierung und Kommerzialisierung des Modells (auch in Deutschland).

Blake und Mouton, die das Modell in den 50-er Jahren entwickelten, gehen von zwei Hauptvariablen aus, nämlich

– der Orientierung an der Produktion und

– der Orientierung an den Organisationsmitgliedern.

Diese Betrachtungsweise führt zu einer Matrix (Grid, Gitter). Am Ende eines Veränderungsprozesses sollte ein 9/9-Ergebnis stehen, d.h. es wird ein Führungsstil praktiziert, bei dem begeisterte Mitarbeiter eine hohe Arbeitsleistung bringen und Verantwortung tragen.

2.2.9.3.3   *Survey-Guided-Development* (Datenerhebungs- und Rückkopplungsmethode)

Charakteristisch für diesen OE-Ansatz ist die Suche nach Verhaltensursachen. Es wird also auf eine tiefgreifende Analyse der diagnostizierten Schwachstellen abgestellt. Kennzeichnend ist weiterhin, daß der Versuch einer Messung der Effizienz der veränderten Maßnahmen gemacht wird. Dies kann dadurch erreicht werden, daß ein konkretes Projekt mehrere aufeinander abgestimmte Schrittfolgen umfaßt, wobei die Befragung (survey) das zentrale Meßinstrument zur Organisationsdiagnose darstellt, welches das Material für den folgenden Feedbackprozeß liefert und bei wiederholter Anwendung Aufschluß über die Wirksamkeit der Veränderungsmaßnahmen dient.

Folgender Ablauf ist denkbar:

– Diagnose durch Befragung, vorwiegend durch Fragebogenmethode einschließlich Feedbackprozeß

– Ergebnisbesprechung mit Führungskräften, die dieses anschließend in Gruppengesprächen den Mitarbeitern vermitteln

– Festlegung der Interventionen für die Zielerreichung (T-training, Teament-wicklung, job enrichment u.a.)

– Durchführung der Interventionen und Effektivitätskontrolle, die eventuell zu einer Rückkopplung führt

– Bei großen Abweichungen von Soll und Ist kann der Prozeß von vorne beginnen, eventuell auch nur bezogen auf Teilbereiche

Dieser Ablauf läßt erkennen, daß eine starke verhaltenswissenschaftliche Orientierung bei diesem Modell vorrangig ist.

Die Aufgabe des Beraters besteht daher überwiegend in der Vermittlung von wissenschaftlich fundiertem Wissen und deren Umsetzung in die jeweilige Organisation. Dieser OE-Ansatz dürfte am ehesten praktischen Anforderungen entsprechen.

2.2.9.4   Interventionstechniken

Die dargestellten Modelle und Konzeptionen der OE beziehen sich hauptsächlich auf Verfahren der Datensammlung und Organisationsdiagnose. Daneben wird jedoch noch ein Rahmen von Maßnahmen erforderlich, um den Lernprozeß in Gang zu bringen und eigene Problemlösungsverfahren zu entwickeln. Zur erfolgreichen Verwendung von Interventionen sind folgende Grundregeln zu beachten:

– maßgebliche Personen nehmen teil

– Problemstellung vom Klienten selbst herbeigeführt

– daß Klarheit über das Ziel und die Zielerreichung besteht

– nicht nur kognitives, sondern auch Erfahrungslernen

– Lösung und Lernen selbst lernen

– von ganzer Person her und nicht nur von einzelnen Segmenten angesprochen fühlen.

Folgende Interventionstechniken lassen sich unterscheiden:

– Teamentwicklungsinterventionen, welche der Initiierung und/oder Leistungssteigerung von Arbeitsgruppen dienen.

– Intergruppeninterventionen, die auf eine Verbesserung des Kommunikations- und Kooperationsverhältnisses zwischen Arbeitsgruppen abzielen.

– Training und Fortbildung, wodurch Kenntnisse und Fertigkeiten und individuelle Fähigkeiten verbessert werden sollen. Hierunter fällt auch das bekannte Sensitivity- oder T-Gruppen-Training.

– Technisch-strukturelle Interventionen, bei denen vorwiegend technische und strukturelle Faktoren, Engpässe und Widersprüche eine Behinderung darstellen.

– Prozeßberatungsinterventionen zielen auf eine Verbesserung des Arbeitsablaufs ab.

– „Neutraler-Dritter"-Interventionen dienen vorwiegend der Konfliktlösung zwischen einzelnen Mitgliedern.

– Einzelberatung als Aufgabe des Beraters mit einzelnen Mitgliedern.

– Lebens- und Karriereplanungsinterventionen als Hilfe für einzelne Mitglieder.

– Planungs- und Zielfindungsinterventionen beziehen sich auf Planungs- und Zielfindungsverfahren, Problemlösungstechniken und Methoden des Soll-Ist-Vergleiches von Organisationen.

2.2.9.5   Kontrollfragen

1. Was versteht man unter Organisationsentwicklung und was sind die Ziele?

2. Welche wesentlichen Grundlagen von OE können Sie nennen?

3. Worin besteht die Besonderheit des Phasenmodells von OE?

4. Was sind die wichtigsten OE-Modelle?

5. Warum entspricht das Survey-Guided-Development am ehesten praktischen Anforderungen?

3 Die Ablauforganisation (strukturelle und prozessuale Gestaltung)

3.0 Lernziele

Im dritten Kapitel soll der Leser

- die für die Erfüllung der im zweiten Kapitel festgestellten Aufgaben notwendige Ablauforganisation erkennen,
- sich mit Zielen der Ablauforganisation und Einflußgrößen befassen,
- zwischen Aufgaben- und Arbeitsanalyse unterscheiden können,
- die Besonderheiten der Arbeits- und Arbeitsganganalyse erkennen,
- die Arbeitssynthese aus sachlich-logischer, personaler, zeitlicher und räumlicher Sicht beurteilen können,
- die Gegebenheiten der Wirtschaftspraxis im Hinblick auf die Ablauforganisation erfahren.

3.1 Der innere Zusammenhang von Aufbau- und Ablauforganisation

Die Aufbauorganisation ist gekennzeichnet und charakterisiert durch verteilungsfähige Aufgabenkomplexe (Stellen), durch Abteilungs- und Instanzenbildungen, Kompetenzverteilungen, die Einrichtung eines Kommunikationssystems sowie durch die Strukturdimension „Konfiguration" (Wittlage, Unternehmensorganisation, 4. Auflage 1989, S. 129), zu der die Linien-, Stabliniensysteme und deren Weiterentwicklungen zählen. Eine strukturelle Gestaltung der Organisation ist also gegeben, die als Ergebnis die „... Schaffung eines neuen oder veränderten Systems organisatorischer Regeln ..." (Welge, Organisation 1987, S. 363) darstellt und beinhaltet.

Diese Aufbauorganisation erhält erst dann ihre anwendungsbezogene Funktion, wenn ein **Ablaufprozeß** zwischen Abteilungen, Stellen und Sachmitteln implementiert wird. Die dabei entstehende Struktur (Ordnung) wird als **Ablauforganisation** bezeichnet. Unter Ablauforganisation wird der **Prozeß der Aufgabenerfüllung unter Beachtung sachlich-logischer, personaler und raum-zeitlicher Aspekte** verstanden. **Gegenstand der Ablauforganisation** ist, **Arbeitsbeziehungen** (einschl. Gruppierungsbeziehungen), **Zeitbeziehungen** und **Raumbeziehungen** darzustellen, zu analysieren und zu optimieren (vgl. Küpper, Ablauforganisation 1981, S. 3).

Diese Ablauforganisation kann von originären und derivativen Zielen geleitet sein.

3.2   Ziele der Ablauforganisation

Ganz allgemein ist unter **Ziel** ein bestimmter in der Zukunft angestrebter Zustand zu verstehen. Als Zustand in der Ablauforganisation sind optimale Ablaufregeln anzustreben. Die zu setzenden Ziele müssen „operational", d.h. konkret umsetzbar und realisierbar sein und zum anderen zur Erreichung der Unternehmensziele beitragen (Küpper, S. 33).

3.2.1   Originäre Ziele der Ablauforganisation

Damit der Leistungsprozeß in einer Unternehmung und dessen Ordnung (die Organisation) optimal geregelt wird, sind grundlegende Ziele als Leitlinien zu setzen. Sie lassen sich wie folgt gliedern:

- Bei der Bearbeitung der Vorgänge und Objekte im Rahmen der Leistungserstellung sind **kürzeste Durchlaufzeiten** zu erreichen. Die Leistung ist mit so wenig Zeit wie möglich zu bewirken.
- Dabei müssen gleichzeitig die **Kapazitäten** (produktive Einrichtungen) **hoch ausgelastet** sein.

Hier handelt es sich zweifellos um zwei sehr wichtige Ziele.

Gutenberg spricht in diesem Zusammenhang von einem **Dilemma der Ablauforganisation**, weil beide Teilziele in Konkurrenz zueinander stehen. Strebt man eine Erhöhung der Produktionsmenge an, erhöhen sich zwangsläufig wegen auftretender Engpässe die Durchlaufzeiten (Gutenberg, Die Produktion, 11. Auflage 1965, S. 229).

- Ferner muß eine hohe **Termintreue** garantiert werden (aber siehe oben!). Abnehmer von Leistungen legen besonderen Wert auf eine pünktliche Lieferung.
- Schließlich sind die **Lagerbestände niedrig zu halten**, um Kapitalbindungen und deren mögliche negative wirtschaftliche Folgen in Grenzen zu halten.
- **Kundengerechte Problemlösungen** sind zu garantieren (vgl. Bühner, Betriebswirtschaftliche Organisationslehre, 3. Auflage 1987, S. 167). Der Abnehmer wünscht vielfach keine standardisierten Leistungen, die er erst selbst an seine Verhältnisse anpassen muß, sondern Leistungen, die auf seine Problemfelder bereits zugeschnitten sind.

Aus diesen grundlegenden Zielen lassen sich weitere Ziele ableiten.

3.2.2   Derivative Ziele der Ablauforganisation

Die derivativen Ziele haben zum Inhalt, bei der Leistungserstellung **sachlich-logische und kooperative Verbindungen zwischen** den **einzelnen Bereichen, Abtei-**

lungen und insbesondere zwischen einzelnen **Stellen** in Zusammenhang mit den Sachmitteln **herzustellen** und zu optimieren.

Es sind also Regelungen zu treffen, damit die Abteilungen, aber insbesondere die einzelnen Stellen in einem Bereich so zusammenarbeiten, daß die Bearbeitung der Vorgänge und Objekte optimal gestaltet ist, d.h. vom kooperativen, personalen, räumlichen, zeitlichen, aber auch vom qualitativen Aspekt aus betrachtet, müssen **optimale Leistungen** erzielt werden.

3.2.3 Zielsystematik der Ablauforganisation

Küpper (S. 33) systematisiert umfassend die ablauforganisatorischen Ziele und stellt eine differenzierte Gliederung auf. Er richtet diese einerseits auf die Arbeitsobjekte bzw. Arbeitsträger und setzt diese andererseits zu den Maßstäben: Zeitgrößen, Erfolgsgrößen, Qualitätsgrößen oder soziale Größen in Beziehung. Eine Matrix veranschaulicht die einzelnen ablauforganisatorischen Ziele innerhalb der Beziehungsgrößen.

Zielmaßstab / Zielelement	Zeitgrößen	Erfolgsgrößen	Opportunitäts-kostengrößen	Qualitäts-oder soziale Größen
Auftragsorientiert	Durchlaufzeiten Wartezeiten Lagerzeiten Zykluszeit Transportzeiten Terminüberschreitung	Terminüberschreitungskosten Stückkosten	Verzögerungskosten	Mindestqualität der Produkte
Arbeitsträgerorientiert	Kapazitätsauslastung Gesamtbelegungszeit Leerzeiten Rüstzeiten Bandwirkungsgrad	Rüstkosten Beschleunigungskosten	Leerkosten	Arbeitszufriedenheit Motivation Entscheidungsbeteiligung

Abb. 3.1: Überblick über die Ziele der Ablauforganisation (nach Küpper)

Den vorgegebenen Zielen, insbesondere der Minimierung der Durchlaufzeiten und der bestmöglichen Kooperation der Stellen wird die Unternehmung nur gerecht, wenn eine *Ablaufstruktur in das System der Aufbauorganisation fest installiert* wird. Es muß also ein **Beziehungsgefüge** geschaffen werden, das **feste Ablaufregeln** beinhaltet, **Stabilität** und zugleich **Elastizität** ausweist, so daß die Aufgabenträger (Mitarbeiter) feste Rollen übernehmen und diese in einem Netzwerk spielen können.

3.3   Zusammenfassung von Funktionen zu Geschäftsprozessen

In einer funktionalen Aufbauorganisation ist eine Gliederung der Aufgaben nach verschiedenen Teil- bis hin zu Elementarfunktionen vorgenommen. Merkmale und Vorteile sind weiter oben beschrieben worden. Die geschaffene funktionale Organisation zeigt jedoch in verschiedenen Fällen – besonders in Großorganisationen – erhebliche Nachteile, besonders dann, wenn Kooperations-, Koordinations- und Kommunikationsprozesse nicht optimal geregelt sind. Eine Trennung von Aufgaben erzeugt Schnittstellen, an denen Leistungsverzögerungen erfolgen können; und damit erhöhen sich die Durchlaufzeiten. Ein Strukturieren in Geschäftsprozessen soll die Nachteile der künstlichen Trennung von Aufgaben beseitigen helfen.

Erfolgsorientierte Funktionen, die zusammengehören, werden kombiniert und strukturiert. Das entstehende Gebilde wird **Geschäftsprozeß** genannt und beinhaltet nach *Striening* (Prozeßmanagement S. 57) „… Tätigkeiten oder Verrichtungen, die zur Erstellung von Produkten oder Dienstleistungen in einem direkten Zusammenhang miteinander stehen und in ihrer Summe den betriebswirtschaftlichen, produktionstechnischen, verwaltungstechnischen und finanziellen Erfolg einer Unternehmung bestimmen." *Bürgel* sieht sogar ein dynamisches Element in der Gestaltung von Geschäftsprozessen, „… in denen die Stellen- und Abteilungsbildung unter Berücksichtigung der Erfordernisse des Ablaufs betrieblicher Prozesse im Rahmen der Leistungserstellung und -verwertung konzipiert wird" (Bürgel, Prozeßmanagement, S. 71).

In einem Geschäftsprozeß werden alle Aktivitäten, die funktional zusammenhängen und zu einem inhaltlich abgeschlossenen Ergebnis führen, miteinander in Form einer **Prozeßkette** verknüpft.

Folgendes Schaubild nach *Schulte-Zurhausen* (Organisation S. 45) verdeutlicht die Prozeßkette des Geschäftsprozesses „Beschaffung".

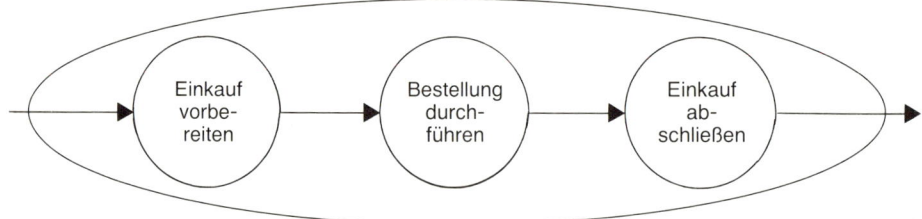

Abb. 3.2: Geschäftsprozeß (Beispiel)

Jeder Geschäftsprozeß hat also seine eigene Wertkette. Es erscheint sinnvoll, verschiedene Geschäftsprozesse zu bilden. Gängige Geschäftsprozesse (auch Kernprozesse genannt) sind die Auftragsbearbeitung, die Produktentwicklung, das Bestellwesen, die Einkaufsabwicklung und der Kundendienst.

Diese verschiedenen technischen und ökonomischen Aktivitäten können und werden in Form einer **Wertschöpfungskette** dargestellt. **Michael E. Porter** (Wettbewerbsvorteile S. 59 ff.) unterscheidet dabei **Primäraktivitäten** (Eingangslogistik, Operationen, Marketing und Vertrieb, Ausgangslogistik und Kundendienst), die sich mit der eigentlichen Produktherstellung sowie deren Verkauf an den Abnehmer befassen und **Sekundäraktivitäten**, die die Primäraktivitäten unterstützen (Unternehmensinfrastruktur, Personalwirtschaft, Technologieentwicklung und Beschaffung). Die einzelnen Wertketten zeigen die formale Prozeßstruktur.

Es kommt jedoch nur wirklich zu einem umfassenden Prozeß, wenn kooperative und koordinierende Verbindungen zwischen einzelnen Kettengliedern, ob Stellen, Funktionen oder Bereiche installiert werden. Lediglich eine Darstellung in einem Organigramm reicht dazu nicht aus (siehe Weiterentwicklung aufbauorganisatorischer Konzepte).

3.4   Was eine nach Geschäftsprozessen gegliederte Organisation zu leisten vermag

Eine Organisation mit Geschäftsprozessen hat zunächst folgende Auswirkungen auf die Ablauforganisation einer Unternehmung:

- tendentiell werden die Aufgaben ganzheitlicher erledigt als in rein funktionalen Strukturen, weil kooperationshindernde Barrieren wegfallen,
- Kontrolltätigkeiten werden reduziert,
- eine bessere zeitliche Abstimmung verschiedener Aktivitäten ist gegeben,
- die Durchlaufzeiten verkürzen sich,
- die Aufgabenerfüllung richtet sich mehr als bisher nach den Wünschen der Kunden.

Folgende **grundlegende Ergebnisse** werden erreicht:

- eine **Qualitätserhöhung** (durch Vermeidung von Fehlern),
- eine **Zeitersparnis** (durch eine Reduzierung der Durchlaufzeiten),
- eine **Kostensenkung** (durch Reduzierung der Prozeßkosten).

Zusätzlich lassen sich folgende Ergebnisse erzielen:

- Verbesserung der Flexibilität, etwa eine Erhöhung der Reaktionsgeschwindigkeit auf veränderte Marktbedingungen,
- eine bessere Erreichung ökonomischer Ziele, etwa Steigerung des Gewinns,
- eine bessere Erreichung sozialer Ziele, etwa Motivationssteigerung der Mitarbeiter,
- eine bessere Erreichung ökologischer Ziele, etwa Energieeinsparung.

Eine Geschäftsprozeßstruktur verbessert nicht nur das gezeichnete betriebswirtschaftliche Bild, sondern erhöht sogar die **Zufriedenheit der Kunden**. Gaitanides (Prozeßmanagement S. 16) stellt die beteiligten Faktoren in folgendem Schaubild zusammen:

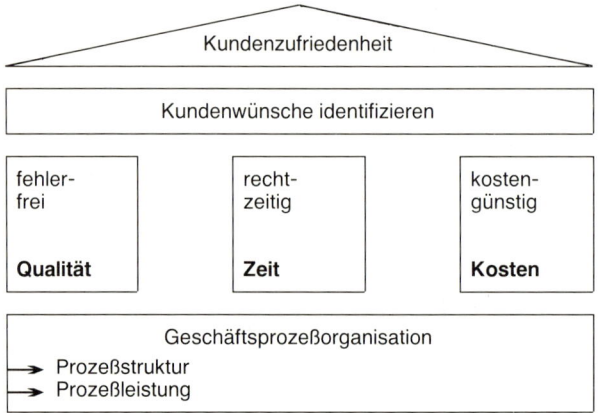

Abb. 3.3:
Geschäftsprozeß und
Kundenzufriedenheit

Die Prozeßziele Qualität, Zeit und Kosten berücksichtigen stärker als bisher die identifizierten Kundenwünsche und wollen diese ohne jede Abweichung erfüllt sehen. Gaitanides folgert sogar: „Je höher die Übereinstimmung des tatsächlichen Prozeßergebnisses mit der Outputspezifikation, desto höher ist die Kundenzufriedenheit."

Nachdem der Aufbau von Geschäftsprozessen abgeschlossen ist, ist ein System von Ablaufregeln zu installieren. Zuvor sind jedoch weitere grundlegende Analysen der Organisation vorzunehmen, d. h. es sind differenzierte Basisdaten über die einzelnen Verrichtungen zu gewinnen. Analog zur Gestaltung der Aufbauorganisation mit ihren Phasen der Aufgabenanalyse und -synthese wird in der Ablauforganisation zwischen den Phasen der **Arbeitsanalyse** und **Arbeitssynthese** unterschieden.

3.5   Gewinnung von Basisdaten durch die Arbeitsanalyse

3.5.1   Von der Verrichtungs- zur Arbeitsanalyse

In der Verrichtungsanalyse wurde nach dem „Top-Down-Prinzip" die Gesamtaufgabe einer Unternehmung in Teilaufgaben verschiedener Ordnungen bis hin zu Elementaraufgaben zerlegt (siehe S. 35). Sinn und Zweck dieser Organisationsarbeit bestand letztlich darin, Aufgabenkomplexe (= Stellen) zu bilden.

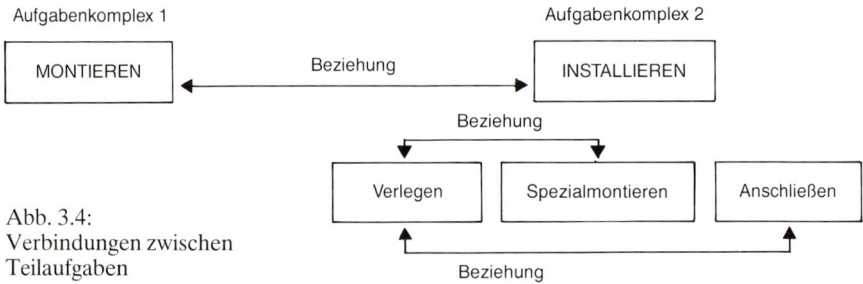

Abb. 3.4:
Verbindungen zwischen
Teilaufgaben

Aufgabenverbindungen mit anderen Stellen im Sinne einer Kooperation und Beziehungen innerhalb von Aufgabenkomplexen oder zu anderen werden dabei nicht ermittelt. Es sei denn, es würden in der gesamten Organisation **Funktionendiagramme** erstellt werden. Die für die Ablauforganisation notwendige Analyse muß also eine viel größere Gliederungstiefe aufweisen als die der Verrichtungsanalyse. So muß sichtbar gemacht werden, welche Beziehungen etwa zwischen den Aufgabenkomplexen „Montieren" und „Installieren" bestehen oder auch zwischen einzelnen Elementaraufgaben: „Verlegen", „Montieren", „Anschließen".

Es bedarf also einer weitergehenden Zerlegung der Teilaufgaben als in der Verrichtungsanalyse. Diese erfolgt in einer Arbeits- bzw. Arbeitsganganalyse. Sie stellt nach Kosiol (Organisation in der Unternehmung, 1962, S. 189) „... eine verlängerte erfüllungsbezogene Aufgabenanalyse dar".

Diese weitergehende Zerlegung könnte, dargestellt am Beispiel „Installieren" (siehe auch Abb. 2.1, S. 37), folgende Gliederung erhalten:

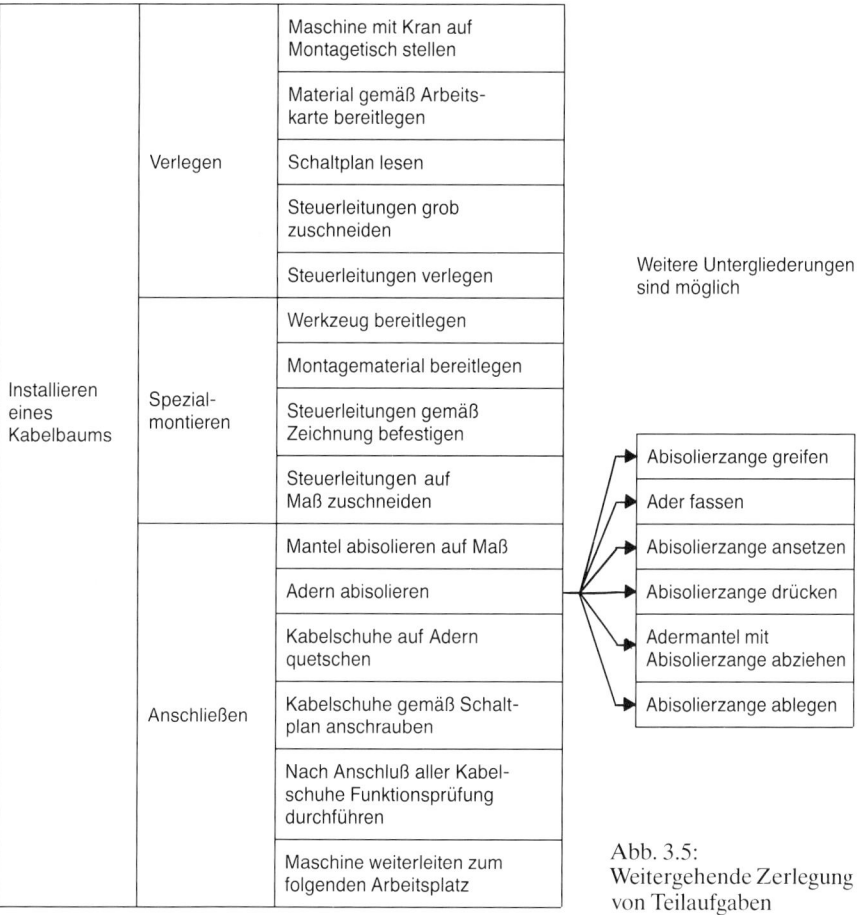

Abb. 3.5:
Weitergehende Zerlegung
von Teilaufgaben

3.5.2   System: Arbeitsgänge, Gangstufen, Gangelemente

Bei der zu vollziehenden Arbeitsanalyse sind zwei Formen zu unterscheiden: die reine Arbeitsanalyse und die Arbeitsganganalyse.

Die **reine Arbeitsanalyse** setzt bei den Elementaraufgaben an und zerlegt diese weiter bis zu nicht mehr teilbaren Aufgaben (Minimalaufgaben).

Wir nehmen dieses Mal den Aufgabenkomplex „Fräsen" und führen eine weitergehende Zerlegung durch. Diese wird aus Abb. 2.1 S. 37 abgeleitet:

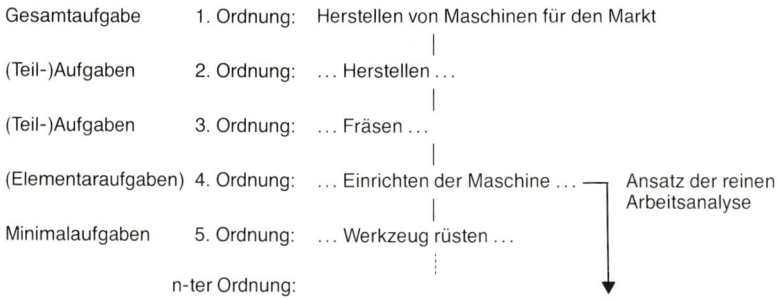

Abb. 3.6: Ansatz der reinen Arbeitsanalyse

In der Arbeitswissenschaft erfolgt unter ergonomischen Gesichtspunkten eine Zerlegung bis hin zu einzelnen Bewegungselementen. Die Organisationsliteratur kennt drei herausragende Gliederungsvorschläge für die Analyse von Arbeitsprozessen:

- die **Kosiol-Gliederung**, welche jede benötigte Gliederungstiefe (Anzahl von n-Gliederungsstufen) zuläßt,
- die **Nordsieck-Gliederung**, welche als erste dieser Art im deutschsprachigen Raum gelten kann und mit sieben Gliederungsstufen konzipiert ist,
- die **REFA-Gliederung**, welche den Arbeitsablauf in Makro- und Mikroablaufabschnitte einteilt, die jeweils weiteruntergliedert werden können.

Die **Arbeitsganganalyse** geht von einem Aufgabenkomplex (= Stelle), der hier Arbeitsgang genannt wird, aus.

Im Fallbeispiel ist es der Aufgabenkomplex „Fräsen".

„Unter einem **Arbeitsgang** ist eine bestimmte Verrichtung eines Arbeitssubjektes an einem bestimmten Arbeitsobjekt in einem zugehörigen räumlichen Wirkungsbereich zu verstehen" (Kosiol, Organisation der Unternehmung, S. 197).

Das Arbeitssubjekt erledigt zuerst einen Arbeitsgang. Danach kehrt es in seine Ausgangsposition zurück, um den gleichen oder einen anderen Arbeitsgang zu erfüllen.

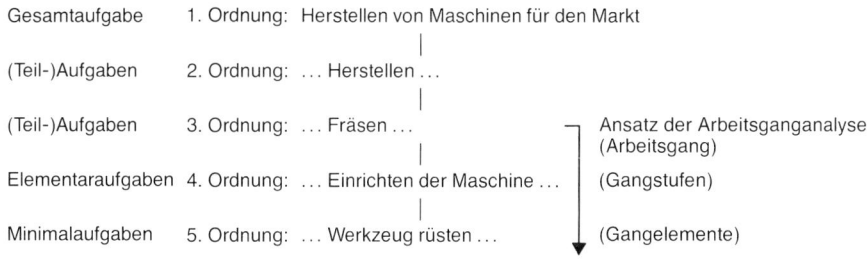

Abb. 3.7: Ansatz der Arbeitsganganalyse

Der **Arbeitsgang** als Arbeitsteil höchster Ordnung deckt sich immer mit der durch die Aufgabensynthese gebildeten Stellenaufgabe. Die Arbeitsganganalyse übernimmt die Elementaraufgaben (z.B. Einrichten der Maschine), die hier als **Gangstufen** bezeichnet werden und zerlegt diese weiter in **Gangelemente**. Die wesentliche Intention besteht darin, Gangstufen und die dazugehörenden Gangelemente zu ermitteln und gemäß der Arbeitsabfolge aneinanderzureihen. Sie stellen den Ausgangspunkt für die später folgende Arbeitssynthese dar.

3.5.3   Verschiedene Anwendungsfelder der Arbeitsganganalyse

3.5.3.1   Beispiel einer Arbeitsanalyse in der mechanischen Fertigung

Die Arbeitsganganalyse soll an einem **Fallbeispiel** (Abb. 3.8) erläutert werden. Der Arbeitsgang „Fräsen" besteht aus vier Gangstufen; die Gangstufe „Einrichten der Maschine" aus fünf Gangelementen. Daraus ist zu erkennen, welche Einzelarbeiten beim „Einrichten der Maschine" zu erledigen sind und wie die Abfolge ist. Herauszustellen ist, daß bei drei Gangstufen (1, 3, 4) eine Verbindung mit anderen Stellen besteht. Hier hat das Arbeitssubjekt mit anderen Stellen zu kooperieren.

3.5.3.2   Beispiel einer Arbeitsanalyse in der kaufmännischen Verwaltung (Auftragsbearbeitung)

Die Arbeitsganganalyse soll ebenfalls am **Beispiel** einer „Auftragsbearbeitung" dargestellt werden (Abb. 3.9).

Deutlich sind mehrere Arbeitsgänge zu erkennen, die von einem Arbeitssubjekt nacheinander ausgeführt werden. Es erfolgt eine weitere Gliederung in Gangstufen und Gangelemente.

Die Arbeits- bzw. Arbeitsganganalyse vermittelt dem Organisator einen vertieften Einblick in die Ablaufzusammenhänge zwischen einzelnen Aufgabenkomplexen.

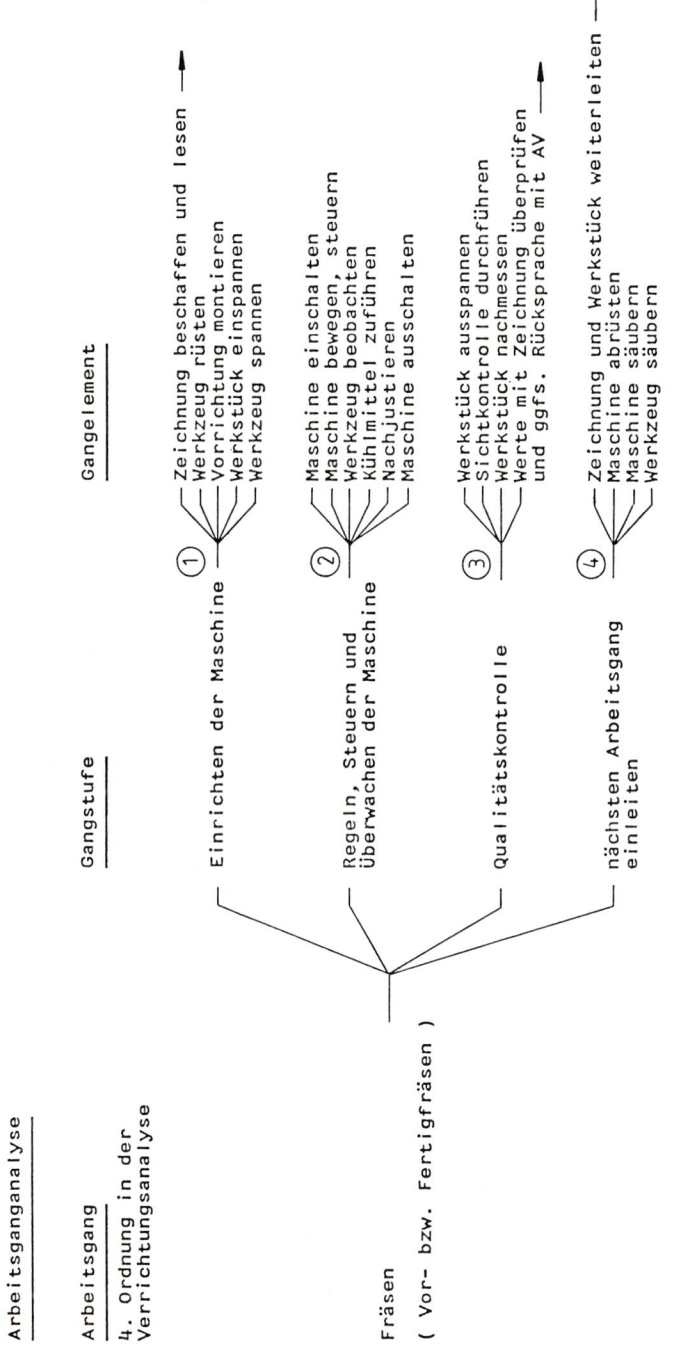

Abb. 3.8: Arbeitsganganalyse in einer mechanischen Fertigung

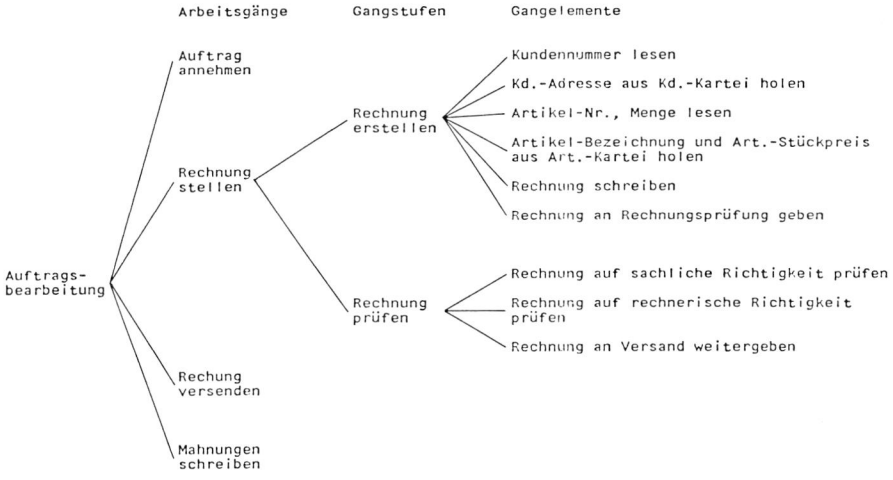

Abb. 3.9: Arbeitsganganalyse bei der Auftragsbearbeitung

3.6   Die eigentliche Gestaltung der Ablauforganisation – die Arbeitssynthese

Auf der Grundlage der durch die Arbeitsanalyse festgestellten Arbeitsteile verschiedener Ordnungen (Arbeitsgänge, Arbeitsstufen, Arbeitselemente) kann die Arbeitssynthese als eigentlicher gestalterischer Akt der Arbeitsprozesse vollzogen werden. **Die Arbeitssynthese legt also den Arbeitsablaufprozeß fest. Das Ergebnis stellt die Ablauforganisation dar.**

3.6.1   Zielsetzung und Inhalt der Arbeitssynthese

Ziel der Arbeitssynthese ist, für eine **minimale Durchlaufzeit der Arbeitsobjekte**, unter Berücksichtigung der vorgesehenen **Arbeitsmenge**, des Leistungsvermögens der gedachten **Arbeitskräfte** und der verfügbaren **Arbeitsmittel** (Maschinen, Hilfsmittel, EDV), die besten Voraussetzungen zu schaffen.

Die Arbeitssynthese hat schwerpunktmäßig die **Strukturierung von Gangelementen und Gangstufen** und die **Bildung von Arbeitsgängen** und deren **Zusammenfassung zu Arbeitsgangfolgen** zum Inhalt. Dabei bieten sich zwei Möglichkeiten an:

1. Arbeitssynthese bei einem neuen System organisatorischer Regeln

Bei einer gedanklichen Analyse **zukünftiger Arbeitsgangfolgen** einer **neuen** Leistungserstellung, also einer Ablauforganisation, die einer neu geschaffenen Aufbauorganisation folgt, *werden die Ergebnisse der Arbeitsganganalyse mehr oder weniger unverändert übernommen.* Die Gestaltung erfolgt unter Berücksichtigung der sachlich-logischen, personalen, temporalen und lokalen Aspekte.

Im Beispiel „Versand" (Abb. 3.10) ist eine auf die Zukunft bezogene Arbeitsganganalyse vorgenommen worden. Da diese gedanklich konzipiert und nicht empirisch gewonnen worden ist, kann sie als Grundlage für eine Arbeitssynthese genommen werden.

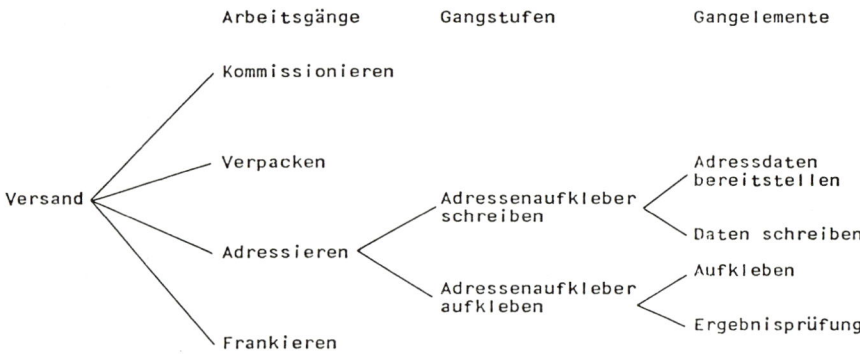

Abb. 3.10: Beispiel einer Arbeitssynthese

2. Arbeitssynthese bei einem veränderten System bestehender organisatorischer Regeln

Bei einer Arbeitsanalyse **bestehender Ablaufregeln** *werden die bisherigen Arbeitsgänge, Gangstufen und Gangelemente in einer Arbeitsganganalyse ermittelt und auf neue Gegebenheiten ausgerichtet, damit ein besserer Arbeitsablauf als bisher erfolgen kann.* Hier liegt eine echte Arbeitssynthese vor, da aus einer bestehenden Ablaufstruktur eine nach anderen Gesichtspunkten zu konzipierende, neue Ablaufstruktur geschaffen wird.

3.6.2   Vereinigung von Gangelementen, -stufen und Arbeitsgängen (Gangfolgen) zur Optimierung des Arbeitsablaufs

Eine Arbeitssynthese kann *mikroorganisatorisch* im Bereich der Gangelemente und Gangstufen, aber auch *makroorganisatorisch* im Bereich der Arbeitsgänge und Gangfolgen durchgeführt werden.

3.6.2.1   Ablaufstruktur am Beispiel der mechanischen Fertigung

Das folgende **Fallbeispiel** (Abb. 3.11) zeigt mikroorganisatorisch eine Neuordnung der Gangelemente. Zunächst wurden die bestehenden Gangelemente über die Arbeitsanalyse ermittelt. Dann erfolgt eine Neuordnung, wobei durch den Einsatz numerisch-gesteuerter (NC-)Fräsmaschinen die Zahl der Gangelemente reduziert werden kann. Der neue Arbeitsablauf ergibt sich nach der Arbeitssynthese. Deutlich ist zu erkennen, daß verschiedene Gangelemente vom Aufgabenträger in Zukunft nicht mehr wahrzunehmen sind: „Werkzeug einstellen", „Maschinenbewegung steuern", „Kühlmittel zuführen".

Gangelemente aus der Arbeitsganganalyse beim traditionellen Fräsen	Gangelemente nach einer Arbeitssynthese beim numerisch-gesteuerten Fräsen
Zeichnung beschaffen und lesen	Zeichnung beschaffen und lesen
Werkzeug spannen	Werkzeug spannen
Werkzeug einstellen	**programmgesteuert**
Vorrichtung montieren	Vorrichtung montieren
Werkstück einspannen	Werkstück einspannen
Werkzeug spannen	Werkzeug spannen
Maschine einschalten	Maschine einschalten
Maschinenbewegung steuern	**programmgesteuert**
Werkzeug-/stück beobachten	Maschine überwachen
Kühlmittel zuführen	**programmgesteuert**
Nachjustieren	entfällt
Maschine ausschalten	Maschine ausschalten
Werkstück ausspannen	Werkstück ausspannen
Sichtkontrolle durchführen	Sichtkontrolle durchführen
Werkstück nachmessen	Stichprobenkontrolle
Werte mit Zeichnung überprüfen und ggfs. Rücksprache mit der Konstruktion	Stichprobenkontrolle und ggfs. Rücksprache mit der Konstruktion
Zeichnung und Werkstück weiterleiten	Zeichnung und Werkstück weiterleiten
Fräsmaschine abrüsten	Fräsmaschine abrüsten
Maschine säubern	Maschine säubern
Werkzeug säubern	Werkzeug säubern

Abb. 3.11: Neuer Arbeitsablauf nach einer Arbeitssynthese

3.6.2.2   Ablaufstruktur am Beispiel einer Rechnungsversendung in einer kaufmännischen Verwaltung

Die Arbeitsganganalyse zeigt auch hier eine Aneinanderreihung verschiedener Gangelemente, die zu Gangstufen und Arbeitsgängen zusammengefaßt werden können. In der Arbeitssynthese kommen verschiedene Gangelemente nicht mehr vor; sie fallen künftig weg, da sie von der EDV übernommen werden.

Rechnungsstellung **ohne** Einbezug der Datenverarbeitung	Rechnungsstellung **mit** Einbezug der Datenverarbeitung
Kunden-Nummer lesen	Kunden-Nummer lesen
Damit aus der Kunden-Kartei die Kunden-Adresse holen	**Entfällt** Bereitstellung durch DV
Auf Registratur-Formular die Kunden-Adresse schreiben	**Entfällt** Bereitstellung durch DV
Artikel-Nummer, Menge; lesen	Artikel-Nummer, Menge; lesen
Damit aus Artikel-Kartei: a) Artikel-Bezeichnung b) Artikel-Stückpreis holen	**Entfällt** Bereitstellung durch DV
Eine Registratur-Zeile: a) Artikel-Nummer b) Artikel-Bezeichnung c) Stückpreis d) Menge schreiben	**Entfällt** Bereitstellung durch DV
Mit Tischrechner Artikel-Betrag errechnen durch Multiplikation der Daten: Menge, Preis	**Entfällt** Bereitstellung durch DV
Ergebnis: Artikel-Betrag in Registratur-Zeile schreiben	**Entfällt** Bereitstellung durch DV
Weiter bestellte Artikel des Kunden?	Weitere Artikel?
Gespeicherte Artikel-Beträge aus der Rechnung entnehmen	**Entfällt** Bereitstellung durch DV
Mit Tischrechner die Artikel-Beträge zu Rechnungs-Summen addieren	**Entfällt** Bereitstellung durch DV
Rechnungs-Summe auf Rechnungs-Formular schreiben	**Entfällt** Bereitstellung durch DV
Weitere Kunden?	Weitere Kunden?
Rechnungen an Versand geben	Rechnungen an Versand geben

Abb. 3.12: Neuer Arbeitsablauf nach einer Arbeitssynthese

Dies ist ein häufiger Anlaß für eine Arbeitssynthese. Der **Einsatz der EDV** läßt es zu, **auf verschiedene Gangelemente**, ja sogar Arbeitsgänge **zu verzichten**.

Personale, temporale und lokale Aspekte der Synthese sind allerdings noch nicht berücksichtigt.

Abb. 3.13 zeigt das **Arbeitssyntheseergebnis aus der Sicht des Arbeitsobjektes** (Rechnung) in einem Ablaufplan. Dieser macht den Arbeitsablauf von der Versandmeldung bis zum Rechnungsversand sichtbar.

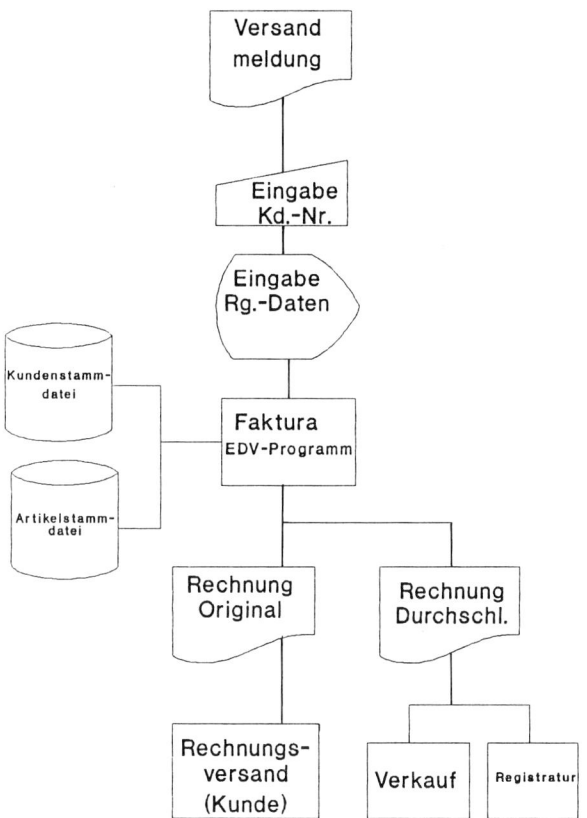

Abb. 3.13: Arbeitssyntheseergebnis

3.7   Besondere Teilaspekte bei der Strukturierung einer Arbeitssynthese

Die **Arbeitssynthese** stellt einen **ganzheitlichen Prozeß** dar, der von verschiedenen **Aspekten** aus angegangen werden kann:

- der Arbeitsablauf läßt sich nach *sachlich-logischen Gesichtspunkten* gestalten; die *personalen Aspekte der Arbeitsverteilung* und der *Arbeitszumessung* sind zu berücksichtigen,

- für die *optimale zeitliche Koordination der Arbeitsgänge, Arbeitsstufen und Arbeitselemente* ist Sorge zu tragen, und

- die *räumliche Anordnung der Arbeitsobjekte, der Produktionsmittel und der Aufgabenträger* ist zu regeln.

Diese Aspekte werden nur gedanklich getrennt. In Wirklichkeit bilden sie in der Arbeitssynthese eine Ganzheit. Das folgende Schaubild zeigt die Teilaspekte in einem ganzheitlichen Zusammenhang.

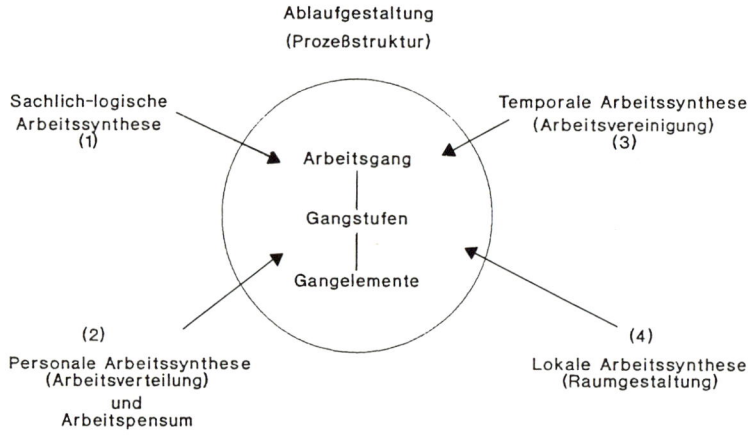

Abb. 3.14: Teilaspekte der Arbeitssynthese

3.7.1   Die sachlich-logische Arbeitssynthese

Wenn Gangelemente neu strukturiert werden, können einige wegfallen, andere neu hinzukommen. Auf jeden Fall hat eine Ordnung nach sachlich-logischen Gesichtspunkten zu erfolgen.

1. Der **Ablauf muß sich zwangsläufig entwickeln**, d.h. eine Gangstufe muß sich *folgerichtig* aus der vorhergehenden ergeben; die Reihenfolge der Gangstufen muß daher so gestaltet sein, daß nur solche Verrichtungen auf dem Wege zu einem Teilergebnis bzw. Ergebnis durchgeführt werden, die hierzu unbedingt erforderlich sind.

2. Nur die für die **Aufgabenerfüllung notwendigen Gangelemente, Gangstufen und Arbeitsgänge** dürfen **Berücksichtigung finden**, d.h. keine Doppelarbeiten, keine überflüssigen Kontrollen sind auszuführen (vgl. Wittlage, S. 212 f.).

3. **Anschlußpunkte an andere oder von anderen Arbeitsabläufen** sind zu berücksichtigen; die Interdependenz zur Erfüllung der Teilaufgaben verlangt eine integrierte Verarbeitung.

Die Beziehungen zu Elementen anderer Gangstufen sind aufzuzeigen (siehe Abb. 3.8). So entsteht ein Beziehungsgeflecht von Einzelaufgaben. Abb. 3.11 und 3.12 zeigen bereits die sachlich-logische Strukturierung. Mit dieser Anordnung von Gangelementen, Gangstufen und Arbeitsgängen folgt der Organisator streng dem **rationalen Prinzip der Organisation**, aber auch vor allem dem **Prinzip der Wirtschaftlichkeit** des Arbeitsablaufs. Durch die sachlich-logische Arbeitssynthese werden gleichzeitig die Ablaufwege und die Durchlaufzeiten der Objekte so kurz wie möglich gehalten.

Sie stellt somit den ersten wichtigen Gestaltungsaspekt der ganzheitlichen Arbeitssynthese dar.

Die sachlich-logische Strukturierung der Arbeitssynthese wird in der Literatur (Kosiol, Nordsieck, Schweitzer, Küpper) in unterschiedlichen Sichtweisen im Rahmen der personalen Arbeitssynthese angesiedelt und dargestellt. Hier ist diese vorab gesondert betrachtet worden, weil sachlich-logische Aspekte des Arbeitsablaufs vom Inhalt her eine besondere Eigenständigkeit zeigen und nur am Rande eine personale Effizienz aufweisen. Das personale Element steht also bei der Strukturierung der Arbeitssynthese nicht an erster Stelle.

3.7.2   Das personale Element in der Arbeitssynthese (Arbeitsverteilung)

Personale Aspekte der Aufgabenerfüllung und -synthese ergeben sich dann, wenn die Inhalte der Arbeitsgänge auf die Arbeitsträger (Mitarbeiter) bezogen werden. Es ist die Frage zu klären, **welche Arbeitsgänge bzw. Gangstufen** sollen **von welchen Aufgabenträgern** erledigt werden, damit die Aufgabenerledigung den sachlich-logischen Anforderungen gerecht wird.

Bei der Bildung der Aufgabenkomplexe (= Stellen) in der **Aufbauorganisation** sind die Berufsspezialisierungen des Arbeitsmarktes **(Job Specialization)** berücksichtigt worden. Wäre man diesen Vorgaben nicht gefolgt, wären die Stellen nicht oder nur sehr schwer zu besetzen gewesen. Dagegen ist bei der Gestaltung der Arbeitsgänge die Arbeitsteilung so vorzunehmen, daß sie den sachlichen Gegebenheiten des **Arbeitsablaufs** und den Fähigkeiten der Aufgabenträger (Mitarbeiter) gerecht wird **(Task Specialization)**. Das folgende **Fallbeispiel** (siehe Abb. 3.15, S. 250) erläutert diese Beziehung.

Das Fallbeispiel zeigt, wie bei der Aufgabensynthese für die Aufgabe „Kommissionieren" ein Mitarbeiter mit der Ausbildung „Groß- und Außenhandelskaufmann" bereitgestellt werden muß. Aus arbeitstechnischen Gründen hat dieser Aufgabenträger das Gangelement „Adreßdaten bereitstellen" einer anderen Stelle mit zu übernehmen. Eine differenzierte Aufteilung von Arbeitselementen oder Gangstufen zwischen zwei oder mehreren Stellen in der Ablauforganisation ist also erforderlich oder zumindest denkbar. Hier wird der besondere Unterschied zwischen Aufgabensynthese und Arbeitssynthese deutlich.

Bei der Gestaltung des arbeitstechnischen Arbeitsablaufs sind betriebswirtschaftliche, d.h. ökonomische Aspekte, aber auch humane bzw. soziale Aspekte

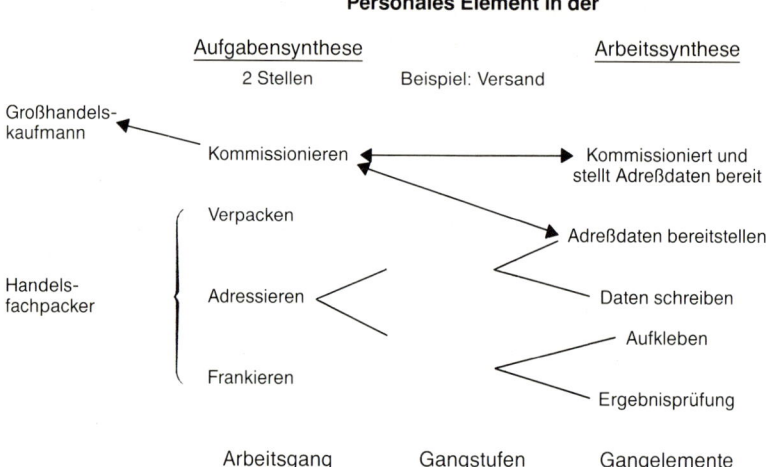

Abb. 3.15: Personaler Teilaspekt

zu berücksichtigen, die ihre Verankerung in den Verhaltenswissenschaften, insbesondere der Betriebssoziologie und -psychologie, haben.

3.7.2.1   Ökonomische Aspekte der personalen Arbeitssynthese

Nach dem Rationalprinzip ist in einer Unternehmung ein hoher Leistungsnutzen bei gegebenen Kosten bzw. bei einer gegebenen Leistung eine Kostenminimierung anzustreben. Dieser Maxime kann der Betriebswirt in verschiedenen Bereichen der Unternehmung und auf unterschiedliche Weise gerecht werden. Die **Ablauforganisation** stellt ein besonders wichtiges **Feld** dar, das dem Prinzip **der Wirtschaftlichkeit** folgen muß; insbesondere die Arbeitsgänge sind es, die nach wirtschaftlichen Überlegungen strukturiert werden müssen.

Untersucht man diese Gegebenheiten genauer, lassen sich folgende Erscheinungsmodalitäten feststellen:

1. Bei **Produkten mit hohen Losgrößen** wird eine **ausgeprägte Arbeitsteilung** vorgenommen; es ergibt sich eine geringe Zahl von Arbeitsstufen. „Je weniger Arbeitsteile zu einem Arbeitsgang zusammengefaßt werden, auf desto mehr Arbeitsträger kann ein Arbeitsprozeß aufgeteilt werden" (Küpper, Ablauforganisation, S. 19). Eine **Spezialisierung der Arbeitsträger** kann erfolgen; Tätigkeiten wiederholen sich in kurzer Zeit; ein **Übungsnutzen** ist gegeben; **Arbeitskräfte mit geringer Qualifikation** werden eingesetzt (Anwendung der Fließfertigung). Zur Steigerung der Wirtschaftlichkeit können Teil- oder Vollautomationen erfolgen, so daß weniger Arbeitskräfte als bisher erforderlich sind.

2. Bei **Produkten mit geringen Losgrößen** (häufig Spezialanfertigungen mit High-Tech-Struktur) wird nur eine **geringe Arbeitsteilung** vorgenommen; es ergibt sich eine größere Zahl von Arbeitsstufen und Arbeitsgängen, die von einem oder mehreren **Generalisten als Arbeitsträger** zu bewältigen sind. Begrenzte Teilaufgaben werden von **Spezialisten** bewältigt. Da die Arbeitsanforderungen hoch sind, müssen in starkem Maße **Arbeitskräfte mit hoher Qualifikation** eingesetzt werden. Zur Steigerung der Wirtschaftlichkeit werden Teilsysteme aus dem CIM-Bereich (Computer Integrated Manufacturing), genormte Fertigungsgrößen, eingesetzt; und es wird versucht, Kleinserien zu fertigen.

Bei beiden Verfahren spielt das **„Prinzip der rationellen Fertigung"** eine entscheidende Rolle.

Nicht nur die Arbeitsteilung stellt ein wesentliches Merkmal der personalen Arbeitssynthese dar, sondern auch die **Arbeitspensum-Bestimmung**. Letztere beinhaltet ein *System aus Aufgabenträger, Arbeitsmittel und Arbeitsmenge.* In der betrieblichen Arbeitspraxis ist in Anlehnung an Kosiol (Organisation, S. 214 f.) und Wittlage (Unternehmensorganisation, S. 217) folgende **Fragestellung** von Bedeutung:

> Welches Arbeitspensum (Objektmenge) kann bei gegebenem Leistungsvermögen des Arbeitsträgers und gegebenen Arbeitsmitteln diesem übertragen werden, so daß eine wirtschaftliche Auslastung der Kapazitäten gegeben ist?

Die **Antwort** der Wirtschaftspraxis könnte lauten:

> Die tägliche Arbeitsverteilung an einzelne Arbeitssubjekte mit ihren Arbeitsmitteln soll möglichst so erfolgen, daß jeder Mitarbeiter vom Gesamtarbeitspensum den Teil zugewiesen erhält, den er unter normalen Bedingungen ohne Überlastung von Person (oder) und Maschine längere Zeit bewältigen kann (Normalpensum). Darüber hinaus sollen die Arbeitspensen die einzelnen Arbeitssubjekte gleichmäßig belasten.

Eine wesentliche Aufgabe der Arbeitsverteilung besteht darin, daß die **Arbeitssubjekte gleichmäßig mit Aufgaben belastet** werden. Vor allem ist Sorge zu tragen, daß einzelne ein nicht zu großes Arbeitspensum zugeteilt erhalten. Diese Gefahr ist weniger im Fall 1 bei hoher Arbeitsteilung gegeben, weil das Pensum leichter quantitativ bestimmbar ist.

In vielen mittelständischen Unternehmungen mit geringer Arbeitsteilung ist festzustellen, daß den „Generalisten" viele Arbeitsaufgaben mit unterschiedlichen Intensitäten zugeteilt werden. Dadurch entstehen hohe Arbeitspensen mit ausgeprägtem Arbeitsdruck als Begleiterscheinung und einer möglichen Belastung des Betriebsklimas.

3.7.2.2   Soziale Aspekte der personalen Arbeitssynthese

Bereits beim Ansprechen der Arbeitspensen wurde deutlich, daß hohe Arbeitspensen einen hohen ökonomischen Nutzen bewirken sollen, gleichzeitig aber negative Auswirkungen für die Arbeitssubjekte zur Folge haben können. Beide Aspekte befinden sich in einem Beziehungszusammenhang, sie stehen häufig in **Zielkonkurrenz** zueinander.

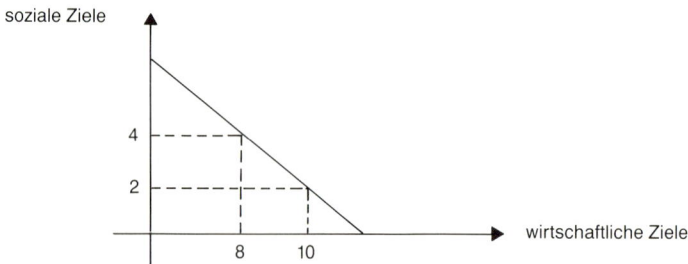

Abb. 3.16: Zielkonkurrenz bei wirtschaftlichen und sozialen Zielen

Wird mit der Gestaltung der Ablauforganisation versucht, eine hohe Wirtschaftlichkeit bei der Erreichung ökonomischer Ziele zu erzielen, kann dies zu Lasten sozialer Ziele gehen. Eine hohe Ökonomisierung der Ablauforganisation kann also soziale bzw. humane Nachteile für die Arbeitssubjekte, und damit auch für die Organisation mit sich bringen. Die folgende Tabelle stellt eine Auswahl von

Wirtschaftliche Ziele →	Soziale Folgen der Zielkonkurrenz	← Soziale Ziele
1) Hoher Grad der Arbeitsteilung	Entfremdung von der Arbeit Monotone Teilarbeiten, geringes Maß an sozialen Interaktionen	Begrenzte Arbeitsteilung Arbeiten mit Ganzheits-charakter
Wiederholende Tätigkeiten mit Übungsnutzen	Einseitige psychisch-physische Belastungen	Inhaltsreiche Tätig-keiten (Kreativität)
2) Umstrukturierung der Produktion	Freisetzung von älteren Arbeitnehmern Einsetzen von Arbeitnehmern mit anderen Qualifikationen	Sicherung der Arbeitsplätze Arbeitsmotivation
Rationelles Fertigen durch Voll- oder Teilautomation	Fehlende Motivation Frustration	Arbeitsmotivation
3) Hohe Arbeitspensen	Arbeitsdruck	Normalpensen
4) Verkürzung der Durch-laufzeiten	Hektik (soziale Spannungen)	Planbare Durchlaufzeiten mit Pufferzeiten
5) Aufgabenkomplexe mit vielen Teilaufgaben	Arbeitsüberlastung	Arbeitskomplexe mit über-schaubaren Arbeitsaufgaben

Abb. 3.17: Soziale Folgen der Zielkonkurrenz

wirtschaftlichen und sozialen Zielen gegenüber; dabei werden mögliche soziale Folgen deutlich.

Bei der personalen Arbeitssynthese hat der Organisator darauf zu achten, daß negative soziale Folgen ausgeschaltet bzw. so gering wie möglich gehalten werden. Insbesondere **Arbeitsüberlastung, Hektik** und **Arbeitsdruck** lassen sich zwar (unter anderem im Rahmen verkürzter Arbeitszeiten) nicht vermeiden, sind aber **auf ein Mindestmaß zu begrenzen,** da sonst durch ein verschlechtertes Betriebsklima die wirtschaftlichen Ziele nur unvollständig erreicht werden.

Noch besser ist es, wenn versucht wird, wirtschaftliche Ziele so auszurichten, daß die Ablauforganisation gleichzeitig sozialen Anliegen der Arbeitsträger gerecht wird; beide Zielrichtungen befinden sich dann in Zielkomplementarität (Zielergänzung) zueinander. Bei der personalen Arbeitssynthese muß die soziale Verträglichkeit der Arbeitsstrukturierung immer mitbedacht werden. Der Gestalter der Ablauforganisation befindet sich laufend in einem Zielkonflikt, zwischen beiden Zielrichtungen vermittelnd entscheiden zu müssen.

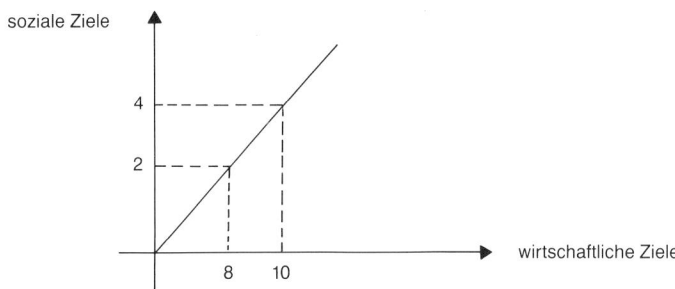

Abb. 3.18: Zielkomplementarität

3.7.3   Das temporale Element in der Arbeitssynthese (Arbeitsvereinigung)

Wie weiter oben festgestellt wurde (siehe S. 234), wird die Ablauforganisation unter anderem durch das originäre Ziel geleitet, daß bei der Bearbeitung der Vorgänge und Objekte kürzeste Durchlaufzeiten zu erreichen sind. Das temporale Element spielt also in der Ablauforganisation eine sehr entscheidende Rolle; in der Arbeitssynthese ist es optimal zu regeln.

3.7.3.1   Zielproblematik: Minimale Durchlaufzeiten

Die Durchlaufzeit bei der Leistungserstellung setzt sich aus drei Komponenten zusammen:

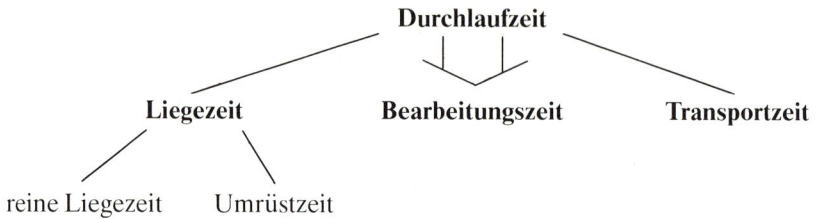

reine Liegezeit   Umrüstzeit

Die **kürzeste Durchlaufzeit** ist dann gegeben, wenn **nur Bearbeitungszeit** anfällt.

- Transportzeiten fallen bei nicht optimaler sachlich-logischer Gliederung und bei dezentralen Stellengliederungen an.

- Liegezeiten treten vor einer Bearbeitungszeit auf, wenn die Bearbeitungszeiten im Nacheinander am Objekt unterschiedlich ausfallen, die einzelnen Bearbeitungskapazitäten verschiedene Leistungshöhen erbringen und/oder ein zu hohes Auftragsvolumen gegeben ist.

Aber auch bestehende organisatorische Regeln der Ablauforganisation, die sich aus dem Abteilungs- bzw. Instanzenaufbau ergeben, wie *Rückfragen, Einwirken des Vorgesetzten, Kooperation mit anderen Abteilungen* usw., können mitunter **erhebliche Liegezeiten** bewirken.

Zwischen den Elementen der Durchlaufzeit bestehen Interdependenzen:

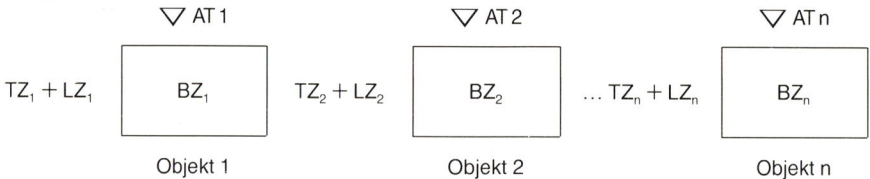

AT 1 = Arbeitsträger 1, AT 2 = Arbeitsträger 2, AT n = Arbeitsträger n, BZ = Bearbeitungszeit, TZ = Transportzeit, LZ = Liegezeit

Abb. 3.19: Elemente der Durchlaufzeiten und ihre Beziehungen

Ein **Optimum** wäre zu erreichen, wenn

- die zu bearbeitenden **Objekte gleichartig** ausfielen,
- die zu bearbeitenden Objekte **gleich hohe Arbeitszeiten** erforderten,
- alle am Objekt tätigen **Arbeitsträger gleich hohe Arbeitszeiten benötigten**,
- **keine organisatorischen Hindernisse** gegeben wären.

Liegezeiten fielen dann nicht an. Dieser Idealzustand ist aber in der Praxis kaum zu realisieren (vgl. Wittlage, S. 218), weil die genannten Elemente unterschiedlich ausfallen und diese „Gleichartigkeiten" in den seltensten Fällen gegeben sind.

In der betrieblichen Praxis wird sogar geklagt, daß wegen ausgeprägter „Ungleichheiten" die Liegezeiten ein enormes Ausmaß erreichen, die Bearbeitungszeiten häufig unter 20 % der Gesamtzeit liegen.

3.7.3.2   Möglichkeiten der Reduzierung von Durchlaufzeiten

Eine partielle Annäherung an den beschriebenen Idealzustand läßt sich auf verschiedenen Wegen erreichen.

- Grundsätzlich ist folgendes festzustellen:

  Zeitlich parallel verlaufende Arbeitsgänge werden durch ein **Netzplansystem** gesteuert.

- **Variiert das Auftragsvolumen** stark, also mal Normalauftragslage, mal erhöhte Auftragslage, bietet sich folgende Lösung an:

  Die einzelnen **Bearbeitungskapazitäten** (Arbeitsträger mit Bearbeitungsaggregaten) müssen in der Lage sein, **variabel** zu reagieren, d.h. sie sind zwar grundsätzlich auf eine „Normalleistung" ausgerichtet, müssen aber darüber hinaus temporär eine „Zusatzleistung" erbringen können. Eine Personalreserve ist erforderlich.

- Besteht dagegen **permanent** ein **erhöhtes Auftragsvolumen**, könnte folgende Verfahrensweise vorgenommen werden:

  Durch eine **belastungsorientierte Auftragsfreigabe** wird dafür gesorgt, daß die zur Bearbeitung anliegenden Auftragsmengen weder zu groß noch zu klein ausfallen.

Bühner (S. 180) stellt heraus, daß durch sogenannte „logische" Entscheidungsregeln versucht wird, eine verbesserte Ablaufleistung und Leistungseffizienz in der Organisation zu erzielen. Die Beziehungen zwischen „Regel" und „Problem" ergeben besondere Ablaufproblematiken.

Abbildung 3.20 stellt Entscheidungsregeln und Probleme gegenüber. **Fazit:** Eine **zu frühzeitige Auftragsfreigabe** verbessert nicht etwa die Ablaufleistung bzw. verkürzt die Durchlaufzeiten, sondern führt sogar zu einer **Verlängerung der Durchlaufzeiten**.

Damit können geplante Liefertermine nicht eingehalten werden, es entstehen jene sozialen Arbeitsprobleme, die in der personalen Synthese bereits angesprochen wurden.

Bei der **belastungsorientierten Auftragsfreigabe** koordiniert eine **zentrale Auftragsfreigabe** die Freigabe von Aufträgen an die einzelnen Bearbeitungsstellen. Diese kann lediglich aus einem Rechnersystem bestehen oder aus einer festen Institution, sei es eine Arbeitsvorbereitung in der Fertigung oder eine Zentraleinheit in der kaufmännischen Verwaltung.

Zunächst wird eine **Belastungsobergrenze** bei den einzelnen Stellen (Arbeitsplätzen) festgelegt. Diese muß über 100 % liegen, damit keine Leer- oder Brach-

Regel	Problem
1 Je mehr Aufträge man in die Werkstatt gibt, desto mehr bekommt man heraus!	Eine vorzeitige Auftragsfreigabe schafft keine zusätzliche Kapazität, sondern führt nur zu einer Überlastung der Werkstatt. Man übersieht dann nicht mehr, welche Aufträge wirklich dringlich sind, und es werden eher die falschen Teile zum falschen Zeitpunkt gefertigt.
2 Wichtige Aufträge muß man so früh wie möglich beginnen!	Je früher die Fertigung beginnt, desto mehr Aufträge befinden sich in Umlauf und desto stärker wird die Werkstatt überlastet.
3 Reichen die geplanten Durchlaufzeiten nicht aus, muß man sie länger machen!	Dies führt ebenfalls zu einer vorzeitigen Auftragsfreigabe. Die eigentliche Ursache für lange Durchlaufzeiten sind aber fehlende Kapazitäten und nicht falsche Planwerte.
4 Wird ein Engpaß durch mehrere dringliche Aufträge blockiert, muß man alle Lose teilen!	Eine Losteilung schafft keine zusätzliche Kapazität, sondern durch zusätzliche Rüstzeiten eher eine geringere Kapazität, so daß insgesamt weniger Teile gefertigt werden.
5 Wenn Eilaufträge rasch durch die Werkstatt laufen, sollte man den Anteil der Eilaufträge erhöhen!	Eilaufträge verdrängen andere Aufträge, die bereits an den Arbeitsplätzen waren und bringen diese in Terminverzug, so daß in einer Kettenreaktion bald noch mehr Aufträge eilig sind und die Terminplanung unrealistisch wird.

Abb. 3.20: Problematik von Entscheidungsregeln der Auftragsfreigabe (nach Bühner)

zeiten auftreten. Wird dieser Wert (Erfahrungswert etwa 150%) unterschritten, erfolgt eine Meldung an die Zentraleinheit. Diese sorgt für einen Auftragszuwachs, bis die Belastungsobergrenze erreicht wird (vgl. Kettner, H., Bechte, B., Neue Wege der Fertigungssteuerung durch belastungsorientierte Auftragsfreigabe, in: Zeitschrift des Vereins deutscher Ingenieure für Maschinenbau und Metallbearbeitung, 123. Jg., 1981, S. 459, und Bühner, Rolf, Betriebswirtschaftliche Organisationslehre, 3. Auflage 1987, S. 180).

Das Schaubild (Abb. 3.21) zeigt die belastungsorientierte Auftragsfreigabe am Beispiel einer mechanischen Fertigung. Die einzelnen Stellen melden, wenn die Belastungsschranke unter 150% sinkt. Die Arbeitsvorbereitung sorgt dafür, daß von einem Zwischenlager aus weitere Arbeitsobjekte an die Bereiche gegeben werden.

Mit Hilfe eines **Simulationsmodells** konnte ermittelt werden, daß bei verschiedenartiger Variation der Belastungsobergrenze die Durchlaufzeiten unterschied-

Kapazitätsorientierte Freigabe der Arbeitsobjekte

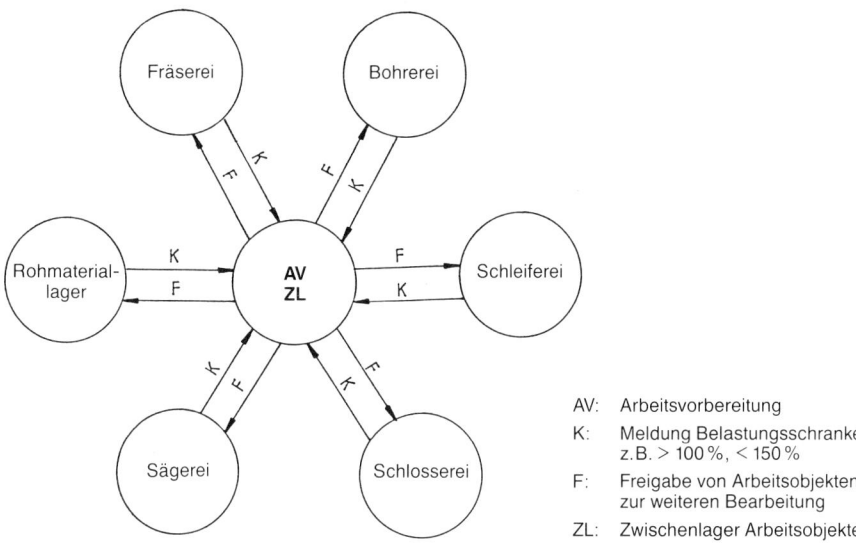

AV: Arbeitsvorbereitung
K: Meldung Belastungsschranke
     z.B. > 100 %, < 150 %
F: Freigabe von Arbeitsobjekten
     zur weiteren Bearbeitung
ZL: Zwischenlager Arbeitsobjekte

Abb. 3.21: Steuerung der Arbeitsobjekte

lich reduziert werden konnten. Da insbesondere keine indirekten Belastungen durch zu hohe Auftragsvorgaben mehr vorlagen, konnte eine ausgewogene Bearbeitung der Arbeitsobjekte erfolgen (vgl. Bühner, S. 184).

3.7.3.3   Das temporale Element der Arbeitssynthese bei verschiedenen Fertigungstypen

Die Begrenzung und Reduzierung von Durchlaufzeiten in der Ablauforganisation spielen in den Organisationsformen der Fertigung eine erhebliche, aber unterschiedliche Rolle. Je nach Organisationstyp ergeben sich differenzierte Problematiken.

Zunächst sind die Organisationstypen der Fertigung kurz darzustellen.

Voraussetzung für die Wahl eines Organisationstyps der Fertigung ist das Erzeugnisprogramm. Dieses kann vornehmlich durch zwei Merkmale charakterisiert werden (vgl. Schwarz, Betriebsorganisation, S. 167).

– Umfang der Wiederholungsprozesse,
– Differenziertheit der Erzeugnisse, d.h. werden homogene oder heterogene Güter hergestellt.

Dies führt zur Unterscheidung in Massen-, Sorten-, Serien- und Einzelfertigung.

Aus diesen Merkmalen resultieren Festlegungen hinsichtlich der zeitlichen Abstimmung und der räumlichen Anordnung der Arbeitsplätze und der sachlichen Hilfsmittel. Daraus ergeben sich folgende Organisationstypen:

1. Werkstattfertigung
2. Fließfertigung

Diese Organisationstypen stellen Extremfälle dar, die in der Praxis je nach Erfordernis kombiniert werden können, was zu folgenden Mischformen führen kann:

Gruppen- oder Gemischtfertigung, Straßen- oder Linienfertigung.

Im folgenden sollen nur die beiden Extremfälle kurz beschrieben werden.

1. Werkstattfertigung

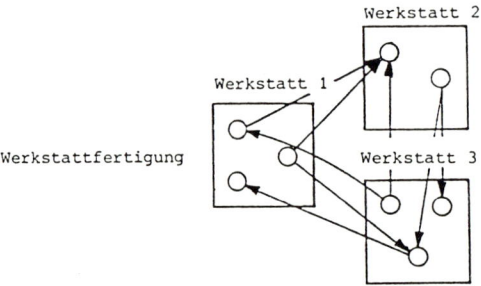

Abb. 3.22: Kennzeichnung wichtiger Organisationstypen der Fertigung (nach Küpper, S. 88)

Bei diesem Organisationstyp erfolgt eine **räumliche Zusammenfassung** von **sachlichen Hilfsmitteln** und **Arbeitskräften mit gleichartigen Arbeitsverrichtungen** in Werkstätten. Der Fertigungsablauf wird also vom Standort der Maschinen und Arbeitsplätze bestimmt. Der Organisationstyp wird überwiegend bei **Einzel- und Kleinfertigung** benutzt.

Bei der Werkstattfertigung ergeben sich folgende

Vorteile:
- Leistungssteigerung durch Spezialisierung,
- Anpassungsfähigkeit an unterschiedliche Fertigungsaufgaben,
- geringe Störanfälligkeit des Fertigungsablaufs und

Nachteile:
- hohe Transportzeiten und -kosten,
- Unübersichtlichkeit des Fertigungsablaufs,
- häufige Zwischenlagerung.

Das **temporale Element der Werkstattfertigung** ist gekennzeichnet durch die Fragestellungen, die weiter oben betrachtet worden sind.

2. Fließfertigung

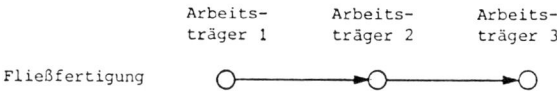

Abb. 3.23: Kennzeichnung wichtiger Organisationstypen der Fertigung (nach Küpper, S. 88)

Unter Fließfertigung wird die **Ausrichtung des Arbeitsprozesses nach dem Arbeitsfortschritt** und nach dem zu bearbeitenden Objekt, verbunden **mit einem hohen Grad an Arbeitsteilung** verstanden. Dies führt bei den sachlichen Hilfsmitteln, den Maschinen und Transportmitteln zu einer exakten Ausrichtung auf das zu fertigende Objekt. Voraussetzung für die Wahl dieses Organisationstyps sind Produkte, die konstruktiv ausgereift sind (Fahrzeuge, Elektrogeräte, elektronische Geräte). Der Fertigungsablauf ist zeitlich fixiert, was zu einem raschen Durchlauf und relativ geringer Zwischenlagerung führt (vgl. Wiendahl, H.-B., Betriebsorganisation, München—Wien, 1983, S. 31 f.). Man kann zwei Arten der Fließfertigung unterscheiden:

– **Fließbandfertigung**

Hier werden die Werkstücke entweder kontinuierlich oder mit einer bestimmten **Taktzeit** transportiert. Die Fördergeschwindigkeit des Bandes oder seiner Taktzeit bestimmt die Arbeitszeit für die Werkstücke.

– **Reihenfertigung**

Hier fehlt der zeitliche Zwangsablauf. Das Arbeitsobjekt kann in gewissen Grenzen die Arbeitszeit selbst bestimmen.

Bei kritischer Betrachtung der **Fließfertigung** ergeben sich **Vorteile**:
- – kurze Durchlaufzeiten,
- – Übersichtlichkeit der Fertigung,
- – Minimierung der Transportzeiten und -kosten

und **Nachteile**:
- – geringe Anpassungsfähigkeit an wechselnde Fertigungsaufgaben,
- – Störanfälligkeit,
- – psychologische Probleme der arbeitenden Menschen.

Das **temporale Element der Ablauforganisation** muß **bei der Fließfertigung** ganz besonders berücksichtigt werden. Eine optimale Durchlaufzeit hierfür wird dann erreicht, wenn die Teilleistungen der einzelnen Arbeitskräfte exakt aufeinander abgestimmt werden können. Die zeitliche Leistungsabstimmung vollzieht sich in den folgenden vier Stufen:

Stufe 1: Die Reihung von Arbeitsgängen zu Arbeitsgangfolgen

In einer Zeiteinheit (Minute, Stunde, Tag) werden eine Reihe von Arbeitsgängen ausgeführt. Eine solche Reihe von Arbeitsgängen an wechselnden Objekten, ausgeführt durch eine Arbeitskraft wurde als **Arbeitsgangfolge** oder einfach **Gangfolge** bezeichnet.

Es gibt verschiedene **Arten** von Gangfolgen, die sich unterscheiden in

- **Verrichtungs- und objektgleiche Gangfolgen** (gleichartige Arbeitsgänge), bei denen eine Arbeitskraft immer den gleichen Arbeitsgang an einem wechselnden gleichartigen Objekt ausführt. Beispiel: „Fräsen gleichartiger Stücke".

- **Verrichtungsgleiche Gangfolgen (verschiedenartige Arbeitsgänge),** bei denen eine Arbeitskraft gleichbleibende Verrichtungen an wechselnden ungleichen Objekten ausführt. Beispiel: „Fräsen von Stück der Art 1 und Stück der Art 2".

- **Objektgleiche Gangfolgen** (verschiedenartige Arbeitsgänge), bei denen eine Arbeitskraft ungleichartige Verrichtungen an wechselnden gleichen Objekten ausführt. Beispiel: „Fräsen und Bohren von gleichartigen Stücken".

Ein Arbeitsgang ist „die Verrichtung eines Arbeitssubjektes an einem Arbeitsobjekt in einem Wirkungsbereich" (Kosiol, S. 211). Die Leistung eines Arbeitssubjektes (L) ist der Quotient aus Arbeitsmenge (m) und der Zeit (t):

$$L = \frac{m}{t}$$

Die Arbeitsgangfolge ist die Reihung gleichartiger Arbeitsgänge an gleichen oder ähnlichen Objekten.

Stufe 2: Die Bestimmung von Gangfolgen (Taktabstimmung)

Die Reihung von Arbeitsgängen zu Arbeitsgangfolgen nach der Stufe 1 stellt annähernd einen Idealfall dar, da in Wirklichkeit eine ununterbrochene Leistungserbringung kaum möglich wird. Vielmehr treten, wie beschrieben, Zeiten auf, in denen die Arbeit ruht, sei es verfahrens- oder störungsbedingt oder aber durch **Ruhezeiten** zur Erholung der Arbeitskraft.

Die Regelung dieser Ruhezeiten kann eine Verbesserung der Arbeitsabläufe herbeiführen. Die Ruhezeiten werden so in die Arbeitsgangfolge eingebaut, daß möglichst gleiche Takte entstehen. **Ein Takt (Arbeitstakt) innerhalb einer Gangfolge ist die Zeitspanne zwischen dem Beginn eines Arbeitsganges und dem Beginn des folgenden Arbeitsganges.** Die Zeiten von Verrichtungen und Nichtverrichtungen werden innerhalb einer Gangfolge aufeinander abgestimmt, wobei auftretende Ruhezeiten dem vorhergehenden Arbeitsgang zugeordnet werden. Wird innerhalb einer Gangfolge nicht jedem Arbeitsgang, sondern beispielsweise nur jedem zweiten oder dritten eine Pause zugeordnet, so entstehen Arbeitsgänge mit verschiedenen Takten (Zeiten). In diesem Fall spricht man von einem **Wechseltakt.** Unterschiedlich lange Takte wiederholen sich trotz Wechseltaktes meist über eine längere Gangfolge, so daß durch Zusammenfassung dieser innerhalb einer bestimmten Zeiteinheit anfallenden Takte ein Gleichtakt hergestellt werden kann. Man spricht dann von einem **Gleichtakt höherer Ordnung**. Das folgende Schaubild verdeutlicht die Unterscheidung von ungleich langen Taktzeiten und gleich langen Taktzeiten höherer Ordnung. Die Zeitspanne $\overline{AB}$ und $\overline{BC}$ sind ungleich lange Takte. Die Zeitspannen $\overline{AC}$ und $\overline{CD}$ sind hingegen gleich lange Takte erster Ordnung. Definiert man die Durchschnittsleistung für einen gleich langen Takt höherer Ordnung, erhält man folgenden Zusammenhang:

$$L = \frac{\sum_{i=1}^{n} m_i}{\sum_{i=1}^{n} t_i}$$

mit i = 1, …, n: Abfolge von Tätigkeits- und Ruhezeiten einer Taktfolge.

Die Durchschnittsleistung kann man im Schaubild als Steigung der Geraden $\overline{AC}$ erkennen; diese Gerade wird **Leistungsgerade** genannt.

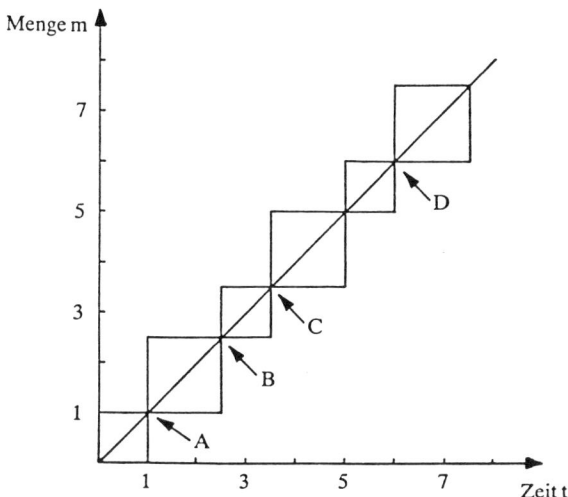

Abb. 3.24: Graphische Darstellung von Taktzeiten (nach Bühner, S. 187)

Stufe 3: Die Abstimmung der Gangfolgen (Rhythmenabstimmung)

Die beiden vorhergehenden Stufen bezogen sich auf die zeitliche Gestaltung des Arbeitsprozesses einer Arbeitskraft. Das Ziel der Arbeitsvereinigung ist jedoch, die Leistungspausen aller an einer bestimmten Leistungserstellung beteiligten Arbeitskräfte zeitlich so aufeinander abzustimmen, daß für die Arbeitsobjekte eine bestmögliche Durchlaufzeit erreicht wird. Die 3. Stufe hat somit die **Abstim-**

mung der Takte der einzelnen Gangfolgen aufeinander zum Inhalt. Die für jede Arbeitskraft bestimmte Gangfolge läßt die Messung ihrer Leistung zu. Zwei oder mehrere Gangfolgen sind dann aufeinander abgestimmt, wenn ihre Durchschnittsleistungen gleich sind. Eine vollständige Abstimmung ist dann erreicht, wenn die Takte bzw. die Durchschnittsleistungen aller Gangfolgen gleich sind, d.h.

$$L_1 = L_2 = L_3 = \ldots = L_n = \frac{m_1}{t_1} = \frac{m_2}{t_2} = \frac{m_3}{t_3} = \ldots = \frac{m_n}{t_n}$$

demnach ist eine Gesamtabstimmung erreicht, wenn für **alle in Frage kommenden Gangfolgen die gleichen Durchschnittsleistungen** und damit auch **Durchschnittstakte** gegeben sind.

Die Gleichheit der überwiegend differierenden Leistungen wird ermöglicht durch **Pausen**, deren zeitliche Regelung flexibel ist. Die Ausrichtung der Abstimmung der Gangfolgen erfolgt dabei in der Engpaßfolge, d.h. der Gangfolge mit der niedrigsten Durchschnittsleistung. Die im Schaubild dargestellte Gangfolge wird durch Verlängern der Pausen mit der Gangfolge EF koordiniert. Graphisch kommt die Abstimmung von Gangfolgen mit dem Leistungsprozeß in einer **Rechtsdrehung der Leistungsgeraden** zum Ausdruck.

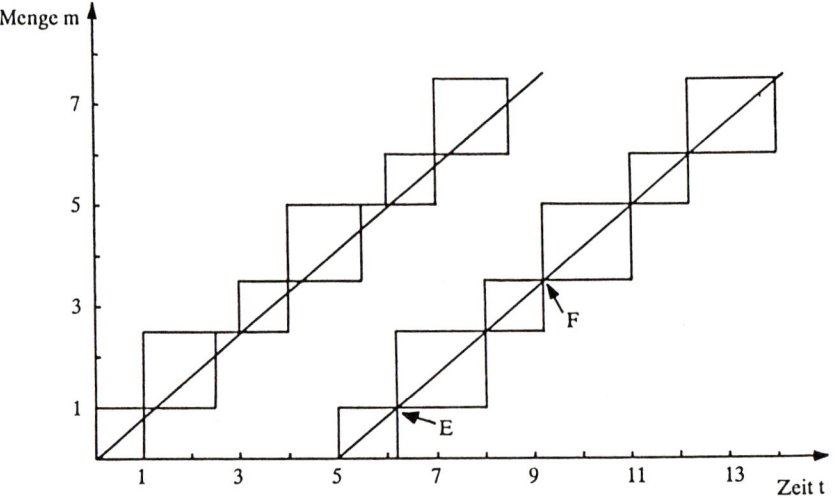

Abb. 3.25: Graphische Darstellung der Abstimmung von Gangfolgen (nach Bühner, S. 188)

Stufe 4: Die zeitliche Verschiebung von Gangfolgen (Minimierung der organisatorischen Läger)

Die Abstimmung der Gangfolgen aufeinander wurde in Stufe 3 dadurch ermöglicht, daß künstliche „Pausen" eingelegt wurden. Dies bewirkte zwar eine Leistungsabstimmung der einzelnen Arbeitskräfte in Form eines reibungslosen Arbeitsablaufes, nicht dagegen die schnellstmögliche Durchlaufzeit des Arbeitsobjektes. In den einzelnen Pausen entsteht für das Objekt eine „Ruhezeit", da es auf die Weiterbearbeitung warten muß; so kommen sogenannte **organisatorische Lager** zustande. Das Liegenbleiben des Arbeitsobjektes ist dabei ablaufbedingt und steht somit nicht mit einer technischen Notwendigkeit in Zusammenhang.

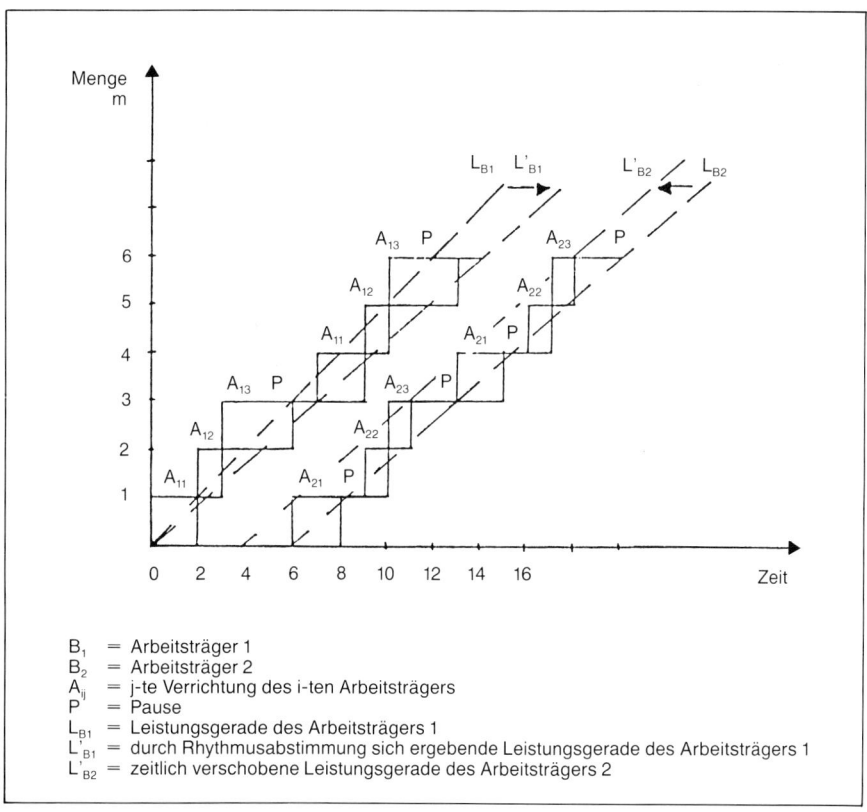

Abb. 3.26: Abstimmung von Gangfolgen (Rhythmusabstimmung) und zeitliche Verschiebung von Gangfolgen (Minimierung organisatorischer Läger) der Arbeitsträger B_1 und B_2 (nach Wittlage, S. 221)

Die Aufgabe des Organisators besteht darin, die **Wartezeiten** zu **reduzieren**, damit zu hohe organisatorische Lager vermieden werden. Im letzten Schritt der temporalen Synthese muß daher versucht werden, durch eine **zeitliche Verschiebung der Gangfolgen** (vorzeitiger Beginn der nächsten Gangfolge) diese Lagerbildung zu vermindern und damit die Durchlaufzeiten zu reduzieren. Ein zusätzlicher Einsatz von Arbeitskräften oder auch ein zusätzlicher Sachmitteleinsatz ergänzt diese Maßnahmen.

3.7.4   Die räumliche Arbeitssynthese (lokale Arbeitssynthese)

Zur Erreichung einer optimalen Durchlaufzeit eines Arbeitsobjektes genügt es nicht, nur eine personale und temporale Bestlösung anzustreben. Vielmehr müssen auch die Plätze bzw. Orte der Aufgabenerfüllung in die Überlegungen zur Gestaltung des Arbeitsprozesses mit einbezogen werden.

Ziel dieser **lokalen Arbeitssynthese** ist die **Schaffung kürzester Wege** für den **Durchlauf der Arbeitsobjekte** durch die gesamte Unternehmung.

Diese Zielsetzung ist schon erreicht, wenn es gelingt, die **Anordnung der Arbeitsplätze dem Objektfluß anzupassen**. Eine solche Lösung allein genügt jedoch nicht, um günstigste Voraussetzungen für den Arbeitsprozeß zu bekommen. Auch die **zweckmäßige Ausstattung der Arbeitsplätze und die Einwirkungen durch die Arbeitsumwelt** beeinflussen das Leistungsvermögen der Arbeitskräfte, so daß auch diese Teilbereiche in das Gestaltungshandeln der lokalen Arbeitssynthese einzubeziehen sind. Folgende Aufgaben sind also im einzelnen zu regeln:

Für kürzeste Wege beim Durchlauf der Objekte ist Sorge zu tragen; die Anordnung der Arbeitsplätze ist zu optimieren; die Gestaltung der Arbeitsumwelt ist vorzunehmen; die eigentliche Arbeitsplatzgestaltung muß erfolgen.

3.7.4.1   Minimierung der Arbeitswege

Nur in seltenen Fällen wird ein Arbeitsbereich, ob in der kaufmännischen Verwaltung oder in der Fertigung völlig neu konzipiert, es sei denn eine Neugründung eines Werkes oder einer ganzen Unternehmung ist geplant. Vielmehr sind die Anordnungen der Arbeitsaggregate und **Arbeitsstellen „geschichtlich" gewachsen**, d.h. eine bestehende Aufbau- und Ablauforganisation hat sich so nach und nach entwickelt und ist im Laufe der Zeit entsprechend den betrieblichen Anforderungen und Situationen verändert oder ergänzt worden. Je nach Raumgegebenheiten wurden alte Aggregate entfernt, neue wurden aufgestellt. Dabei ließ das in der Regel knappe Platzangebot eine Anordnung von Arbeitsstellen und Sachmitteln nach optimalen Gesichtspunkten nicht zu.

3.7.4.2   Lokale Synthese in verschiedenen Bereichen der Unternehmung

Das folgende **Schaubild** einer lokalen Arbeitsanalyse zeigt den **gegenwärtigen räumlichen Zustand** einer mechanischen Fertigung und den Fertigungsablauf des Produktes „Sechskant-Führungsprisma".

Auffällig sind die langen Transportwege, die dadurch entstanden sind, daß Maschinen und Arbeitsplätze, die eigentlich zusammengehören, räumlich weit auseinanderliegen. Diese nicht mehr optimale Anordnung hat sich im Laufe der Zeit so ergeben; sie ist „geschichtlich" gewachsen.

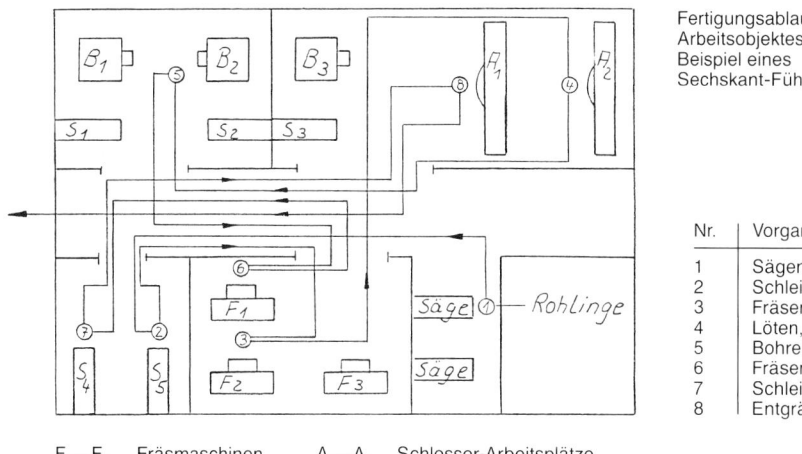

Fertigungsablauf eines
Arbeitsobjektes am
Beispiel eines
Sechskant-Führungsprismas

Nr.	Vorgang
1	Sägen
2	Schleifen
3	Fräsen
4	Löten, Säubern
5	Bohren
6	Fräsen
7	Schleifen
8	Entgräten, Säubern

F_1—F_3 Fräsmaschinen A_1—A_2 Schlosser-Arbeitsplätze
B_1—B_3 Bohrmaschinen S_1—S_5 Schleifmaschinen

Abb. 3.27: Beispiel einer lokalen Arbeitsanalyse in einer mechanischen Fertigung

Bei einer lokalen Arbeitssynthese müßten alle Aggregate abgebaut und die Werkshalle müßte neu eingerichtet werden.

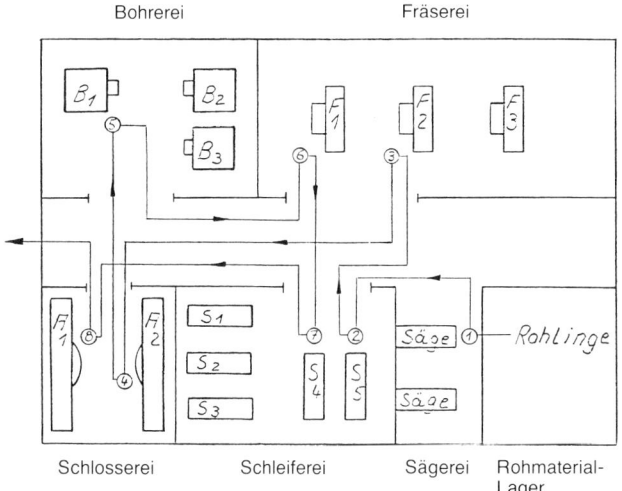

Bohrerei   Fräserei

Fertigungsablauf eines
Arbeitsobjektes am
Beispiel eines
Sechskant-Führungsprismas

Nr.	Vorgang
1	Sägen
2	Schleifen
3	Fräsen
4	Löten, Säubern
5	Bohren
6	Fräsen
7	Schleifen
8	Entgräten, Säubern

Schlosserei   Schleiferei   Sägerei   Rohmaterial-
                                                     Lager

F_1—F_3 Fräsmaschinen A_1—A_2 Schlosserei
B_1—B_3 Bohrmaschinen S_1—S_5 Schleifmaschinen

Abb. 3.28: Ergebnis einer lokalen Arbeitssynthese

Das **Schaubild 3.28** zeigt die **räumlichen Anordnungen nach einer lokalen Arbeitssynthese**. Durch bessere Zu- und Anordnung der Aggregate sind nicht nur die Transportwege verkürzt und damit die Transportzeiten reduziert worden, sondern die sachlich-logische Kooperation zwischen den einzelnen Arbeitsbereichen und Arbeitsstellen ist erheblich verbessert worden.

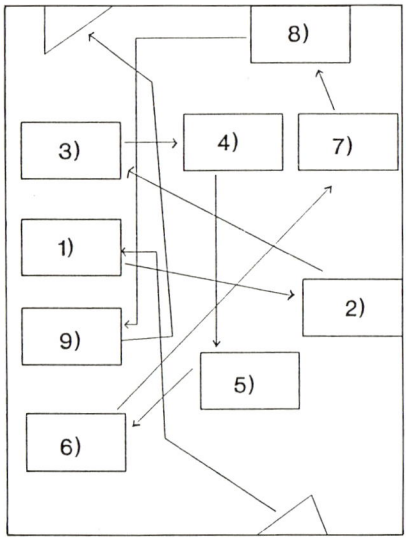

Abb. 3.29: Beispiel einer lokalen Arbeitsanalyse in einer kaufmännischen Verwaltung

Schaubild 3.29 zeigt eine ähnliche Analyse im Verwaltungsbereich einer Unternehmung. (Dieser Fall kann aber auch als allgemeines Beispiel für alle Bereiche angesehen werden.) Auffällig sind auch hier die langen Transportwege mit der Verhinderung einer optimalen Koordination.

Schaubild 3.30 zeigt die nach der lokalen Arbeitssynthese vorgenommene neue räumliche Strukturierung des Arbeitsablaufs. Auch hier ist eine deutliche Verkürzung der Transportwege und die Möglichkeit einer optimaleren Kooperation zwischen den einzelnen Bereichen und Stellen zu erkennen.

Eine Neugestaltung der Transportwege und der räumlichen Kooperation ist zweifellos das Hauptanliegen der lokalen Arbeitssynthese. Aber auch eine **Arbeitsplatzgestaltung** wird mit **technisch neuen Aggregaten** unter Berücksichtigung zieladäquater **ergonomischer Bedingungen** erfolgen müssen.

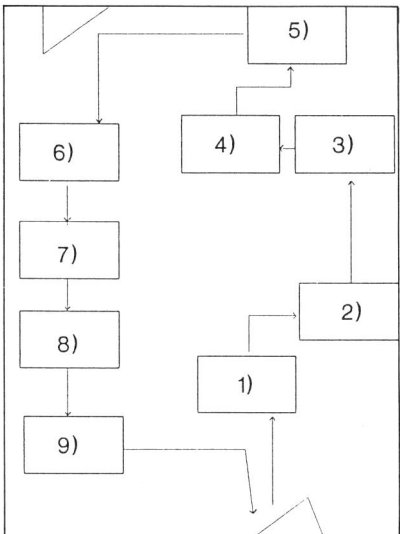

Abb. 3.30: Ergebnis einer lokalen Arbeitssynthese

Gleichzeitig wird eine **optimale Regelung der Arbeitsumweltbedingungen**, wie Temperatur, Luftfeuchtigkeit, Beleuchtung, Farbgebung und Minimierung des Geräuschpegels, anzustreben sein.

3.8   Die Arbeitssynthese als Ganzheitsprozeß

Bereits weiter oben (unter Punkt 3.7) wurde herausgestellt, daß die Arbeitssynthese lediglich aus Gründen einer differenzierten Betrachtungsweise in einen sachlich-logischen, personalen, temporalen und lokalen Aspekt aufzuteilen ist. In Wirklichkeit bilden alle Aspekte eine geschlossene Einheit, die ganz besonders bei der praktischen Gestaltung der Organisationsstruktur einer Unternehmung in der Wirtschaftspraxis gesehen werden muß.

Wenn der Organisator die Ablauforganisation eines Bereichs neu strukturieren will, gibt es sicherlich zahlreiche Möglichkeiten dazu. Eine dieser Möglichkeiten könnte wie folgt vor sich gehen:

Ablaufschritte

1. Die **Ablauforganisation** (Neugestaltung oder Veränderung einer bestehenden) **liegt vor**; sie ist auf neue Bedürfnisse zugeschnitten worden.
2. Es werden **Vorüberlegungen zur räumlichen Gestaltung** vorgenommen, d.h. eine Werkshalle müßte gebaut werden oder Verwaltungsräume geschaffen

werden. Vielleicht kommt auch ein Umbau bestehender Räumlichkeiten in Betracht.

3. **Sachlich-logische Beziehungen zwischen Arbeitsstufen werden hergestellt,** ebenso werden Gangfolgen gebildet, evtl. Netzpläne erstellt.

4. **Zeitliche Abläufe** sind zu planen: Reihung von Arbeitsgängen, Bestimmung der Gangfolgen usw.

5. **Wege** für den Durchlauf der Arbeitsobjekte werden **festgelegt** und mit Gangfolgen kombiniert.

6. Eine **Beziehung** zwischen der **Aufgabenkomplexbildung** der Aufbauorganisation und den sachlich-logischen Aspekten der **Arbeitssynthese**, sowie den ökonomisch-sozialen Aspekten der personalen Synthese werden **hergestellt**.

Die Abwicklung dieses ganzheitlichen Prozesses könnte von der obersten Instanz ausgehen und initiiert werden, unter gleichzeitiger Einbeziehung des betroffenen Bereichs. Die Einzelaufgaben könnten vom Bereichsleiter selbst oder im Rahmen eines speziellen Kollegiums gelöst werden.

Der ganzheitliche Prozeß der Ablauforganisation soll noch einmal in seinem strukturellen Aufbau mit den differenzierten Merkmalen im Zusammenhang gesehen werden:

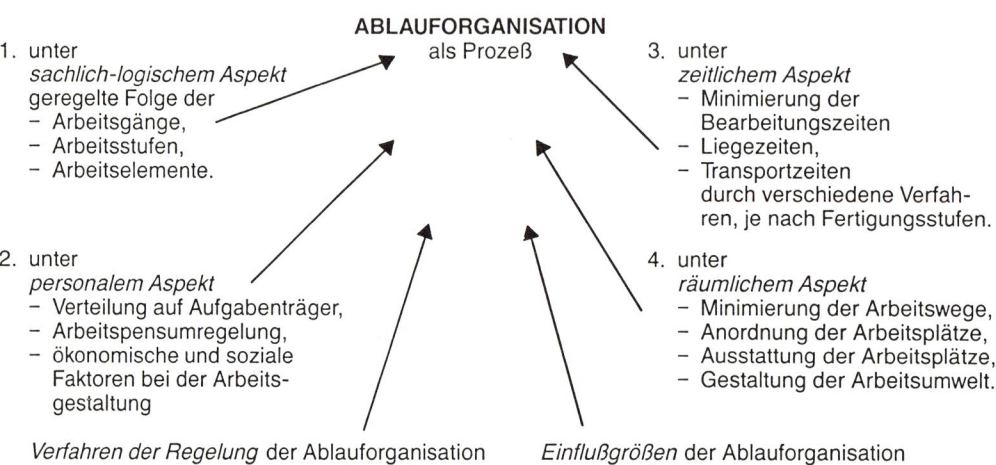

Abb. 3.31: Die Ablauforganisation als Ganzheitsprozeß

3.9   Kontrollfragen

1. Nennen Sie Ziele der Ablauforganisation!

2. Wie unterscheiden sich Ziele der Ablauforganisation von denen der Aufbauorganisation?

3. Welche Einflußgrößen sind beim Prozeß der Ablauforganisation mit zu berücksichtigen?

4. Was versteht man unter einer Arbeitsanalyse, und welche Formen gibt es?

5. Wie unterscheiden sich grundsätzlich Aufgabenanalyse und Arbeitsanalyse?

6. Was ist der Inhalt der Arbeitssynthese und was soll diese bewirken?

7. Nennen Sie Teilaspekte der Arbeitssynthese!

8. Umreißen Sie kurz vier Teilaspekte der Arbeitssynthese!

9. Beschreiben Sie das personale Element der Arbeitssynthese!

10. Welche Faktoren beeinflussen die Durchlaufzeiten in der temporalen Arbeitssynthese?

11. Wie lassen sich Durchlaufzeiten verringern?

12. Welche Faktoren beeinflussen die Raumgestaltung in der lokalen Arbeitssynthese?

13. Beschreiben Sie den Ganzheitsprozeß der Arbeitssynthese!

4 Methoden und Techniken praktischer Organisationsarbeit

4.0 Lernziele

Dem Leser soll nach den theoretischen Grundlagen auch die Möglichkeit eingeräumt werden, die zweckmäßige Vorgehensweise und die Hilfsmittel kennenzulernen, die für die Anwendung organisatorischer Kenntnisse in der Praxis unverzichtbar sind. Er wird somit im 4. Kapitel

- das Organisationsmodell als methodische Grundlage praktischer Organisationsarbeit erfahren

- die Techniken zur Feststellung des Ist-Zustandes kennenlernen

- die Techniken zur Darstellung der Organisation studieren und möglichst dann auch anwenden können

- die Darstellungstechniken der Ablauforganisation verstehen und selbst entwickeln können und

- sich mit Problemtechniken und Bewertungsverfahren auseinandersetzen können.

4.1 Methoden praktischer Organisationsarbeit

Der Erfolg jeder Tätigkeit wird wesentlich geprägt vom methodischen Vorgehen. Die Organisationsmethodik soll für eine erfolgreiche Organisationstätigkeit das Rüstzeug bieten, indem sie eine sinn- und planvolle Vorgehensweise vorschlägt. Es werden Stufen aufgezeigt, wie spezifisch organisatorische Probleme erfaßt und zielentsprechend gelöst werden können.

4.1.1 Der Organisationsauftrag

Auch Organisieren ist eine Aufgabe, für die das Merkmal Phase gilt. Demnach vollzieht sich die organisatorische Tätigkeit in den Schritten Planung, Durchführung und Kontrolle. Sobald ein organisatorisches Problem ansteht (Problemerkennung), ist eine Entscheidung zu treffen, daß organisiert wird. Bevor aber mit der Realisierung dieser „generellen" Entscheidung begonnen wird, ist es in jedem Falle vorteilhaft, durch Konkretisierung des Organisationsauftrages eine feste Ausgangsbasis für die Planung und Durchführung des Organisationsprozesses zu schaffen. Diese Maßnahme kann auch als Vorbereitung der Organisationsarbeit betrachtet werden, die sich wiederum auf die Zielsetzung und Abgrenzung der Organisationsaufgaben erstreckt.

4.1.1.1   Die Zielsetzung

Ohne Bestimmung des Zieles der vorgesehenen Organisationsarbeit kann diese nicht begonnen werden. Der Organisator muß genau wissen, was als Ergebnis nach Abschluß seiner Tätigkeit erwartet wird, damit er die meist mehrfach bestehenden Lösungsmöglichkeiten für das anstehende Problem in die Planüberlegungen einbeziehen kann. Die in der Praxis häufig anzutreffende pauschale Formulierung der Zielsetzung der Organisationsarbeit genügt in den seltensten Fällen. Vielmehr wird eine klare und ausführliche Zielbeschreibung notwendig, durch welche von vornherein die während der Planung und Durchführung der Organisation oft zwangsläufig entstehenden Probleme reduziert oder gar vermieden werden können.

Eine derartige Zielbeschreibung zwingt außerdem dazu, die erkannten Organisationsmängel zu analysieren, da nur bei Kenntnis der Mängelursachen eine exakte Entwicklung der Zielvorstellungen möglich ist. Eine solche **Problemanalyse** gibt auch Auskunft über den Umfang und das Ausmaß der zu erwartenden Organisationsarbeit und ermöglicht dadurch eine Entscheidung über die **Organisationsträger.** Interne und externe Organisatoren kommen genauso in Frage wie Einzel- oder Gruppenarbeit.

4.1.1.2   Die Abgrenzung der Organisationsaufgaben

Liegt das Organisationsziel fest, folgt eine **Präzisierung des Organisationsauftrages** dadurch, daß einzelne spezifische Organisationsaufgaben abzugrenzen sind. Sie sollen dem Organisator ebenfalls Anhaltspunkte für einen Bewegungsspielraum liefern und vor allem der Koordination zwischen dem Auftraggeber (Unternehmung) und dem Auftragnehmer (Organisator) dienen. Der Grad der Präzisierung hängt von der Art der Organisationsaufgabe ab. Eine Abgrenzung sollte sich auf folgende Kriterien erstrecken:

(1) **sachlich,** indem die Art der verschiedenen Organisationsaufgaben bestimmt wird. Da sich diese Stufe der Vorbereitung organisatorischer Maßnahmen in einem Planungsstadium befindet, sind sehr konkrete Angaben normalerweise noch nicht möglich. Für eine zielentsprechende Durchführung der Organisationsarbeit sind sie aber unentbehrlich. Mit der Bestimmung der einzelnen Organisationsaufgaben sollte auch gleich der verfügbare Einsatz von Organisationshilfs- und Arbeitsmitteln geklärt werden.

(2) **zeitlich,** was bedeutet, daß die Zielvorstellungen des Auftraggebers für die Abwicklung des Organisationsauftrages konkretisiert werden. Der zur Verfügung gestellte Zeitraum beeinflußt wesentlich die Intensität der Organisationsarbeit und die Auswahl der Organisationstechniken. Die zeitliche Abgrenzung sollte auch Festlegungen über bestimmte Reihenfolgen (z.B. von der unteren zur mittleren Ebene bzw. umgekehrt oder von der Unternehmungsspitze bis zur mittleren Ebene), Prioritäten (z.B. Schwerpunkt Verwal-

tungsbereich) und Termine (z.B. Zwischenberichte oder fixierte „Meilensteine", d.h. erwartete Zwischenergebnisse) enthalten.

(3) **räumlich,** wodurch genau festgelegt wird, welche Betriebsbereiche, Abteilungen und Stellen von der Organisationsarbeit betroffen sind. In diesem Zusammenhang ist auch klarzustellen, wie evtl. bestehende Zweig-, Neben- und Tochterbetriebe in den Organisationsauftrag miteinzubeziehen sind oder ob sich die Organisationsarbeit nur auf den Hauptbetrieb erstreckt. Durch die Festlegung der zu organisierenden Bereiche, Abteilungen und Stellen können keine Zweifel auftauchen, ob etwa der Fertigungsbereich aus dem Organisationsauftrag ausgeklammert ist.

Nach obiger Abgrenzung sollte auch eine Aussage über die verfügbaren **finanziellen Mittel** zur Durchführung des Organisationsauftrages gemacht werden. Sie ergibt sich zwangsläufig beim Einsatz eines externen Organisators, wird aber auch bei interner Erledigung eines Organisationsauftrages zu beachten sein.

Vor dem Beginn der eigentlichen Organisationsarbeit steht somit die konkrete (schriftliche) Festlegung des Organisationsauftrages. Eine ungenügende Präzisierung kann den Keim einer mangelhaften Planung und Durchführung der Organisationsarbeit in sich tragen, was unbedingt vermieden werden sollte. Zeigen sich nach der Fixierung des Organisationsauftrages neue Erkenntnisse, so ist er zu ergänzen.

4.1.2   Methodische Stufenfolge der Durchführung praktischer Organisationsarbeit

Nach der Fixierung des Organisationsauftrages beginnt die eigentliche Organisationsarbeit, für deren Ablauf aufeinander abgestimmte Stufen einzuhalten sind. Die Anzahl der Stufen ist abhängig von der Auffassung über Anfang und Ende der Organisationsarbeit. Verschiedentlich herrscht die Meinung, daß die Vorbereitung der Organisationsarbeit in die Stufenfolge miteinzubeziehen ist und die Kontrolle des eingeführten Sollzustandes ebenfalls eine Stufe darstellt, so daß dann maximal 7 Stufen möglich sind, wie dies Abb. 4.1 zeigt. Wird die Problemerkennung ebenfalls als eine Stufe betrachtet, ergeben sich gar 8 Stufen. Drei Stufen gelten als Minimum und zwar die Ist-Aufnahme, die Analyse der Ist-Aufnahme und die Erarbeitung eines Soll-Vorschlages.

4.1.2.1   Feststellung des Ist-Zustandes

Die Feststellung des Ist-Zustandes, kurz **Ist-Aufnahme,** hat den Zweck, **dem Organisator Einblick in die bestehende Situation zu geben.** Für eine gute Organisationsarbeit wird die Ist-Aufnahme zu einer unerläßlichen Voraussetzung. Die Aufnahme erstreckt sich auf die relevanten Daten, die der im Organisationsauf-

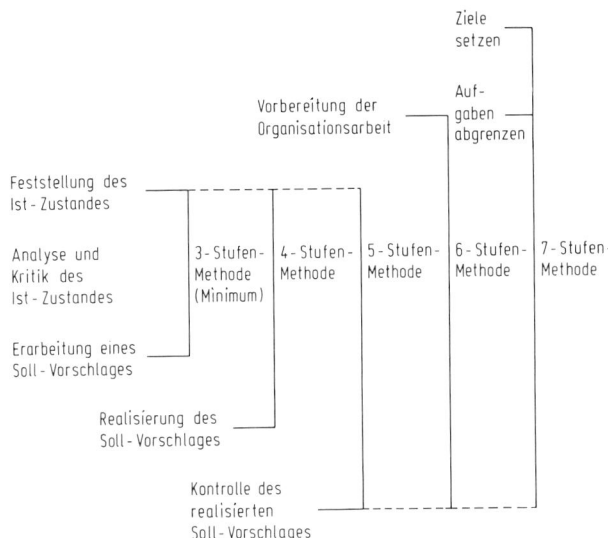

Abb. 4.1: Stufenfolgen praktischer Organisationsarbeit

trag formulierten Zielsetzung entsprechen, so daß nicht wichtige Tatbestände vernachlässigt werden können.

Bei der Durchführung der Ist-Aufnahme sind zwei wesentliche Gesichtspunkte zu berücksichtigen, und zwar

- die **Erschwernis durch die von der Ist-Aufnahme betroffenen Menschen.** Eine Vielzahl von menschlichen Schwächen und Reaktionen, wie Angst vor den Folgen der Ist-Aufnahme, Eitelkeit, Verschweigen von Mißerfolgen und erkannten Mängeln, Furcht vor Neuerungen, Unvermögen in der Aufgabenerfüllung u.a. können dazu führen, daß eine den Tatsachen entsprechende Situation unrichtig dargestellt wird. Da aus der Ist-Aufnahme Schlüsse und Folgerungen für einen besseren Soll-Zustand abgeleitet werden, darf gerade der Ist-Zustand nicht verfälscht festgestellt werden. Diese Erschwernis kann nach dem Konzept der Organisationsentwicklung (siehe unter 2.2.9) wesentlich abgebaut werden.

- der **Zeitraum zwischen Ist-Aufnahme und Soll-Konzeption;** er darf nicht zu groß sein. Besonders bei längerfristigen Organisationsaufträgen kann es passieren, daß aus verschiedensten Gründen zwischenzeitlich Veränderungen eintraten. Der veränderte Ist-Zustand wird dann nicht Basis für den Soll-Vorschlag. Zur Vermeidung daraus resultierender Schwierigkeiten kann ein Verbot über organisatorische Veränderungen bis zum Abschluß der Organisationsarbeit oder eine Meldepflicht über beabsichtigte Maßnahmen erlassen werden.

4.1.2.2   Analyse und Kritik des Ist-Zustandes

In der Regel ergeben sich aus der Ist-Aufnahme eine Fülle von Daten, die ungeordnet eine kritische Würdigung schwer zulassen. Der Organisator benötigt aber einen konkreten Einblick in die bestehende Situation, was durch die **Analyse dieser Daten** nach bestimmten Kriterien (Entscheidungs-, Ausführungsaufgaben, Raum, Zeit, Kommunikation u.a.) ermöglicht wird. Diese Gliederung der Daten und die Bestimmung der Gliederungskriterien richtet sich nach der Zielsetzung des Organisationsauftrages (Aufbau-, Ablauforganisation, Leitungsspanne, Entscheidungsdelegation, Stellenbeschreibung).

Das Gliederungsergebnis (verschiedene Darstellungsformen des Ist-Zustandes) wird dann zur Grundlage des zu erarbeitenden Soll-Vorschlages.

Eine scharfe Trennung von Aufnahme und Analyse des Ist-Zustandes wird sich im praktischen Vollzug kaum erreichen lassen, da eine systematische Vorgehensweise bei der Aufnahme des Ist-Zustandes zielentsprechende Kriterien zwangsläufig besonders herausstellt.

Die **Kritik des Ist-Zustandes** besteht zunächst in der Feststellung von Mängeln (Schwachstellen, Engpässe u.a.), aus denen folglich Möglichkeiten ihrer Beseitigung gesucht werden, die zu einer Verbesserung der Organisation führen. Die Feststellung von Mängeln setzt voraus, daß ein Vergleichsmaßstab vorliegt, also bereits eine gedachte oder aus Erfahrung erkannte bessere Lösung unterstellt wird. Diese kritische Würdigung kann durch die Zuhilfenahme eines Prüffragenkatalogs oder einer Prüfmatrix (Schmidt, G.: Methode und Techniken der Organisation, 11. Aufl., Gießen 1997, S. 270 ff.) erleichtert bzw. systematisiert werden.

4.1.2.3   Erarbeitung eines Soll-Vorschlages

Diese Stufe bezieht sich auf den Kernpunkt der Organisationsarbeit. Durch die Erarbeitung eines Soll-Vorschlages wird eine Bestlösung des Untersuchungsobjektes angestrebt. Der Ablauf dieses Teiles der Organisationsarbeit geschieht vorteilhafterweise nach folgenden Schritten:

- Suche nach möglichst vielen **Alternativlösungen.** Je größer dabei die Zahl der Lösungsmöglichkeiten ist, umso wahrscheinlicher wird die Bestlösung gefunden.

- **Bewertung der vorliegenden Alternativen.** Hier wird nicht nur geprüft, welche die beste Lösung darstellt, sondern auch die Wirtschaftlichkeit berücksichtigt. Dazu bedient man sich eines Wirtschaftlichkeitsvergleiches, der in verbaler, rechnerischer und punktmäßiger Form durchgeführt werden kann (siehe unter 4.2.4).

- **Entscheidung über die** der Zielsetzung und den gegebenen Voraussetzungen **am besten entsprechende Lösung.** Die Gründe, welche zu dieser Entscheidung führten, sind in einem ausführlichen Bericht (Soll-Vorschlag) festzuhalten. Er dient als Grundlage für die Entscheidung über die Einführung des Soll-Vorschlages, welche von der zuständigen Instanz getroffen wird.

4.1.2.4   Realisierung des Soll-Vorschlages

Nach der Verabschiedung des konzipierten Soll-Vorschlages durch die zuständigen Stellen wird die neue Lösung realisiert. Wie dies geschieht, hängt von der jeweiligen betrieblichen Situation ab, so daß nur generelle Hinweise möglich sind. Erforderlich sind insbesondere:

– die Ausarbeitung von **Organisations- (verbindliche -), Dienst- (spezielle -) und Arbeitsanweisungen (verfahrenstechnische Regelungen),** um durch genaue Unterlagen einen möglichst reibungslosen Vollzug zu gewährleisten.

– die **Vorbereitung der betroffenen Mitarbeiter.** Sie ist von besonderer Wichtigkeit für die Überwindung der meistens vorhandenen Passivität gegen alles Neue. Das Maß der Informationen darf nicht zu gering sein. Notfalls wird eine Schulung nicht zu umgehen sein.

– die **zweckmäßige zeitliche Abstufung der Einführungsmaßnahmen;** diese werden – je nach Schwierigkeit – wie folgt gegliedert:
  – versuchsweise Einführung
  – fortschreitende Ausdehnung in Richtung Endphase bei Bewährung; zur Sicherheit kann die bisherige Lösung parallel mitlaufen
  – ständige Überwachung, damit bei auftretenden Stockungen Anpassungsmaßnahmen schnell eingeleitet werden können
  – endgültige Übergabe mit der Feststellung, daß die neue Lösung reibungslos funktioniert.

Eine so langwierige Einführungsphase ist bei weniger schwierigen Projekten sicher nicht angebracht. Hier genügt eine sofortige Realisierung der gesamten Konzeption. Dann entfällt fast immer auch die Notwendigkeit, alte und neue Lösung parallel laufen zu lassen.

4.1.2.5   Kontrolle des realisierten Soll-Vorschlages

Selbst bei einer realisierten intakten Neukonzeption ist nicht auszuschließen, daß im Laufe der Zeit Abweichungen zwischen Ist und Soll auftreten. Diese können nur durch eine laufende Kontrolle rechtzeitig festgestellt werden. Nach der Erforschung der Ursachen für diese Abweichungen kann eine Anpassung an veränderte Bedingungen veranlaßt werden.

Neben einem **Soll-Ist-Vergleich** kann die Kontrolle durch **Einzeluntersuchung** erfolgen. Sie wird meist durch Anregungen ausgelöst. Solche Anregungen werden überwiegend dann gegeben, wenn in einer Organisationsanweisung die Meldung von Änderungen verlangt wird. Eine solche Organisationsanweisung ent-

hält zwangsläufig auch die Stelle, welche für die Kontrolle und damit die An-
nahme von Anregungen zuständig ist.

Ein Organisationsauftrag gleicht nach Art und Umfang kaum einem anderen. Es
kann notwendig werden, daß einzelne oder mehrere Stufen ein- oder mehrmals
zu durchlaufen sind.

4.2   Techniken praktischer Organisationsarbeit

Neben einem methodisch zweckmäßigen Vorgehen wird das Ergebnis praktischer Organisationsarbeit ebenfalls entscheidend geprägt von der Art der angewandten Techniken. Es handelt sich um „Werkzeuge" und „Hilfsmittel" des Organisators, auf die er nicht verzichten kann.

4.2.1   Techniken zur Feststellung des Ist-Zustandes

4.2.1.1   Der Fragebogen

Zur Feststellung des Ist-Zustandes kann die schriftliche Form eines Fragebogens gewählt werden, den jeder Betroffene erhält und ausfüllen muß. Bei der
Vorbereitung und Durchführung dieses Verfahrens sind folgende Problemkreise
besonders zu beachten:

– **Formulierung der Fragestellungen.**
  Eine Frage kann nur richtig beantwortet werden, wenn sie sachgerecht und
  verständlich formuliert ist. Bei der Bedeutung der erhobenen Daten als Ausgangsbasis für die weitere organisatorische Tätigkeit besteht kein Zweifel darüber, daß deshalb auf die richtige Formulierung der Fragen größtes Gewicht
  gelegt werden muß. Ausgangspunkte (ausführlich behandelt den Komplex
  der Befragung Schmidt, G., a.a.O., S. 166 ff.) hierfür können sein:
  – Möglichst kurze Formulierung der Fragen
  – Einhaltung der richtigen Reihenfolge, also Wahrung des Zusammenhangs
  – Sachgerechte Mischung von direkten (dem konkreten Sachverhalt entspre-
    chenden) und indirekten (umschreibenden) Fragen, wobei letztere beson-
    ders bei schwierigen Tatbeständen Anwendung finden
  – Richtige Anwendung von offenen (lassen alle Antworten zu) und geschlos-
    senen (Antworten sind vorprogrammiert) Fragen
  – Auflösung komplexer Tatbestände in Einzelfragen
  – Vermeidung unverständlicher Begriffe, insbesondere organisatorische
    Fachausdrücke
  – Begrenzung des Umfangs.
– **Unterrichtung der Betroffenen.**
  Die Ausfüllung eines Fragebogens ist eine weitgehend sachfremde, nicht all-

tägliche Aufgabe. Sie wirft die bereits behandelten (siehe unter 4.1.2.1) menschlichen Probleme auf. Eine umfassende Unterrichtung und Aufklärung über Sinn und Zweck der Aktion kann die diesbezüglichen Schwierigkeiten vermindern oder beseitigen. Das positive Ergebnis dieser Erhebungstechnik hängt wesentlich von dieser Maßnahme ab.

- **Erläuterung des Fragebogens.**
Trotz vorheriger Unterrichtung der Betroffenen ist eine Erläuterung des Fragebogens vorteilhaft. Sie erstreckt sich von allgemeinen Hinweisen über die Vorgehensweise des Ausfüllens bis zu Musterbeispielen für schwierige Fragen.

- **Zeitraum für das Ausfüllen des Fragebogens.**
Auch bei einem umfangreichen Fragebogen sollten nur wenige Tage zum Ausfüllen zur Verfügung stehen. Erfahrungsgemäß wird die länger verfügbare Zeit nicht für eine sachgerechte Erledigung, sondern eher zu informellen Erkundungen genutzt, so daß möglicherweise nicht den Tatsachen entsprechende Antworten gegeben werden. Unter diesen Aspekten genügen je nach Umfang des Fragenbogens ein bis zwei Tage.

- **Unterschiedliche Fragebogen.**
Nach Inhalt und Aufbau abweichende Fragebogen werden immer dann notwendig, wenn sich die Organisationsuntersuchung auf mehrere Ebenen der Unternehmung erstreckt. Daten der Führungsebene sind für die ausführenden Stellen nicht zutreffend und umgekehrt. Eine zielgerechte Erhebung verlangt vielmehr eine Anpassung an die Aufgaben der Betroffenen.

Vorteile eines Fragebogens: Schnelles Ergebnis in Form einer Momentaufnahme; Erhebungskosten sind relativ gering.

Nachteile eines Fragebogens: Gefahr, daß nicht alle Kriterien erfaßt werden, unvollständige Ausfüllung denkbar, Absprachen mit Kollegen nicht ausgeschlossen, keine ergänzenden Fragen möglich, persönliche Atmosphäre fehlt.

4.2.1.2   Das Interview

Die mündliche Befragung stellt die zweite Form der Erhebung organisatorischer Tatbestände dar. Durch das Gespräch und die damit engere Verknüpfung von Interviewer und Befragten wird eine intensivere und umfassendere Erhebung möglich. Es ist dabei nicht auszuschließen, daß bisher nicht erkannte Tatbestände zutage treten. Ein gutes Interview setzt einiges voraus:

- **Geeignete Interviewer.**
Zwischen den Interviewpartnern entsteht ein soziales Beziehungsverhältnis, das von gegenseitigem Vertrauen getragen wird. Der Interviewer muß daher über menschliche Eigenschaften verfügen, durch welche er das Vertrauen der Befragten gewinnen kann. Selbstverständlich muß er fundierte organisatori-

sche Kenntnisse besitzen, um zu überzeugen und sich flexibel zu erweisen. Die Aufgabe einer mündlichen Befragung sollte daher möglichst erfahrenen oder in der Interviewtechnik besonders geschulten Kräften übertragen werden. Sie müssen in der Lage sein, nicht nur Einzelpersonen, sondern im Bedarfsfalle auch eine Gruppe von zwei oder drei Personen zu befragen. Zur Flexibilität des Interviewers gehört ferner die Eigenschaft, sich durch differenzierte Gesprächsführung der jeweiligen Situation anzupassen.

– **Interview-Leitfaden.**
Ein einheitliches und systematisches Vorgehen beim Interview wird der Interviewer nur erreichen, wenn er sich an ein vorher auf das Organisationsziel ausgerichtetes Fragenschema stützt. Auf diese wertvolle Hilfe kann selbst ein erfahrener Interviewer nicht verzichten. Der Konkretisierungsgrad der zu stellenden Fragen mit Hilfe des Interview-Leitfadens kann je nach Eignung des Interviewers und der gestellten Aufgabe unterschiedlich sein, und zwar
   – nur stichpunktartig, wenn ein relativ großer Entscheidungsspielraum über Art und Umfang der Fragen angebracht erscheint (nicht standardisiertes Interview),
   – mit fest formulierten Fragen, deren Auswahl und Reihenfolge jedoch vom Interviewer bestimmt werden, so daß eine gewisse Flexibilität erreicht werden kann (halbstandardisiertes Interview) und
   – ein Leitfaden, an dessen Fragen sich der Interviewer konsequent hält (standardisiertes Interview).

Die für die Formulierung der Fragen im Fragebogen aufgezeigten Anhaltspunkte gelten auch für den Interview-Leitfaden und somit für die Durchführung des Interviews. Zusätzlich sind aber Regeln der Interview-Technik zu berücksichtigen, wie

– Vermeidung von Suggestivfragen
– keine Gefühlsäußerungen und Kommentare
– „intelligente" Fragen sind unangebracht
– mit passiv beantworteten Fragen darf man sich nicht zufrieden geben
– dem Befragten soll Zeit zur Überlegung gegeben werden, also Hast vermeiden
– bei Stockungen mit neutralen Zwischenbemerkungen unterstützen
– an Zeit- und Mengenangaben heranarbeiten und nicht direkte, absolute Größenangaben erwarten

Auch beim Interview ist die Vorbereitung der Befragten von größter Wichtigkeit.

Die mündliche Befragung genießt dann den **Vorzug, wenn eine größere Intensität der Erhebung notwendig wird.** Durch den persönlichen Kontakt und die dadurch gegebene Anpassung an die Situation des Befragten, die bedarfsweise Möglichkeit von Zusatz- und Ergänzungsfragen und die Inaugenscheinnahme bei Mengen- und Zeitangaben ermöglicht eine umfassende Erhebung. In der Regel fallen nach dem Interview keine Rückfragen an.

Nachteilig wirken sich beim Interview der **große Zeitaufwand** und die daher **nicht unbeachtlichen Kosten** aus.

Diese Nachteile sind reduzierbar, wenn die Erhebung auf der Basis von Fragebogen **und** Interview durchgeführt wird. Die kombinierte Anwendung beider Verfahren kann mit einer Ist-Aufnahme mit Hilfe des Fragebogens beginnen. Die Ergebnisse werden analysiert und nur die Unklarheiten und Lücken durch ein Interview präzisiert. Dadurch überwiegen die Vorteile beider Techniken.

4.2.1.3   Die Beobachtung

Bei der Beobachtung werden organisatorische Tatbestände **rein optisch und eventuell akustisch** wahrgenommen, ohne Auskünfte durch den Beobachteten. Der Anwendungsbereich dieser Erhebungstechnik ist daher auch begrenzt und findet seinen Schwerpunkt in der Ablauforganisation. Für Strukturierungsmaßnahmen ist sie völlig ungeeignet. Die Überschaubarkeit eines Raumes schränkt die visuelle Erfassung des Ist-Zustandes weiter ein, so daß diese Technik speziell für Arbeitsplatzuntersuchungen geeignet ist, wie z.B. Zeitmessung und Bewegungsstudien, Arbeitsplatzgestaltung und Leistungsgradschätzung. In diesem Bereich bewegt sich fast ausschließlich der Arbeitsstudienmann (REFA, Methodenlehre des Arbeitsstudiums, 6. Aufl., 1978).

Eine **offene Beobachtung** liegt vor, wenn dem Beobachteten Aufgabe und Person des Untersuchenden bekannt sind und er dessen Auftreten erfährt, was bei einer verdeckten Beobachtung nicht der Fall ist. Vor letzterer ist aus mehrfachen Gründen zu warnen.

Man unterscheidet weiterhin in **direkte Beobachtung,** bei der die Daten des Ereignisses unmittelbar am Geschehen ermittelt werden und in **indirekte Beobachtung,** die sich auf Sekundärquellen (Berichte, Organisationsanweisungen, Stellenbeschreibungen etc.) stützt.

Zwei Verfahren als typische Erhebungstechniken mittels Beobachtung sind kurz vorzustellen.

4.2.1.3.1   Die Zeitaufnahme

Nach REFA (Methodenlehre, Teil 2, a.a.O., S. 81) wird darunter „das Ermitteln von Soll-Zeiten durch Messen und Auswerten von Ist-Zeiten verstanden", bezogen auf einen Arbeitsablaufabschnitt. Hilfsmittel sind Zeitaufnahmegeräte (Stoppuhr u.a.) und Zeitaufnahmebogen. Eingeschlossen in die Zeitaufnahme ist die Leistungsgradbeurteilung. Die Zeitaufnahme findet überwiegend im produzierenden Bereich nach einem von REFA erarbeiteten, sehr differenzierten Verfahren Anwendung und kaum in der Büroorganisation.

4.2.1.3.2   Die Multimomentaufnahme

Während bei der Zeitaufnahme die Daten des gesamten Ablaufabschnittes durch Beobachtung ermittelt werden, beschränken sich diese bei der Multimomentaufnahme (MMA) auf **stichprobenweise durchgeführte Kurzzeitbeobachtungen.** Aus den vielen Momentaufnahmen (multi = viel, Moment = Augenblick) können statistisch abgesicherte Ergebnisse über Mengen- und Zeitangaben abgeleitet werden; es wird von Teilen auf das Ganze geschlossen. Bei Mengenerhebungen spricht man von „Multimoment-Häufigkeitsverfahren" (MMH), bei Zeiterfassungen vom „Multimoment-Zeitmeßverfahren" (MMZ).

Die Durchführung der Multimomentaufnahme bedarf einer guten Vorbereitung und vollzieht sich normalerweise in folgenden Schritten:

– Vorbereitung der Betroffenen

– Abgrenzung und Konkretisierung des zu untersuchenden Bereiches

– Bestimmung der Beobachtungselemente (Tätigkeitsarten)

– Erarbeitung eines Zeitplanes, in dem die Zahl der Notierungen, Rundgänge und deren Reihenfolge festgelegt wird

– Durchführung der Aufnahme

– Auswertung der erhobenen Daten.

Das Multimomentverfahren findet weitverbreitete Anwendung und kann zur Lösung einer Reihe von Aufgaben herangezogen werden, wie Auslastung von Arbeitskräften und Maschinen, Feststellung von Störungsursachen, Terminkontrolle u.a.

4.2.1.4   Das Selbstaufschreiben

Die **Erhebung der notwendigen Daten** über den Ist-Zustand wird durch das Selbstaufschreiben **von den Betroffenen selbst erledigt.** Sie verfügen dabei über entsprechende Formulare und Vordrucke, in die chronologisch alle Tätigkeiten innerhalb eines bestimmten Zeitraumes erfaßt werden. Der nicht fachspezifische Wissensstand über organisatorische Zusammenhänge und die Vermeidung allzu großer zeitlicher Belastung durch das Selbstaufschreiben lassen nur die Erfassung weniger organisatorischer Tatbestände zu. Sie bleiben in der Regel auf Angaben über Arten der Tätigkeiten, die Zahl von Vorgängen und die hierfür anfallenden Zeiten beschränkt.

Das Selbstaufschreiben wird meistens verwirklicht in Form von sog. **Tätigkeitsberichten.** Von **Tagesberichten** spricht man, wenn die Tätigkeiten täglich erfaßt und abgeschlossen werden. Vom beabsichtigten Zweck wird es abhängen, welche Form gewählt wird. Für eine Kommunikationsanalyse genügen dafür ausgearbeitete Strichlisten, während für ablauforganisatorische Maßnahmen alle Tätigkeiten in ihrem zeitlichen Umfang und ihrer Reihenfolge aufzuführen sind einschließlich Erhol- und Verteilzeiten.

Die Aussagefähigkeit beider Berichtsarten wird verstärkt, wenn eine **Verdichtung** der Daten sowohl täglich als auch zusammenfassend über den gesamten Erhebungszeitraum stattfindet, der mindestens ein bis zwei Wochen betragen sollte. Gelegentliche Kontrollen und Stichproben können die Gefahr der Manipulation beim Selbstaufschreiben in erträglichen Grenzen halten.

Das Ergebnis der Tätigkeitsberichte kann auch Schlüsse auf die Aufgabenverteilung zulassen. Dies setzt allerdings voraus, daß die einzelnen Tätigkeiten den betreffenden Aufgaben zugeordnet werden.

Auch bei der Erhebungstechnik „Selbstaufschreiben" gelten für die Durchführung Grundregeln, die beachtet werden sollten, wie

– Vorbereitung der Betroffenen

– Erläuterung der Vorgehensweise

– Festlegung der zu erfassenden Tätigkeiten

– Auswertung nur für organisatorische Zwecke.

4.2.1.5   Systeme vorbestimmter Zeiten

Sie stützen sich auf die Erkenntnis, daß bestimmte Grundbewegungen annähernd den gleichen Zeitaufwand haben. Ein Arbeitsvorgang wird somit in seine einzelnen Bewegungselemente (Hinlangen, Bewegen, Greifen, Loslassen usw.) zerlegt und deren Zeitbedarf aus einer Zeitwerttabelle festgestellt. Die Aufaddierung der Zeiten aller Bewegungen ergibt dann den gesamten Zeitbedarf eines Vorganges. Er wird nicht durch Zeitmeßgeräte ermittelt, sondern „synthetisch" durch die bereits vorbestimmten Zeiten. Ein Leistungsgradschätzen erübrigt sich ebenfalls.

Am häufigsten angewandt wird das MTM-Verfahren (Methods-Time-Measurement) und das Work-Factor-Verfahren (Pornschlegel, H. (Hrsg.): Verfahren vorbestimmter Zeiten, Köln 1968).

Während beim Work-Factor-Verfahren überwiegend quantifizierbare Einflußgrößen berücksichtigt werden, die sich auf die Größe des Arbeitsplatzes, die Arbeitsgegenstände und Vorrichtungen beziehen, kommen beim MTM-Verfahren qualitative (beurteilende) Einflußgrößen hinzu.

4.2.2   Techniken zur Darstellung der Organisation

Die meisten Darstellungstechniken bezwecken einen besseren Ein- und Überblick in die Gesamtzusammenhänge. Sie dienen sowohl

– der Feststellung eines Ist-Zustandes und somit als Basis der Analyse und Kritik, als auch

– der Ergebnisfixierung des zu realisierenden bzw. realisierten Soll-Zustandes.

Wegen der unterschiedlichen Aufgabenstellung werden die Darstellungstechniken der Aufbau- und Ablauforganisation getrennt behandelt.

4.2.2.1   Darstellungstechniken der Aufbauorganisation

Im Mittelpunkt steht auch hier die Aufgabe und deren Erfüllung durch Menschen. Es geht letztlich um die Darstellung der gebildeten Stellen in einer Unternehmung und deren geordnete Beziehungen zueinander. Hierzu bieten sich die **verbalen und schaubildlichen Darstellungstechniken** an.

4.2.2.1.1   Verbale Darstellungstechniken

Diese Form ermöglicht eine **spezifische und im Bedarfsfalle umfassende Beschreibung organisatorischer Tatbestände** und eignet sich daher besonders für eine differenzierte Darstellung.

4.2.2.1.1.1   Der Aufgabengliederungsplan

Bei der Behandlung der Analyse der Aufgaben und deren Ergebnis (siehe unter 2.1.2.3) befindet sich der Hinweis, daß eine Form der praktischen Durchführung der Gliederungstechnik in diesem Kapitel behandelt wird. Sie ist für die praktische Organisationsarbeit bedeutungsvoll. Es handelt sich um die **Technik der Darstellung der Teilaufgaben mit Hilfe eines Rasterblattes und** des sich daraus ergebenden **Aufgabenstrukturbildes.** Die Behandlung dieser Technik erfolgt in Anlehnung an Schmidt (Schmidt, G., a.a.O., S. 218 ff.). Zur Verdeutlichung wird das Beispiel der Unternehmung für die Herstellung von Maschinen, und hier speziell der Bereich Beschaffung herangezogen. Während unter 2.1.2.2 die Zerlegung einer Hauptaufgabe in Teilaufgaben verschiedener Ordnung nach den Merkmalen der Aufgabenanalyse gedanklich erfolgte, wird diese gleiche Maßnahme mit Hilfe eines Rasterblattes systematisch vollzogen und festgehalten.

Die beispielhafte Heranziehung des Bereichs Beschaffung zeigt, daß eine Aufgabengliederung nicht bei der Unternehmensaufgabe als Hauptaufgabe beginnen muß, sondern auf die Aufgabe bestimmter organisatorischer Bereiche begrenzt werden kann. Die praktische Organisationsarbeit kennt häufig solche Beschränkungen auf organisatorische Teilbereiche.

Mit Hilfe des in Abb. 4.2 gezeigten Musters eines **Rasterblattes** wird die in das erste Feld der ersten Zeile einzutragende Aufgabe erster Ordnung Beschaffen dahingehend untersucht, welche Teilaufgaben niedrigerer Ordnung für deren Erfüllung anfallen. Zunächst werden daraus die Teilaufgaben Bedarfsermittlung, Angebotseinholung und Auftragserteilung festgestellt und von links nach rechts in die zweite Zeile eingetragen. Nicht zu vergessen ist die Übertragung einer Ordnungsnummer für jede gewonnene Teilaufgabe, ausgehend von der Aufgabe des Bereichs mit der Nummer 1. Folglich erhalten die Teilaufgaben 2. Ordnung die Ordnungsnummer 11, 12 und 13, die bei Bedarf nach dem dekadischen System erweitert werden können.

Auf- nahme	am	5. 5. 98
	bei	Bereich Beschaffung
	durch	Klug

Auftr. Nr.	05/132/98
Blatt Nr.	1 / 1
Informanten	Müller/Huber

1	2	3	4	5	6	
Beschaffen 1						a
Bedarfser- mittlung 11	Angebots- einholung 12	Auftrags- erteilung 13.999 — 17				b
Material Mech. Fertg 11.1	Material Elektroanlag 11.2	Material Blech- verarbeitung u. Schweißerei 11.399 — 9	Material Lackiererei 11.499 — 10			c
Gußteile 111.1	Rohlinge 111.29 — 3	Stahl 111.39 — 4				d
Ständer 1111.1 — 1	Gehäuse 1111.2 — 2					e
Motoren 112.1	Schaltungen 112.29 — 7	Installations- material 112.39 — 8				f
Antriebs- motoren 1121.1 — 5	Steuer- motoren 1121.2 — 6					g
Angebote anfordern 12.1	Angebote sondieren 12.299 — 15	Angebote prüfen 12.399 — 16				h
Mechan. Fertigung 121.1	Elektro 121.29 — 13	Blechverarbei- tung und Schweißerei 121.39 — 14				i
Ständer 1211.1 — 11	Gehäuse 1211.2 — 12					k
						l
						m

Abb. 4.2: Muster eines Rasterblattes zur Aufgabenanalyse

Nun ist zu überlegen, welche dieser Teilaufgaben 2. Ordnung weiter zerlegt werden sollen bzw. müssen. Wird eine Teilaufgabe – wie im Beispiel die Auftragserteilung – ausgeklammert, dann ist sie durch einen waagerechten Strich „abzublocken". Dabei ist insbesondere bei niedrigen Ordnungsnummern darauf zu achten, daß Platz für weitere Ziffern (Auffüllen) frei bleibt. Immer von links beginnend werden die noch offenen Teilaufgaben 2. Ordnung zerlegt, also zuerst die Aufgabe Bedarfsermittlung. Die hieraus gewonnenen Teilaufgaben 3. Ordnung werden in die nächste Zeile eingetragen; im Beispiel sind dies: Materialbedarf für Mechanische Fertigung, Elektroanlagen, Blechverarbeitung und Schweißerei sowie Lackiererei. Der Systematik entsprechend werden Ordnungsnummern (111,112,113,114) verteilt und die nicht sinnvoll erscheinende weitere Zerlegung von Teilaufgaben abgeblockt (Aufgaben Materialbedarf für Blechverarbeitung und Schweißerei sowie Lackiererei). Die übrigen Teilaufgaben 3. Ordnung sind somit weiter zu untergliedern, beginnend mit der linken Aufgabe Materialbedarf für Mechanische Fertigung. Es ergeben sich daraus drei Teilaufgaben 4. Ordnung, von denen zwei (Rohlinge und Stahl) abzublocken sind. Sie erhalten alle eine Ordnungsnummer. Die linke Teilaufgabe dieser Zeile wird weiter zerlegt in die Teilaufgabe 5. Ordnung „Bedarf an Ständern und Gehäusen ermitteln". Eine weitere Untergliederung dieser Teilaufgabe ist nicht zweckmäßig, so daß sie abgeblockt werden. Sie erhalten die Ordnungsnummern 1111.1 und 1111.2.

Mit der Abblockung dieser beiden Teilaufgaben ergeben sich in dieser Zeile (e) keine weiteren Untergliederungsmöglichkeiten mehr. Die dazugehörige Komplexaufgabe höherer Ordnung (Gußteile) gilt damit als abgeschlossen, was durch einen diagonalen Strich zum Ausdruck kommt. Da in dieser Zeile (d) alle Aufgaben bereits diagonal abgestrichen bzw. abgeblockt sind, wird auch die Komplexaufgabe „Materialbedarf für Mechanische Fertigung" diagonal abgestrichen. Die noch offene Teilaufgabe höherer Ordnung (Material für Elektroanlagen) dagegen wird weiter untergliedert und in der nächstfreien Zeile (f) fortgefahren.

Die Untergliederung wird in der beschriebenen Weise so lange durchgeführt, bis alle Aufgaben diagonal abgestrichen oder abgeblockt sind. Diese Verfahrenstechnik zwingt zu systematischem Vorgehen und ermöglicht eine flexible Anpassung der Organisationsarbeit an den zeitlichen, sachlichen und menschlichen Einsatz der Beauftragten.

Die Übersichtlichkeit der durch obige Verfahrenstechnik gewonnenen Aufgaben kann durch die Übertragung in ein **Aufgabenstrukturbild** wesentlich verbessert werden. Dabei müssen aber die abgeblockten (nicht diagonal abgestrichenen) Aufgaben mit laufenden Nummern, die auch Ordnungsnummern darstellen, versehen werden. Zu diesem Zweck werden vorher alle vorhandenen Ordnungsnummern der abgeblockten Aufgaben solange mit der Ziffer 9 ausgefüllt (siehe Beispiel des Musterblattes Abb. 4.2), bis diese genau so viele Ziffern haben, wie die am tiefsten gegliederte Teilaufgabe. Sie ist im angeführten Beispiel fünfziff-

Aufnahme	am	12. 12. 98
	bei	Bereich Beschaffung
	durch	Klug

Auftr. Nr.	012/13/98
Blatt Nr.	1/1
Informanten	Müller / Huber

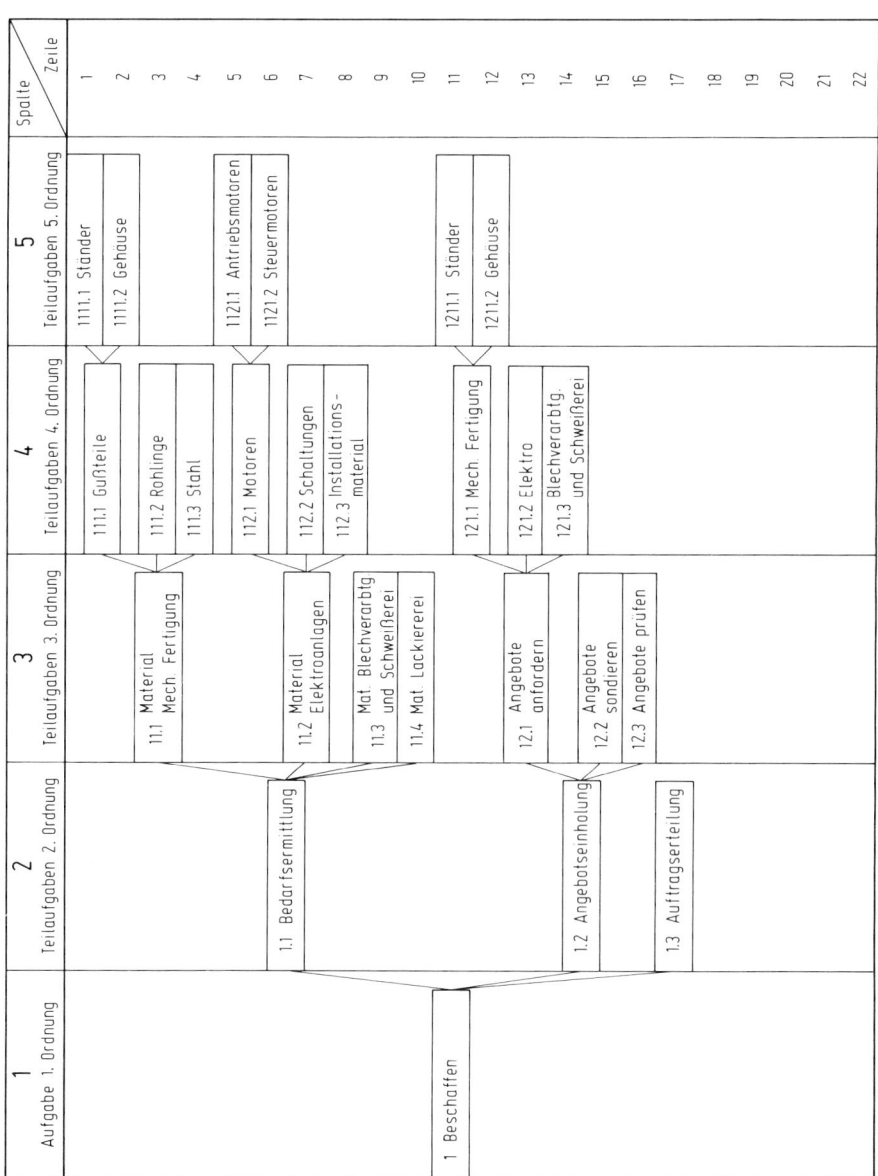

Abb. 4.3: Musterblatt für ein Aufgabenstrukturbild

rig. Anschließend erfolgt die Durchnumerierung, beginnend von der kleinsten Ordnungszahl der abgeblockten Aufgabe (im Beispiel die Aufgabe „Bedarf an Ständern ermitteln" mit der Ordnungsnummer 11111) bis hin zur größten Ordnungsnummer (im Beispiel „Auftragserteilung" mit der Ordnungsnummer 13999). Die Durchnumerierung ergibt sich ebenfalls aus dem Musterrasterblatt (Abb. 4.2).

Nach dieser Vorarbeit können die Aufgaben in ein Strukturbild nach dem Muster der Abb. 4.3 übertragen werden.

Begonnen wird mit den abgeblockten Aufgaben. Dabei ergibt sich die zugehörige **Spalte** des Strukturbildes aus der Anzahl der ursprünglichen Ordnungsziffern (ohne Auffüllung mit Neunen) und die **Zeile** aus den durch die Vorarbeit ermittelten laufenden Nummern. Die Aufgabe „Bedarf an Ständern ermitteln" kommt demnach in die erste Zeile (laufende Nr.1) der 5. Spalte (Nr. 1111.1 = 5 Ordnungsziffern). Auf diese Weise können alle abgeblockten Aufgaben im Strukturbild eingeordnet werden.

Es fehlen nun noch die dazugehörigen Komplexaufgaben. Diese erhält man, indem die letzte Ziffer der ursprünglichen Ordnungsnummern der Aufgaben der letzten Spalte weggelassen wird. Im Beispiel gehört damit zur Bedarfsermittlung der Ständer und Gehäuse mit den Ordnungsnummern 1111.1 und 1111.2 die Komplexaufgabe der Bedarfsermittlung von Gußteilen mit der Ordnungsnummer 1111. Bis zur Aufgabe der 1. Ordnung „Beschaffen" werden in der geschilderten Art alle Komplexaufgaben ermittelt und in das Strukturbild übertragen.

Das Ergebnis der beschriebenen Technik ist ein Aufgabengliederungsplan, der sowohl einen Ist-Zustand als auch eine gedachte Aufgabengliederung, etwa eine Neuorganisation, übersichtlich darstellt. Er ist eine gute Grundlage für die Analyse und die Kritik des Ist-Zustandes und damit der eigentlichen gestalterischen Organisationsarbeit.

4.2.2.1.1.2   Die Stellenbeschreibung

Die Stellenbeschreibung stellt eine **sehr umfassende Form der Darstellung organisatorischer Tatbestände** dar.

Unter einer **Stellenbeschreibung** versteht man eine schriftliche Festlegung der Ziele, Aufgaben und Kompetenzen einer Stelle, sowie deren horizontale und vertikale Eingliederung in die organisatorische Struktur einer Unternehmung. Die Stellenbeschreibung kann durch Aufnahme von Anforderungsprofilen an die Stelleninhaber und Beurteilungskriterien erweitert werden. Diese Möglichkeit wird überwiegend durch personalpolitische Entscheidungen bedeutungsvoll und weniger für Probleme der Aufbauorganisation, weshalb ihre Einbeziehung in die Stellenbeschreibung fallweise geregelt werden muß.

Der formale Aufbau einer Stellenbeschreibung erfolgt grundsätzlich nach einem einheitlichen Schema. Differenzierungen ergeben sich jedoch bei der Fixierung der Aufgabe entsprechend der Eingliederung der Stelle im hierarchischen Aufbau. Auf der oberen Ebene ist eine ausführliche Aufgabenbeschreibung wegen der Wechselhaftigkeit der Aufgaben kaum möglich, so daß hier der Schwerpunkt auf der Zielbeschreibung liegt. Je weiter unten eine Stelle im hierarchischen Aufbau eingegliedert ist, desto mehr nehmen Routineaufgaben zu. Auf der mittleren und unteren Ebene überwiegt deshalb eine ausführliche Aufgabenbeschreibung.

Firma	Stellenbeschreibung für Einkaufsleiter		Blatt 1
Stellen-inhaber	Name	Vorname	Stellen-Nr.

1. Bezeichnung der Stelle   Abteilung Bedarfsermittlung
2. Dienstrang   Abteilungsleiter

3. Bereich   Beschaffung
4. Vorgesetzter   Hauptabteilungsleiter Beschaffung
5. Unterstellte Mitarbeiter   5 Einkäufer in Linienfunktion
6. Vertritt   Leiter der Abtlg. Angebotseinholung
7. Wird vertreten von   Leiter der Abtlg. Angebotseinholung

Als Deckblatt
verwendbar

8. Ziel der Stelle   Rechtzeitige Beschaffung des gesamten benötigten Materials unter Beachtung einer optimalen Lagerhaltung. Die jeweils günstigsten Bedingungen sind auszuschöpfen.

Tritt in Kraft am	Nächste Überprüfung am	Verteiler	
Unterschriften Stelleninhaber am	Vorgesetzter am	Bearbeiter am	Anzahl Seiten insgesamt

9. Fachliche Aufgaben im einzelnen
9.1 Allgemeine Aufgaben
9.2 Fachaufgaben
9.3 Organisationsaufgaben
9.4 Planungsaufgaben
9.5 Personalaufgaben
9.6 Sonderbefugnisse
10. Zusammenarbeit mit anderen Stellen
11. Berichterstattung
12. Mitarbeit in Kollegien
13. Einzelauftrag

Abb. 4.4: Muster einer Stellenbeschreibung

Im einzelnen setzt sich eine Stellenbeschreibung (siehe Abb. 4.4) aus folgenden **Bestandteilen** zusammen:

- **Bezeichnung der Stelle**
  Sie kann sich rein sachbezogen auf die Funktion der Stelle beziehen, jedoch auch den Dienstrang des Stelleninhabers einbeziehen;
- **Über- und Unterstellungsverhältnis**
  Das Unterstellungsverhältnis kann gegenüber einem oder mehreren Haupt-, Fach- und Disziplinarvorgesetzten bestehen und ist entsprechend der gegebenen Situation zu konkretisieren. Das Überstellungsverhältnis bezieht sich auf die unterstellten Mitarbeiter und kann aus einer Linien-, Stabs- oder Dienstleistungsfunktion abgeleitet sein. Die Vorgesetzteneigenschaften können sich in Haupt-, Fach- und Disziplinarvorgesetzte unterscheiden;
- **Stellvertretung**
  Sie bezieht sich sowohl auf die Vertretung eines Vorgesetzten durch den Stelleninhaber als auch dessen Vertretung durch einen gleich- oder untergeordneten Mitarbeiter (vertritt – wird vertreten). In Frage kommt die hauptamtliche und nebenamtliche Stellvertretung sowie die Funktion eines Platzhalters oder Ersatzmannes;
- **Kurze Kennzeichnung des Zieles der Stelle**
  Damit wird festgelegt, was durch die Stelle erreicht werden soll und wozu sie bestimmt wurde;
- **Technisch-organisatorische Angaben** zur Stellenbeschreibung
  Dieser Teil enthält Angaben über die Gültigkeitsdauer, die Überprüfung, den Verteiler und Unterschriften der Beteiligten.

Die obigen Bestandteile sollten möglichst so abgefaßt sein, daß sie nur eine Seite benötigen und somit – als Deckblatt verwendet – einen Überblick gewähren. Die sich ergebenden relativ umfangreichen Informationen verlangen daher ein einheitliches Schema und Angaben im Telegrammstil.

Die **weiteren Bestandteile** der Stellenbeschreibung beziehen sich auf die Fixierung der Aufgaben, Befugnisse und Beziehungen zu anderen Stellen. Im einzelnen sind dies:

- **Fachaufgaben.**
  Sie können unterteilt werden in allgemeine und laufende Sachaufgaben. Üblich ist auch die Unterscheidung in Entscheidungs-, Ausführungs- und Kontrollaufgaben. Mit der Feststellung der Aufgaben wird auch gleichzeitig die evtl. notwendige Entscheidungsbefugnis bestimmt, so daß eine Übereinstimmung von Aufgabe, Kompetenz und Verantwortung erreicht werden kann.
- **Spezifische Aufgaben.**
  Sie erstrecken sich normalerweise auf die Bereiche Planung, Organisation, Personal und sonstige Aufgaben.

– **Sonderbefugnisse.**
Bestehen über die sich aus der Aufgabe ergebenden Kompetenzen hinaus zusätzliche Befugnisse, sind sie hier aufzuführen. Gedacht ist hierbei etwa an besondere Unterschrifts- (Gegenzeichnung), Vertretungs- (Kassenvollmacht) oder Verfügungsbefugnisse (Urlaubsgewährung).

– **Zusammenarbeit mit anderen Stellen.**
Ergibt sich für die Erfüllung bestimmter Aufgaben die Notwendigkeit der Einschaltung anderer Stellen, so wird dies in diesem Teil klar formuliert. Art und Umfang der Zusammenarbeit sind deutlich zu umreißen.

– **Berichterstattung.**
Alle von der Stelle an andere Stellen zu übermittelnden Informationen sind hier unter Festlegung des zeitlichen Vollzugs aufzuführen. Auch eingehende Informationen können in diesem Zusammenhang festgehalten werden.

– **Mitarbeit in Kollegien.**
Art und Ausmaß der Kollegientätigkeit werden festgehalten, wobei nicht nur interne, sondern auch externe Kollegien Berücksichtigung finden.

– **Einzelauftrag.**
Mit dieser Maßnahme, die dem Vorgesetzten im Bedarfsfalle das Recht der Zuordnung von Aufgaben einräumt, die nicht zu den eigentlichen Aufgaben der Stelle gehören, soll verhindert werden, daß sich der Stelleninhaber auf die einmal festgelegten Aufgaben beschränkt. Damit begegnet man auch der durch die Stellenbeschreibung möglichen Gefahr der Starrheit einer Organisation.

Sofern die Aufnahme von Anforderungs- und Beurteilungskriterien in die Stellenbeschreibung erfolgen soll, wären diese abschließend einzufügen. Die Anforderungen an die Person des Stelleninhabers beziehen sich dabei auf die Berufsausbildung, fachliche und menschliche Qualitäten, während die Beurteilungskriterien den Schwierigkeitsgrad der Aufgaben präzisieren sollen.

Die **Erarbeitung und Einführung einer Stellenbeschreibung** erfordert zunächst, daß der Geltungsbereich und die einzubeziehenden Aufgabenbereiche abzugrenzen sind. Sodann sind die Stellen zu beauftragen, die die Aktion durchführen.

Die **Erarbeitung** von Stellenbeschreibungen kann im wesentlichen in folgenden Schritten durchgeführt werden:

– Ermittlung und Analyse des Ist-Zustandes der Stelle unter Anwendung einer der unter 4.2.1 behandelten Erhebungstechniken

– Entwürfe der Stellenbeschreibungen unter Beachtung des sich aus der Analyse und Kritik evtl. ergebenden neuen Soll-Zustandes

– Diskussion der Entwürfe unter Beteiligung des Stelleninhabers, des Beauftragten sowie des Vorgesetzten und Entscheidung über die endgültige Abfassung.

Die **Einführung** der Stellenbeschreibung kann einheitlich und zum gleichen Zeitpunkt erfolgen, was jedoch von der Größe der Unternehmung bzw. des Bezugsbereiches abhängt. Sind die Voraussetzungen hierfür nicht gegeben, bieten sich als Alternativen an:

- die stufenweise (horizontale) Einführung, d.h. beginnend auf oberer Ebene sukzessive bis zur untersten Stufe oder umgekehrt. Der Beginn auf der oberen Ebene bringt aber erhebliche sozial-psychologische Vorteile
- bereichsweise (vertikale) Einführung, so daß aufgabenspezifische Kriterien (Beschaffung, Verwaltung, Vertrieb) berücksichtigt werden können
- eine Mischform zwischen stufen- und bereichsweiser Einführung, was jedoch ein Ausnahmefall bleiben sollte.

Die Inkraftsetzung der Stellenbeschreibung vollzieht sich durch Unterschriftsleistung, wodurch sie verbindlichen Charakter erhält. Daran beteiligt sind der Stelleninhaber, der Vorgesetzte und der Beauftragte (Organisator).

Zu regeln sind außerdem:

- die **Verteilungsart.** Hierdurch wird bestimmt, wer eine Stellenbeschreibung erhält. Grundsätzlich sind dies der Stelleninhaber, der Vorgesetzte und die Organisationsabteilung.
- die **laufende Überprüfung** der Stellenbeschreibungen, damit sie veränderten Bedingungen angepaßt werden. Die Durchführung kann in der Weise ablaufen, daß der Stelleninhaber Veränderungen dem Vorgesetzten mitzuteilen hat. Dieser kann dann Einzelkorrekturen durchführen, muß aber die Organisationsabteilung informieren. Nachhaltiger dürfte dagegen eine in unterschiedlichen Abständen erfolgende Überprüfung durch die Organisationsabteilung sein.

Die Stellenbeschreibung hat eine Reihe von **Vorteilen,** wie

- eindeutig abgegrenzter Aufgaben- und Kompetenzbereich und damit Einschränkung von Konfliktsituationen
- klare Über- und Unterstellungsverhältnisse
- fest umgrenzter Delegationsbereich
- günstige Grundlage einer erfolgreichen Koordinierung
- schnellere und gezieltere Einarbeitungsmöglichkeit bei neuen Mitarbeitern
- bessere Kontrollmöglichkeit der Aufgabenerfüllung
- Erkennen von Aus- und Weiterbildungsbedürfnissen
- Schaffen und Nutzen von Förderungsmöglichkeiten
- erleichterte Bewerberauswahl.

Als **Nachteile** werden genannt:

- ungleiches Verhältnis von Aufwand und Nutzen

- Schaffung einer Überorganisation und damit Verlust an notwendiger Anpassungsfähigkeit
- keine konsequente Einhaltung der festgelegten Aufgaben, Kompetenzen und Beziehungen zu anderen Stellen
- Einschränkung von Aufstiegsmöglichkeiten, da Entfaltungsmöglichkeiten für den Stelleninhaber schwieriger sein können.

4.2.2.1.2   Schaubildliche Darstellungstechniken

Unter Verwendung von **Symbolen, Zeichen, Linien und Kurven** werden in **konzentrierter Form organisatorische Tatbestände aufgezeigt.** Dadurch wird oft erst der Ein- und Überblick in komplexe Gesamtzusammenhänge möglich.

4.2.2.1.2.1   Der Organisationsplan (Organigramm)

Mit diesem Schaubild kann in verhältnismäßig einfacher Weise eine Gesamtdarstellung der Aufbauorganisation einer Unternehmung erfolgen.

Im Organisationsplan können verdeutlicht werden:

- die **Aufgabenverteilung.** Auf der Grundlage eines Aufgabengliederungsplanes wurden die Teilaufgabenkomplexe gebildet, die zur Stellenbildung führten und im Organisationsplan ihren erkennbaren Niederschlag finden.
- die **Beziehungen der einzelnen Stellen zueinander,** sowohl in vertikaler als auch in horizontaler Sicht (Abteilungsbildung)
- die **hierarchische Gliederung** der einzelnen Stellen, das Instanzengefüge
- die **Leitungsbeziehungen** aus dem Verlauf der ausgewiesenen Kommunikationswege
- die **Eingliederung der Stabsstellen** in die hierarchische Ordnung
- die **Stellenbesetzung,** was aber besser getrennt in einem Stellenbesetzungsplan realisiert wird, um zu vermeiden, daß bei Fluktuation der Organisationsplan geändert werden muß.

Spezifische Organisationszusammenhänge sind aus dem Organisationsplan nicht abzuleiten, wie z.B.

- Umfang und Art der einzelnen Aufgaben einer Stelle
- der Beziehungszusammenhang bei der Erfüllung einer Aufgabe durch mehrere Stellen
- Art und Umfang von Entscheidungs- und sonstigen Befugnissen
- zusätzliche, formal geregelte Kommunikationswege zur Verbesserung des Informationsaustausches.

Der Organisationsplan ist immer das Ergebnis organisatorischer Betätigung und kann dementsprechend sein

- ein **Ist-Plan,** der den Ist-Zustand dokumentiert und eine wertvolle Ausgangsbasis für die Analyse und Kritik des Ist-Zustandes darstellt
- ein **Ideal-Plan,** der ohne Rücksicht auf seine Verwirklichung die Bestlösung aufzeigt und
- ein **Soll-Plan,** der, evtl. aus einem Ideal-Plan entwickelt, realisierbar ist. Er bedeutet natürlich auch eine Verbesserung und wird mit Zustimmung der Unternehmungsleitung verbindlich.

Für den Aufbau eines Organisationsplanes kann es keine feststehende Norm geben, da er von den betrieblichen Notwendigkeiten abhängt. Dagegen haben sich hinsichtlich der formalen Gestaltung in der Praxis bestimmte Symbole entwickkelt.

Ein Symbol versinnbildlicht eine Stelle als Organisationseinheit, für die sich überwiegend folgende Formen durchgesetzt haben:

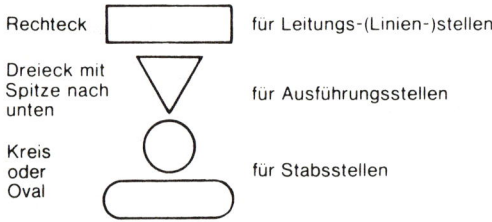

In gleicher Weise können alle obigen Symbole auf mehrere Stellen bezogen werden.
Die Symbole werden durch Beschriftung inhaltlich konkretisiert. Es bieten sich beispielsweise folgende Möglichkeiten an:

- Angabe der Sachaufgabe (Verrichtung oder Objekt)
- Angabe Sachaufgabe und Organisationseinheit (Einkaufs-Abteilung)
- Angabe der Organisationseinheit mit Titel des Stelleninhabers (Einkaufs-Abteilung; Direktor)
- Angabe der Organisationseinheit mit Titel und Namen des Stelleninhabers
- Angabe einer Stellennummer zur Verdeutlichung des vertikalen Aufbaues
- Angabe einer Kostenstellennummer.

Diese schon recht umfangreichen Angaben werden in manchen Organisationsplänen noch ergänzt durch Angaben über die Zahl der Beschäftigten in dieser Organisationseinheit.

Bei all diesen vielen, einen Organisationsplan aussagefähig machenden Angaben sollte der Grundsatz beachtet werden, daß zur Erhaltung der Übersichtlichkeit eine Beschränkung auf das Wesentliche notwendig ist. Die differenzierte inhaltliche Verdeutlichung hängt natürlich von der Größe der Unternehmung und damit der Zahl der Stellen ab. Danach ergibt sich zwangsläufig nicht nur eine Beschränkung, sondern ab einer bestimmten Größenordnung auch das Erfordernis der Teilung, d.h. das Erarbeiten von **Teilorganisationsplänen.** Die Anordnung der Symbole zueinander, d.h. die Darstellungsform des Organisationsplanes, kann recht unterschiedlich sein. Grundformen sind der vertikale und horizontale Organisationsplan nach Abb. 4.5.

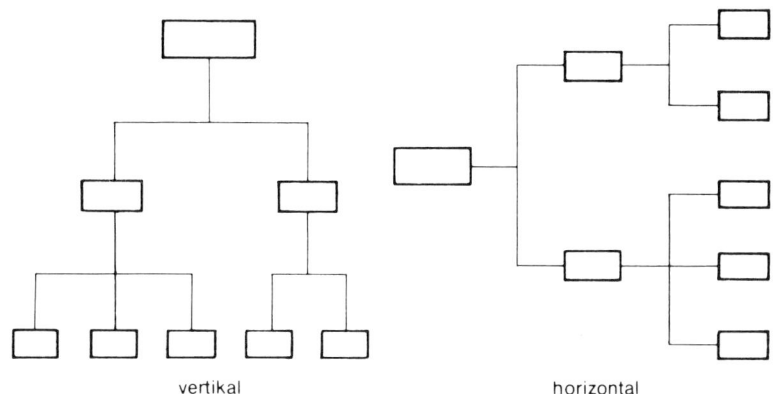

vertikal   horizontal

Abb. 4.5: Grundformen des vertikalen und horizontalen Organisationsplanes

Neben Kombinationen obiger Organisationspläne sind noch solche in Block-, Kreis-(Ring-) und Sonnenform anzutreffen.

4.2.2.1.2.2   Das Funktionendiagramm

Die beim Organisationsplan genannten Nachteile können größtenteils durch das Funktionendiagramm ausgeräumt werden, welches eine Kombination von Aufgabengliederungsplan und Organisationssplan ist. Es ermöglicht eine Zuordnung von Aufgaben und Kompetenzen auf eine oder mehrere Stellen und zeigt, wer bzw. welche Stelle in welcher Funktion an der Erfüllung einer Aufgabe beteiligt ist.

Der Aufbau eines Funktionendiagramms gleicht einer Matrix, in deren Kopfteil die Stellen eingetragen werden, welche aus dem Organisationsplan übernommen werden können. Die Aufgaben werden fortlaufend in die Zeilen eingetragen. Die Anordnung ergibt sich aus dem in Abb. 4.6 dargestellten Grundschema eines Funktionendiagramms.

Im Schnittpunkt von Zeile und Spalte treffen Aufgabe und Stelle zusammen. Im Grundschema wird die Aufgabe 5 von der Stelle B erledigt. An der Erfüllung der Aufgabe 3 sind dagegen die drei Stellen A, B und C beteiligt.

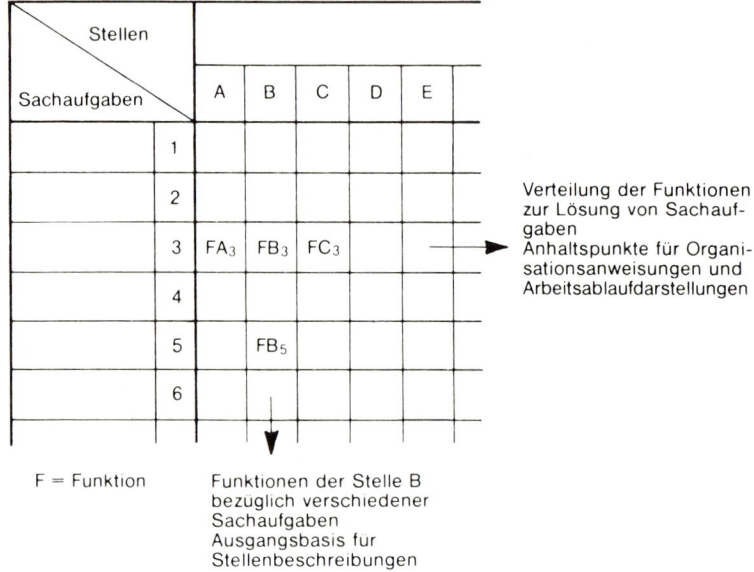

Abb. 4.6: Grundschema eines Funktionendiagramms

Im Grundschema ist bereits dokumentiert, wofür sich das Funktionendiagramm besonders eignet, nämlich

– für die Verteilung von Sachaufgaben und Kompetenzen auf Stellen

– als Anhaltspunkt für die Erarbeitung von Organisationsanweisungen und Arbeitsablaufdarstellungen

– für die Beteiligung der Stellen an der Erfüllung mehrerer verschiedener Sachaufgaben, beispielsweise innerhalb einer Abteilung

– als Ausgangsbasis für die Stellenbeschreibung.

Für die Bezeichnung der Aufgaben und Kompetenzen werden wiederum Symbole verwendet, für die sich zwei Darstellungsformen herausgearbeitet haben.

Auf Nordsieck (Nordsieck, F.: Betriebsorganisation, Lehre und Technik, Stuttgart 1961, Textband Sp. 85 ff., Tafelband Schaubild 15) gehen die **graphischen Symbole** zurück, die unter mnemotechnischen Gesichtspunkten entwickelt wurden.

Beispiele:

⊠ = Leitung, Lenken, Steuern   ▢ = Initiative

▬ = Besondere Entscheidung   ⊞ = Überwachung

Ulrich/Staerkle (Ulrich, H./Staerkle, R.: Verbesserung der Organisationsstruktur von Unternehmungen, 3. Aufl., Bern 1969, S. 42 ff.) verwenden eine **Buchstabenkombination,** welche die betreffende Funktion verständlicher zum Ausdruck bringt. Diese Technik wurde bei dem in Abb. 4.7 gezeigten Beispiel eines Funktionendiagramms verwendet.

Symbole begrenzen die Anwendungsmöglichkeit auf gleichartige, in ihrer Auswirkung bekannte Funktionen. Unklare und verschiedenartig auslegbare Funktionen können im Funktionendiagramm nicht dargestellt werden. Trotz der nicht

Sachaufgaben		Unternehmungsleitung	Vertriebsleitung	Inland	Verkaufsgebiet A	Verkaufsgebiet B	Verkaufsgebiet C	Ausland	Ländergruppe A	Ländergruppe B	Techn u Verk Förderung	Kundendienst	Versand	LKW
		A	B	C	D	E	F	G	H	I	J	K	L	M
Verkaufspolitik	1	E_G	E_M	B				B			B	B		
Verkaufsförderung	2	E_W	E_N	E_M	A	A	A	E_M	A	A				
Werbung	3	E_G	E_N	E_M				E_M						
Kundenbetreuung	4		E_N	E_M	A	A	A	E_M	A	A	A	A		
Reklamationen	5		E_W	E_W	E_N			E_N			B	A		
Korrespondenz	6		E_W	E_N	E_N			E_N						
Verkaufsstatistik	7			E_N	K	A	A	A	K	A	A			
Preispolitik	8	E_G	E_M											
Auftragsabwicklung	9			E_N				E_N					A	A
Versand	10												E_N	A
Fakturierung	11			E_N				E_N						
	12													
	13													
	14													
	15													
	16													

E_G = Entscheidung in Grundsatzfragen

E_M = Mitentscheidungsrecht

E_N = Entscheidung im Normalfall

E_W = Entscheidungsvorbehalt für wichtige Fälle

A = Ausführung (Sachbearbeitung)

K = Kontrolle u. Auswertung

B = Beratungs- u. Vorschlagsrecht

Weitere mögliche Funktionen:

E_A = Entscheidung im Ausnahmefall

P = Planung

V = Vorschlagsrecht

Abb. 4.7: Beispiel eines Funktionendiagramms

zu verkennenden Problematik bleibt es ein brauchbares Instrument, Aufgaben und deren Erfüllung durch Stellen bzw. Aufgabenträger transparenter zu machen.

Die Aussagefähigkeit des Funktionendiagramms kann durch Einbeziehung von übergeordneten Stellen (Abteilungen, Bereiche) und quantitativen Informationen (verbrauchte Zeit pro Funktion in einem Tag, einer Woche, einem Monat) verbessert werden. Das Ergebnis dieser Erweiterungen bezeichnet Schmidt (Schmidt, G., a.a.O., S. 330 ff.) als mehrstufiges und erweitertes mehrstufiges Funktionendiagramm.

4.2.2.1.2.3 Das Kommunikationsdiagramm

Die Bedeutung von Information und Kommunikation wurde bereits besonders herausgestellt (siehe unter 2.2.4.2). Nicht behandelt wurden dabei die Techniken, mit denen diese, für die Unternehmung so wichtigen Kommunikationsbeziehungen dargestellt werden. Am aussagefähigsten ist das Kommunikationsdiagramm, welches in zwei Formen angewandt wird.

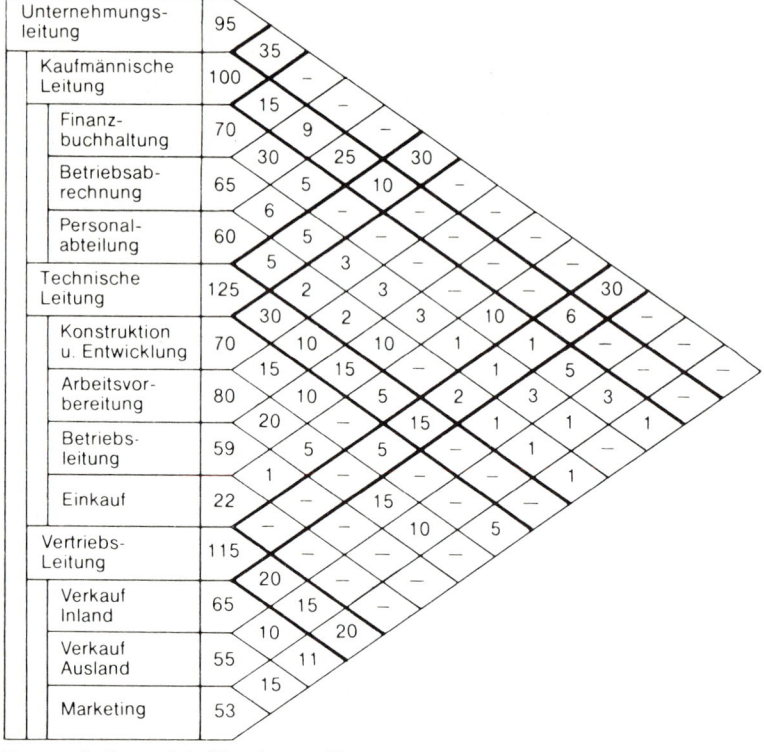

Kommunikationszeit in Stunden pro Monat

Abb. 4.8: Kommunikationsdiagramm in Dreiecksform

Eine davon ist die **Dreiecksform,** die genaue Angaben über die Häufigkeiten oder Zeiten der in einem bestimmten Zeitraum erfolgten Beziehungen zum Austausch von Informationen zwischen verschiedenen Stellen zuläßt. Anstelle der Mengenangaben können auch Kommunikationsarten (mündlich, schriftlich, akustisch) ausgewiesen werden. Der Aufbau dieses Kommunikationsdiagramms ist in Abb. 4.8 dargestellt.

Die zweite Möglichkeit ist die **Kreisform,** die ebenfalls Zeiten und Häufigkeiten kommunikativer Beziehungen zwischen Stellen in ihrer unterschiedlichen Frequenz aufzeigen läßt. Diese Form gestattet einen schnellen und auf die Intensität der Verkehrswege abgestellten optischen Einblick in die Gesamtzusammenhänge der Kommunikationsbeziehungen. Abb. 4.9 zeigt ein Beispiel für ein Kommunikationsdiagramm in Kreisform, welches aus Abb. 4.8 abgeleitet wurde.

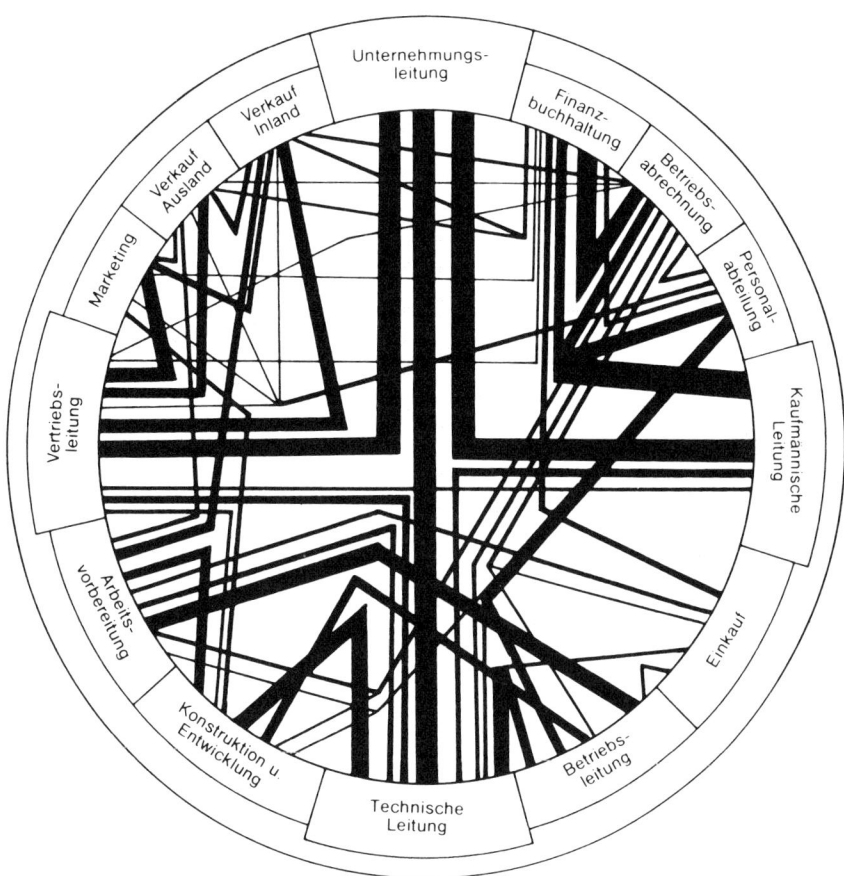

Abb. 4.9: Kommunikationsdiagramm in Kreisform

Kommunikation mit den Stellen / Kommunikationsarten		A	B	C	D	E	F	G	H	Summe
persönlich	Besuch bei	I								1
	Besuch von				I			I		2
schriftlich	Schreiben an	HHT HHT III		I	III	I	IIII		HHT II	29
	Schreiben von	I	HHT IIII	III	HHT	II		III		23
fernmündlich	Anruf bei		IIII			I	HHT			10
	Anruf von			HHT		IIII		II	HHT	16
		14	14	9	8	9	9	6	12	81

Abb. 4.10: Muster einer Strichliste

Die im Kommunikationsdiagramm ausgewiesenen Zusammenhänge beruhen auf Daten, die am besten durch Selbstaufschreiben ermittelt werden. Geeignet wäre auch die direkte und indirekte Beobachtung (siehe unter 4.2.1.3). Zum Selbstaufschreiben genügt meist eine **Strichliste** nach dem in Abb. 4.10 gezeigten Muster.

4.2.2.2   Darstellungstechniken der Ablauforganisation

Für die Erreichung der bereits in Kapitel 3 behandelten spezifischen Ziele der Ablauforganisation wurden für den praktischen Vollzug Techniken zur Erfassung und Darstellung des Ist-Zustandes entwickelt, von denen im folgenden die wichtigsten behandelt werden.

4.2.2.2.1   Verbale Darstellungstechniken

Arbeitsgänge und Arbeitsgangfolgen werden beschrieben und in einem Formular festgehalten, das in tabellarischer Rasterform aufgebaut sein kann.

Bei der **tabellarischen Form** werden die einzelnen Arbeitsteile oder Arbeitsgänge in laufender Folge untereinander geschrieben und in dazugehörigen Spalten wichtige Daten wie Zeiten, Arbeitspausen und Bemerkungen aufgenommen. Der Aufbau ist in Abb. 4.11 wiedergegeben.

Diese Ablaufdarstellung eignet sich nur für die Beschreibung des Arbeitsablaufes einer Arbeitskraft (Sachbearbeiter A). Handelt es sich um die Abstimmung von Arbeitsgangfolgen mehrerer Arbeitskräfte (Sachbearbeiter A, B und C), kann die Rasterform der verbalen Darstellung herangezogen werden. Im Kopf-

Abteilung/Stelle				Arbeitsablauf	
Aufgenommen von				Datum	

Nr.	Tätigkeit	Menge	Zeit in Min.	Unterbre- chung (Pause)	Bemerkungen
1	Verkaufsleiter erhält Posteinlauf	65	2		
2	Verkaufsleiter sichtet Postein- lauf und zeichnet ab		41		
3	Verkaufsleiter bestimmt die Sachbearbeiter		3		
4	Bote bringt Post an alle Sachbearbeiter		10		
5	Sachbearbeiter (S) A prüft seinen Posteinlauf	23	20		
6	S (A) bearbeitet Anfragen nach Dringlichkeit		240		
7	S (A) hält Rückfrage bei Finanz- buchhaltung wegen Bonität		5		Notwendig?
8	S (A) erfragt mögliche Liefer- termine		3		
9	S (A) legt ab, bis Termin- bescheid ergeht			30	zu lang!
10	S (A) bearbeitet Anfragen u. diktiert Schreiben		120		
11	S (A) wartet auf Schreiben			90	
12	S (A) kontrolliert Schreiben u. zeichnet ab		18		
13	Bote bringt Schreiben zum Verkaufsleiter		2		
14	Verkaufsleiter prüft u. unterschreibt		5		

Abb. 4.11: Tabellarische verbale Ablaufdarstellung

teil werden nebeneinander die betroffenen Stellen festgehalten, während die Arbeitsgänge entsprechend ihrer zeitlichen Folgen zeilenartig nacheinander eingetragen werden, wie dies Abb. 4.12 verdeutlicht.

Beiden Formen der verbalen Ablaufdarstellung ist eigen, daß sie nur begrenzt auf einfache Arbeitsabläufe anwendbar sind. Die Beschreibung von komplexen und schwierigen Abläufen ist aus Mangel an Übersichtlichkeit sinnlos.

4.2.2.2.2   Schaubildliche Darstellungstechniken

Sie erfüllen die Voraussetzungen für eine Darstellung komplizierter Abläufe. Eine kurze verbale Bezeichnung des Vorganges wird durch Symbole, Zeichen und/oder Buchstaben ergänzt und damit erweitert.

| Abteilung/Stelle | | | | | Arbeitsablauf | | | |
| Aufgenommen von | | | | | Datum | | | |

| Lfd. Nr. (Stufe) | Beteiligte Stellen oder Abteilungen | | | | | | | |
	Post- stelle	Verkaufs- leiter	Sachbear- beiter A	Sachbear- beiter B	Sachbear- beiter C	Schreib- buro	Finanz- buch- haltung	Verkaufs- disponent
1		Erhalt Posteinlauf						
2		Sichtet und zeichnet ab						
3		Bestimmt die Sachbe- arbeiter						
4			Pruft Posteinlauf	Pruft Posteinlauf	Pruft Posteinlauf			
5			Bearbeitet Anfragen	Bearbeitet Anfragen	Bearbeitet Anfragen			
6							Bonitäts- prufung	Liefer- termine
7			Schriftliche Erledigung d. Anfragen	Schriftliche Erledigung d. Anfragen	Schriftliche Erledigung d. Anfragen			
8						Schreiben		
9			Kontrolle u. Abzeich- nen	Kontrolle u. Abzeich- nen	Kontrolle u. Abzeich- nen			
10		Pruft und unter- schreibt						

Abb. 4.12: Verbale Ablaufdarstellung in Rasterform

4.2.2.2.2.1   Das Balkendiagramm

Nach seinem Urheber wird es auch Gantt-Diagramm genannt und stellt eine der ältesten Techniken zur Darstellung von einfachen Arbeitsabläufen dar. Es zeichnet sich durch seine Einfachheit und leichte Verständlichkeit aus. Der Aufbau folgt einem rechteckigen Koordinatensystem, in dem die Abszisse (x-Achse) als Zeitmaßstab und die Ordinate (y-Achse) für die Aufzeichnung der Vorgänge oder Stellen in abgestimmter Reihenfolge dienen. Der Zeitverbrauch der einzelnen Arbeitsgänge wird durch die Länge der Balken ausgewiesen, wie dies aus Abb. 4.13 zu erkennen ist. Die Nachteile bestehen darin, daß keine Aussage über Abhängigkeiten und Zeitreserven gemacht werden können und eine Kostenplanung nicht möglich ist.

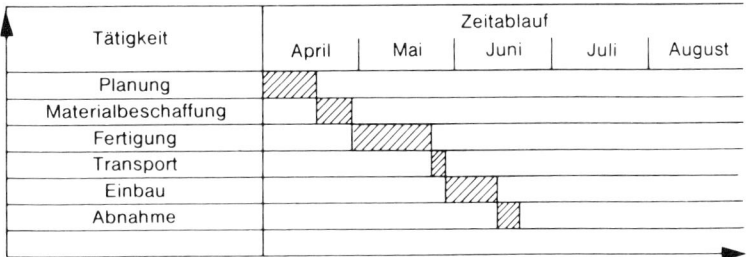

Abb. 4.13: Balkendiagramm

4.2.2.2.2.2   Die Arbeitsablaufkarte

Sie eignet sich ebenfalls nur für einfache Abläufe mit einem Bearbeitungsobjekt. Dennoch ist die Ablaufkarte eine verbreitete und bewährte Form der Ablaufdarstellung. Auch bei ihr findet die Symboltechnik Anwendung. In der ursprünglichen Form für einfachere Abläufe werden die folgenden, in Abb. 4.14 verwendeten Symbole dargestellt:

Im praktischen Vollzug werden vorgedruckte Formulare verwendet. Die aufgeführten Symbole müssen nur noch ausgemalt werden. Durch die symbolisierten Verrichtungen kann die Ablaufbeschreibung kurz gefaßt werden. Für die Aufnahme und Darstellung einfacher, unverzweigter Abläufe ergeben sich mit Hilfe der Ablaufkarte keine besonderen Schwierigkeiten, wie dies aus Abb. 4.14 zu ersehen ist.

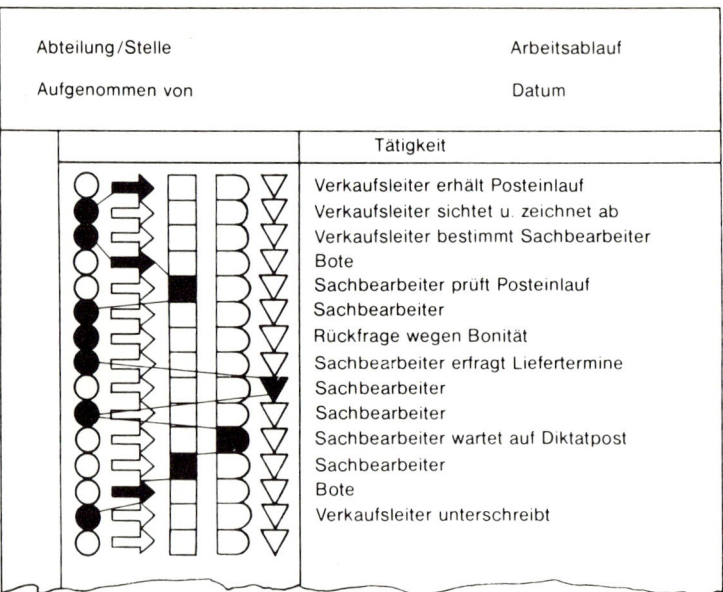

Abb. 4.14: Einfache Arbeitsablaufkarte

Diese einfache Ablaufkarte wurde verbessert, so daß auch schwierige Abläufe dargestellt werden können. Dies wurde dadurch erreicht, daß die Stellen miteinbezogen werden können, die vom Ablauf berührt sind.

Eine weitere Vereinfachung wurde dadurch erzielt, daß die Symbole durch Buchstaben ersetzt worden sind. Sie können nicht nur mit Hand oder Schreibmaschine leichter im Formular angebracht, sondern auch durch Abstreichen bzw. Durchkreuzen mit der Maschine gekennzeichnet werden.

Als Buchstaben haben sich durchgesetzt: O = Operation, S = Stillstand, J = Inspektion und T = Transport. Ein Beispiel für eine verbesserte Ablaufkarte zeigt die Abb. 4.15.

Neben der zusätzlichen Aufnahme der berührten Stellen wird aus der in Abb. 4.15 dargestellten Ablaufkarte deutlich, daß auch Verzweigungen (Trennung und Vereinigung) darstellbar sind. Eine Ausweitung kann die Ablaufkarte noch dadurch erfahren, daß einige Spalten für Mengen- und Zeitangaben der einzelnen Verrichtungen aufgenommen werden.

4.2.2.2.2.3   Die Netzplantechnik

Die Netzplantechnik ist ein **Verfahren zur Planung, Steuerung und Überwachung von komplexen Projekten.** Eines der ersten bekannt gewordenen Anwendungs-

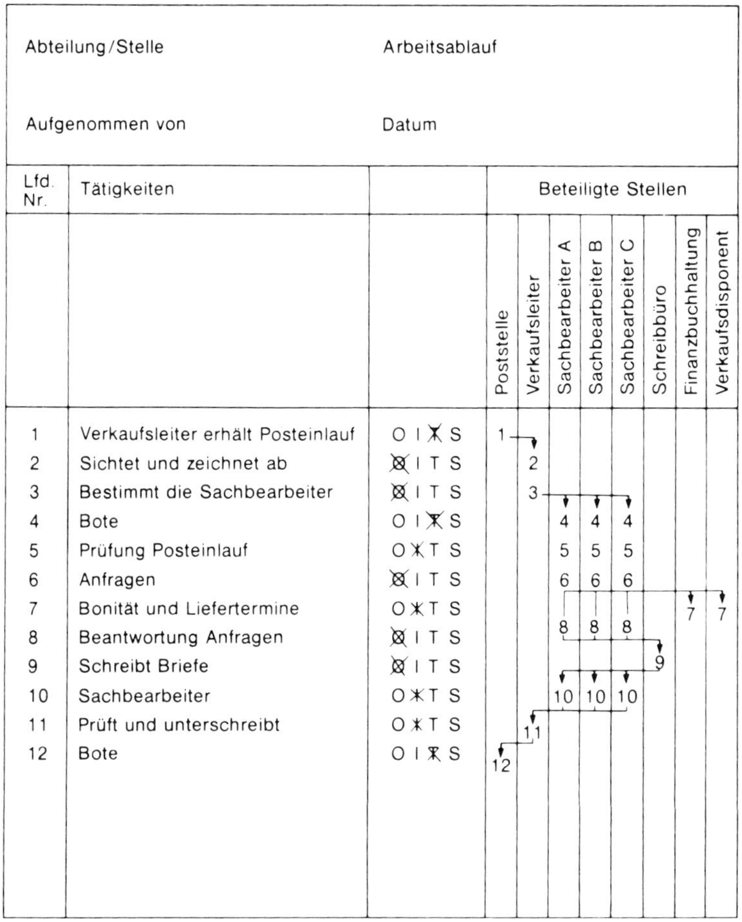

Abteilung/Stelle		Arbeitsablauf								
Aufgenommen von		Datum								

Lfd. Nr.	Tätigkeiten		Beteiligte Stellen							
			Poststelle	Verkaufsleiter	Sachbearbeiter A	Sachbearbeiter B	Sachbearbeiter C	Schreibbüro	Finanzbuchhaltung	Verkaufsdisponent
1	Verkaufsleiter erhält Posteinlauf	O I X S	1							
2	Sichtet und zeichnet ab	X I T S		2						
3	Bestimmt die Sachbearbeiter	X I T S		3						
4	Bote	O I X S			4	4	4			
5	Prüfung Posteinlauf	O X T S			5	5	5			
6	Anfragen	X I T S			6	6	6			
7	Bonität und Liefertermine	O X T S							7	7
8	Beantwortung Anfragen	X I T S			8	8	8			
9	Schreibt Briefe	X I T S						9		
10	Sachbearbeiter	O X T S			10	10	10			
11	Prüft und unterschreibt	O X T S		11						
12	Bote	O I X S	12							

Abb. 4.15: Verbesserte Ablaufkarte

beispiele war ein Großprojekt der Firma Du Pont in den USA im Jahre 1957, bei dem durch die Netzplantechnik innerhalb eines Jahres Kosten in Höhe von 1 Mio. Dollar eingespart werden konnten. Für dieses Projekt wurde die **CPM–Methode (Critical Path Method)** entwickelt. Ähnlich gravierende Ergebnisse hatte im Jahre 1958 die US-Marine bei ihrem Polaris-Projekt erzielt, bei dem durch die Netzplantechnik ca. 4000 beteiligte Firmen so gut koordiniert werden konnten, daß sich eine Zeitersparnis von 1½ bis 2 Jahren ergab. Dieses Projekt wurde mit Hilfe der **PERT-Methode (Programm Evaluation and Review Technique)** abgewickelt.

Damit sind die beiden am häufigsten anzutreffenden Methoden genannt. Neben dem **MPM-Verfahren (Metra-Potential-Methode),** das 1958 in Frankreich ausgearbeitet wurde, gibt es heute eine Reihe neuer verfeinerter Methoden, die aber alle die Graphentheorie als gemeinsame Grundlage haben.

Die Netzplantechnik ist für die Planung, Steuerung und Überwachung von Projekten ein Instrument, das ein Organisator beherrschen sollte. Dies ergibt sich recht klar aus der Zielsetzung der Netzplantechnik, nämlich

- Schaffung eines Ein- und Überblicks über ein Planungsprojekt
- eindeutige Darstellung des logischen Ablaufs der Arbeitsvorgänge und deren Abhängigkeiten
- möglichst genaue Terminfestlegung für alle Arbeitsgänge
- Verdeutlichung des kritischen Weges
- besserer Vergleich verschiedener Planungsvarianten
- Möglichkeit einer Kapazitäts- und Kostenplanung.

Bezüglich der Durchführung der Netzplantechnik wird auf die zahlreiche sehr gute Literatur verwiesen.

4.2.2.3   Das Organisationshandbuch

In einem Organisationshandbuch werden **alle** oben behandelten **Darstellungen sowie bestehende Regelungen und Vorschriften zusammengefaßt,** damit für neue und alte Mitarbeiter ein Nachschlagewerk existiert, das rasch und umfassend über organisatorische Regelungen informiert. Die Notwendigkeit der ständigen Zusammenfassung aller Regelungen und Vorschriften führt zur Sicherung der Gesamtorganisation. Dabei ergibt sich zwangsläufig, daß die einzelnen Teilregelungen abzustimmen sind.

Folgende Arten eines Organisationshandbuches sind zu unterscheiden:

- für das Gesamtunternehmen
- für einzelne Bereiche des Unternehmens
- für die Zusammenfassung von Ablaufdarstellungen.

Je nach Art des Organisationshandbuches ergibt sich auch ein verschiedener Aufbau. Ein Organisationshandbuch für das Gesamtunternehmen ist wegen seines Umfanges grundsätzlich in folgende vier Teile gegliedert:

- **Allgemeiner Teil.** Er enthält die Unternehmensziele, Aussagen über die Unternehmenspolitik und generelle Organisationsprinzipien. Dieser Teil wird auch gerne für einen geschichtlichen Überblick benutzt. Neben einer Erläuterung über Sinn und Zweck des Organisationshandbuches kann dieser Teil auch Führungsgrundsätze enthalten.
- **Aufbauorganistion.** Dieser zweite Teil enthält die Darstellungsformen der Aufbauorganisation. Im wesentlichen sind enthalten:

- der Organisationsplan
- die Stellenbeschreibungen
- der Besetzungsplan
- die Geschäftsordnung u.a.

- **Ablauforganisation.** In diesem dritten Teil sind Ablaufbeschreibungen (Arbeitsanweisungen) enthalten sowie Verfahrensregelungen (Postordnung, Urlaubsregelung, Arbeitszeitordnung u.a.).

- **Anhang.** Dieser vierte Teil umfaßt meistens Verzeichnisse, die eine Ergänzung bestimmter Beschreibungen darstellen. Es können dies sein:

  - Abkürzungsverzeichnis
  - Formularverzeichnis
  - Nummernsystem
  - Organisationsmittel-Verzeichnis
  - Bedienungsanleitungen.

Bei Organisationshandbüchern für einzelne Bereiche des Unternehmens entfällt der erste Teil des vorhergehenden Gliederungsschemas. Die Zusammenfassung von Ablaufdarstellungen konzentriert sich auf den dritten Teil.

Die Vorbereitung und die Gestaltung eines Organisationshandbuches sind sehr aufwendig und bedürfen einer sorgfältigen Behandlung. Mit diesen Arbeiten sollte deshalb die Organisationsabteilung betraut werden. Sie ist dann auch für die laufende Abstimmung und Ergänzung zuständig.

Für den formalen Aufbau eignet sich am besten die Lose-Blatt-Form im DIN A 4 Format.

4.2.3   Problemlösungstechniken

In einer Organisation treten laufend Probleme auf, deren Lösung oft nicht einfach ist. Die Spezifizierung und Differenzierung in allen Bereichen des betrieblichen Alltags erfordert dann eine derart breite Wissensbasis, daß eine Einzelperson nicht in der Lage ist, die Probleme allein zu bewältigen. Für die Lösung solcher komplexen Probleme, für die in der Regel Gruppenarbeit in Frage kommt, wurden Problemlösungstechniken entwickelt, die in ihren wichtigsten Erscheinungsformen auch vom Organisator beherrscht werden sollten. Sie sind gut geeignet, gerade auch für die Erarbeitung von Soll-Vorschlägen Anwendung zu finden.

4.2.3.1   Brainstorming

Frei übersetzt bedeutet diese Problemlösungstechnik „Gehirnsturm". Der Kreativität der Gruppenmitglieder soll im Sturm auf der Suche nach Ideen für eine Problemlösung keine Grenzen gesetzt werden. Die erfolgreiche Anwendung dieser Problemlösungstechnik setzt daher voraus, daß alle Gruppenmitglieder frei und ungehemmt ihre Gedanken äußern können, ohne das Gefühl zu haben, sich zu blamieren. Osborn, der Schöpfer dieser Technik, hat vier **Grundregeln** aufgestellt:

1. Keine sofortige Kritik an den vorgebrachten Ideen üben.
2. Die Idee kann nicht abwegig und ausgefallen genug sein.
3. Je größer die Zahl der Ideen, um so wahrscheinlicher ist es, daß verwertbare enthalten sind.
4. Sich nicht mit den vorgebrachten Ideen zufrieden geben, sondern diese weiterentwickeln und kombinieren.

Organisatorisch wickelt sich eine Brainstormingsitzung grundsätzlich in folgenden Stufen ab:

– **Vorbereitung.** Sie bezieht sich auf die Auswahl (heterogene Gruppe) und Zahl (zwischen 5 und 15) der Teilnehmer sowie die rechtzeitige Bekanntgabe von Ort, Zeit und Themenkreis (Einladung).
– **Durchführung.** Hier gelten die obengenannten Grundregeln. Besondere Bedeutung kommt dem Sitzungsleiter (Moderator) zu, der für die Einhaltung der Grundregeln, das Festhalten der Ideen und die Steuerung der Sitzung verantwortlich ist.
– **Auswertung.** Die vorgebrachten Ideen werden nach ihrer Vereinbarkeit und Realisierungsmöglichkeit überprüft und zu einem Ergebnis zusammengefaßt. Erst auf dieser Stufe der Wertung ist Kritik erlaubt.

Die Erfahrungen mit dieser in der Praxis häufig angewandten Problemlösungstechnik sind positiv, wenn darauf geachtet wird, daß

– eine Sitzung nicht mehr als 30 Minuten dauert
– die genannten Grundregeln und organisatorischen Maßnahmen eingehalten werden
– die Gleichstellung aller Teilnehmer gewährleistet ist, um Spontaneität nicht zu beeinträchtigen
– für das Festhalten der Ideen geeignete Hilfsmittel (Flipcharts, Protokolle) eingesetzt werden.

4.2.3.2   Methode 635

Diese Problemlösungstechnik kann als eine Weiterentwicklung des Brainstorming betrachtet werden. Die Ideen werden nicht mündlich vorgebracht, sondern von jedem Teilnehmer schriftlich festgehalten. Die Methode 635 wird deshalb auch als **Brainwriting** bezeichnet. Die Zahl 635 ergibt sich aus **6** Teilnehmern einer Gruppe, die **3** Ideen aufschreiben, welche in einer vorgegebenen Reihenfolge **5** mal weitergereicht werden. Die Abb. 4.16 zeigt schematisch den grundsätzlichen Ablauf einer Sitzung nach der Methode 635.

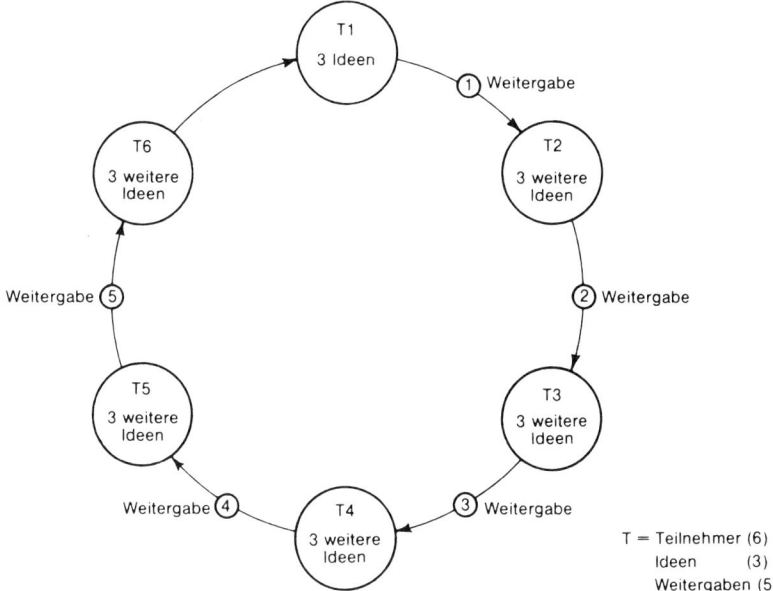

Abb. 4.16: Grundschema des Sitzungsablaufs nach der Methode 635

Jeder Teilnehmer produziert zu den vorhergehenden drei zusätzliche Ideen, so daß diese stets weiterentwickelt werden. Abweichend davon können auch neue Gedanken formuliert werden. Die Vorbereitung und Auswertung der Sitzung geschieht in Anlehnung an die Stufen des Brainstorming.

Aus der Erfahrung mit dieser Methode ergeben sich folgende Anhaltspunkte:

- Der nachfolgende Teilnehmer benötigt mehr Zeit (ca. eine Minute) als der vorhergehende. Ausgangsbasis sind 5 Minuten, Zeitfolge somit 5 – 6 – 7 – 8 – 9 – 10 Minuten.
- Die Zahl von 6 Teilnehmern sollte eingehalten werden. Bei mehr Teilnehmern besser zwei Gruppen bilden.
- Die Teilnehmer sind zur aktiven Mitarbeit gezwungen.
- Eine Zusammenkunft der Teilnehmer ist nicht unbedingt erforderlich. Ein größerer Zeitaufwand muß dann akzeptiert werden.

4.2.3.3 Synektik

Diese Problemlösungstechnik (Synektik = Zusammenfügen) beabsichtigt, **den unbewußt ablaufenden Denkprozeß bewußt zu machen.** Kernpunkt dieser Technik ist die gezielte Verfremdung des zu lösenden Problems durch Analogiebildung. Dadurch besteht ein Zwang zu neuen Ideen, die auch ganz ausgefallen sein können.

Die Durchführung einer Synektiksitzung kennt drei Phasen, die in weitere Stufen unterteilt werden können.

Phase 1: Problemstellung und Erläuterung
    Stufen: Problemdefinition
    Problemananalyse
    Spontane Lösungsideen
    Konkretisierung des Problems
Phase 2: Problemverfremdung
    Stufen: Bildung direkter Analogien
          Bildung persönlicher Analogien
          Bildung symbolischer Analogien.
Phase 3: Problemverknüpfung
    Stufen: Analyse der Analogien
    Verknüpfung mit dem Problem
    Problemlösungsvorschläge

Die Zeitdauer für eine Synektiksitzung bewegt sich um zwei Stunden. Die Zahl (5–7) und Auswahl (heterogene Gruppe) der Teilnehmer bedarf besonderer Aufmerksamkeit. Wichtig ist die Wahl des Sitzungsleiters, der in Synektik Erfahrung besitzen muß. Die Lösungsvorschläge werden von Fachleuten, die nicht Mitglieder der Synektikgruppe waren, hinsichtlich ihrer Realisierbarkeit ausgewertet.

4.2.3.4   Weitere Problemlösungstechniken

Neben den etwas ausführlicher behandelten, am häufigsten angewandten Problemlösungstechniken sollen noch einige in der Praxis vorkommende aufgeführt werden. Ein Anspruch auf Vollständigkeit aller Problemlösungstechniken besteht nicht.

Das **Pro- und Contra-Spiel** eignet sich besonders, wenn aus mehreren Alternativen die Optimallösung gesucht wird. Aus den Argumenten von Pro und Contra erfolgt die Auswertung.

Die **CNB–Methode** (Collective Notebook = gemeinsames Notizbuch) bietet die Möglichkeit, über einen längeren Zeitraum im „Notizbuch" Ideen zu sammeln. Die Teilnehmer können beispielsweise während eines Monats plötzlich aufblitzende Gedanken im vorliegenden CNB notieren.

Der **morphologische Kasten** ermöglicht die vollständige Erfassung eines Problems, indem es in seine Bestandteile zerlegt wird. Diese werden im Kasten mit Hilfe einer Matrix untereinander geordnet und für jeden Bestandteil wird eine größtmögliche Anzahl von Lösungen festgehalten. Die Auswahl der Bestlösung jedes Bestandteils führt zur Optimallösung des Gesamtproblems.

4.2.4   Das Bewertungsverfahren

4.2.4.1   Wirtschaftliche Bewertungen

Nachdem Alternativlösungen, die Knock-Out-Kriterien beinhalten, ausgeschlossen sind, bieten sich zunächst die Bewertungsverfahren der Investitionsrechnung an :

- Kostenvergleich
- Kosten-Nutzen-Nutzwertanalyse
- Gewinnvergleichsrechnung
- Rentabilitätsrechnung
- Amortisationsrechnung
- Kapitalwertmethode
- Annuitätenrechnung
- Interner Zinsfuß
- MAPI-Verfahren.

Die Investitionsrechnung geht davon aus, daß Investition die Erstellung von Absatzleistung ermöglicht (vgl. Schierenbeck, H.: Betriebswirtschaftliche Grundlagen, 5. Aufl. Gießen 1980 S. 263 ff.), das Investitionsgut demnach Erträge erwirtschaftet (vgl. Bestmann, U. (Hrsg.) Kompendium der Betriebswirtschaftslehre, München Wien, 4. Aufl. 1988, S. 423 ff.). Außer den ersten beiden Verfahren enthalten alle als wesentliche Größen Erträge bzw. Gewinne. Für Investitionen im Bereich Organisation, Informationsverarbeitung oder Telekommunikation können keine Einnahmen auf der Marktseite festgestellt werden – es sei denn, die Leistungen dieser Systeme sollen vermarktet werden, sind also Geschäftszweck. Selbst wenn durch sie die Stellung eines Unternehmens am Markt gestärkt wird, ist eine direkte Zurechnung von Erträgen zu diesen Investitionen nicht möglich. Es muß demnach rechnerisch davon ausgegangen werden, daß derartige Investitionen die Erträge nicht ändern, und damit liefern alle Verfahren außer dem Kostenvergleich und der Kosten-Nutzen-Analyse dasselbe Ergebnis. Da auch der Begriff der Rationalisierungsinvestition Erträge voraussetzt, gilt für ihn dasselbe.

Einige Autoren führen zwar im Rahmen der Organisation noch Gewinnvergleichsrechnung, Rentabilitätsrechnung und Amortisationsrechnung an, betonen aber ebenfalls deren Abhängigkeit von Erträgen (so z.B. Schmidt, G. a.a.O. S. 249 ff. und Wittlage, H.: Methoden und Techniken praktischer Organisationsarbeit, Herne, 2. Aufl. 1986, S. 227 f.).

Investitionen in Organisation, Informationverarbeitung sowie Telekommunikation haben neben finanziell nicht bewertbaren Vorteilen (z.B. höhere Geschwindigkeit, Benutzerfreundlichkeit) vor allem den Effekt der **Kosteneinspa-**

rung , sodaß an wirtschaftlichen Bewertungen nur der Kostenvergleich und die Kosten-Nutzen-Analyse zur Verfügung stehen. Kosteneinsparungen vergrößern zwar den Gewinn, sind aber keine Erträge.

Anhand eines vereinfachten Beispiels soll mit fiktiven Beträgen die Bewertung von konventioneller Korrespondenz per Post (P), per Teletex mit der Ausrüstung einer geeigneten Speicherschreibmaschine (A) und per Datex mit einem Personal-Computer (B) demonstriert werden:

Kostenvergleichsrechnung

	P (konventioneller Brief)	A (Marke A und Teletex)	B (Personal-Computer und Datex)
Kaufpreis der Schreibmaschine	2.400	6.800	8.300
Abschreibung pro Jahr = 1/5	480	1.360	1.660
660 Briefe/Jahr			
– Materialkosten	148	172	263
– Personalkosten	25.300	24.200	22.400
Versandkosten/Jahr	528	1.480	1.480
Archivierungskosten	78	22	22
	26.534	27.234	25.825

Der erste Vergleich der Gesamtkosten pro Jahr zeigt den konventionellen Versand in der Mitte. Der Vergleich setzt voraus, daß mit allen drei Alternativen dieselbe Anzahl Briefe erstellt wird. Es ist aber anzunehmen, daß die modernere Ausrüstung und schnellere Übertragung stärker genutzt werden; so könnten die Lösungen A und B z.B. Telefongespräche ersetzen.

Bei unterschiedlicher Leistung der Alternativen müssen zunächst die Kosten in fixe und variable geteilt werden. Der Einfachheit halber soll angenommen werden, daß nur die Abschreibungen fixe Kosten sind, obwohl sicher auch in der Archivierung fixe Kosten enthalten sind.

	P	A	B
fixe Kosten	480	1.360	1.660
variable Kosten	26.054	25.874	24.165
	26.534	27.234	25.825
1/660 = variable Kosten pro Brief	39,48	39,20	36,61

Zunächst ist wegen der geringen Fixkosten die konventionelle Lösung P am günstigsten, mit zunehmender Anzahl Briefe geht der Vorteil aber verloren, weil der

einzelne Brief teuer ist. Der am Anfang sehr teuere Personal-Computer B überholt wegen der günstigen Briefkosten die Speicherschreibmaschine A bei 117,
den konventionellen Postversand bei 412 Briefen. Dies läßt sich an einer Kurve
gut darstellen:

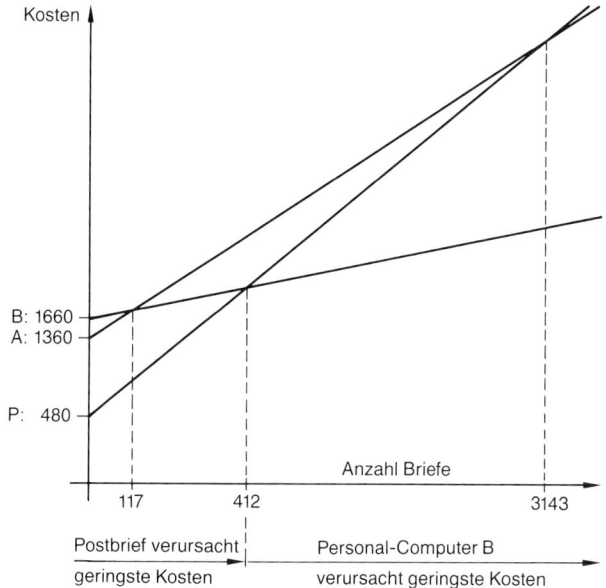

Abb. 4.17: Kostenverlauf der Alternativen Postbrief (P), Speicherschreibmaschine A und
Personal-Computer B

Beim Kostenvergleich müssen folgende Einschränkungen gemacht werden:

- der einzige Maßstab ist die jährliche Kostenersparnis, alle weiteren Kriterien
  entfallen
- der Vergleich nur einer Periode berücksichtigt keine Kostenentwicklungen
- die Kostenstruktur selbst birgt zwei Probleme in sich: einmal die Vollständigkeit der Erfassung **aller** relevanten Kosten, besonders bei komplexen Organi-
  sationssystemen und bei der zunehmenden Verschmelzung von Daten-, Text-,
  Bild- und Sprachverarbeitungssystemen mit den Kommunikationssystemen
  und zum anderen die Zuordnung von Kosten, wie schon das einfache Beispiel
  der Archivierungskosten zeigte.

Kosten-Nutzen-Analyse

Nach dem Kostenvergleich wird der Personal-Computer B ab 412 Briefen pro
Jahr kostengünstiger als der konventionelle Postversand. Die moderne Alternative könnte aber weiteren Nutzen mit sich bringen, der sich nur sehr bedingt in

Geldeinheiten ausdrücken läßt. So empfangen und speichern die Speicherschreibmaschine und der Personal-Computer eingehende Briefe und halten sie
zum Abruf bereit, ohne die eigene Brieferstellung zu behindern; Briefe erreichen
den Empfänger sehr schnell; Fehlerraten und Anzahl verlorener Briefe gehen
gegen Null usw. Götz Schmidt schlägt vor, die finanziellen Größen stehenzulas-
sen und mit Qualitätspunkten zu ergänzen (vgl. Schmidt, G. a.a.O. S. 254). Um
diese Qualitätspunkte vergleichbar zu machen, soll die bestmögliche – angenommene – Qualität mit 100 Punkten bewertet werden, die Abschläge sind dann
prozentual. Diese Punktevergabe kann nun nicht mehr mathematisch genau sein,
die Bewertung wird abhängig von persönlichen Einschätzungen:

	P	A	B
schnelle Korrespon-denz	50	96	85
Fehlerfreiheit	75	90	90
Bedienerkomfort	80	95	91
	205	281	266
Um Qualitätskriterien in Kosten auszudrücken, wird der finanzielle Aufwand pro Qualitäts-punkt errechnet	$\dfrac{26.534}{205}$ $= 129,43$	$\dfrac{27.234}{281}$ $= \underline{96,92}$	$\dfrac{25.825}{266}$ $= 97,09$

Unter Beibehalten der subjektiven Punktbewertung sind nun die höheren Kosten der Speicherschreibmaschine A gerechtfertigt.

Ein anderes Verfahren wird von einem EDV–Hersteller vorgeschlagen (IBM
(Hrsg): Nutzenanalyse als Basis einer Wirtschaftlichkeitsrechnung für Datenver-
arbeitungsanlagen. IBM Form GE12-1307 o.O. 1978). Dort wird versucht, den
Nutzen differenziert in drei Kategorien aufzuteilen :

(1) Einsparungen, die relativ einfach zu berechnen sind aus z.B. Personal-, Mate-
rial- und Maschinenkosten. Diese Werte sind vergangenheitsbezogen.

(2) Einsparungen zukünftiger Kosten bedingt durch Unternehmenswachstum,
Organisationsänderungen und Gesetzesänderungen. Dazu wird versucht, die
Leistung des neuen Systems zu bewerten.

(3) Nutzen aus Folgewirkungen (z.B. bessere Kundenbetreuung durch schnellere Korrespondenz) und immaterielle Vorteile.

Die Bewertungen werden von Kategorie (1) bis (3) immer problematischer und
subjektiver, der Einfluß auf die Realisierbarkeit des jeweiligen Nutzens durch
das Unternehmen wird zunehmend geringer. Deshalb werden die drei Nutzen-

kategorien wieder in drei Realisierbarkeitsstufen unterteilt, das Verfahren ist damit zukunftsorientiert. Ein Formular wird vorgegeben, mit dem getrennte Wirtschaftlichkeitsberechnungen je Stufe der Realisierbarkeit des Nutzens durchgeführt werden können.

Auch bei diesem Verfahren ist die Bewertung von Nutzen problematisch; hinzu kommen die Einschätzung der Realisierungschancen und die tiefgegliederte Aufteilung in Nutzenarten. Das Verfahren ist damit sehr aufwendig und abhängig von vielen Informationen aus dem Unternehmen. Vorteilhaft ist aber dabei, daß die differenzierte Aufgliederung eine Kontrolle ermöglicht, und wenn eine Nutzenart nicht durchgeschlagen hat, kann verstärkt versucht werden, andere Nutzenarten durch Verlegen von Schwerpunkten mehr zur Wirkung zu bringen.

4.2.4.2   Technische Bewertungen

Technische Zweckmäßigkeit

Die technische Zweckmäßigkeit (vgl. Müller-Pleuss, J. H.: Organisationsmethoden. Reorganisieren im Büro. 4. Aufl., Heidelberg 1974 S. 71) stellt ausschließlich technische Leistungsdaten gegenüber wie Übertragungsgeschwindigkeiten, Seiten pro Minute etc. Leistungsdaten von Übertragungsmedien sind von der Bundespost zuverlässig zu erfahren, solche von Daten-, Textverarbeitungs- und Kommunikationsgeräten erhält man von den Anbietern. Wesentlicher Faktor ist die Zeit, wobei entweder eine maximale Menge in einer bestimmten Zeit oder eine bestimmte Menge in möglichst kurzer Zeit angestrebt wird. In dem Beispiel des Postverkehrs hängt diese Forderung wesentlich von der Bedienungskraft und der Bedienerunterstützung ab. Angenommen werden folgende Werte:

	P	A	B
Briefe/Tag	6	8	8,5

Die Feststellung von Menge und Zeit kann aus Erfahrungswerten und technischen Angaben relativ leicht getroffen werden, oft ist es möglich, Zeiten zu messen, selten ist man auf Schätzwerte angewiesen (siehe unter 4.2.1).

Sicherlich sind technische Leistungen allein bei komplexen Systemen nicht aussagefähig. Bessere Aussagen liefert schon eine Gegenüberstellung dieser technischen Leistungen mit den Kosten:

Technizitätsanalyse

Die technische Forderung maximaler Menge pro Zeiteinheit oder einer bestimmten Menge in kürzestmöglicher Zeit wird nun umformuliert in maximale Leistung bei bestimmten Kosten oder bestimmte Leistung bei minimalen Kosten. Aus dem Kostenvergleich soll die Jahresperiode beibehalten werden, die

Anzahl Briefe pro Tag wird bei 260 Arbeitstagen auf das Jahr umgerechnet, die
Kosten werden aus dem Kostenvergleich übernommen:

	P	A	B
Leistung Briefe/Jahr	1560	2080	2210
Kosten/Jahr	26.534	27.234	25.825
Kosten/Brief	17,01	13,09	11,68

Die Gegenüberstellung der Kosten pro Brief in Kostenvergleich und Technizitätsanalyse bringt völlig verschiedene Ergebnisse. Dort kostete der Brief DM
39,48/39,20/36,61, und das waren nur die variablen Kosten, die fixen kommen
noch hinzu, hier kostet der Brief DM 17,01/13,09/11,68. Welche Zahl ist reali-
stisch?

Der Unterschied zwischen Kostenvergleich und Technizitätsanalyse liegt offensichtlich in der Einschätzung der Leistung, also in der Anzahl der Briefe pro Periode. Werden beim Kostenvergleich die tatsächlich geschriebenen Briefe genommen, so geht es bei der Technizitätsanalyse um die maximal möglichen. Sind
tatsächliche und maximale Leistung gleich, liefern Kostenvergleich und Technizitätsanalyse dieselben Ergebnisse. Dies ist selbstverständlich nie der Fall, denn
Zeitverluste entstehen immer durch Rüstzeiten, Vorbereitungen, Wartung und
organisatorische Reibungen. Bei dem hier genannten Postversandbeispiel muß
berücksichtigt werden, daß vielleicht nicht laufend Anlaß zur Kommunikation
besteht.

Trotzdem hat die Leistungsfähigkeit der Technizitätsanalyse ihre Aussage für
Stoßzeiten (Kapazitätsreserven), und oft hängt die Zuverlässigkeit technischer
Geräte, die keiner vorbeugenden Wartung unterliegen, von einer nicht allzu ho-
hen Dauerauslastung ab.

Werden nur die positiven und negativen Auswirkungen von Alternativen mit
Punkten bewertet, ergibt die Zusammenfassung der Auswirkungen den Nutz-
wert, so daß dieses Verfahren Nutzwertanalyse genannt wird. Es ist in den bisher
beschriebenen Bewertungen enthalten.

4.2.4.3   Sachlogische Bewertungen

Sammlung negativer Auswirkungen

Sie wird von Götz Schmidt empfohlen (vgl. Schmidt, G. a.a.O. S. 259), weil die
Beseitigung oder Einschränkung solcher Auswirkungen Kosten verursachen
können. Diese Kosten gehen in Kostenvergleich, Kosten-Nutzen-Analyse und
Technizitätsanalyse ein. Dies bedeutet, daß diese Sammlung frühzeitig vorgenommen werden muß. Fehlt eigene Erfahrung bei dieser Sammlung, so empfiehlt sich gerade bei Geräten der Informationsverarbeitung und Telekommunikation die herstellerunabhängige Unterstützung durch eine Unternehmensberatung oder befreundete Firma derselben Branche.

Die Punktwertung

Alle bis jetzt besprochenen Wertungen sind einseitig und lassen wichtige Kriterien außer Acht. Dies können zwar nur Kriterien sein, die nicht in finanziellen Einheiten ausgedrückt werden können, dies ist aber kein Grund, sie wegzulassen. Die Punktwertung setzt deshalb an bei einer Sammlung von Kriterien, die in den bislang dargestellten Wertungen noch nicht zum Zuge gekommen sind. Dabei entsteht wieder das Problem der Vollständigkeit, dem am besten mit Problemlösungstechniken begegnet werden kann (siehe 4.2.3).

Zu dem Beispiel des Postverkehrs sollen hier nur die sicher nicht kompletten Kriterien

– Möglichkeit der Kundeninformation

– erhöhtes Ansehen bei Kunden

– schnellere Information über den Markt, der sich ebenfalls zunehmend an Teletex und ISDN anschließen wird

– besseres Reaktionsvermögen bei Marktengpässen

hinzukommen. Sie werden mit den bereits behandelten Kriterien aus den vorgegangenen Wertungen in einem einfachen Formular zusammengefaßt, so daß nun sowohl Größen, die sich in Geldwerten ausdrücken lassen, als auch solche, bei denen das nicht möglich ist, gemeinsam bewertet werden können (Spalte 1):

1	2	3	4	5	6	7	8
Kriterien	Gewicht	Alternative P (Postbrief)		Speicherschreibmaschine A		Personal-Computer B	
		Pkte	Pkte × Gew	Pkte	Pkte × Gew	Pkte	Pkte × Gew
Kosten aus Kostenvergleich	30	97	2910	94	2820	100	3000
Qualität aus Kosten-Nutzen-Analyse	10	68	680	100	1000	99	990
technische Zweckmäßigkeit	5	71	355	94	470	100	500
Leistungsfähigkeit aus Technizitätsanalyse	3	55	165	88	264	100	300
Möglichkeit der Kundeninformation	10	92	920	100	1000	97	970
erhöhtes Ansehen bei Kunden	10	85	850	100	1000	97	970
schnelle Marktinformation	20	65	1300	100	2000	100	2000
schnelleres Reaktionsvermögen	12	55	660	100	1200	98	1176
Summen	100		7840		9754		9906

Abb. 4.18: Formular Punktwertung

Der nächste Schritt ist die Gewichtung aller Kriterien, wobei es sich wiederum empfiehlt, die Gewichtung dadurch zu relativieren, daß alle Gewichte zusammen 100 ergeben (Spalte 2 Summenzeile). Die Änderung eines Gewichts hat dadurch sofort die Änderung der anderen zur Folge, und der Einfluß von Gewichtsverlagerungen wird deutlich.

Überschneidungen von Kriterien lassen sich nicht ganz vermeiden, so können schon in der Kosten-Nutzen-Analyse Wertungen enthalten sein (hier z.B. Geschwindigkeit), die bei anderen Kriterien wieder auftauchen. Eine entsprechende Gewichtung kann das zum Teil ausgleichen, deshalb soll hier die Kosten-Nutzen-Analyse in der Gewichtung etwas zurückstehen (10 gegen 30 Punkte).

Danach erhalten die Alternativen ihre Punkte, wobei die rechnerischen Ergebnisse der vorangegangenen Wertungen erneut bewertet werden, d.h. daß das in Geldwerten ausgedrückte Ergebnis noch einmal durch die Umsetzung in Punkte relativiert werden kann. Da sicher mehr als 412 Briefe im Jahr geschrieben werden, kann das schon kostengünstige Ergebnis des Personal-Computers B noch etwas betont werden (Spalten 3, 5 und 7).

Die Punkte können nach zwei Maßstäben vergeben werden:

– läßt sich eine von den Alternativen unabhängige optimale Erfüllung der Kriterien bestimmen, so wird diese mit 100 % angenommen. Für die einzelne Alternative wird dann festgelegt, zu wieviel Prozent sie dieser idealen Erfüllung nahekommt (vgl. Wittlage, H.: Meth. und Techn. a.a.O. S. 214)
– da die ideale Erfüllung nicht festzulegen ist und der direkte Vergleich der Alternativen aussagefähiger ist, kann die beim einzelnen Kriterium beste Alternative wieder mit 100 Prozentpunkten versehen werden, der Abstand der anderen wird entsprechend geschätzt oder wo möglich errechnet.

Dem letzteren Vorgehen wird hier gefolgt, die rechnerischen Ergebnisse von Kostenvergleich, Kosten-Nutzen-Analyse, technischer Zweckmäßigkeit und Technizität werden mit ihren Abweichungen prozentual umgerechnet. Der Eindruck mathematischer Genauigkeit sollte wegen stark subjektiver Wertungen nicht erweckt werden, deshalb sollen die Ergebnisse auf ganze Zahlen gerundet werden.

Die prozentuale Umrechnung ist nur ein einfaches Verfahren von vielen möglichen, mit denen versucht werden soll, persönliche Bevorzugungen auszuschalten.

Der letzte Schritt ist nur noch rechnen: die Punkte werden mit den Gewichten multipliziert (Spalte 3, 5 und 7 jeweils mit Spalte 2); die errechneten Punktzahlen der Alternativen werden aufaddiert (Spalten 4, 6 und 8).

Danach scheint die Alternative des Personal-Computers B festzustehen. Waren bis dahin allerdings schon die rechnerischen – wirtschaftlichen und technischen – Bewertungen problematisch, so birgt darüberhinaus das ausgewählte oder eigens für den Fall geschaffene Umrechnungsverfahren der Ergebnisse in Punkte viele persönliche Momente. Die Punktevergabe für nicht bewertbare Kriterien ist noch viel mehr von persönlicher Einschätzung abhängig. Deshalb kann diese Punktwertung nicht als endgültiges Ergebnis stehenbleiben.

Sensitivitätsanalyse

Ziel der Sensitivitätsanalyse ist es, „die Auswirkungen von Datenänderungen auf das Ergebnis in einem Entscheidungsmodell zu analysieren" (Wildemann, H.: Auswahl und Bewertung von Alternativen. In RKW-Handbuch Führungstechnik und Organisation, Berlin 1978 Band 1, Ziffer 2212, S. 30). Wird die Punktwertung als **erstes** Ergebnis angesehen, und werden einzelne Kriterien nun verändert – sei es durch andere Gewichtung, sei es durch andere Punktevergabe – so entstehen mehrere Punktwertungen unter Betonung oder Zurücksetzung von Kriterien.

Die Arbeit der Punktwertung ist nicht aufwendig, und mit Hilfe eines Tabellenkalkulationsprogramms entfällt jede Rechenarbeit. Pro Verschiebung sollte deshalb ein neues Formular angelegt werden, wobei im allg. wenige Verschiebungen schon genügen. Die neue Punktwertung soll die Verschiebung zur alten deutlich herausheben.

Damit ist die Punktwertung einerseits fast beliebig manipulierbar, ihr Aussagewert besteht aber darin, daß die entscheidenden Kriterien je Alternative besser herausgestellt werden, die Bedeutung der einzelnen Kriterien und ihre **Auswirkungen** werden bewußt gemacht. Dies ist erst durch die Gegenüberstellung **mehrerer** Punktwertungen möglich.

Verbaler Vergleich

Der verbale Vergleich der Alternativen wird von verschiedenen Autoren sehr unterschiedlich gesehen. Acker sieht den Vorteil im Zwang zu gründlicher Überlegung (vgl. Acker, H. B.: Organisationsanalyse, 9. Auflage Bad Homburg und Baden-Baden 1977 S. 50), Schmidt sieht die Vorteile bei globalen überschlägigen Bewertungen oder als Ergänzung zu anderen Verfahren (vgl. Schmidt, G. a.a.O., S. 252) und Wittlage sieht den verbalen Vergleich eher als oberflächliches Mittel (vgl. Wittlage, H. Meth. und Techn. a.a.O. S. 225). Im Wesentlichen schlagen alle drei eine Tabelle der Vor- und Nachteile vor. Der verbale Vergleich bietet aber die am weitesten differenzierten Möglichkeiten der Bewertung und geht weit über tabellarische Darstellungen hinaus. In diesem Zusammenhang ist nur die unstrukturierte Sprache in der Lage, Zwischenwerte und Einzelheiten zu formulieren, herauszuheben und zu bewerten. Ein verbaler Vergleich ist deshalb erst sinnvoll, wenn die bis hierher beschriebenen Bewertungen systematisch durchlaufen wurden, denn erst dann ist es möglich, Interpretationen, Bedeutungen und vor allem Begründungen für das abgelaufene und das zukünftige Vorgehen zu formulieren.

Der verbale Vergleich ist deshalb die sinnvolle und unerläßliche Ergänzung des

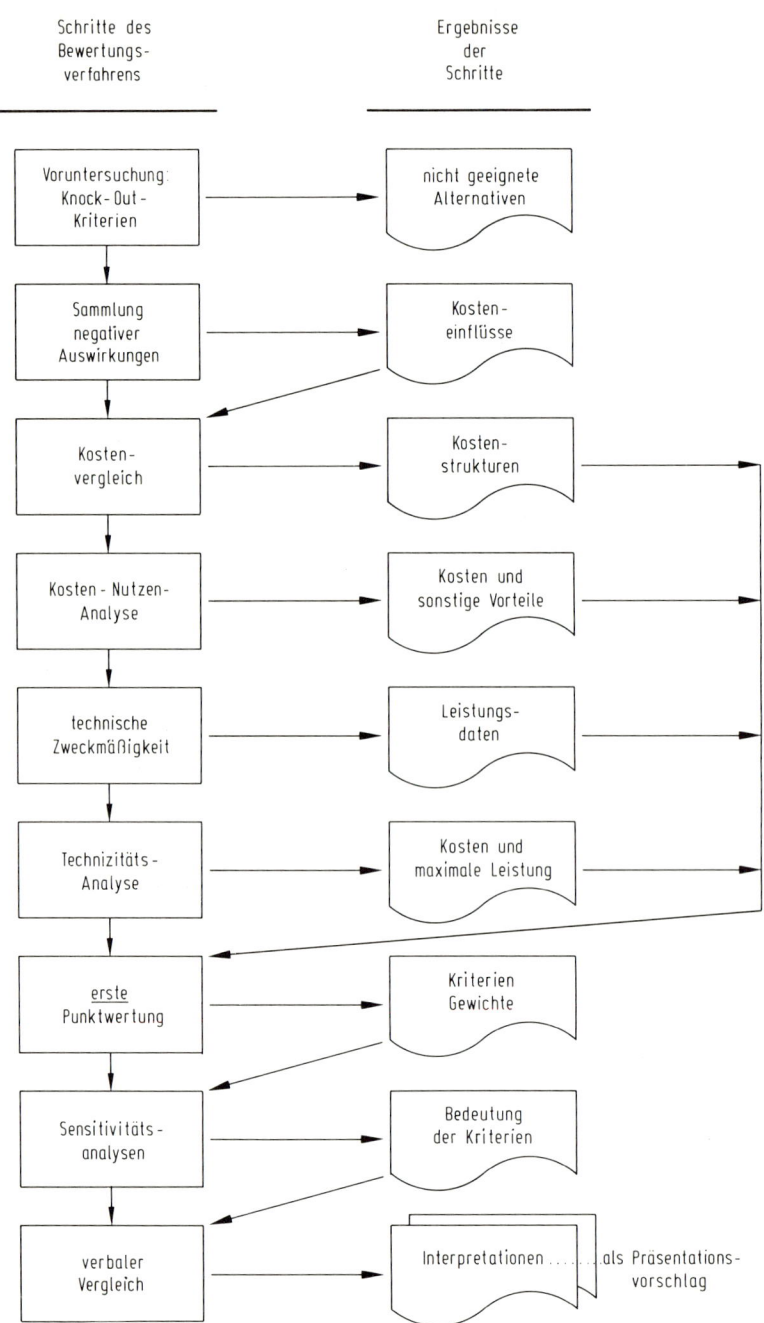

Abb. 4.19: Schritte und Ergebnisse des Bewertungsverfahrens

Bewertungsablaufs und schließt das Bewertungsverfahren ab. Damit ist er auch die Grundlage für die Präsentation der Ergebnisse, da im seltensten Fall der Organisator die endgültige Entscheidung für eine Alternative trifft. Um die Präsentation richtig vorzubereiten, muß deshalb das komplette Bewertungsverfahren durchlaufen werden.

4.2.4.4 Das Bewertungsverfahren – Übersicht

Die Übersicht (Abb. 4.19) zeigt die einzelnen Bewertungsverfahren als Ganzes (Das Bewertungsverfahren) im Zusammenhang. Es verdeutlicht außerdem die schrittweise Vorgehensweise und die Ergebnisse der einzelnen Schritte.

4.3 Kontrollfragen

1. Nach welchen Kriterien kann ein Organisationsauftrag abgegrenzt werden?

2. In welchen Schritten verläuft die Erarbeitung eines Soll-Vorschlages?

3. Unter welchen Voraussetzungen ist die Interview-Methode der Fragebogen-Methode vorzuziehen?

4. Welche Bedeutung hat die Stellenbeschreibung für die Darstellung organisatorischer Zusammenhänge?

5. Wofür ist ein Funktionendiagramm besonders geeignet?

6. Welche Darstellungstechniken der Ablauforganisation gibt es?

7. Wozu werden Problemlösungstechniken herangezogen und welche Arten gibt es?

8. Warum ist die Gewinnvergleichsrechnung beim Vergleich organisatorischer Alternativen nicht anwendbar?

9. Worin liegt die Aussage bei der Punktwertung, wenn die Gewichtungen so leicht zu ändern sind?

10. Warum haben einzelne Bewertungen aus dem Bewertungsverfahren isoliert wenig Aussagekraft?

Lösungen der Kontrollfragen

Hinweis: Die folgenden Lösungen können lediglich einen Ansatz darstellen. Eine Vertiefung kann nur durch Studium des betreffenden Textes erfolgen.

Kontrollfragen 1.3

1. Der instrumentale Organisationsbegriff befaßt sich mit der Unternehmung und der ihr zugrundeliegenden Organisation als „Instrument" zur besseren Zielerreichung, während der institutionale Organisationsbegriff die soziologische Komponente betont und somit nicht nur für die Unternehmung, sondern für alle Institutionen (Schulen, Behörden, Vereine, Parteien u.a.) gilt (siehe 1.1.1.2 und 1.1.1.3).
2. Siehe Abb. 1.1
3. Ein ausgewogenes Verhältnis von Stabilität und Elastizität zu erreichen (siehe 1.2.1.3).
4. Der Bestimmtheitsgrad der allgemeinen Grundsätze ist weniger konkret gegenüber den speziellen Grundsätzen (siehe 1.2.2).

Kontrollfragen 2.1.3

1. Verrichtung, Objekt, Aufgabenträger, Sachmittel, Raum und Zeit (siehe 2.1.1.2).
2. Damit eine bestmögliche Ausgangsbasis für die Aufgabensynthese geschaffen werden kann (siehe 2.1.2.1).
3. Verrichtung, Objekt, Rang, Phase und Zweckbeziehung (siehe 2.1.2.2).
4. Aufgabengliederungspläne als Basis der Strukturierung (siehe 2.1.2.3).
5. Exakte Beschreibung einer Aufgabe mit Hilfe aller Gliederungsgesichtspunkte als wertvolle Grundlage zur Stellenbildung (siehe 2.1.2.3).

Kontrollfragen 2.2.1.5

1. Die Stellenbildung, die Instanzenbildung, Leitungshilfsstellen, der Informationsaustausch und die Kollegienbildung (siehe 2.2).
2. Eine Stelle ist die Vereinigung analytisch gewonnener Teilaufgaben und ihre Übertragung auf einen Aufgabenträger. Die allgemeinen Gestaltungsprinzipien sind Zentralisation und Dezentralisation; die spezifischen ergeben sich aus den Gliederungsgesichtspunkten der Aufgabenanalyse und den zusätzlichen Merkmalen der Aufgabe (siehe 2.2.1 und 2.2.1.1).

3. Entscheidungs-, Planungs- und Kontrollaufgaben (siehe 2.2.1.2.1.2 und 2.2.1.2.1.3).

4. Bildung von Stellen in Sondersituationen (siehe 2.2.1.2.2).

5. Abschluß des Problemfeldes Stellenbildung mit dem Ergebnis einer organisatorischen Aufbaustruktur als Grundlage für die Bewältigung der restlichen Problemfelder (siehe 2.2.1.3).

6. Verrichtungs-, objekt- und trägerorientierte (siehe 2.2.1.4).

Kontrollfragen 2.2.2.6

1. In der personalen Trennung von Entscheidung und Ausführung (siehe 2.2.2.1).

2. Entscheidung, Anordnung und Initiative (siehe 2.2.2.1).

3. Oberste, mittlere und untere Leitungsebene (siehe 2.2.2.2.2).

4. Jede Ebene kann in mehrere Stufen untergliedert sein (siehe 2.2.2.2.2).

5. Bei der Singularinstanz werden die Instanzenaufgaben auf der obersten Ebene von einer, bei der Pluralinstanz von mehreren Personen erfüllt. Formen der Willensbildung sind die Primat-, Abstimmungs- und Kassationskollegialität (siehe 2.2.2.2.2.1).

6. Beim Instanzenaufbau wird das Problem der Leitungsspanne unterschiedlich gelöst (siehe 2.2.2.3).

7. Beim Einliniensystem hat der Mitarbeiter nur einen, beim Mehrliniensystem mehrere Vorgesetzte (siehe 2.2.2.4.1 und 2.2.2.4.2).

8. Führungsstil ist die besondere Art der Erfüllung von Führungsaufgaben. Da dadurch die Verhaltensweisen der Mitarbeiter positiv und negativ beeinflußt werden können, hat er besondere Bedeutung (siehe 2.2.2.5.1).

Kontrollfragen 2.2.3.5

1. Eine Leitungshilfsstelle zur Unterstützung der Linienstelle (siehe 2.2.3).

2. Keine Entscheidungs- und Anordnungsbefugnisse, Angliederung auf allen Ebenen (Stufen) möglich, überwiegend Einzeluntersuchungen und fachspezifische Kenntnisse (siehe 2.2.3.1).

3. Generalisierte und spezialisierte Stabsstellen (siehe 2.2.3.2.1 und 2.2.3.2.2).

4. Die Eingliederung der Stabsstellen in das Liniensystem, wobei letzteres als Grundstruktur vorhanden sein muß (siehe 2.2.3.3).

Kontrollfragen 2.2.4.5

1. Sie sind Grundlage und Voraussetzung des Wirtschaftens schlechthin (siehe 2.2.4.2).

2. Siehe Abb. 2.20.

3. Es wird unterschieden in Kommunikationswege nach der Richtung, der Durchlässigkeit und der Verbindungsart (siehe 2.2.4.3.2).

4. Stern, Kette, Kreis und Vollstruktur (siehe 2.2.4.4).

Kontrollfragen 2.2.5.6

1. Da ihre Realisierung zum Zwecke eines intensiven Informationsaustausches bei komplexen Problemen erfolgt (siehe 2.2.5.1).

2. Eine Personenmehrheit, deren Mitgliedschaft eine Zusatztätigkeit darstellt, die unter Zweckmäßigkeitsgesichtspunkten gebildet wird, ihre Tätigkeit zeitlich und örtlich begrenzt und die Häufigkeit ihres Zusammentreffens und die Dauer der Existenz grundsätzlich nicht fixiert ist (siehe 2.2.5.2).

3. Entscheidungs-, Beratungs- und Informationskollegium (siehe 2.2.5.3).

4. Vertikal, horizontal und als gemischtes Kollegium (siehe 2.2.5.4).

Kontrollfragen 2.2.7.10

1. Siehe Abb. 2.24.

2. Die Stellen unter der Unternehmensleitung sind nach objektorientierten Gliederungsgesichtspunkten gebildet. Sie ist dann vorteilhaft, wenn der Entscheidungs- und Kommunikationsprozeß mit dieser Konzeption optimal ablaufen kann (siehe 2.2.7.1).

3. Das Aufeinandertreffen von zwei Entscheidungslinien (siehe 2.2.7.2).

4. Bei dieser Konzeption werden objekt-, verrichtungsorientierte und regionale Gliederungsgesichtspunkte berücksichtigt, so daß drei Entscheidungslinien aufeinandertreffen (siehe 2.2.7.3).

5. Typische Merkmale: Konzernbildung, Trennung von Strategie und Operation, flache Hierarchien, Profitcenter, überschaubare Geschäftsbereiche, erfolgsorientierte Führung.

6. Unterstützung der Holdingleitung bei langfristigen Aufgaben, fachspezifischen Aufgaben, z.B. Controlling.

7. Verschärfter Wettbewerb aus dem Ausland, Notwendigkeit einer verbesserten Leistungsfähigkeit der Unternehmungen, Forderung nach Kostensenkungen, Notwendigkeit von Umstrukturierungen.

8. Darunter ist ein komplexes Managementsystem zur Steigerung der Leistungseffizienz zu verstehen, durch Verbesserung der Produktivität und Senkung der Kosten.

9. Siehe Übersicht Grundkonzept!

10. Herausnehmen einer Instanz oder Teile davon.

11. Herausnehmen von Stellen punktuell in verschiedenen Instanzen mit dem Ziel der Steigerung der Leistungseffizienz.

12. Gesamtsystem zur Verbesserung der Wettbewerbsfähigkeit durch kontinuierlich sinkende Preise, null Fehler, fast keine Lagerbestände und Produktvielfalt.

13. Siehe Abbildung TQM und Geschäftsprozesse!

14. Vernetzte Organisation mit größerem Organisationsradius als eigentlich von den Ressourcen her möglich ist.

15. Bildung von internen Einheiten, die durch Selbständigkeit, Selbstorganisation, Selbstoptimierung, Zielorientierung und Dynamik gekennzeichnet sind.

16. Business Reengineering ist eine völlige Neustrukturierung einer Organisation mit dem Ziel der Optimierung (in Quantensprüngen) der Wertketten: Eingangslogistik, Fertigung, Ausgangslogistik, Marketing und Kundendienst.

17. Siehe Abbildung: Reengineering in der Anwendung!

Kontrollfragen 2.2.8.4

1. Auf den Bereich der Daten- und Textverarbeitung, sowie die Telekommunikation (siehe 2.2.8).

2. Die Umgruppierung oder Verknüpfung von Daten zur Erzeugung von neuen Daten (siehe 2.2.8.1).

3. Primäre (Zweckaufgaben) und sekundäre (Verwaltungsaufgaben) Aufgaben (siehe 2.2.8.1.1).

4. Schnelle Verarbeitung und Übertragung, Anpassungsfähigkeit, direkte Datenerfassung, große Speicherkapazitäten (siehe 2.2.8.1.1).

5. Durch eine Analyse des Ist-Zustandes festzustellen, ob eine Automatisierung der Informationsverarbeitung überhaupt sinnvoll ist (siehe 2.2.8.1.2).

6. Bei Übertragungsmedien der Telekommunikation werden **technische** und **organisatorische** Strukturen unterschieden. Die technischen Strukturen umfassen Leitungen, ihre Aufteilungen in Kanäle (Anzahl paralleler oder verschachtelter Kommunikationen auf einer Leitung), einseitige (simplex), zweiseitige wechselweise (halbduplex) und gleichzeitige (vollduplex) Betriebsart, individuelle Zweierverbindungen leitungs- oder paketvermittelte und Massenkommunikation (Verteilnetze). Die organisatorischen Strukturen stehen dann im Vordergrund, wenn es um die Frage geht, wie viele Teilnehmer gleichzeitig mit wechselseitiger oder einseitiger Kommunikation miteinander in Verbindung treten können.

7. Informationen werden in folgenden Formen übertragen: Daten, Text, Bild und Sprache. Ihre Übertragung erfolgt noch immer weitgehend getrennt.

8. Bandbreite bezeichnet die Übertragungskapazität eines Mediums. Bei analoger Übertragung wird die Bandbreite mit dem Umfang von Frequenzen ausgedrückt; bei digitaler Übertragung bezeichnet die Bandbreite die Anzahl übertragener bits pro Sekunde.

9. ISDN überträgt alle Formen der Information nur noch digital. Darüber hinaus ist es das erste Netz, das die Integration mehrerer Dienste verwirklicht, wenn auch erst in Ansätzen und über das herkömmliche Telefonnetz.

10. Lokale Netze sind in der BRD auf einzelne Grundstücke beschränkt. Sobald eine Grundstücksgrenze überschritten wird, muß wegen des Netzmonopols der Bundespost Telekom eines ihrer Netze benutzt werden.

11. Die wesentlichen organisatorischen Aspekte der Telekommunikation sind
   - die Strukturen der Übertragungsmedien
   - die Übertragungsformen der Information
   - vor- und nachgelagerte Informationsverwaltung
   - Empfang/Sendung und Dokumentation der Information
   - die Übertragungskapazitäten der Medien
   - die Störungsfreiheit, Sicherheit und Vertraulichkeit der Medien
   - die Zukunftssicherheit der Medien
   - die Kosten eines Kommunikationssystems unternehmensin- und -extern
   - Zeitgewinn und -optimierung durch Telekommunikationsmedien
   - Vermeidung von überflüssiger Information (Redundanz)
   - die Unterstützung des Benutzers an den Endgeräten
   - die Verteilung der Information im Unternehmen
   - die Archivierung der Information

12. Die Probleme beim Anschluß eines Arbeitsplatzes an ein Kommunikationssystem liegen in
   - der Akzeptanz durch den betroffenen Mitarbeiter
   - Prestigedenken des Mitarbeiters
   - Schulung der Mitarbeiter
   - optimale statt maximale Arbeitsplatzausrüstung
   - mit den anderen Arbeitsplätzen kompatible Hardware, Software und Informationsaufbau und -speicherung
   - zentrale oder dezentrale Anbindung an die Außenwelt
   - Benutzungsanleitung und Darstellung im Organisationshandbuch
   - Umfang der Tastaturarbeit, besonders für Informationserfassung

13. 1. Ausbau der Telekommunikationssysteme in den neuen Bundesländern

    2. Ergänzung des guten technischen Standards mit kundenfreundlichem Marketing und Service sowie bedienerfreundlicher Software

    3. Brückenfunktion für die Telekommunikation mit der östlichen Welt

Für den Organisator stellt sich bei dem zu erwartenden Verdrängungswettbewerb vor allem die Frage der Zukunftssicherheit der gewählten Ausrüstung (siehe 2.2.8.3.4)

Kontrollfragen 2.2.9.5

1. Ein Entwicklungs- und Veränderungsprozeß von Organisationen mit dem Ziel, deren Leistungsfähigkeit und insbesondere die Qualität des Arbeitslebens zu verbessern (siehe 2.2.9.1.1).

2. Umwelt, Stellung der Menschen, Rolle der Führung und Lernprozesse (siehe 2.2.9.1.3).

3. Es gibt kein Standardprogramm, mit dem der Ablauf eines OE–Projektes vorherbestimmt werden kann (siehe 2.2.9.2.1).

4. Prozeßberatung, Managerial Grid und Survey-Guided-Development (siehe 2.2.9.3).

5. Wegen der tiefgreifenden Analyse der diagnostizierten Schwachstellen einschließlich Feedbackprozeß (Rückkopplung) (siehe 2.2.9.3.3).

Kontrollfragen 3.9

1. Es werden zwischen originären und derivativen Zielen unterschieden, aber auch Ziele nach bestimmten Merkmalen (siehe 3.2).

2. Ziele der Aufbauorganisation ergeben sich aus den Ober- oder Teilzielen (Unternehmenszielen). Ziele der Ablauforganisation beziehen sich auf den Leistungsprozeß der Unternehmung (siehe 3.2.3).

3. Es werden zwischen externen und internen Einflußgrößen unterschieden (siehe 3.3).

4. Unter Arbeitsanalyse wird eine weitergehende Zerlegung der Teilaufgaben verstanden mit der Absicht, Arbeitsstufen und Arbeitselemente sichtbar zu machen (siehe 3.5). Es gibt die reine Arbeitsanalyse und die Arbeitsganganalyse.

5. Die Aufgabenanalyse will verteilungsfähige Aufgabenkomplexe sichtbar machen, die Arbeitsanalyse Beziehungen zwischen Arbeitsteilen niederer Ordnung sichtbar machen (siehe 3.5.1).

6. Die Arbeitssynthese soll eine Strukturierung der Teilaufgaben nach bestimmten Prinzipien bewirken, um einen optimalen Arbeitsablauf zu gewährleisten (siehe 3.6.1).

7. Sachlich-logische, personale, temporale und lokale Teilaspekte.

8. – Sachlich-logische Arbeitssynthese
   Folgerichtige Anordnung der Arbeitselemente, Arbeitsstufen und Arbeitsgänge.
   – Personelle Arbeitssynthese
   Zuteilung von Arbeitsgängen bzw. Gangstufen auf die jeweiligen Aufgabenträger. Arbeitspensumbestimmung (siehe 3.7.2).
   – Temporale Arbeitssynthese
   Minimierung der Durchlaufzeiten (siehe 3.7.3).

- Räumliche Arbeitssynthese
  Optimale Gestaltung der Arbeitswege, der Arbeitsplatzstruktur und der Arbeitsumweltbedingungen (siehe 3.7.4).

9. Siehe 3.7.2!

10. Die Durchlaufzeit setzt sich aus der Liegezeit, der Bearbeitungszeit und der Transportzeit zusammen. Hohe Liegezeiten und Transportzeiten sind die Ursache für eine zu lange Durchlaufzeit (siehe 3.7.3).

11. Durchlaufzeiten lassen sich durch variable Bearbeitungskapazitäten, Netzplansteuerungen und durch eine belastungsorientierte Auftragsfreigabe reduzieren.

12. Die Raumgestaltung wird beeinflußt durch die Strukturierung der Arbeitsplätze, durch die Regelung der Arbeitsumweltbedingungen und durch die optimale Gestaltung der Arbeitswege.

13. Siehe 3.8!

Kontrollfragen 4.3

1. Sachlich, zeitlich, räumlich und finanziell (siehe 4.1.1.2).

2. Suche nach Alternativlösungen, Bewertung vorliegender Alternativen und Entscheidung über die entsprechendste Lösung (siehe 4.1.2.3).

3. Wenn eine größere Intensität der Erhebung notwendig wird (siehe 4.2.1.1 und 4.2.1.2).

4. Sie ist eine sehr umfassende Form zur Darstellung organisatorischer Tatbestände und führt dementsprechend zu einer weitgehenden Konkretisierung (siehe 4.2.2.1.1.2).

5. Aufgaben und deren Erfüllung durch Stellen bzw. Aufgabenträger können transparenter gemacht werden (siehe 4.2.2.1.2.2).

6. Verbale und schaubildliche Darstellungstechniken sowie Netzplantechnik (siehe 4.2.2.2).

7. Zur Lösung schwieriger und komplexer Probleme und auch zur Ideenfindung. Die bekanntesten Techniken sind Brainstorming, Methode 635 und Synektik (siehe 4.2.3).

8. Investitionen in organisatorische Alternativen (Aufbau-,Ablaufstruktur, Daten-,Textverarbeitung, Telekommunikation) haben den Effekt der Kosteneinsparung.
   Kosten sind aber keine Erträge und keine Gewinne (siehe 4.2.4.1).

9. Änderung von Gewichtungen zeigt unmittelbar den Einfluß auf andere Entscheidungskriterien und macht persönliche Bevorzugungen bewußt. Diese Änderungen sind deshalb sehr sinnvoll (Sensitivitätsanalyse) (siehe 4.2.4.3).

10. Sie berücksichtigen nur ausgesuchte und damit persönlich bevorzugte Kriterien und lassen alle anderen außer acht. Ist schon die Vollständigkeit der Erfassung aller Kriterien für die Bewertung von Alternativen problematisch, so ist die Frage der Objektivität noch schwieriger.

Isolierte Einzelbewertung kann allenfalls die Subjektivität noch unterstützen (siehe 4.2.4.4).

Glossar

Ablauforganisation
1.1.1.2 2.1.1.2 3.1 4.2.2.2
Prozeß der Aufgabenerfüllung unter Beachtung sachlich-logischer, personaler und raum-zeitlicher Aspekte.

Abteilung
2.2.1.3
Vereinigung mehrerer Stellen unter einheitlicher Leitung.

Arbeitsanalyse
3.5
Weitergehende Zerlegung der Teilaufgaben zur Gewinnung von Basisdaten, um eine Arbeitssynthese zu ermöglichen.

Arbeitssynthese
3.6
Gestaltung des Ablaufprozesses mit dem Ziel, für eine minimale Durchlaufzeit der Arbeitsobjekte, unter Berücksichtigung der vorgesehenen Arbeitsmenge, des Leistungsvermögens der gedachten Arbeitskräfte und der verfügbaren Arbeitsmittel, die besten Voraussetzungen zu schaffen.

Aufbauorganisation
1.1.1.2 2.1.1.2 2.2.6
Die Gestaltung und das Ergebnis der Strukturverhältnisse einer Unternehmung unter Berücksichtigung der Leitungs-, Stabs-, Kommunikations- und Kollegienprobleme.

Aufgabe
2.1.1.2 2.2.6
Zielsetzung einer zweckbezogenen menschlichen Handlung.

Aufgabenanalyse
2.1.2
Die für eine zu gründende oder gegebene Unternehmung aus der komplexen Gesamtaufgabe zu bestimmenden Teilaufgaben.

Aufgabensynthese
2.2
Zusammenfassung der durch die Aufgabenanalyse gewonnenen Teilaufgaben zu verteilungsfähigen Aufgabenkomplexen (Stellen und Abteilungen).

Automatisierungsfähigkeit
2.2.8.1.2.1
Prüfung, ob eine Aufgabe überhaupt automatisierbar ist bzw. ob sie dem Leistungsangebot eines EDV–Systems entspricht.

Automatisierungswürdigkeit
2.2.8.1.2.2
Es geht um die Frage, welche Merkmale erfüllt sein müssen, damit eine Automatisierung Vorteile bringt.

Bewertungsverfahren
4.2.4
Sachlogisch geschlossene Folge von Bewertungen einzelner Aspekte eines Organisations-, Telekommunikations- oder Informations-Verarbeitungssystems, wie Kosten, Nutzen, Folgewirkungen, Zweckmäßigkeit, Leistung etc. Erst nachdem alle Einzelkriterien mit verschiedener Gewichtung bewertet sind, kann eine Entscheidung über eine Organisationsänderung getroffen werden.

Bildschirmtext (BTX)
2.2.8.3.2.2
Die Bundespost Telekom stellt Computer-Zentralen zur Verfügung, die Information von Anbietern – im allgemeinen von Unternehmen – in Form von ergänzbaren Schrifttafeln und Grafiken in der Größe eines Bildschirms gespeichert bereithalten. BTX-Teilnehmer können mit Fernseher, Telefon und Tastatur und wahlweise Drucker Bildschirmseiten über ISDN abrufen und als Antwort ergänzen. BTX war als Kommunikationsmedium der Wirtschaft zu Haushalten geplant, setzt sich aber nur zur Kommunikation zwischen Unternehmen durch, und auch da sehr langsam.

Breitbandkommunikation
2.2.8.3.1.6
Der Begriff „breitbandig" ist relativ und verschiebt sich weiter nach oben. Gemessen an den Anforderungen an Übertragungskapazitäten in der Telekommunikation ist das Kupferkabel heute schmalbandig, weil seine Kapazitäten oft nicht mehr ausreichen. Da ISDN noch das Telefon-Kupferkabel verwendet, ist es ebenfalls noch schmalbandig. Funk ist breitbandig, aber bei der engen Belegung problematisch. Erst das Glasfaserkabel ermöglicht Breitbandkommunikation und setzt Maßstäbe von bis zu 1,7 Gigabits pro Sekunde.

Datenbank
2.2.8.3.2.2
Doppeldeutiger Begriff für computer-gespeicherte Informationsbestände. Einmal sind hiermit unternehmensinterne Speicherung von i. allg. funktionsbezogenen Beständen (z.B. Personaldatenbank) und zum anderen ein öffentlich zugängliches Angebot an Spezialwissen einzelner Fachgebiete gemeint. Die zu beiden gehörenden Suchsysteme sind leider noch sehr wenig standardisiert. Wirtschaftsdatenbanken sind in der BRD weit hinter dem Stand anderer Staaten, wie Amerika, Japan, Frankreich und England.

Disposition
1.1.2.2
Die nach Art und Zeit abgestimmte Einteilung und Verfügung über Einsatzgüter (Geld, Material, Betriebsmittel, Arbeitskräfte).

Einliniensystem
2.2.2.4.1
Eine Form der Koordinierung von Entscheidungsvorgängen (Kompetenzzuteilung), bei der der Grundsatz der Einheit der Auftragserteilung erfüllt ist.

Führungsstil
2.2.2.5.1
Die besondere Art und Weise der Erfüllung von Führungsaufgaben, wobei die Anordnung von Entscheidungen durch Menschen für Menschen im Vordergrund steht.

Funktionendiagramm
4.2.2.1.2.2
Eine Form der schaubildlichen Darstellung der Organisation, bei der Aufgaben und Kompetenzen einer oder mehreren Stellen zugeordnet werden.

Informationsanalyse
2.2.8.3.3.1
Feststellung und Darstellung der vorhandenen und auszutauschenden Informationen, z.B. Sprache, Text etc. zur Vorbereitung der technischen Auslegung eines (Tele)Kommunikationssystems.

Inhausnetz
2.2.8.3.2.3
Kommunikationsnetz innerhalb eines Grundstücks. Der Begriff entwickelte sich mit den lokalen Computernetzen, kann aber als Oberbegriff für Nebenstellenanlagen und lokale Computernetze gesehen werden. Da beide aber auf dem besten Wege sind, wegen derselben Technik miteinander zu verschmelzen, werden die Begriffe Inhausnetz und Lokales Netz oft synonym verwendet.

Instanz
2.2.2.2
Eine Stelle mit Leitungsaufgaben, wodurch sie sich vom Begriff Abteilung unterscheidet.

Interview
4.2.1.2
Eine mündliche Befragung, die vor allem zur Feststellung des Ist-Zustandes bedeutungsvoll ist.

ISDN
2.2.8.3.2.1
Integrated Services Digital Network. Zusammenfassung mehrerer und im Endstadium aller Telekommunikationsnetze zu einem Universalnetz mit ausschließlich digitaler Übertragung. Erstes Stadium Anfang 1990 durch Zusammenfassung des Direktruf-, des Datex-L und des Telefonnetzes auf dem herkömmlichen
Telefonnetz. Telefon wird parallel digital im ISDN und herkömmlich analog betrieben. Die weitere konsequente Entwicklung setzt Glasfaserkabel voraus, da
Kupferkabel zu schmalbandig sind.

Ist-Zustand
4.1.2.1
Der durch eine Ist-Aufnahme festzustellende Ist-Zustand der Organisation, welcher grundsätzlich unerläßliche Voraussetzung für eine gute Organisationsarbeit
ist.

Kassationskollegialität
2.2.2.2.2.1
Für die Willensbildung in einer Pluralinstanz mögliche Form, wonach bei Be-
schlüssen Einstimmigkeit notwendig wird, damit diese wirksam werden.

Kollegien
2.2.5
Eine Sonderform der Kommunikation, nach der mehrere Aufgabenträger zur
gleichen Zeit am gleichen Ort zusammenkommen, um gemeinsam ein Problem
zu lösen bzw. Informationen auszutauschen oder auch nur entgegenzunehmen.

Kommunikation
2.2.4.1
Im Sinne der Organisation alle Regelungen, die den Informationsaustausch
durch Senden, Empfangen, Speichern und Verarbeiten (Umwandeln) festlegen.

Kommunikationsanalyse
2.2.8.3.3.1
Feststellung von Kommunikationswegen, -arten, -häufigkeiten, -dauer und Un-
gleichgewichten zur Vorbereitung einer organisatorischen Verbesserung, wie
z.B. den Einsatz eines (Tele)Kommunikationssystems.

Kommunikationsdienst
2.2.8.3.2
Dienstleistung mit technisch-organisatorischer Unterstützung zur Kommunikation über Netze. Solche Dienstleistungen können von Netzanbietern und -benut-
zern bereitgestellt werden. So werden z.B. Mailboxen von der Bundespost Telekom und von privaten Unternehmen angeboten. Letztere müssen aber wegen
des Netzmonopols die Netze der Bundespost Telekom benutzen. Auf einem
Netz können mehrere Dienste angeboten werden (Telefonieren und Telefax im

Telefonnetz) oder ein Dienst kann mehrere Netze benutzen (Bildschirmtext benutzt Telefon- und Datex-P-Netz).

Kommunikationssystem
2.2.4.4
Eine strukturierte Gesamtheit der durch bestimmte Kommunikationswege verbundenen Kommunikationsträger.

Kommunikationsweg
2.2.4.3
Eine geregelte Kommunikationsbeziehung, durch die von einem Aufgabenträger zu einem oder mehreren anderen Verbindung zum Zwecke der Informationsübermittlung aufgenommen werden kann.

Kontrollspanne
2.2.2.2.3 2.2.2.3
Sie wird auch als Leitungsspanne oder Subordinationsquote bezeichnet und bezieht sich auf die Anzahl der einem Vorgesetzten direkt unterstellten Mitarbeiter.
Sie beeinflußt vor allem die Breite und Tiefe der Instanzengliederung.

Kosten-Nutzen-Analyse
4.2.4
Bewertung von Kosten sowie Vor- und Nachteilen, die nicht in finanziellen Einheiten meßbar sind, zum Vergleich organisatorischer Alternativen. Teil eines geschlossenen Bewertungsverfahrens.

Kostenvergleichsrechnung
4.2.4
Gegenüberstellung von Kosten organisatorischer Verfahren und unterstützender
technischer Systeme. Teil eines geschlossenen Bewertungsverfahrens.

Leitungsebenen
2.2.2.2.2
Eine Gliederungsmöglichkeit der Instanzen, die sich generell auf die oberste,
mittlere und untere Leitungsebene erstreckt. Jede dieser Leitungsebenen kann
mehrere Leitungsstufen haben.

Leitungssysteme
2.2.2.4
Formen der Koordinierung von Entscheidungsvorgängen, worunter vor allem
das Ein- und Mehrliniensystem zu verstehen ist.

Lokales Netz
2.2.8.3.2.3
Computernetz, das durch relativ einfachen technischen Aufwand (Geschwindigkeit, eine Verbindung in Stern-, Ring- oder Busform, niedriger Grad an Standardisierung), gekennzeichnet ist. In der BRD erhält das lokale Netz wegen des
Netzmonopols der Bundespost Telekom noch das juristische Merkmal der Begrenzung auf ein Grundstück.

Mailbox
2.2.8.3.2.2
Die Bundespost Telekom und einige private Anbieter stellen Speicherplatz in Computernetzen zur Verfügung, der individuell, in Gruppen oder als „Wurfsendung" adressierbar ist. Der Ausdruck „elektronischer Briefkasten" ist deshalb sehr zutreffend, denn die Mailbox-Teilnehmer können gezielt an einen Empfänger, an eine Gruppe oder an ein „Schwarzes Brett" Texte versenden. Ein Mailbox-System könnte die papierlose Briefpost der Zukunft sein, wenn sich die zahlreichen Anbieter auf Austausch untereinander und die dazu notwendigen Standards einigen würden.

Matrixorganisation
2.2.7.2
Eine Strukturierungskonzeption, bei der zwei Kompetenzbereiche (Entscheidungslinien) aufeinandertreffen, die formal einer Matrix gleichen. Formen dieser Konzeption sind das Produkt- und Projektmanagement.

Mehrliniensystem
2.2.2.4.2
Untergeordnete Stellen erreichen mehrere Kompetenzlinien, d.h. sie empfangen von mehreren Vorgesetzten Anordnungen.

Öffentliches Netz
2.2.8.3.2.1
Telekommunikationsnetze, die über den Bereich einer Unternehmung hinaus zur Verfügung stehen. In öffentlichen Netzen stehen mehrere Verbindungen zur Auswahl („vermaschte" Netze). Im allgemeinen von öffentlichen und privaten Anbietern aufgebaut; in der BRD hat allerdings die Bundespost Telekom das Netzmonopol. Es besteht die Tendenz, Spezialnetze zu einem einzigen Universalnetz zu verbinden; ein Vorhaben, das noch ca. zwei Jahrzehnte an Entwicklung benötigt.

Organisation
1.1.1
Als unternehmensbezogener Begriff ein System von Regelungen, welche die Aufgabenbereiche der Aufgabenträger festlegen und die optimale Aufgabenerfüllung gewährleisten.

Organisationsmethoden
4.1
Sinn- und planvolle Vorgehensweise bei der Erfüllung von Organisationsaufgaben.

Organisationshandbuch
4.2.2.3
Ein Nachschlagewerk, in dem alle Darstellungen sowie bestehenden Regelungen und Vorschriften der Organisation zusammengefaßt sind.

Organisationstechniken
4.2
„Werkzeuge" und „Hilfsmittel" des Organisators, ohne die in der Regel eine erfolgreiche Organisationsarbeit nicht durchzuführen ist.

Punktwertung
4.2.4
Bewertung der Entscheidungskriterien organisatorischer Alternativen mittels Punktevergabe. Die Punktwertung führt finanzielle und andere Kriterien zusammen. Teil eines geschlossenen Bewertungsverfahrens.

Sensitivitätsanalyse
4.2.4
Verschieben von Gewichtungen und Punktvergaben für organisatorische Alternativen. Die Verschiebungen machen die Bedeutung der einzelnen Kriterien und ihrer Gewichtung bewußt. Teil eines geschlossenen Bewertungsverfahrens.

Spartenorganisation
2.2.7.1
Eine Strukturierungskonzeption, bei der die Stellen unterhalb der Unternehmensleitung nach objektorientierten Gliederungsgesichtspunkten (Produkte, Produktgruppen) gebildet werden. Auch bekannt unter dem Begriff divisionalisierte Organisation bzw. Geschäftsbereichsorganisation.

Stabsstelle
2.2.3.1
Eine Leitungshilfsstelle, die ihre Aufgaben von der ihr zugeordneten und sie unterstützenden Linienstelle ableitet.

Stelle
2.2.1
Die Vereinigung analytisch gewonnener Teilaufgaben und ihre Übertragung auf einen Aufgabenträger. Sie wird als kleinste organisatorische Einheit betrachtet.

Stellenbeschreibung
4.2.2.1.1.2
Sie ist eine sehr umfassende Form der Darstellung organisatorischer Tatbestände und beinhaltet die schriftliche Festlegung der Ziele, Aufgaben und Kompetenzen einer Stelle, sowie deren horizontale und vertikale Eingliederung in die Struktur einer Unternehmung.

Stellenbildung
2.2.1
Nach den gleichen Gliederungsgesichtspunkten wie bei der Aufgabenanalyse werden die durch diese gewonnenen Teilaufgaben zu Aufgabenkomplexen zusammengefaßt (Stellen) und auf die gesamte Organisation verteilt.

System
2.2.6
Eine geordnete Gesamtheit von Elementen, zwischen denen Beziehungen bestehen oder hergestellt werden können.

Telebox
siehe Mailbox

Telekommunikation
2.2.8.3.1
Austausch zweckorientierten Wissens mit Hilfe organisatorisch-technischer Systeme. Organisatorische Systeme sammeln, ordnen, wählen aus und übertragen dieses Wissen und dokumentieren auf Anforderung.

Telekonferenz
2.2.8.3.1.1 und 2.2.8.3.2.2
Informationsaustausch mehrerer Teilnehmer gleichzeitig.

Teletex
2.2.8.3.2.2
Telekommunikation im Wechselverkehr mit jeweils einer Speicherschreibmaschine oder einem Computer bei Sender und Empfänger. Die ausgetauschte Information wird bei beiden elektronisch gespeichert. Dies macht die Bearbeitung der Information mittels EDV möglich, so daß aus dem Briefaustausch leicht Daten- und Textaustausch mit Verarbeitung werden kann. Die Übertragungsgeschwindigkeit beträgt ca. 10 Sekunden pro DIN A 4-Seite. Bei ISDN ca. 1 Sekunde. Auslandsverkehr geht noch vorwiegend über das Telexnetz.

Telex
2.2.8.3.2.2
Telekommunikation im Wechselverkehr mit jeweils Tastatur beim Senden und Drucker beim Empfang.

Tensor-Organisation
2.2.7.3
Eine dreidimensionale Strukturierungskonzeption, bei der meistens verrichtungs- und objektorientierte und regionale Gliederungsgesichtspunkte Berücksichtigung finden.

Textverarbeitung
2.2.8.2.1
Das planvolle, rationelle und ökonomische Erstellen und Verarbeiten von Informationen gleicher Art.

Literaturverzeichnis

ACKER, H. B.: Organisationsanalyse, 9. Aufl., Bad Homburg 1977

Akademie für Organisation (Hrsg.): Handlexikon Organisation, Frankfurt/M. 1971

Akademie für Organisation (Hrsg.): Grundbegriffe der Organisation, 2. Aufl., Gießen 1975

Arbeitskreis KRÄHE, W.: Unternehmungsorganisation, 4. Aufl., Köln u. Opladen 1963

Arbeitskreis KRÄHE, W.: Hilfsmittel der Abteilungs- und Aufgabengliederung und ihre Anwendung, ZfbF 1977, S. 59 ff.

BARTELS, Christian: Lean Production. Idee – Konzept – Erfahrungen in Deutschland, Köln 1992

BARTRAM, P.: Die innerbetriebliche Kommunikation, Berlin 1969

BAUMBERGER, H. U.: Die Entwicklung der Organisationsstruktur in wachsenden Unternehmungen, 2. Aufl., Bern/Stuttgart 1968

BERG, C. C.: Organisationsgestaltung, Stuttgart, Berlin, Köln, Mainz 1981

BESTMANN, U. (Hrsg.): Kompendium der Betriebswirtschaftslehre München Wien 1982

BLEICHER, K.: Zentralisation und Dezentralisation von Aufgaben in der Organisation der Unternehmung, Berlin 1966

BLEICHER, K.: Unternehmungsentwicklung und organisatorische Gestaltung, Stuttgart, New York 1979

BLEICHER, K.: Organisation – Formen und Modelle, Wiesbaden 1981

BÖSENBERG/METZEN: Lean Management. Vorsprung durch schlanke Konzepte, 4. Aufl., Landsberg 1994

BRANDENBURGER, J., KONRAD, R.: Netzplantechnik, 5. Aufl., Zürich 1970

BREPOHL, K.: Lexikon der neuen Medien, 2. Aufl., Köln 1980

BREPOHL, K.: Das Zeitalter der Telematik, in IBM-Nachrichten Nr. 263, Febr. 1983, S. 18 f.

BROKMANN, Wilfried (Red.): Lean Production II. Erfahrungen und Erfolge in der M + E-Industrie, Köln 1994

BÜHNER, Rolf: Betriebswirtschaftliche Organisationslehre, 4. Aufl., München/ Wien 1989

BÜHNER, Rolf: Management-Holding, Unternehmensstruktur der Zukunft, 2. Aufl., Landsberg/Lech 1992

BÜRGEL, Gentner: Phasenübergreifende Integration zur Steuerung der Entwicklungs- und Anlaufphasen bei Serienprodukten – Prozeßmanagement und Überleitungsphasen. In: Hansen, Kern: Integrationsmanagement für neue Produkte, ZfbF Sonderheft 30, 1992

BURISCH, W.: Industrie- und Betriebssoziologie, 7. Aufl., Berlin 1973

DAVIDOW/MALONE: Das virtuelle Unternehmen. Der Kunde als Co-Produzent, Frankfurt/New York 1993

DWORATSCHEK, S.: Grundlagen der Datenverarbeitung, 6. Aufl., Berlin 1977

ETZIONI, A.: Soziologie der Organisation, 5. Aufl., München 1978

FAYOL, H.: Allgemeine und industrielle Verwaltung, München/Berlin 1929

FRENCH, W. L., BELL, C. H.: Organisationsentwicklung – sozialwissenschaftliche Strategien zur Organisationsveränderung, Bern 1977

FRESE, E.: Grundlagen der Organisation, 4. Aufl., Wiesbaden 1988

FRESE, WERDER, MALY: Zentralbereiche, Stuttgart 1994

GAITANIDES, M., SCHOLZ, R., VROHLINGS, A., RASTER, R.: Prozeßmanagement, Konzepte, Umsetzungen und Erfahrungen des Reenginering, München und Wien 1994

GAUGLER, E.: Instanzenbildung als Problem der betrieblichen Führungsorganisation, Berlin 1966

GERNET, Erich: Das Informationswesen in der Unternehmung, München, Wien 1987

GERNET, Erich: Informationsmanagement in: RKW-Handbuch Führungstechnik und Organisation, Berlin 1990, Ziff. 1442

Gesellschaft für Organisation (Hrsg.): Leitfaden zur Reorganisation der Textverarbeitung, Gießen 1982

GOMEZ/ZIMMERMANN: Unternehmensorganisation – Profile, Dynamik, Methoden, Frankfurt 1992

GROCHLA, E.: Automation und Organisation, Wiesbaden 1966

GROCHLA, E.: Unternehmungsorganisation, 9. Aufl., Hamburg 1983

GROCHLA, E. (Hrsg.): Organisationstheorie, 1. Teilband, Stuttgart 1975 und 2. Teilband, Stuttgart 1976

GROCHLA, E.: Grundlagen der organisatorischen Gestaltung, Stuttgart 1982

GROCHLA, E. (Hrsg.): Handwörterbuch der Organisation, 2. Aufl., Stuttgart 1980

GROCHLA, E. u. a.: Handbuch der Textverarbeitung, Landsberg 1981

GUTENBERG, E.: Unternehmensführung, Wiesbaden 1962

GUTENBERG, E.: Grundlagen der Betriebswirtschaftslehre 1. Band, 23. Aufl., Berlin/Heidelberg/New York 1983

HAHN, D.: Planungs- und Kontrollrechnung als Führungsinstrument, Wiesbaden 1974

HALLER-WEDEL, E.: Das Multimomentverfahren in Theorie und Praxis, München 1969

HAMMER/CHAMPY: Business Reengineering. Die Radikalkur für das Unternehmen, 2. Aufl., Frankfurt/New York 1994

HARMON, Roy L.: Das Management der neuen Fabrik. Lean Production in der Praxis, Frankfurt/New York 1993

HAUFF, P.: Organisation im Industrieunternehmen, Wiesbaden und Berlin/München 1974

HILL, W., FEHLBAUM, R., ULRICH, P.: Organisationslehre 1 und 2, Bern/Stuttgart 1974

HOEFERT, H.-W.: Psychologische und soziologische Grundlagen der Organisation, Gießen 1976

HÖHN, R.: Führungsbrevier der Wirtschaft, 10. Aufl., Bad Harzburg 1980

HÖHN, R.: Stellenbeschreibung und Führungsanweisung, 10. Aufl., Bad Harzburg 1979

HÖHN, R.: Die Führung mit Stäben in der Wirtschaft, 2. Aufl., Bad Harzburg 1970

HOFFMANN, F.: Entwicklung der Organisationsforschung, 2. Aufl., Wiesbaden 1976

HOFFMANN, F.: Betriebswirtschaftliche Organisationslehre in Frage und Antwort, 2. Aufl., Wiesbaden 1976

IBM (Hrsg.): Nutzenanalyse als Basis einer Wirtschaftlichkeitsrechnung für Datenverarbeitungsanlagen, 1978

IMAI, Masaaki: Kaizen. Der Schlüssel zum Erfolg der Japaner im Wettbewerb, Berlin/Frankfurt 1993

KAZMIER, L.: Einführung in die Grundsätze des Managements, München 1971

KETTNER/BECHTE: Neue Wege der Fertigungssteuerung durch Belastungsorientierte Auftragsfreigabe, in: Zeitschrift des Vereins deutscher Ingenieure für Maschinenbau und Metallbearbeitung, 123. Jahrgang, 1981

KIESER, A., KUBICEK, H.: Organisation, 2. Aufl., Berlin/New York 1983

KOREIMANN, D. S.: Systemanalyse, Berlin/New York 1972

KOSIOL, E.: Organisation der Unternehmung, 2. Aufl., Wiesbaden 1976

KRAMER, R.: Information und Kommunikation, Berlin 1965

KRASEMANN, B. J.: Aktuelle Daten zur Stellenbeschreibung in der Bundesrepublik, in ZfO, 1973, S. 74 ff.

KÜPPER, H.-U.: Ablauforganisation, Stuttgart/New York 1982

KUNESCH, Hermann: Grundlagen des Prozeßmanagements, Stuttgart 1993

KURBEL, K.: Programmentwicklung, Wiesbaden 1979

LANG, G.: Auswahl von Standard-Applikations-Software, Berlin – Heidelberg – New York – London – Paris – Tokyo – Hong Kong 1989

LANG/OHL: Lean Production. Herausforderungen und Handlungsmöglichkeiten. Zurück auf Spitzenniveau. Ein integratives Modell zur Unternehmensführung, Frankfurt/New York 1993

LIKERT, R.: New Patterns of Management, New York – Toronto – London 1961, hier zitiert nach Grochla, E.: Unternehmensorganisation, a. a. O., S. 216

LINDEMANN, P.: Unternehmensführung und Wirtschaftskybernetik, Neuwied 1970

MACHARZINA, K.: Neuere Entwicklungen in der Führungsforschung, ZfO 1977, S. 7–16 und 101–108

MAIER, H.: Telematik, in IBM-Nachrichten Nr. 267, Oktober 1983

MALORNY/KASEBOHM: Brennpunkt TQM, Stuttgart 1994

MAYNTZ, R.: Die soziale Organisation des Industriebetriebes, Stuttgart 1966

MAYNTZ, R.: Soziologie der Organisation, Reinbek b. Hamburg 1963

MEFFERT, H.: Informationssystem, Grundbegriffe der EDV und Systemanalyse, Düsseldorf 1975

METZGER/GRÜNDLER: Zurück auf Spitzenniveau. Ein integratives Modell zur Unternehmungsführung, Frankfurt/New York 1993

MINTZBERG/HENRY: The structuring of organizations. Deutsch: Die Mintzberg-Struktur, Landsberg 1992

MÜLLER-PLEUSS, J. H.: Organisationsmethoden, Reorganisation im Büro, 4. Aufl., Heidelberg 1974

NORDSIECK, F.: Betriebsorganisation, Lehre und Technik, 2 Bände, Stuttgart 1961

OHNO, Taiichi: Das Toyota-Produktionssystem, Frankfurt/New York 1993

PAUSENBERGER, E.: Führungsstile, in: Organisationsleiterhandbuch, hrsg. v. Degelmann, 2. Aufl., München 1972

PETERS, Tom: Jenseits der Hierarchie. Liberation Management, Düsseldorf/Wien 1993

PORNSCHLEGEL, H. (Hrsg.): Verfahren vorbestimmter Zeiten, Köln 1968

PORTER, Michael E.: Nationale Wettbewerbsvorteile, Stuttgart 1994

PORTER, Michael E.: Spitzenleistungen erreichen und behaupten. Sonderausgabe, Frankfurt a. M., New York 1989

REDEL, W.: Kollegienmanagement, Bern/Stuttgart 1982

REFA: Methodenlehre des Arbeitsstudiums, 6. Aufl., München 1976

ROMMEL u. a.: Einfach überlegen. Das Unternehmenskonzept, das die Schlanken schlank macht und die Schnellen schnell macht, Stuttgart 1993

SCHANZ, G.: Organisationsgestaltung, München 1982

SCHARFENBERG, Heinz (Hrsg.): Strukturwandel in Management und Organisation, Baden-Baden 1993

SCHEER, A.-W.: CIM Computer Integrated Manufacturing, Der computergesteuerte Industriebetrieb, 2. Aufl., Berlin 1987

SCHERTLER, W.: Unternehmungsorganisation, München/Wien 1982

SCHIERENBECK, H.: Betriebswirtschaftliche Grundlagen, 5. Aufl., Gießen 1980

SCHLEIERMACHER, K.: Teamorientierte Organisation, in ZfO, 1974, S. 144 ff.

SCHMIDT, G.: Methode und Techniken der Organisation, 11. Aufl., Gießen 1997

SCHMIDT, H.: Betriebsorganisation und Informationswesen, Herne/Berlin 1976

SCHMIDT, Jochen: Die sanfte Organisations-Revolution. Von der Hierarchie zu selbststeuernden Systemen, Frankfurt a. M./New York 1993

SCHRÖDER, H. J.: Projekt-Management, Wiesbaden 1970

SCHULTE-ZURHAUSEN: Organisation, München 1995

SCHWARZ, H.: Betriebsorganisation als Führungsaufgabe, 9. Aufl., München 1983

SERVATIUS, Hans-Gerd: Reengineering-Programme umsetzen. Von erstarrten Strukturen zu fließenden Prozessen, Stuttgart 1994

Siemens: Organisationsplanung, Berlin und München 1974

Siemens: Data-report 15 (1980) Heft 4

Siemens: Data-report 18 (1983) Heft 1

SIEVERS, B. (Hrsg.): Organisationsentwicklung als Problem, Stuttgart 1977

SOHN, Karl-Heinz: Lean Management. Die Antwort der Unternehmer auf gesellschaftliche Herausforderungen, Düsseldorf/Wien

STAEHLE, W. H.: Organisation und Führung sozio-technischer Systeme, Stuttgart 1973

STAEHLE, W. H.: Management, München 1980

STEINBUCH, PITTER, A.: Softwareorganisation, Bad Homburg v. d. H. 1986

STRASSER, L.: Textverarbeitung aktuell, AWV-Schrift 162, Frankfurt 1976

STRIENING: Prozeßmanagement, Frankfurt a. M. 1988

TAYLOR, F. W.: Die Grundsätze wissenschaftlicher Betriebsführung (The principles of scientific management), Berlin/München 1917

THUMB, N.: Grundlagen und Praxis der Netzplantechnik, 2. Aufl., München 1969

TÖPFER/MEHDORN: TQM als spezielle Facette von Lean Management. Total Quality Management, Anforderungen und Umsetzungen im Unternehmen, Neuwied/Kriftel/Berlin 1993

TREBESCH, K.: Organisatoren und Organisationsentwicklung, in ZfO 2/83

TREBESCH, K. (Hrsg.): Organisationsentwicklung in Europa, Bd. 1 und 2, Bern 1980

TRECHSEL, F.: Einführung in die Unternehmensplanung in: Grundprobleme der Unternehmungsplanung, Bern 1968

ULRICH, H.: Die Unternehmung als produktives soziales System, 2. Aufl., Bern und Stuttgart 1970

ULRICH, H., STAERKLE, R.: Verbesserung der Organisationsstruktur von Unternehmungen, 3. Aufl., Bern 1969

WALZ, D.: Organisationshandbuch in: Handwörterbuch der Organisation, Stuttgart 1969, Sp. 1141–1145

WARNECKE, Hans-Jürgen: Revolution der Unternehmenskultur. Das fraktale Unternehmen, 2. Aufl., Berlin/Heidelberg 1993

WELGE, M. K.: Unternehmensführung, Bd. 2 Organisation, Stuttgart 1987

WIENDAHL, H.-P.: Betriebsorganisation, München/Wien 1983

WILDEMANN, H.: Auswahl und Bewertung von Alternativen in: RKW-Handbuch Führungstechnik und Organisation, Berlin 1978, Ziffer 2212

WILDEMANN, Horst: Lean Management, Strategien zur Erreichung ?????

WITTE, E.: Führungsstile, in: Handwörterbuch der Organisation, Stuttgart 1969

WITTE, E.: Ablauforganisation, in: Handwörterbuch der Organisation, Stuttgart 1969

WITTLAGE, H.: Die Unternehmensorganisation, 4. Aufl., Herne/Berlin 1989

WRABETZ, W.: Die Stellenbeschreibung. Ein Leitfaden für die Praxis, Wiesbaden 1973

Stichwortverzeichnis

Umstrukturierung
- horizontal 152
- vertikal 152
Unterorganisation 27

VBN 178, 180, 188
Verantwortung 64
Vermittlungsnetze 171, 172, 188
Verteilnetze 171, 172, 176
Verwaltungsaufgaben 41
Videokonferenz 180, 188, 204
vollduplex 172, 182, 184–189

Wechselverkehr 96
Wirtschaftlichkeit 21
Wirtschaftlichkeitsprinzip 28
- Work-Factor-Verfahren, siehe Systeme vorbestimmter Zeiten

Zeitaufnahme 279
Zentralisation 45, 106
Ziel
- Handlungs- 31
- Sach- 31
Ziele der Ablauforganisation 234
Zielgerichtetheit 21
Zweckaufgaben 41